KB070433

커뮤니티 음악치료

Invitation to
Community
Music Therapy

Brynjulf Stige · Leif Edvard Aarø 공저
순진이 · 곽은미 공역

학지사

역자 서문

음악의 힘을 치료적으로 활용하는 것, 우리는 그것을 '음악치료'라 부른다. 음악치료는 내담자와 치료사의 관계를 바탕으로 개별적 또는 집단적으로 시행되며, 다양한 치료 철학과 접근을 기반으로 구현된다. 당연히 음악치료의 실제는 시간과 환경, 문화의 영향에서 자유로울 수 없다. 그러나 현장에서 음악치료사로 내담자들을 만나면서 우리가 절감하였던 것은 문헌에서 다루는 음악치료와 음악치료가 구현되는 현장에서의 실제에는 책에서 언급되지 않은 현실적인 차이가 무수하다는 것이었다.

학교에서 음악치료교육자로 학생들을 만나면서 자주 접하게 되었던 질문 중 하나도 우리가 치료라고 지칭하는 것과 그렇지 않은 것의 경계를 어떻게 설정할 것인가 하는 것이었다. 내담자가 존재하는 한 치료사가 존재하고, 내담자와 치료사가 같은 곳을 지향하며 작업하는 한 그 지점이 치료의 경계를 만들 수 있다. 그러나 이처럼 간단한 설명과 달리 현장에서 하나의 직군으로 기능하는 음악치료사는 음악치료 영역 이상의 것을 요구받기도, 다른 영역 간 경계를 넘나들기도 한다. 음악치료사의 직무 영역은 사회 구성원들이 형성한 커뮤니티를 기반으로 할 때 어떻게 확장될 수 있는가? 그것은 음악치료사들의 기존 직무와 어떤 차이가 있는가? 이러한 의문들이 생겨나기 시작하였던 것은 개인의 병리적 쟁점에 초점을 두고 있던 음악치료의 패러다임이 변화하기 시작한 21세기 초반의 일이다.

커뮤니티 음악치료는 이미 오래전부터 음악치료의 선구자들에 의해 거론되고 발전되어 온 개념이자 맥락이다. 넓다면 넓고, 좁다면 좁은 음악치료의 분야에서 커뮤니티 음악치료는 커뮤니티 구성원들의 연대와 건강 증진, 사회적 변화를 핵심 가치로 발현되었다. 누군가는 이것을 음악치료의 새로운 패러다임이라 부르지만, 누군가는 이것을 음악치료의 영역이 아니라고 평가절하한다. 어쩌면 이 논쟁은 우리가 스스로를 음악을 하는 치료사로 규정할 것인가, 치료를 하는 음악가로 규정할 것인가의 문제처럼 전문가이자 사회구성원으로서 우리 자신이 가지고 있는 가치관과 철학을 바탕으로 하는 답변을 요구하는 것일지 모른다.

이 책의 가치는 문화 중심 음악치료 또는 사회적 음악치료라는 개념으로도 설명되며, 새로운 음악치료의 패러다임으로 손꼽히는 커뮤니티 음악치료에 대한 이론적 · 실천적(임상적) 접근을 함께 조망하는 것에 있다. 이 책은 총 10장으로 구성되었다. 1장과 2장에서는 커뮤니티 음악치료의 개관 및 간략한 역사를 소개하고 있으며, 3장에서 5장까지는 건강에 대한 새로운 관점 및 커뮤니티에서 이용 가능한 사회적 자원, 음악에 대한 새로운 개념 등을 다루고 있다. 6장에서 8장까지는 커뮤니티 음악치료의 일곱 가지 특질과 관련된 쟁점 및 실제와 관련된 가치를 서술하며, 커뮤니티 음악치료의 참여적 과정 모델을 제시하고 있다. 9장과 10장에서는 커뮤니티 음악치료의 연구 방법을 살펴보고, 앞으로의 전망과 전문화에 대해 정리하였다.

이 책은 세계 각지에서 음악치료사이자 교육자로서 다양한 경험을 쌓아온 연구자들의 협력으로 만들어졌다. 이 외에도 많은 음악치료의 선구자들이 자신의 현장 경험과 의미 있는 사례들을 공유함으로써 이 책의 가치를 높여 주었다. 한국어판 역시 지난 20여 년간 음악치료 분야에서 치료사이자 교육자, 연구자로서 오랜 경험을 가진 전문가들이 각자의 연구와 현장 경험을 바탕으로 세심하게 협력한 결과물이다.

역서 출간이 늘 그러하듯 돌아보면 아쉬움이 남지만, 공동작업 과정에서 서로의 배움을 나누고 함께 고민할 수 있는 소중한 경험이 된 것에 감사한다. 또한 지금 이 순간에도 한국 음악치료의 역사를 함께 만들어 가고 있는 (사)전국음악치료사협회의 모든 회원과 한국 음악치료의 발전을 위해 오랜 시간 함께 고민하고 봉사해 온 (사)전국음악치료사협회의 이사진에게도 지면을 빌려 깊은 감사의 마음을 전한다.

마지막으로 이 책이 나오기까지 출판을 맡아 애써 주신 학지사 김진환 대표님과 모든 관계자 여러분께 감사의 마음을 전하며, 한국 음악치료의 미래를 이끌어 갈 전문가인 음악치료사(KCMT)들과 예비 전문가인 학생음악치료사(SMT)들에게 이 책이 조금이나마 도움이 되기를 바란다.

2021년 1월 역자 일동

저자 서문

음악은 사람들을 하나로 모으는 잠재력이 있으며, 대개 즐거운 방식으로 의미와 소속감을 부여한다. 다양한 분야의 연구자들이 적극적 건강관리와 커뮤니티 발달의 자원으로써 음악에 관심을 두는 것은 놀라운 일이 아니다. 커뮤니티 음악치료의 전통은 이 부분에서 주목할 만하다. 커뮤니티 음악치료의 전통은 몇십 년 전으로 거슬러 올라가지만, 문헌의 기록들은 다양하다. 2000년 이후 커뮤니티 음악치료에 대한 국제적 관심과 논쟁은 빠르게 증가하였으며, 연구에 기반한 논문과 서적이 여럿 출판되었다. 우리의 견해로는 기존의 지식을 하나로 모으는 교재가 필요하고, 학생들과 이를 논의하고 맥락화하는 것이 필요한 때다.

이 책의 저술은 2003년 브뤼눌프(Brynjulf)의 박사학위 논문에서 영감을 얻었다. 브뤼눌프는 커뮤니티 음악치료의 실제, 이론, 연구 발전에 전념한 헌신적인 옹호자였다. 브뤼눌프의 총체적 참여는 이 교재의 저술 과정에서 자원이자 도전이 되었다. 이 분야에서의 능동적인 역할은 정보에 대한 접근과 이해에 유용하였으나, 관점과 설명의 균형 면에서는 잠재적인 어려움이 되기도 하였다. 레이프(Leif)를 참여시킴으로써, 우리는 내부자의 관점과 외부자의 관점 간 유익한 대화를 정립하고자 하였다.

레이프는 (2001년부터 커뮤니티 심리학을 가르친) 사회심리학자이며, 양적 지향의 연구자다. 이 책에 기여하고 음악치료에 관여하는 것은 레이프에게 흥미로운 여정이 되었다. 음악치료는 도전과 지향에 있어 여러모로 임상심리학에 가까울 수 있다. 마찬가지로 커뮤니티 음악치료는 레이프가 관심을 두는 또 다른 연구 분야인 커뮤니티 심리학 및 공중보건과도 근접하다. 레이프는 음악이 보건의료 및 커뮤니티 환경에서 더 충분히 활용되고 탐구될 가치가 있는 자원을 대표하며, 학문 분야로서 커뮤니티 음악치료의 발현은 앞으로의 발전과 적용을 고무하는 데 기여할 것이라 생각한다.

이 책의 협력적 저술은 2004년에 시작되어 2006년에 심화되었는데, 이는 레이프가 스탠퍼드대학교 심리학과의 연구원이 되었을 때다. 우리는 저술에 집중하기 위해 캘리포니아에서 만났다. 저술은 유니 헬스(Uni Health)[1]에 있는 그리그 아카데미 음악치료 연구센터(The Grieg Academy Music Therapy Research Centre: GAMUT) 및 노르웨이 베르겐대학교와의 연계를 통해 수년에 걸쳐 진행되었다. 우리의 연구와 협력의 결과로 교재가 만들어진 것이 기쁘고, 학생들이 커뮤니티 음악치료 분야에 과감하게 발을 내딛을 준비가 되기를 희망한다. 이 책에서 설명하듯이 현대사회는 커뮤니티 음악치료의 가능성에 대한 탐구로 초대한다. 우리는 이러한 가능성을 살펴보도록 당신을 초대한다!

목표

이 책을 저술하는 우리의 포부는 이론, 연구, 실제, 직군에 초점을 맞춘, 이해하기 쉬운 글을 만드는 것이었다. 다음의 특징들이 잘 나타났기를 희망한다.

- **국제적 원조** 이 책은 호주, 아시아, 아프리카, 남아메리카를 포함한 세계 곳곳의 동료들로부터 도움을 받아, 두 명의 유럽인 학자가 저술하여 미국에서 출판하였다. 이것은 진정으로 국제적인 노력을 반영하고 있으며, 우리는 전 세계의 독자들이 커뮤니티 음악치료의 미래에 대한 지속적인 논의에 참여하기를 바란다.
- **성찰적 작성 양식** 이 책은 다른 책들보다 좀 더 많은 논의와 주장을 포함하고 있다. 이러한 작성 양식은 커뮤니티 음악치료가 다면적이고 복합적이기 때문에 선택되었다. 개념과 실제는 모두 여러 관점에서 탐구될 수 있다.
- **교수적 특징** 접근성을 높이기 위해 장마다 주요 질문, 글 상자, 사진, 핵심 용어, 논의 주제와 같은 교수적 도구들이 성찰적 작성 양식을 보완하고 있다.

---

1) 역자 주: 노르웨이에 소재한 가장 큰 연구센터 중 하나인 유니 리서치(Uni Research)의 한 부서다.

- **중점적 설명**   우리는 다양한 이론적 관점을 최대한 존중하여 표현하고자 하였으나, 교재가 유용하고 흥미롭기 위해서는 우리의 주요 관점을 명시할 필요가 있다고 믿는다. 우리는 맥락 내에서 사람들 간 교류에 중점을 두었는데, 이는 개인적 행동성과 사회적 구조 간 상호의존적인 관계를 탐구하는 것을 포함한다. 이와 같은 이론적 관점의 예는 책 전반에 걸쳐 설명될 것이다.
- **독자/학생들의 통합적·참여적 역할**   우리의 목적은 기존 지식을 요약하는 것뿐만 아니라 이론에 기반한 담론의 발달에 기여하는 것이다. 이는 미래의 임상가와 연구자들이 커뮤니티 음악치료에 참여하고 비평하며 발전시키도록 할 것이다.

이 책의 활용 방법

초대[2]는 자극, 도발 혹은 유혹으로 기능할 수 있다. 우리는 이 책이 실천과 성찰을 위한 요구로 읽히기를 바란다. 이 책은 해당 분야의 각기 다른 내용을 설명하는 네 부분으로 나뉘어 있다. 제1부에서 우리는 커뮤니티 음악치료의 전통을 소개하고, 커뮤니티 음악치료의 발현으로 이어진 역사적 발달을 제시한다. 제2부에서는 건강, 커뮤니티, 음악과 같은 커뮤니티 음악치료의 기본 개념들을 탐색한다. 제3부에서는 그 쟁점, 가치, 과정에 중점을 두고 커뮤니티 음악치료 실제의 차원을 살펴본다. 제4부에서 우리는 커뮤니티 음악치료 연구와 음악치료사들의 전문가적 역할에 대한 장을 다룸으로써, 학문과 직군에 대한 함의를 살펴본다.

각 10개의 장은 교수적 특징들을 여럿 포함하고 있는데, 이것이 활용될 수 있는 방법에 대한 몇 가지 제안을 여기에 제시한다.

- **주요 질문**   이 질문들은 해당 장에서 논의될 주요 주제에 대한 개요를 제공한다. 이는 주제에 대한 준비와 정향뿐만 아니라 사전에 이해한 것을 성찰하는 데 활용될 수 있다.
- **글 상자**   각 글 상자는 대개 커뮤니티 음악치료 문헌에서 가져온 관련 사례를

---

2) 역자 주: 이 책의 원제는 '커뮤니티 음악치료로의 초대'이다.

나타낸다. 글 상자는 흔히 본문의 다른 곳에서 논의된 것보다 일반적인 주제들의 측면을 명시하는 예로 제시된다. 각각의 글 상자는 앞뒤 내용 및 주변 글 상자와 연관하여 읽을 수 있으므로 설명과 예를 비교하고 고려할 수 있다.

- **그림**   이 책은 전 세계의 실제에서 모은 상당한 양의 사진들을 포함하고 있으며, 본문에 제시된 정보를 설명하는 그림도 있다. 그림과 비교하여, 사진이 구체적인 정보를 조명한다고 말할 수는 없다. 예를 들어, 우리는 사진을 설명으로 사용하고자 하지 않았고, 글 상자와 사진을 연결하지 않았다. 이 선택이 커뮤니티 음악치료를 매우 풍성한 경험으로 만드는 미적 · 정서적 · 사회적 특질과 같은 작업의 본질적 차원을 전달하는 데 있어 사진이 수행하는 역할을 명확히 하기를 희망한다.

- **핵심 용어**   각 장의 끝에는 핵심 용어의 목록이 있다. 이 목록은 이 책에 사용된 기본 용어들이 이해되었는지 확인하는 체크리스트로 활용될 수 있다. 핵심 용어를 보다 창의적으로 활용하는 방법도 생각해 볼 수 있다. 예를 들어, 핵심 용어는 수업에서 새로운 논의 주제의 협력적 구성을 위해 활용될 수 있다.

- **논의 주제**   각 장의 끝에 논의를 위한 주제가 제시된다. 주제는 본문의 주요 논의 및 기존 주장의 가능한 함의를 지칭한다. 논의 주제는 개인적 성찰의 기반으로 활용될 수 있으나, 커뮤니티 음악치료를 연구하는 수업이나 집단 환경의 작업을 위해 설계되었다. 연구에서뿐만 아니라 커뮤니티 음악치료에서도, 학습은 여러모로 사회적인 과정이다.

일러두기
내용 이해를 위해 역자 주는 각주로 하였으며, 저자 주는 미주로 하여 구별하였습니다.

차례

제1부 커뮤니티 음악치료의 소개

제1장　개관　　　　　　　　　　　　　　　　　　　17

제2부 커뮤니티 음악치료의 기본 개념

제3부 커뮤니티 음악치료의 실제

제4부 학문과 직군발달로서의 커뮤니티 음악치료

제10장 참여적 실제를 위한 전문화   349

제1부

커뮤니티 음악치료의 소개

제1부는 독자들에게 커뮤니티 음악치료의 개념과 실제 및 국제적 담론이자 연구 분야로서 커뮤니티 음악치료의 발현을 이끈 역사적 발달에 대해 소개한다.

제1장에서는 커뮤니티 음악치료를 소개한다. 먼저, 커뮤니티 음악치료에 대한 정보를 제공하는 기본적인 은유 중 하나를 논의하고, 다음으로 커뮤니티 음악치료 실제에 대한 전 세계의 예를 제시한다. 커뮤니티 음악치료의 정의와 커뮤니티 음악치료를 인식할 수 있게 하는 실천군을 서술하는 방법들이 논의된다. 또한 이에 앞서 관습적 음악치료의 연속이자 상반되는 것으로서 커뮤니티 음악치료가 고려된다.

제2장은 커뮤니티 음악치료의 역사를 탐구한다. 현대 음악치료의 여러 선구자, 특히 1960년대와 1970년대의 선구자들은 음악과 건강에 대한 광범위한 사회적 사고방식에 주의를 기울였다. 그들은 개별 세션뿐만 아니라 즉흥연주 집단, 음악 클럽, 치료적 교수, 실내악, 레코드 세션과 공연 등의 활용을 탐색하였다. 선구자들은 음악치료에 대한 이 광범위한 사고방식을 연구하거나 이론화하지 않았으며, 여러 국가의 계승자들도 개인 및 집단과 함께하는 임상 작업보다 이러한 사회적 · 음악적 전통에 관심을 덜 기울였다. 그러나 표면에 나타나지 않는 중요한 흐름이 여러 국가에 존재하였고, 2000년 이후 커뮤니티 음악치료에 대한 강력한 국제적 관심이 발현되어 도발적인 논문들과 아주 흥미로운 실천적 예들이 다양한 맥락에서 그 과정을 부채질하였다. 우리는 어떻게 그리고 왜 이러한 일이 일어났는지 이해할 필요가 있다.

제1장

개관

제1장을 공부한 후에 당신은 다음과 같은 질문에 대해 논의하게 될 것이다.

- '들어 보지 않은 목소리에 귀 기울이기'라는 은유는 커뮤니티 음악치료와 어떤 관련이 있는가?
- 커뮤니티 음악치료가 세계의 다양한 맥락에서 어떻게 실천되는가?
- 다양한 저자들은 커뮤니티 음악치료를 어떻게 정의하는가?
- 커뮤니티 음악치료를 정의하는 데 있어 어려운 점은 무엇인가?
- 두문자어 PREPARE로 전달되는 일곱 가지 특질은 어떤 것인가?
- 커뮤니티 음악치료가 어떻게 관습적 음악치료의 연속이자 상반되는 것으로 고려될 수 있는가?
- 커뮤니티 음악치료가 현대사회에서 유의하고 적절한 이유는 무엇인가?

🎧 들어 보지 않은 목소리에 귀 기울이기

음악은 건강, 안녕감과 발달 서비스에 유동적인 자원으로 활용될 수 있다. 이는 인간이 '항상' 알았던 것이고, 행하였던 것이다. 음악이 유용할 수 있다는 아이디어는 수백 년 이상 여러 문화적 맥락에서 이어졌다. 제2차 세계 대전 이래로 전문 음악치료사들은 이 아이디어를 재정의하는 다수의 연구 기반 문헌을 점차 발전시켰고, 전문 음악치료 실제[1]의 발달을 지원하였다. 전통적으로 전문 음악치료에 대한 문헌은 그와 관련된 개인의 문제와 해결에 초점을 두었다. 여러 다른 건강 관련 학문에서처럼 현대 음악치료에서 지배적인 관점은 치료사들이 주로 임상 환경에서 개인 및 개인의 병리적 측면을 대상으로 한 것이었다.

커뮤니티 음악치료 실제는 음악과 건강에 대한 사회적 · 생태적 관점을 채택하여 이 전통에 의문을 제기한다. 이는 개인과 다양한 커뮤니티 간의 건강을 증진하는 연계가 탐구됨을 시사한다. 커뮤니티 음악치료를 연구하는 것은 전반적인 실천군의 탐구와 음악치료사들이 어려운 상황에서 개인 및 집단의 요구, 권리와 가능성에 개방적일 수 있게 하는 관점을 수반한다. 커뮤니티 음악치료에서 새로운 부분은 개인적 · 공동체적 변화와 발전 간의 관계를 탐구하는 급진적 의지다(Pavlicevic & Ansdell, 2004).

커뮤니티 음악치료의 아이디어와 실제는 모든 측면에서 새로운 것이 아니기에, 일부는 분리된 명칭의 필요와 타당성에 의문을 제기한다. 가장 열띤 논쟁은 이미 몇 년 된 것이고, 현대의 커뮤니티 음악치료는 학문적 경계는 물론 지리적 경계를 교차하는 능력을 갖추고 국제적 담론으로 성장하였다. **인간의 유대감**(human connectedness)이라는 가치에 대한 인정은 현대 커뮤니티 음악치료의 정체성 중 일부이며, 이는 연구와 실천의 필수적인 간학문적 분야로 부상하였다. 그 타당성을 고려하면 더 이상 다른 전통에 의해 정립된 표준에 반하여 이를 평가할 필요가 없다. 커뮤니티 음악치료는 그만의 고유한 관계적 의제를 발전시켰다.

이 의제의 쟁점과 가치는 이 장의 후반부에 암시되고, 이 책의 제3부에서 상술할 것이다. **들어 보지 않은 목소리에 귀 기울이기**(attending to unheard voices)는 이를 나타내는 은유 중 하나다. 예를 들어, 침묵하였던 경험에 '목소리를 주는 것'처럼 치료와 관련된 이미지는 이야기치료(narrative therapy) 내에서 활용되어 왔다(Stige, 2002). 이는 침묵하기로 이어지는 과정이 개인적 · 대인관계적 · 사회적 · 문화적 · 물질적 기원을 가질 수 있다는 가능성에 주목하는 개방형 은유다. 이 책에서 우리는 목소리를 사회적 맥락에서의 개인적 수행으로 보고, '목소리 주기' 대신에 '들어 보지 않

---

1) 역자 주: 흔히 음악치료에서는 practice를 실제 혹은 임상 실제로 번역하나, 이론과 달리 현장에 적용되는 실질적인 음악치료를 의미하기에 이 책에서는 실제와 실천을 문맥에 따라 병행하여 번역하였다. 음악치료의 전문적 실천은 '실제'로, 음악과 다른 분야의 현장 적용을 의미하는 부분은 '실천'으로 번역하였다.

은 목소리에 귀 기울이기'를 사용한다. 우리는 사람들에게 목소리를 줄 수는 없으나, 이전에 들어 보지 않은 목소리를 듣도록 조건을 구성하는 데 기여할 수 있다. 은유는 커뮤니티와 각 개인의 관심을 연결한다. 이는 참여자의 개인적 쟁점을 무시하지 않고 사회적 의제를 위한 공간을 연다. 또한 더 나은 세계의 비전을 위한 공간을 연다. [1]

들어 보지 않은 목소리에 귀 기울이기는 치료사에 의해 실시되는 중재가 아니다. 이는 자유와 동등함 같은 가치의 균형을 잡는 협력적 과정이다. 따라서 그 은유는 다양한 목소리의 커뮤니티를 시사한다(Stige, 2003, p. 283). 커뮤니티 음악치료는 음악적 참여와 사회적 통합, 자원에 대한 공평한 이용 및 현대사회에서의 건강과 안

사진 1-1 │ 남아프리카 그레이터 케이프타운 지역 음악치료 커뮤니티 클리닉에 방문한 위탁가정의 아동. 내 목소리를 들어요!

사진 제공: India Baird.

녕감을 위한 협력적 노력을 격려한다. 이러한 방식으로 커뮤니티 음악치료는 개별 치료와 꽤 다를 수 있으며 때로 커뮤니티 음악, 사회복지 및 커뮤니티 복지와 같은 실천에 더 가까울 수 있다.

🎧 현대적 실천의 맥락

우리는 다양한 대륙, 국가와 문화적 맥락에서 선정된 여섯 가지 실천의 예를 제시하여 커뮤니티 음악치료의 현대적 발전을 조명할 것이다. 전문 음악치료의 역사는 짧으나 건강 관련 및 커뮤니티 지향 음악 실천의 역사는 긴 남아프리카의 예로 시작할 것이다.

글 상자 1-1 **그레이터 케이프타운 지역의 음악치료 커뮤니티 클리닉**

남아프리카의 케이프타운에서 수넬 푸셰와 케린 토런스(Sunelle Fouché & Kerryn Torrance, 2005)가 속한 음악치료사 집단은 그레이터 케이프타운 지역 내에서도 더 빈곤한 커뮤니티의, 혜택받지 못하는 사람들에게 전문 음악치료를 제공하는 **음악치료 커뮤니티 클리닉**(Music Therapy Community Clinic)이라는 비영리단체를 만들었다. 푸셰와 토런스는 자신들이 일하는 곳의 한 인근에 대해 다음과 같이 기술한다.

헤이트벨트(Heideveld)의 기성세대 중 대부분은 아파르트헤이트(apartheid) 정부의 집단거주법(Group Areas Act) 일환으로 1960년대에 도심 근교에서 이곳으로 이주당한 것을 기억한다. 케이프타운 시에서 이들은 확대가족이 같은 집에 살았거나, 친척들이 아주 가까이에 살았는데, '내륙 지역'에 있는 케이프 플랫(Cape Flats)에서는 각기 다른 정착지로 흩어지게 되었다. 헤이트벨트에서 케이프 플랫 다른 지역으로의 강제 이주는 이방인들의 세계로 이주하는 것을 의미하였다. 가족 구성원과 이웃들은 서로 주고받았던 사회적·정서적 지지를 잃게 되었다(Fouché & Torrance, 2005).

헤이트벨트에서 음악치료사들은 근교의 갱 문화에 흡수되는 위험에 직면한 청소년들과 일한다. 저자들은 사회적으로 분열된 커뮤니티에 사는 청소년들에게 갱들이 어떤 사회적·정서적 지지를 제공한다는 것을 설명한다. 가족들은 흔히 지지를 제공하는 자원이 적은 반면에, 갱들은 정체성, 소속감과 수용감, 힘과 목적을 제공할 수 있다. 이 커뮤니티의 아동들과 작업한 이후에 두 명의 음악치료사에게 경찰이 접근하여 위기 청소년, 즉 지역의 갱, 약물중독, 범죄 행위와 관련된 청년들을 아는지 물었다.

경찰은 이 젊은이들을 사법 정의체계에 배치하는 것을 주저하였다. 남아프리카 교도소 내의 재활 통계는 과도하게 낮고, 악명 높은 교도소 갱들은 지속적으로 어린 청소년들을 조직 범죄의 생활로 모집하기 때문이다. 경찰은 음악치료를 중재의 대안적 형태로 보았다. 매주 경찰은 젊은이들을 데려와서 무장해제시키고, 음악치료실 문까지 인도하였다. 경찰의 관리감독이 종료되면, 음악하기가 시작된다…….

경찰이 매주 젊은이들을 데려온 데 반해, 젊은이들의 참여는 충동적이지 않았다. 첫 모임 때 집단은 매우 회의적이고 냉담해 보였으나 이들은 매주 기꺼이, 열정적으로 복귀하였다. 음악이 자석처럼 모두를 끌어당긴 것으로 보인다. 갱들의 랩/힙합 문화 안에서, 음악가들은 청년들이 우러러보는 '영웅들', 사회적 논평을 제공하는 존재들이다(Fouché & Torrance, 2005).

음악치료사들은 음악이 어떻게 청소년들에게 에너지와 목적을 제공하며, 새로운 사회적 정체성을 형성할 기회를 주는지 관찰한다. 음악과 움직임에의 참여를 통한 만들기와 관계맺기는 그 자체로 동기부여적이고 유의미하며, 이야기하고 공유하는 플랫폼을 만든다(Fouché & Torrance, 2005).

앞의 사례들은 사회적 문제와 관련된 커뮤니티 음악치료의 잠재력, 단순한 치료가 아닌 문제 예방의 중요성 및 생태적으로 사고하고 행동해야 할 필요와 같이 이 책을 통해 논의될 몇 가지 주제를 조명한다. 또한 지역 커뮤니티와 경찰이 발달시킨 필연적 동맹의 사례가 되었다.

능동적인 음악 만들기를 서술하면서 푸셰와 토런스(2005)는 '커뮤니티 음악치료' 담론의 핵심이 된 용어, 즉 **음악하기**(musicking)를 채택한다.[2] **음악하기**라는 용어는 음악을 주로 산물(예를 들어, 미술 작품과 같은)로 생각하는 대신에, 우리가 참여하는 활동으로 생각할 수 있음을 시사한다. 만일 우리가 음악을 주어진 상황에서의 활동으로 고려하기 시작한다면, 소리를 만드는 사람들과 이들 간의 관계에 대해서도 생각해야 한다. 콘서트 상황에서 청중의 중요성은 꽤 분명하다. 앞의 예에서 경찰 관리감독(과 그 종료)은 음악을 만들 수 있고, 광범위하게 개념화된 음악하기의 일부로 고려될 수 있다. 우리는 제5장에서 이 용어와 그 생태적 함의를 상술할 것이다.

이 사례에서 우리는 1970년대 이후로 음악치료에서 사회적이고 개념화된 접근이 발달된 남미로 넘어갈 것이다. 밀레니엄 시대의 직업 전망에 관한 언급에서, 브라질의 음악치료사 말리 샤가스(Marly Chagas)는 음악치료사가 '집단의 건강, 표현, 예술적 표현 만들기에 대한 인식 혹은 음악적 상징을 통한 사회적 생활'과 관련된 상황에 참여하게 될 것을 시사한다. 음악치료사는 지역 커뮤니티의 효과적인 분석과 중재에 기여할 수도 있다(Chagas, 2000, Zanini & Leao, 2006에서 인용). 이러한 견해는 브라질의 음악치료사들이 노숙자 문제와 관련하여 작업하고자 하였던 방법에 대한 서술의 예가 될 수도 있다.

> **글 상자 1-2** **리우데자네이루의 예술을 통한 길 찾기**
>
> 브라질의 리우데자네이루에서 음악치료사들은 이 도시에 있는 많은 노숙자의 상태를 개선하려는 시도에 관심을 가졌다. 리아 르제인 멘데스 바르셀로스(Lia Rejane Mendes Barcellos, 2002, 2005)는 음악치료사들이 이들과 어떻게 작업하고자 하는지 기술한다. 한 가지 구체적인 예는 성인 노숙자 쉼터에서 개발되고, 음악치료사 말리 샤가스에 의해 편성된 **예술을 통한 길 찾기**(Searching for Paths through Arts, 2002-2004) 프로젝트다. 이는 음악치료, 스토리텔링, 극(drama), 춤추기와 사람들이 자신만의 악기를 만들 수 있는 워크숍 같은 여러 종류의 예술 활동을 제공한다. 이 프로젝트의 한 가지 목적은 인턴과 직원 구성원 간의 관계를 '인간적으로 만드는' 것이다. 바르셀로스(2005)는 이 실천을 '사회적 음악치료'라 명명하고, 이것이 브라질 음악치료 전통의 정립된 요소라고 설명한다.
>
> 샤가스(2007)는 다양한 역할과 상황에서 사람들 간의 관계 및 사회적 환경(milieu)의 개선에 초점을 두어, 프로젝트의 다른 목적들이 더 사회적이거나 정치적인 데 반해 어떤 목적들은 각 개인의 발달과 관련됨을 설명한다.

새로운 상황들이 밝혀졌다. 우리는 휠체어와 하모니카를 얻을 수 있었다. 축제에서 망게이라[Mangueira, 리우 샨티 타운(Rio shanty town)과 이스타쿠 프레메이라 다 망게이라 삼바(the Estação premeira da Mangueira samba) 학교 지역]의 청소년 드럼 앙상블은 정서적인 세대 통합을 제공하였고, 리우 밖으로 나가는 소년들의 여행은 망게이렌시스(mangueirenses, manguira에서 온 사람들)에게 처음으로 리우데자네이루-니테로이(Niteroi) 다리를 건너는 가능성을 제안하였다. 어느 장기 돌봄 병원시설은 기관의 테라스에 있는 잎이 많은 나무에 대한 **삼바**(samba) 행진곡을 노래한다. 가사를 만드는 것은 그들의 몫으로, 선율은 프로젝트의 음악치료사들이 작곡하였다. 악기 집단이 만들어지고, 여성 집단이 극장에 가고, 남성 집단이 직원들의 도움을 받아 음악 페스티벌을 조직하고, 다른 집단은 시 페스티벌을 만들었다. 우리는 **시란다스**(cirandas, 포르투갈에서 유래된 아동들의 춤)와 **포루스**(forros, 북동부 브라질의 음악 양식)를 함께 추었다. 우리는 이야기를 만들고, 그림을 그리고, 악기를 만들었다-이 용어의 몇 가지 의미로, 우리는 이곳에서 생각하고, 아이디어를 살펴보고, 공유된 경험들을 교환한다. 우리는 특별하고 놀라운 이야기를 들었다(Chagas, 2007).

이 프로젝트의 가치 있는 결과들은 보건 전문가들이 전형적으로 초점을 두는 것을 넘어섰고, 새로운 수행자들의 발견 및 새로운 앙상블과 이야기들의 시작을 포함하였다.

브라질 사회의 불평등을 바라보는 이 사례에서, 음악치료사들은 자신이 속한 더 넓은 사회적 상황과 능동적으로 관계를 맺을지, 이를 각 개인의 음악적·내러티브 자원에 대한 민감성과 조합할지 선택할 수 있다. 생태적·체계적 관점이 (남아프리카의 예에서처럼) 여기에 함축된다. 이는 다음에 나오는 서부 노르웨이 베르겐의 예에서 꽤 두드러지는 차원이다.

글 상자 1-3   **베르겐의 구금된 음악과 자유**

노르웨이의 음악치료사인 라르스 투아스타드와 로아르 핀사스(Lars Tuastad & Roar Finsås, 2008)는 여러 해 동안 베르겐에 있는 **구금된 음악과 자유**(Music in Custody and Liberty) 프로그램에서 록밴드와 함께 일하였다. 전국적인 프로젝트에서 발전된 프로그램은 1990년대 초 오슬로에서 음악치료사인 베니아 루드 닐센(Venja Ruud Nilsen)에 의해 시작되었다. 오늘날 전국에 있는 대부분의 교도소는 재소자들에게 수감 중에 밴드에서 연주하는 것과 복역 이후 커뮤니티의 음악 레저 활동에 참여할 수 있도록 제안한다. **구금된 음악과 자유**는 노르웨이 교정국 재활 철학의 일부[2]이자 이와 관련된 결정력을 대표하는 것이기도 하다.

프로젝트에 참여하는 것이 참여자들에게 어떠한 경험이었는지에 관한 연구에서, 투아스타드와 핀사스(2008)는 노르웨이 교도소 구성원들의 생활 조건과 생애사에 대한 기존 연구들을 살펴보았다. 이 연구는 수감 이전의 삶이 일반적으로 사회에서 전형적인 삶보다 자원을 덜 이용하는 특징이 있음을 시사하였다. 많은 재소자가 교육을 적게 받았고, 직업을 구하는 데 문제가 있었다. 그들은 상대적으로 빈곤하고, 흔히 건강 문제와 약물중독 문제를 가지고 있었다.

범죄학 분야의 연구와 이론을 참고하여, 이 프로젝트의 음악치료사들은 개별화된 재활 프로그램이 효과적이지 않다는 결론을 내렸다. 또한 이들이 사회에서 어떻게 주변화되었는지를 인정할 필요가 있었다. 따라서 음악치료사들은 자신들의 접근이 역량 강화 철학으로 널리 알려지기를 바랐고, 단순히 개별적인 수준에서가 아니라 커뮤니티에 참여하고 목소리를 가지는 가능성에 명확한 초점을 두도록 하였다.

구금된 음악과 자유는 3단계—① 참여자들이 구금된 동안의 교정 내 밴드 활동, ② 참여자들이 다시 자유를 얻었을 때 커뮤니티 문화센터에서의 지지된 밴드 활동, ③ 참여자들이 자유를 유지할 때 취미나 직업으로서의 자기주도적 음악 활동—로 조직되었다. 같은 음악치료사들이 1단계와 2단계 밴드 활동을 촉진하고, 3단계의 지지와 슈퍼비전

---

2) 역자 주: 세계에서 가장 인권적인 교도소를 운영하는 것으로 알려진 노르웨이의 대표적인 교정 철학은 '모든 재소자는 반드시 우리의 이웃으로 돌아온다.'이다. 이는 교정 당국의 철학이 처벌이 아닌 갱생에 초점을 두고 있음을 시사한다.

을 제공한다. 프로그램의 이러한 조직 방식은 참여자들이 하나의 맥락에서 또 다른 삶의 단계로 전이되는 것을 지원하고, 가능한 파급 효과에 특정한 흥미를 갖는 것과 같은 생태적 사고에 따른다. 공개적 혹은 반공개적 수행(performance)[3]이 이 과정에서 가장 중요하다.

한 참여자의 이력이 작업의 예가 된다. 아주 여러 해 동안 그는 약물중독과 범죄로 복잡한 삶을 살았다. 그는 반복적으로 교도소에 드나들었다. 수감되었던 한 때에, 그는 **구금된 음악과 자유**에 참여하기로 결정하였다. 그는 우연히 프로그램을 발견하였고, 이후에 "멋있게 보이는 안내지 때문에 그냥 한번 와 보기로 결정하였다."라고 말하였다. 초기에 그는 그저 활동을 지켜보고 싶어 하였으나, 잠시 후에 '걸려들었고', 참여하기를 원하였다. "이건 교도소에서의 시간을 약간 가치 있게 만들어 주는 것 같았다." 그는 이후의 인터뷰에서 이렇게 말하였다. 음악에의 참여는 그의 삶이 처한 상황에서 느리지만, 변화를 만들어 냈다. 몇 년 동안 그는 여전히 문제가 많은 삶을 살았고, 또다시 교도소에 드나들기를 여러 차례 경험하였다. 그러나 그는 교도소에 돌아올 때마다 즉시 음악 활동에 등록하였고, 점점 더 많이 음악 수행에 참여하게 되었다. 음악에 대한 강한 관심이 그의 정체성의 일부가 되었다. 그가 교도소에서 약물재활센터로의 이감을 승인받았을 때 중요한 변화가 일어났다. 그는 재활 기간에 집중적으로 음악을 연주하였고, 퇴소하였을 때 **구금된 음악과 자유** 2단계에 참여하였다. 그는 커뮤니티 문화센터의 밴드 활동에 참여하였고, 약물과 범죄의 환경으로 돌아가지 않기로 결심하였다. 밴드에서 연주하는 것은 점차 여가 활동 이상이 되었고, 그의 참여는 3단계로 발전되었다. 현재 그는 자신이 치료받았던 약물재활센터에서 일하며 **구금된 음악과 자유**의 철학에 크게 영향을 받은, 이 기관의 음악 프로그램에 대한 책임을 맡고 있다(Tuastad & Finsås, 2008, pp. 64-65).

물론 모든 참여자가 이러한 종류의 극적인 변화를 경험하는 것은 아니나, 이 이야기는 생태적 전이의 단계에서 참여자들의 역량 강화에 초점을 두고 있는 이 실천의 중요한 자산을 조명한다.

내담자나 참여자에 의해 시사된 방향을 연구하는 음악치료사의 의지는 흔히 커뮤니티 음악치료에서 가장 중요하다.[3] 이러한 참여적 차원은 다음에 나오는 미국 음악치료의 사례에서 잘 설명된다.

---

3) 역자 주: 커뮤니티 음악치료의 수행적 특질을 강조하기 위해 'performance'를 '수행'으로 번역하였으나, 의미상으로는 '연주' 혹은 '공연'에 가깝다.

글 상자 1-4   암, 어둠과 공포를 마주하기: 뉴욕의 음악치료에서 커뮤니티까지

뉴욕에서 앨런 터리(Alan Turry)는 자신의 내담자 중 한 명인 마리아 로지스(Maria Logis)와 함께 음악치료에서 수행의 활용을 탐색하였다. 혹은 마리아가 음악치료에서 수행의 활용을 음악치료사, 친구들, 사회적 관계망과 더불어 탐색하였다는 것이 아마도 좀 더 정확한 서술일 것이다(Logis & Turry, 1999; Turry, 2005). 마리아는 다음과 같이 그 시작을 서술한다.

나는 1994년 가을에 비호지킨 림프종으로 진단받았다. 나는 충격을 받았다. 침묵과 마비 상태가 이어져 나는 아무것도 느낄 수 없었다. 괴로움의 한가운데서 나는 신에게 도움을 구하였고, 그 도움은 내가 상상하였던 것과는 전혀 다르게 찾아왔다. 나는 음악을 찾았고 그 속에서 받은 위안은, 내가 아프다는 것을 알았을 때 나를 덮었던 침묵을 깨고 저항하는 것을 가능하게 만들었다(Maria in Logis & Turry, 1999, p. 97).

음악은 마리아가 찾을 것이라 기대하였던 것이 아니었다. 음악과 마리아의 관계는 단순한 것과는 거리가 멀었다. 마리아는 어렸을 때 피아노 레슨을 받았고, 성인이 되어서 노래하는 것을 배우고, 부르려 하였지만, 잘 되지 않았다. 진단을 받기 전 10여 년 동안 마리아는 수업을 듣고 개인 레슨을 받으면서 합창단에서 노래하고자 하였지만, 그 경험은 힘들었다.

나는 만족스럽지 않았다. 나는 충분히 연습하지 않았다. 나는 훈련이 부족하였다. 나는 음악을 읽을 수 없었고, 그것은 내 시간을 너무 많이 잡아먹었다. 나는 합창단을 그만두었고, 가창 레슨이 (상황을) 수습하기를 바라며 수업을 그만두었다. 그러나 가창 레슨을 받은 지 2년이 지난 후에 나는 좌절하였고, 패배감을 느끼며 포기하였다. 내가 최소한의 기준에도 미치지 못함이 너무나도 분명하였다. 나는 노래할 수 있으리라 생각한 나 자신을 원망하였다(Maria in Logis & Turry, 1999, p. 98).

노래해야 한다는 생각이 다시 찾아온 것은 꽤 터무니없는 일이었지만, 마리아는 밀고 나갔고, 노래 선생님을 찾기 시작하였다. 마리아의 치과 의사는 마리아에게 한 사람을 소개해 주었는데, 그가 나중에 앨런에게 마리아를 의뢰한 동료였다.

처음 만났을 때 우리는 많은 소리를 만들어 냈고, 나는 진단을 받은 이래로 내가 몇 주만에 처음으로 웃었다는 것을 알았다. 나는 돌아오기로 결심하였다. 1994년 11월에 시작해서 오늘날까지 이어진 과정이 내 삶을 완전히 변화시켰다.

> 노래를 시작하자 곧 진단을 받아들이려는 나의 분투와 치료에 대한 커다란 공포가 찾아왔다…… 가사가 계속 떠올랐다…… 앨런은 나의 음악과 가사들을 매우 중요한 것처럼 다루었다. 앨런은 피아노로 즉흥연주하면서 내가 계속하도록 하였다. 그래서 나는 계속 노래하였고, 점점 더 많은 가사와 감정이 올라왔다(Maria in Logis & Turry, 1999, pp. 98-99).

앨런과 작업하는 동안, 마리아는 가수이자 코치인 재닛 새비지(Janet Savage)도 만났다. 마리아는 재닛과도 함께 작업하기 시작하였다. 마리아가 음악치료 세션에서 즉흥연주한 녹음을 공유하여 들은 이후에, 재닛은 즉흥연주를 노래로 다루자는 아이디어를 냈고, 친구들을 위해 마리아가 그것을 수행할 수 있다고 제안하였다. 마리아는 '재닛의 제안에 대해 기도하였고, 그것을 앨런과 의논하였으며', 곧 그들은 항암치료 종료 1주년을 노래로 기념하는 계획을 세웠다. 마리아는 친구들을 자신의 집에서 열린 독창적인 음악 콘서트에 초대하였다.

> 내 친구들을 위해 노래를 부르는 것은 내 인생의 가장 행복한 날 중 하나였고, 나는 내 삶에서 그렇게 행복하다고 묘사할 수 있는 날들이 매우 적었다. 사진들을 보면, 기쁨으로 미소 짓고 있는 내가 보인다. 나는 항암치료 없이 보낸 1년을 기념하였다. 그것은 마치 하늘을 나는 것만 같았다. 나는 정말 살아 있음을 느꼈다. 나는 이 질환의 괴로움을 헤치고 '내 방식으로' 노래하였다.

> 음악치료 과정의 자유는 정말 짜릿한 것이었다. 나는 즉흥연주에서는 어떤 실수도 있을 수 없다는 사실을 극복할 수 없었다. 나는 아픈 것에 대해서만이 아니라 나의 오랜 슬픔과 절망에 대해서도 노래하였다(Maria in Logis & Turry, 1999, pp. 103-104).

즉흥연주 음악치료에서 고통, 어둠과 희망을 탐색하는 것과 반공개적인 행사에서 친구들과 노래를 공유하는 것 간의 변화들로 과정은 계속되었다. 노래를 공유하는 경험을 요약하면서, 마리아는 말한다.

> 집에서 콘서트를 하고 몇 달 후에, 나는 더 많은 친구를 위해 교회에서 콘서트를 열었다. 친구들의 지지와 사랑은 크게 만족스러웠다. 1996년 봄에, 앨런은 나를 위해 지역

대학의 학생 및 교직원들과 음악을 공유하는 것을 주선하였다. 음악을 공개적으로 공유하는 각각의 경험은 나의 '목소리'를 주장하도록 나를 도왔다.

나는 그 과정에 감탄하였다. 음악의 포용 안에 산다는 것은 내 삶의 많은 고통스러운 쟁점에 대한 이미지들을 만들도록 도왔고, 침묵에 대해 노래하는 전체 과정은 그것을 물리치는 방식이었다(Maria in Logis & Turry, 1999, p. 114).

몇 년 후 작성된 논문에서 터리(2005)는 음악치료 실제의 맥락을 확장하는 것과 연결된 문제 및 가능성에 대해 논의한다. 터리는 이를 '커뮤니티 음악치료'의 발현적인 전통 내에서 발전된 실제에 대한 관점과 연결하였다.

로지스와 터리가 기술한 음악치료 과정은 협력적이다. 새로운 경계를 탐구하는 공유된 의지가 있고, 과정의 가능성과 위험을 다루는 데 성찰이 수반된다. 이는 좀 더 관습적인 음악치료 이상으로 발전하는, 말하자면 '안에서부터' 발현되는 커뮤니티 음악치료의 한 예다.

다음의 사례는 일본의 맥락에서 가져온 것이고, 매우 다른 시작점을 가진다. 여기에서 커뮤니티 음악치료는 좀 더 관습적인 치료적 실제에서 성장한 것이 아니라, 음악적 · 문화적 아이디어와 시각에서 성장한 것이다.

글 상자 1-5 모두가 음악을 공유할 수 있는 곳: 고베의 오토아소비 프로젝트

일본의 고베에서 음악치료사로 일하는 리 누마타(Rii Numata)는 커뮤니티 공간에서 음악 워크숍을 이끌고, 지적장애가 있거나 없는 음악가들이 집단적으로 즉흥연주를 하는 오토아소비 프로젝트(소리놀이 프로젝트)를 감독한다. '아인 스크림(Ein Scream)'[4]이라 불린 기고에서, 누마타는 현대 음악의 아이디어가 어떻게 커뮤니티를 이루는 새로운 가능성을 만들 수 있는지 논의한다(Numata, 2009).

누마타는 즉흥연주 음악치료를 선도하는 음악치료사들이 어떻게 현대 음악의 가치

---

4) 역자 주: 누마타는 2009년 음악치료 국제포럼인 보이시즈(voices)에 자신의 커뮤니티 음악치료 프로젝트인 오토아소비 프로젝트 경험을 '아인 스크림'이라는 제목으로 기고한 바 있다.

에 대해 기존의 것과 다른 평가를 하는지 논의하고, 음악치료에서 현대 음악이 좀 더 능동적으로 탐색되어야 함을 시사한다. 자신이 이끄는 워크숍의 맥락에서, 누마타는 자유 즉흥연주에 대한 베일리(Bailey, 1992)의 아이디어를 일본 작곡가 마코토 노무라(Makoto Nomura)의 '쇼기[5] 구성(Shogi Composition)' 및 미국의 아방가르드 작곡가인 존 존(John Zorn)이 작곡한 '게임 작품' 코브라(Cobra)에 나오는 실험적 원리 같은 현대의 작곡 원리들과 결합하면 특히 유용하다는 것을 알았다.

누마타와 참여자들이 함께 참여한 게임 작품과 실험적 즉흥연주는 참여자들이 사건의 흐름을 이해하고 참여하게 할 수 있는 특정한 규칙들에 따라 협력적이고, 유연하게 전개되었다. 누마타(2009)는 '다른 문화적 자원을 가진 여러 명의 개인 참여자들이 서로 만나고 함께 의사소통하여 즉흥연주 음악을 만드는 공간'으로 서술한다. 말하자면, 참여적 윤리는 여기에서 참여적 미학으로 변화하였다. 누마타는 각기 다른 가치, 기술과 의도가 공존하는 현대 음악 형식의 가능성을 논의한다.

2004년 9월부터 2005년 3월까지, 나는 일본의 아시야(Ashiya)에서 커뮤니티 음악치료 프로젝트에 참여하였다. 그 프로젝트 중에 자유 즉흥연주, 쇼기 구성과 코브라에 대한 아이디어가 채택되었고, 모든 참여자가 역할을 맡아 자유롭고 활발하게 연주할 수 있었다.

즉흥연주 과정에 대한 논의에 기반하여, 우리는 각 참여자의 음악적 자원들을 음악으로 엮으려고 하였다.

이 프로젝트에서 나의 동기부여는 참여자들이 음악 만들기 그 자체에 집중할 수 있고, 음악을 통해 소통할 수 있는 공간을 만드는 것이었다. 이 프로젝트는 음악치료사, 학습장애인, 자유롭게 즉흥연주하는 음악가들이 함께 작업하여 현대 음악을 만들 수 있을지에 대한 나의 관심을 자극하였다. 치료적 변화를 의도하지 않고 현대 음악적 표현을 탐색하는 데 집중한다면 참여자들이 어떻게 될지는 아직 밝혀지지 않았다(Numata, 2009).

저자는 '학습장애인, 노인, 정신과 환자와 같은 내담자들에 국한된 것이 아니라 사회의 누구나 와서 음악을 공유할 수 있는' 창의적인 공간이 만들어졌음을 강조한다(Numata, 2009).

---

5) 역자 주: 체스와 같은 일본식 장기를 의미한다.

일본의 사례는 음악이 어떻게 커뮤니티 음악치료 실제의 발전을 추동하고, 동기를 부여하는지 조명한다. 음악적 동기부여는 다음에 나오는 호주의 간학문적 실천 사례에서 설명하는 것처럼 더 광범위한 문화적·사회적 관심사와 자주 연결된다.

<table>
<tr><td>글 상자 1-6</td><td>**호주 노던 테리토리의 아트스토리즈와 간학문적 실천**</td></tr>
</table>

호주의 노던 테리토리는 광활하고 문화적으로 다양하다. 노던 테리토리 원주민의 통역 서비스에는 100가지 이상의 토착어와 방언이 등록되었다. 테리토리에는 광범위한 이민자 언어들도 있다. 따라서 다수의 커뮤니티가 문화적으로 또 언어적으로 매우 다양한 반면, 다른 커뮤니티들은 원거리에 고립되어 있다. 이러한 상황은 학습 및 문해와 관련하여 심각한 어려움을 만든다.

호주의 연구자이자 음악 교육자, 음악치료사인 아냐 타잇(Anja Tait)은 학습과 복지라는 두 가지의 목적과 더불어 예술 참여의 가능성을 높이고, 파트너십을 만들기 위해서 2006년에 아트스토리즈를 설립하였다. 개인적 표현이자 문화적 발달의 매개로서 음악은, 이니셔티브(initiative)[6]에서 중요한 것이다. 또 다른 호주의 음악치료사인 캐서린 드렐폴(Catherine Threlfall)이 다른 분야의 사람들과 함께 타잇의 이 프로젝트에 동참하였다. 초학문적 프로젝트로 개발된 아트스토리즈는 교육, 건강 및 안녕감과 더불어 언어와 예술의 실천을 연계하는 목적을 지닌다. 학교 직원들과 함께하는 또래 코칭 또한 시간이 지나도 유연하고 지속 가능한 실천을 발달시키려는 목적과 더불어 이 프로젝트의 중요한 요소다.

아트스토리즈의 활동은 감상하기, 노래하기, 연주하기, 춤추기, 쓰기, 그리기, 색칠하기, 구성하기와 멀티미디어를 포함한다. 이 접근은 간학문적일 뿐만 아니라 참여적이며 세대 통합적이다. 젊은 사람들은 흔히 세대 간 지식의 전달을 활성화하는 방식으로 성인들과 함께 작업한다. 예를 들어, 이 프로젝트에 참여한 원거리의 토착 커뮤니티 중 한 곳에서는 젊은 남성들이 나이 든 여성들과 함께 작업하고, 두 개의 CD와 일련의 교수적 DVD를 만들었다. 이 협력은 두 세대의 기술을 모두 요구하였고, 토착어와 문화의 증진을 담당하였다.

---

6) 역자 주: 특정한 주제에 대해 주장이 되는 위치에서 이끌거나 지도할 수 있는 권리를 의미한다. 최근에는 선도적인 작업을 수행하는 단체를 지칭하는 데 사용되기도 한다.

2008년의 영향력 평가는 아트스토리즈가 아동의 문해 학습에서 결정적인 교수적 역할을 수행할 뿐 아니라 더 폭넓은 커뮤니티 참여를 이끌어 낸다고 결론지었다. 정부와 자선 부문에서의 기금 지원으로 아트스토리즈의 실천은 교육, 건강과 커뮤니티 환경에서 진화를 계속한다(Tait & Murrungan, 2010).

이러한 호주의 사례는 커뮤니티 음악치료가 어떻게 협력하여 노력하고, 문화적으로 민감하며, 사회적으로 참여적일 수 있는지 보여 준다.

사진 1-2 | 미국 필라델피아. 음악치료사 마이크 비에가(Mike Viega)와 스콧 맥도널드(Scott MacDonald)가 함께한 '우리의 목소리를 들어요' 노래 만들기 프로그램에서 노래 〈인생은 미친 짓이야〉의 가사 쓰기.

사진 제공: Ryan Brandenberg.

🎧 커뮤니티 음악치료 정의하기

커뮤니티 음악치료를 정의하는 것은 간단하지 않다. '치료'라는 용어가 개인적 수준에서 꽤 자주 '처치' 혹은 '돌봄적 중재'와 유의어로 사용되므로, 어떤 이에게

'커뮤니티 음악치료'는 용어적 측면에서 모순적이다. 우리는 음악치료라는 더 큰 학
문과의 관계를 고려하는 것이 중요하기 때문에, 또한 **치료**(therapy)가 '돌봄' 및 '서비
스'와 같은 의미를 포함하는 더 광범위한 용어로 이해될 수 있기 때문에, 우리가 그
용어를 유지하는 것이 적절하다는 것을 알았다. 이는 또한 많은 사람이 자신의 **일상
생활 활동**(everyday life activities)에서 음악이 다양한 방식으로 유용하다는 것을 알게
된 이후부터 흔히 음악을 **치료적**(therapeutic)이라고 서술하는 대중적 언어 사용과도
연결된다(DeNora, 2000 참조). 우리가 앞 절의 예에서 본 것과 같이 커뮤니티 음악
치료는 **건강 증진**(health promotion)과 **사회적 변화**(social change)의 실천을 포용하는
것 이상이다.

우리는 '커뮤니티 음악치료'라는 용어를 아직 꽤 생산적인 용어이나 외견상 자기
모순적인 또 다른 용어인, 이름하여 '산문시(prose poem)[7)]'와 비교할 수 있을 것이
다. 산문의 사전적 정의는 '운율의 구조가 없는 말이나 글: 절 혹은 시와 반대인' 것
이다.[4] 다시 말해서, 산문과 시는 전통적으로 서로 배타적인 장르로 고려된다. 보들
레르(Baudelaire)와 다른 이들이 19세기에 산문시라는 장르를 개척하였을 때, 산문
과 시 모두 표준 개념에 도전을 받았고, 문학에 대한 더 넓은 방식의 사고가 제안되
었다. 이후에 이는 단편 같은 다양한 산문 장르 및 시의 연(verse)[8)]에 대한 우리의
개념에 영향을 미쳤다. 새로운 생산적 관계가 정립된 것이다(Janss & Refsum, 2003).

커뮤니티 음악치료라는 합성어를 구성하는 세 가지 용어는 각각 다면적이고 복합
적이다. **커뮤니티**(community)라는 용어를 보자. 우리는 네 가지 단순한 관찰에 주목
하여 그 복합성의 표면을 접한다. 첫째, 커뮤니티는 단순한 이웃이나 인근뿐만 아
니라 다양한 유형이 될 수 있으며, 자발적이거나 우연적인 모임일 수도 있다. 둘째,
커뮤니티는 사회 활동의 내부에서 발현된 것일 수도 있고, 사회 활동에 우리가 참
여하는 것일 수도 있기에, 필수적으로 기존의 것이어야 하는 것은 아니다. 셋째, 사
람들은 자신이 프로젝트와 커뮤니티의 문화 간 관계를 어떻게 지각하는지에 따라,
다양한 방식으로 커뮤니티에 참여할 것이다. 넷째, 커뮤니티는 다양한 사회적 · 문
화적 체계 안에 자리하는 것이므로 그에 의해 영향을 주고받을 수 있다.

커뮤니티 음악치료를 어떻게 정의하느냐는 부분적으로 음악치료를 어떻게 정의

---

7) 역자 주: 보통의 운문 형식이 아닌 산문 형식으로 만들어진 시를 의미한다.
8) 역자 주: 시에서 몇 행(line)을 하나로 묶은 것을 말한다.

하느냐에 달려 있다. 일반적인 음악치료 정의들은 커뮤니티 음악치료에 여지를 적게 남기지만, 어떤 것이 커뮤니티 음악치료가 될 수 있는지에 대한 질문에 접근할 때 그 정의들이 조력을 제공할 수도 있다. 이 중 하나는 음악치료가 사람들의 **행동 가능성**(possibilities for action) 증진을 목적으로 한다는 것을 시사한 루드(Ruud, 1980, 1998)에 의해 제안된 것이다. 이 관점은 건강 문제에 대한 사회학적 이해에 기반한 것이다. '행동 가능성'은 개인의 문제뿐만 아니라 사회에서의 구조적 장애물로 인해서도 어려움을 겪는다. 1970년대 후반에 발전된 루드의 정의는, 커뮤니티 음악치료에 대한 최근 담론의 전조가 되는 측면들이다.[5]

커뮤니티 음악치료의 첫 번째 구체적인 정의 중 하나는 『음악치료의 정의(Defining Music Therapy)』에서 케네스 브루샤(Kenneth Bruscia)에 의해 제시되었다.

> **커뮤니티 음악치료**에서, 치료사는 전통적인 개별 혹은 집단 음악치료 환경에서 내담자들과 일하며, 커뮤니티와 일하기도 한다. 목적은 두 가지로, 첫째, 내담자가 커뮤니티의 기능에 참여하고 커뮤니티의 가치 있는 구성원이 되도록 준비시키기, 둘째, 그 구성원들이 내담자들을 이해하고 상호작용하도록 도움으로써 내담자들을 수용하고 포용하도록 커뮤니티를 준비시키기다.
>
> (Bruscia, 1998, p. 237)

브루샤의 정의는 2000년 이후 발전되었던 커뮤니티 음악치료의 정의 중 몇 가지보다 덜 확장된 것이다. 예를 들어, 브루샤가 지역 커뮤니티의 개별 혹은 집단 음악치료에 초점을 둔 반면, 현대의 커뮤니티 음악치료는 다양한 범위의 실제와 커뮤니티를 담당한다. 커뮤니티 음악치료의 개념을 상술하면서 스티게(Stige, 2003, p. 454)는 커뮤니티 음악치료가 세 가지 수준에서 정의될 수 있다고 제안한다.

> 전문 실천 영역으로서 커뮤니티 음악치료는 커뮤니티에서의 상황적 보건 음악하기이자, 참여적 접근을 통한 사회문화적이고 공동체적인 변화의 증진에 특정한 초점을 두는 내담자와 치료사 간 협력의 계획된 과정이며, 음악은 비임상적 통합 환경에서 수행된 관계의 생태로 활용된다.
>
> 발현적 하위 분야인 커뮤니티 음악치료는 사람들과 그들이 속한 커뮤니티 간 상

호작용을 통해 이를 발달시키는 것으로서 음악과 건강 간 관계에 대한 연구이자 학습이다.

최근 생겨난 전문적 전공 분야인 커뮤니티 음악치료는 커뮤니티에서 능동적인 음악적·사회적 역할을 맡도록 훈련과 역량을 검증받은 학자-임상가들의 커뮤니티이며, 정의 증진, 자원의 평등한 분배 및 건강을 증진하는 사회문화적 참여를 위한 통합적 조건에 특정한 초점을 두고 있다.

(Stige, 2003, p. 454)

이 정의는 실제가 어떻게 이와 연관된 직군 및 학습의 한 갈래로 이해되어야만 하는지를 조명한다. 그러나 정의는 길고 복잡하다. 많은 저자가 더 짧고, 더 간단한 정의들을 나타내고자 하였던 것도 당연하다. 2004년 루드는 이와 같은 정의를 실천적 특징과 이론적 특징을 결합하는 서술로 제언하였다. "그렇다면 커뮤니티 음악치료는 '체계적 관점 내 수행 기반 음악치료의 성찰적 활용'으로 정의될 수 있다"(Ruud, 2004).

루드의 정의는 **음악치료 국제포럼: 보이시즈**(Voices)에서 심층 논의를 장려하였다. 성찰과 체계적 관점의 중요성이 다수에 의해 인정되었으나, 커뮤니티 음악치료가 수행 기반 실제로 정의될 수 있다는 제안은 논란이 많았다. 논의에 참여한 여러 사람은 커뮤니티 음악치료의 과정이 흔히 음악적 수행을 포함한다는 것을 인정하였으나, 이 측면에 정의라는 지위를 부여하는 것을 반기지 않았다. 일부 논쟁은 커뮤니티 음악치료가 수행적일 수 있지만(아래 참조) 수행 기반이 필수는 아님을 시사하는 것으로 요약될 수 있다. 논쟁의 다른 참여자들은 루드의 정의가 만든 특정한 주장에는 초점을 덜 두는 대신 커뮤니티 음악치료를 정의하는 전체적인 아이디어를 문제로 삼았다.[6]

요컨대, 커뮤니티 음악치료의 정의는 복합적이거나 논란이 많거나 혹은 둘 다일 수도 있다. 다음 절에서 우리는 이에 대한 몇 가지 이유를 살펴볼 것이다. 이는 커뮤니티 음악치료의 정체성에 대한 서술과 성찰의 언어를 발달시키는 과제에 있어 가능한 대안적 접근을 시사한다.

∩ 커뮤니티 음악치료 인식하기

커뮤니티 음악치료는 지역의 맥락, 문화 및 사회적 상황의 범위와 관련하여 다양한 방식으로 발전되었다. 그러므로 일반적인 정의들을 명확히 할 수 있는 방법에는 한계가 있다. 앤즈델(Ansdell, 2005a)은 맥락적 활용과 분리하여 경계와 정의를 정립하는 것이 반드시 의사소통을 개선하는 것은 아니라고 주장한다. 정의가 항상 명확하지 않은 다른 이유에 대해 앤즈델은 끝없는 퇴행이 수반된다고 주장한다. 어떤 용어의 정의는 정의를 필요로 하는 용어의 활용도 시사한다. 어떤 문장에 다수의 '애매한' 용어들이 포함되어 있다는 것을 깨닫게 되는 것이다. "분석적 혹은 실증주의 관점에서 보이는 이것은 형편없는 현상이다."라고 앤즈델은 단언한다. 그러나 앤즈델은 맥락 내에서 개념을 탐구하도록 초대된 이래로 이것이 결점으로 고려되어서는 안 된다고 주장한다. 앤즈델은 커뮤니티 음악치료의 정확한 정의에 대해 다음의 대안을 제안한다.

> (그 위를 맴돌아 성취된) 현상에 대한 추상적인 개관적(synoptic) 정의 대신에, 우리는 수평적인 '현장의' 특성을 만든다. (그들 스스로를 끊임없이 이동시키는) 그 국지적 맥락 내에서, 일상의 활용에 나타난 그 패턴을 보는 측면에서. 이는 모두가 실제로 이미 보는 것을 봄으로써 이해하는 형식이나, 패턴이 정말 두드러지기 때문에 그 핵심 요소를 강조하는 형식이다. 그래서 커뮤니티 음악치료를 정의하는 '중요한 요소는 x도, y도 혹은 z'도 아니라고 말하는 대신에, 우리는 그 요소들의 패턴이 어떤 주어진 맥락 내에서 어떻게 **새로운 관계**로 재배열되는지 살펴본다. 그래서 커뮤니티 음악치료는 새로운 어떤 것으로, '특별한' 어떤 것으로 정의되지 않으나, 알려진 요소들의 새로운 배열; 요컨대 새로운 **패턴**(혹은 어쩌면 이것이 지나치게 고정적인 것으로 들리는 것도 피하기 위해, 특정한 맥락 혹은 요구나 활용 내에서의 새로운 **패턴 만들기**)으로 정의된다.
>
> (Ansdell, 2005a)

정의의 제한점(limitations of definition)은 커뮤니티 음악치료에서 뚜렷이 구별되는

사진 1-3 ｜ 일본 고베. 오토아소비 프로젝트. 지적장애와 비장애 음악가들을 위한 집단적 즉흥연주.
음악을 탐색하기, 협력을 탐색하기.

사진 제공: Kaneko Yoshiro.

것이 아니다. 커뮤니티 심리학 같은 관련 분야도 유사한 문제를 마주한다. 넬슨과
프릴렐텐스키(Nelson & Prilleltensky, 2005)는 어떤 정의도 커뮤니티 심리학 이론 및
실천의 복잡성을 정확한 방식으로 포착할 수 없다는 것이 일반적으로 수용된다고
주장한다. 그러므로 단일한 정의를 만들어 내는 대신에, 이 분야를 특징짓는 일련
의 주제들을 약술하는 것이 흔해졌다. 설명을 위해서 우리는 커뮤니티 심리학의 선
구자 줄리안 라파포트(Julian Rappaport)가 일찍이 1977년에 발전시킨 목록에 대한
서술을 제시할 것이다.

그 생태적 특성…… 사람들이 하나의 단일한 기준이나 가치에 따라 판단하지 않
도록 문화적 관련성 및 다양성의 중요성…… 그리고 사회적 변화에 대한 초점뿐
만 아니라…… 라파포트(1977)는 커뮤니티 심리학이 인적 자원 개발, 정치적 활동
및 과학적 탐구와 관련이 있으며, 이 세 가지 요소는 서로 흔히 상충한다고 주장한
다. 라파포트의 책『커뮤니티 심리학: 가치, 연구와 실천(Community Psychology:
Values, Research and Action)』이라는 부제와 같이, 커뮤니티 심리학은 가치, 연구

와 실천 간 행동의 균형을 잡는 것임을 시사한다.

(Nelson & Prilleltensky, 2005, p. 4)

커뮤니티 음악치료 문헌에도 유사한 아이디어들이 나타난다. 1990년대에 발전된 여러 이론적 논의에 기반하여, 스티게(2002, pp. 129-131)는 **건강 증진**(사회적 관계망의 강화를 통한 예방적인 건강 작업), **윤리 주도적 실천과 연구**(문화적 · 사회적 참여를 위한 조건에 초점을 둔 활동가들과 함께하는) 및 개인적 혹은 미시체계적 수준을 넘어서는 작업을 지지하는 **생태적 접근**에 초점을 둔 커뮤니티 음악치료의 서술을 위한 기틀을 제안하였다. 스티게, 앤즈델, 엘펀트와 파블리셰빅(Stige, Ansdell, Elefant & Pavlicevic, 2010b)은 커뮤니티 음악치료 실제가 전형적으로 **생태적, 참여적, 수행적, 자원 지향적, 능동적으로 성찰적**임을 시사하는 다섯 가지 전반적인 핵심 요소를 제안하였다.

우리는 앞에서 언급한 핵심 요소와 일련의 틀 및 합성되고 수정된 공식들을 지칭하는 **특질**(qualities)이라는 용어를 사용할 것이다. '특질'이라는 용어는 커뮤니티 음악치료의 특징인 요인들을 지칭하고, 실천의 쟁점과 관련하여 그 유의성과 관련성이 검토될 수 있다. 우리는 커뮤니티 음악치료의 특징인 일곱 가지 특질의 (의사)소통을 위해 'PREPARE'라는 두문자어를 제안한다.

P 참여적(Participatory)

R 자원 지향적(Resource-oriented)

E 생태적(Ecological)

P 수행적(Performative)

A 활동가적(Activist)

R 성찰적(Reflective)

E 윤리 주도적(Ethics-driven)

이 특질들은 연구 및 실천과 관련되고, 실천과 연구를 잘 아는 이론과 메타이론에서 검토되었다. 또한 이 특질들은 음악적일 뿐 아니라 준음악적인 측면과도 관련이 있다(이는 우리가 제5장에서 소개할 특이점으로, 제5장에서 우리는 음악적 과정이 어떻게 문화적 맥락에 포함되며, 움직임, 언어 및 사회적 의사소통과 관련된 과정과의 상호작용에서 발전되는지를 논의할 것이다). 일곱 가지 특질 중 다수는 우리가 이 장에서 제시하였던 첫 번째 예를 다시 보면 설명될 것이다.

그레이터 케이프타운에 있는 음악치료 커뮤니티 클리닉의 실제에 대해 우리가 제공하였던 짧은 예에서, **참여적** 특질은 처음에 특별히 강조되지 않는다. 경찰이 젊은이들을 데려와야 했고, 이들을 무장해제시켜 음악치료실 문으로 인도해야 했다. 그러나 젊은이들은 음악에 대한 자신의 흥미에 끌려서 자발적으로 복귀하였다. 참여적 특질은 그들이 자라기 이전에 길러져야 한다. **자원 지향적** 특질은 명확히 제시된다. 음악은 젊은이들을 매혹하여 자석처럼 끌어당기는 힘이 있다. 이는 사회적 논평의 표현뿐만 아니라 커뮤니티의 경험을 제공하는 '멋진' 것이다. 이 구체적인 예에서 **생태적** 특질이 발현되는 것으로 보인다. 음악치료 활동은 두 명의 치료사와 청년 집단이 만든 미시체계에 기반한 것으로 서술된다. 그러나 실제는 지역 커뮤니티에서의 과정과 관련이 있고, 더 넓은 커뮤니티에서 다른 유의한 행위자들과의 상호작용으로 정립된다. **수행적** 특질은 틀림없이 있다. 갱의 일원이라기보다 밴드의 구성원이라는 새로운 정체성 수행의 가능성을 제공하는 음악치료 활동에 참여하는 것이다. **활동가적** 특질은 자신의 작업에 대한 음악치료사들의 발표에서 강조되지 않으나, 아마도 치료사들과 참여자들이 과정을 부추기는 쟁점들, 이름하여 이 지역 커뮤니티의 문화적 · 사회적 삶에서 갱의 문제적인 역할과 어떻게 관련되는지를 시사한다. **성찰적** 특질은 두드러지는 것으로 보인다. 음악치료사들은 이러한 측면을 다음과 같이 서술한다.

> 두 번째 세션에서, 집단은 우리에게 자발적으로 자신들의 이야기를 하기 시작하였다. 처음에 우리는 이것이 음악과는 완전히 무관한 것이기에 '음악' 세션의 시간을 너무 많이 뺏는 것이 아닌지 걱정하였다. 우리는 곧 마음을 바꿨다. ……설명은 집단 구성원들이 자신의 경험을 다루고, 삶의 측면들을 표현하는 기회를 제공한다. 이는 그들이 대개 스스로를 유지하기 위해 선택하였던 것들이다.
>
> (Fouché & Torrance, 2005)

마지막으로 **윤리 주도적** 특질은 이 사례에서 중요하다. 과정을 시작하는 것은 개인의 병리적 측면에 관련된 것이 아니라 이웃의 어려움, 젊은이들이 마주하는 위험, 어떤 구성적인 방식으로 이러한 문제들을 다루는 사법 정의 체계의 부적절성에 대한 사회참여적 관점과 관련된 것이다. 잇따른 과정들은 청년들뿐 아니라 관련된 음악치료사들에게도 변화를 가져왔다.

> 헤이트벨트와 같은 지역에서 갱의 역할은 대단히 복합적이다. 표면적으로, 특히 '외부자들'에게 있어 갱들은 배타적으로 '나쁘고' 파괴적으로 보인다. 갱들이 만든 복잡한 사회적 관계망과 역사적 유산에 대한 이해가 있어야만 갱들의 사정—그리고 실제로 그들의 불가피함—을 이해하기 시작한다. 음악치료실 내에서, 우리의 경험은 갱 일원의 역할과 정체성을 버리고, 연약하고 개방적인 청년의 것으로 대체하는 것이다. 음악치료는 관계 맺고, 만들고, 표현하는 다른 방식들을 탐색할 기회를 제공한다. 치료사로서 우리도 갱과 청소년 갱 일원에 대한 우리의 고정관념을 음악치료실 벽 너머에 두는 것을 배웠다. 이는 우리가 음악치료에서 청년인 갱 일원들과 관계 맺는 것을 돕고, 그들이 다른 사회적 정체성을 실험하고 만드는 것도 가능하게 한다.
>
> (Fouché & Torrance, 2005)

여기서 서술한 특질들은 커뮤니티 음악치료의 모든 측면에서 고유한 것이 아니다. 그것들의 조합이 특징인 것이다. 만일 그렇다 하더라도 각각의 실제는 대개 주어진 상황의 필요 및 가능성에 따라 다른 것 이상으로 몇몇 특질을 강조한다. 특정한 특질의 적절성도 대개 시간이 지나면 변화한다. 일곱 가지의 특질을 함께 택한 것은 우리가 커뮤니티 음악치료를 인식하는 것을 돕는다. 흥미로운 질문은 실제가 커뮤니티 음악치료로 명명되어야 하는지 아닌지가 아니라는 것이다. 더 중요한 것은 언제 그리고 어떻게 진단 평가될 수 있는지와 일곱 가지 특질 각각이(그리고 그 조합이) 상황과 관련하여 어느 정도로 적절한가 하는 것이다. 커뮤니티 음악치료 문헌에서의 정보, 통찰과 논의는 여기서 논의된 특질 중 일부만이 해당 실제의 특징일 때 고려하는 것이 적절할 수 있다. 만일 몇몇 특질이 덜 특징적이라면 문헌은 왜 이것이 그러한지, 또한 계속 그렇게 지속되어야 하는지에 대한 성찰을 부추길 수 있다.

'PREPARE'라는 두문자어를 개념화하는 방법은 커뮤니티 음악치료에는 두 가지 목적이 있다고 한 브루샤(1998, p. 237)의 이전 주장과 관련된다(커뮤니티 기능에 참여하도록 개인을 **준비시키기**, 각 개인을 수용하고 지원하도록 커뮤니티를 **준비시키기**). 커뮤니티 음악치료의 실제는 개인적 변화의 필요나 사회적 변화의 필요를 무시하는 것이 아니어야 한다. 초점은 상호적 관계 향상에 있다. 우리가 방금 살펴본 지역 커뮤니티의 특징인 많은 불이익이 청년들에게 어려움을 가져온다. 상호적 관계의 향상이 항상 쉽게 이루어지는 것은 아니다. 음악 안에서 인간의 유대감을 기념하면서, 커뮤니티 음악치료는 흔히 큰 즐거움이 될 수 있다. 불평등과 주변화 같은 쟁점들을 나타내는 실제로서, 커뮤니티 음악치료는 견고한 역량과 타당한 협력을 필요로 하며, 만만찮은 동시에 부담이 큰 작업이다. 다음 절에서 우리는 두문자어 'PREPARE'의 일곱 가지 특질 각각에 대한 간결한 설명을 제공할 것이고, 이 특질들에 대한 개요는 이 책의 전반에 걸쳐서 좀 더 구체적으로 논의될 것이다. 일곱 가지 특질은 무수한 방식으로 상호작용한다. 이 책을 통해 특질들에 대한 예와 논의가 분명해질 것이다.

∩ 참여적 · 자원 지향적 특질

커뮤니티 음악치료의 **참여적**(participatory) 특질은 과정이 어떻게 개인적 · 사회적 참여의 기회를 제공하는지, 참여가 얼마나 가치 있는지, 파트너십의 아이디어가 어떻게 지원되는지를 지칭한다. 흔히 음악치료사의 전문성이 중요하다고 하나, 참여자들의 전문성도 그러하다. 커뮤니티 음악치료는 전문가-지시적인 실제가 아니다. 참여적 접근은 관련된 모든 목소리에 귀를 기울이는 의지를 수반하고, 사회적 과정의 리더들이 여러 차례 변화할 수 있음을 인정하는 것을 포함한다. 치료나 처치에서 내담자나 환자라는 용어를 사용하는 대신에, 그러므로 이는 대개 협력적 과정의 참여자들에 대한 이야기와 좀 더 관련이 있다.

참여적 특질은 인권에 대한 쟁점과 연결되어 있고, 의사결정의 과정에서 상호적 역량 강화 및 민주주의에 초점을 두는 것이 요구된다. 참여적 특질은 이 책의 전반에 걸친 논의의 핵심이며, 제6~8장에서는 실제에 대한 논의에서, 제9장에서는 연구에 대한 논의와 제10장에서는 (재)전문화에서 특정한 처치가 제공될 것이다.

사진 1-4 │ 노르웨이 베르겐. 아동의 복지 뮤지컬. 건강과 안녕감 수행하기.

사진 제공: Astrid Merete Nordhaug.

커뮤니티 음악치료의 **자원 지향적**(resource-oriented) 특질은 개인의 강점 및 사회적 · 문화적 · 물질적 자원의 협력적 동원에 대한 초점을 반영한다. 우리는 대개 '자원'이라는 용어를 다양한 종류의 비축물과 저장품으로 연상한다. 사회학 이론과 연구에는 문제들을 해결하고, 가능성을 탐색하기 위해서 사람들이 자신의 일상생활에 적합한 비축물과 저장품에 대한 은유로 '자원' 또는 '자본'을 활용하는 전통이 있다.

커뮤니티 음악치료에서 자원은 다양한 유형이 될 수 있다. 예를 들어, 음악적 재능과 관심 같은 참여자 개인의 강점, 신뢰 및 정서적 지원과 같은 관계적 자원, 음악 단체 및 전통과 같은 커뮤니티 자원이 있다. 개인적 문제와 장애는 커뮤니티 음악치료의 실제라는 그림의 일부가 될 수 있다. 흔히 활동과 과정을 계획할 때 이를 고려하는 것은 본질적이지만, 진단과 처치는 커뮤니티 음악치료에서 핵심적인 것이 아니다(제6~8장 참고). 개인적 문제와 관련하여 이를 가지고 살아가는 데 있어서의 어려움은 개인적 자원을 육성하는 것과 적절한 때에 사회적 · 문화적 · 물질적 자원의 이용 증가를 도모하는 과정의 맥락에서 다루어진다. 예를 들어, 참여를 위해 사회적·문화적 장애물을 허무는 목표를 가지고, 사회적·문화적 문제들을 심각하게 받아들이는 것을 포함한다. 그러므로 자원 지향적 특질은 사회적 변화의 서비스에 있어서 비평과 직면의 가능성을 배제하지 않는다.

커뮤니티의 구성원들에 의해 전유될 수 있는 물질적 제품에 대한 것뿐만 아니라 관계적 과정에 대해 지칭하는 것처럼 자원은 유형적이며 무형적이다. 제3장에서는 건강 자원의 분배에 있어 불평등이 논의된다. 제4장에서는 사회적 자본과 다른 사회적 자원들이 논의된다. 제5장에서는 준음악적 자원을 발판으로 삼고, 의존하는 건강 자원이자 사회적 자원으로서 음악이 논의된다. 제6~8장에서는 커뮤니티 음악치료 실제에서 자원들이 어떻게 생산되고 전유되며, (재)분배되는지에 대한 몇 가지 예를 제공한다.

🎧 생태적·수행적 특질

커뮤니티 음악치료의 **생태적**(ecological) 특질은 개인, 집단 및 사회적 맥락에서의 관계망 간의 상호적 관계와 작업하는 것을 수반한다.

'생태'라는 용어의 현대적 활용은 유기체와 그 환경 간의 상호적 영향들을 서술하기 위해 생물학에서 발전되었다. 1960년대부터 이 용어는 인간의 사회문화적 삶을 서술하는 은유로 영향력을 지니게 되었다. 예를 들어, 심리학 문헌에서는 인간 삶의 생태적 특징을 서술하기 위해 다수의 모델이 제안되었고, 대개 다양한 수준의 분석에 대한 설명을 동반하였다.[7]

모든 인간의 실천은 생태적으로 이해될 수 있다(개인적 수준에서 변화는 다양한 사회적 체계와 함의를 가질 것이고, 그 반대도 그러할 것이다). 커뮤니티 음악치료의 실제는, 예를 들어 다양한 집단 간 혹은 개인과 커뮤니티 간 관계를 탐색함으로써 능동적으로 생태적 관계들과 작업한다. 관련된 체계와 생태적 수준은 각 프로젝트 및 맥락의 필요와 자원에 따라 현저히 다양할 수 있다.

제4장에서 우리는 생태적 은유가 어떻게 사회과학에 영향을 미치는지 명시한다. 제5장에서는 음악에 대한 생태적 관점을 논의한다. 생태적 은유는 우리가 제6~

8장에서 제시할 실천에 대한 논의에서도 핵심적이다.

커뮤니티 음악치료의 **수행적**(performative) 특질은 생태적 맥락에서 관계의 행동 및 수행을 통한 인간 발달에 초점을 두는 것을 지칭한다. 이는 성찰이 부수적임을 (아래 참조) 시사하는 것은 아니지만, 성찰은 자기 및 사회적 체계의 수행과 필연적으로 관련되어 있다.

수행적 특질은 커뮤니티 음악치료에서 음악의 역할을 탐구하는 데 있어 결정적이다. 이는 건강 및 발달과 관련된 커뮤니티 음악치료의 선제적 역할 특징이기도 하다. 주된 초점은 치유적 중재보다는 **건강 증진** 및 **문제 예방**이다. 커뮤니티 음악치료 실제는 때로 보건의료 부문과 협력적이나, 그것이 이 부문의 필수적인 부분은 아니며 대개 처치를 지향하지는 않는다. 건강과 안녕감에 대한 협력적 노력 및 개인, 집단과 커뮤니티가 어떻게 건강 문제를 가지고 살아가며, 이를 다루는지에 대한 문제가 초점이 된다. 결과적으로, 긍정적인 건강 증진 및 일상 맥락에서의 삶의 질이 중요하다. 그러므로 다수의 커뮤니티 음악치료 실제는 치료라고 명명되지 않은 활동들을 수반한다. 집단과 프로젝트는 흔히 자신들을, 예를 들어 이 실제가 어떻게 참여자들의 음악적 정체성에 있어 중요한지를 나타내는 적절한 명칭으로 식별한다.

다양한 맥락에서의 건강과 안녕감에 대한 개념은 제3장에서 논의될 것이고, 사회적 맥락에서의 인간 발달에 대한 논의가 제4장에서 이어질 것이다. 음악의 수행적 특질은 제5장에서 좀 더 구체적으로 상술된다.

🎧 활동가적 · 성찰적 · 윤리 주도적 특질

커뮤니티 음악치료의 **활동가적**(activist) 특질은 사람들의 문제가 자원의 불평등한 이용과 같은, 사회에서의 제한과 관련이 있다는 사실을 인정하는 것과 관련된다. 또한 이와 관련하여 행동에 대한 의지도 수반한다. 활동가적 특질은 사회적 변화가 커뮤니티 음악치료 의제의 일부임을 시사한다. 참여자들과 음악치료사들은 비록 조금이더라도 세상을 변화시키기 위해 자주 타인과 협력하며 파트너십을 가지고 함께 작업한다. 활동가적 특질은 어쩌면 다른 특질 대부분, 예를 들어 참여적 특질 및 윤리 주도적 실제의 특질보다 더욱 논쟁의 여지가 있으나 잘 어우러진다.

활동가적 작업은 협의와 성찰을 필요로 하고, 커뮤니티 음악치료의 다른 특질과 균형을 잘 맞추어야만 한다. 우리는 제6~10장에서 더욱 구체적인 내용을 설명할 것이다.

커뮤니티 음악치료 실제의 **성찰적**(reflective) 특질은 과정, 결과 및 더 광범위한 함의를 인정하고 이해하는 데 있어 대화와 협력적 시도들을 지칭한다. 이는 흔히 사고와 논의를 수반하나, 독점적인 것은 아니다. 행위, 상호작용 및 반응도 이해에 기여한다. 앞에서 서술한 참여적 에토스(ethos)[9]는 모든 관련자와의 협의 및 유일한 전문가로서 음악치료사의 아이디어에 반하는 이야기들을 불러온다. 그러므로 전문적이지 않고 지엽적인 지식은 커뮤니티 음악치료의 성찰이라는 아이디어에 있어서 중요하다. 이러한 협의 및 집단적 과정에서 중요한 요소로서 연구에 초점을 두는 것은 꽤 타당하다. 연구 기반 지식은 커뮤니티에서 능동적인 음악적·사회적 역할을 맡을 때 자원이다. 자원으로서 적절하기 위해, 커뮤니티 음악치료의 연구는 다학제적·다수준적 관점에 기반을 두어야 한다. 연구, 이론 및 행동의 통합에 대한 개방성도 유용하다.

성찰에 대한 대화 및 집단적 과정이 특징인 실제는 제6~8장에서 설명된다. 제9장에서 우리는 커뮤니티 음악치료 연구에 대해 논의하고, 제10장에서 커뮤니티 음악치료의 전문화 개념에 대한 함의를 논의한다.

커뮤니티 음악치료의 **윤리 주도적**(ethics-driven) 특질은 실제, 이론 및 연구가 어떻게 권리에 기반하는지를 지칭한다(인권을 알리는 가치와 활동을 안내하는 권리를 깨닫는 것). 건강과 안녕감, 커뮤니티; 그리고 음악은 커뮤니티 음악치료 실제에서 핵심적인 것이며, 이러한 목적은 실제에서 실현되도록 도모되고, 자유, 존중, 평등 및 연대와 같은 가치에 의해 육성된다. 그러므로 커뮤니티 음악치료 실제의 윤리적 기반은 맥락 내에서 협의된다.

가치와 관련된 쟁점들이 이 책 전반에 걸쳐 잘 나타나 있다. 제3장에서는 건강과 평등 간 관계가 논의된다. 제7장에서 우리는 권리 기반 실제로서 커뮤니티 음악치료의 개념 및 이 개념을 지원하는 핵심적인 가치들을 구체적으로 논의한다.

---

9) 역자 주: 인간의 내면에서 일정한 행동 양식을 이끌어 내는 원동력으로 보편적인 도덕적 요소를 의미한다.

∩ 관습적 음악치료의 연속이자 상반되는 것[8]

커뮤니티 음악치료의 실제는 협력적 가능성 및 사회적 영역과 관계된 음악치료의 책임을 실현하는 것에 기반을 둔다. 이에 대한 맥락은 음악치료의 정립된 정의와 비교함으로써 정립될 수 있다. 세계적으로 규모가 크고, 영향력 있는 음악치료 단체 중 하나인 전미음악치료협회(AMTA)는 다음의 방식으로 음악치료를 정의하였다.

> 음악치료는 승인된 음악치료 프로그램을 이수하여 자격을 갖춘 전문가들에 의해 (시행되며), 치료적 관계 내에서 개별화된 목적을 성취하기 위해 음악 중재를 임상적으로 근거에 기반하여 사용하는 것이다.
>
> (American Music Therapy Association, 2011)

이 정의와 이 장에서 제시된 아이디어 간에는 갈등이 있다. 커뮤니티 음악치료는 반드시 임상적이지는 않다. 목적은 때로는 개별화되고, 때로는 그렇지 않다. 이러한 목적들을 추구하는 것은 치료적 관계의 영역으로 제한되지 않는다. 커뮤니티 음악치료의 '중재'는 대개 '개입' 및 '이니셔티브'와 같은 더 광범위한 용어로 서술된다. 또한 커뮤니티 음악치료가 연구에 의해 알려지는 반면, '음악 중재의 근거 기반 사용'이라는 문구는 커뮤니티 음악치료의 참여적이고 맥락에 민감한 특성을 고려할 때 꽤 제한적이다.

앞의 단락은 커뮤니티 음악치료와 음악치료에 대한 기존 관점 간의 차이를 강조한다. 우리는 질문해야 한다. 커뮤니티 음악치료는 음악치료가 어떻게 정의되고 실천되어야 하는지에 대해 수용된 관점과 양립할 수 있는가? 이 질문에 대해 긍정적으로 혹은 부정적으로 대답하는 것 대신에, 우리는 세상에는 수많은 음악치료의 정의가 있다는 것과 어떠한 정의도 문화적 혹은 이론적 영향으로부터 자유로울 수 없다는 것을 기억해야만 한다. 이 영향들은 모호하고 약한 것일 수 있으나, 영향들로부터 자유로운 투명한 언어는 성취할 수 없는 것이다. AMTA의 정의가 커뮤니티 음악치료 실제를 나타내는 관점들과 양립하기 어려운 생의학적ㆍ심리학적 가정에 영향을 받았다는 것은 개략적인 평가일 수 있다. 이 장의 앞부분에서 논의된 에벤 루드(Even Ruud)의 사회학적으로 알려진 정의와 같은 음악치료의 다른 정의는, 커뮤니티 음악치료의 관점과 훨씬 더 일치한다. 음악치료에 대한 중립적 혹은 포괄적 이해에 대한 희망은 헛된 일이다. 다양한 지각이 서로를 어떻게 보완하고 의문을 제기하는지를 살펴보는 것이 아마 더욱 유용할 것이므로, 학술적인 논쟁과 발전에 원동력을 제공할 것이다.

커뮤니티 음악치료가 어떻게 관습적인 음악치료의 연속이자 상반되는 것으로 서술될 수 있는지가 이 책의 전반에 걸친 주제가 될 것이다. 이는 실제 및 연구의 분야에서 음악치료의 정체성에 대한 질문들과 연결된다. 어떤 지식과 아이디어의 교환 및 다양한 전통 간의 만남이 있는 한 음악치료의 특징인 관점과 아이디어의 다양성은 학술적 논쟁과 발전의 자원이다. 이렇듯 커뮤니티 음악치료의 새로운 아이디어는 더 관습적인 실제에서 기존의 수용된 개념을 잘 나타내거나, 이에 이의를 제기할 수 있으며 반대로도 마찬가지다. 관습이란 시간이 지나면서 변화할 것이다. 커뮤니티 음악치료는 지속적인 대화와 논의를 격려하는 방식으로 기존의 개념에 의문을 제기함으로써 학문의 더 관습적인 분야와 관련하여 구성적인 역할을 할 수 있다.

개인에 대해 전문가가 규정한 진단(diagnose)에 기반하기보다, 커뮤니티 음악치료의 과정은 특정한 상황에 대한 협의된 이해에서 발전한다. 사람들의 문제를 '고치는' 것에 초점을 덜 두고, 개선된 실제와 정책의 맥락에서 사람들이 성장하도록 돕는 자원을 동원하는 것에 더 초점을 둔다. 이 장 초반의 사례들도 커뮤니티 음악치료가 어떻게 협력, 참여 및 통합에 초점을 둠으로써 새로운 미학적 가능성을 개방할 수 있는지를 드러낸다. 이러한 측면에서 커뮤니티 음악치료는 음악과 커뮤니티에 대한 그들의 권리를 다시 획득하도록 사람들을 지지하고 역량을 강화하는 실제로서, 보다 광의적인 사회적·문화적 과정의 일부로 고려될 수 있다(Ruud, 2004). 이는 소리와 움직임을 통한 의사소통이 음악과 동료애를 모두 가능하게 하는, 천성적인 인간의 역량이라는 것을 시사하는 근거의 증가와 관련하여 볼 수 있다(Malloch & Trevarthen, 2009).

커뮤니티 음악치료는 후기 현대사회에 나타난 사회문화적 변화의 다양한 과정과 관련된다. 이 중 한 차원은 커뮤니티 및 동지애(fellowship)에 대한 새로운 관심과 대조를 이루는 개인화에 대한 경향이 증가하는 것으로 서술될 수 있다. 또 다른 차원은 흔히 사회에서의 참여권과 같은 인권과 관련하여, 역량 강화 및 협력을 강조하는 이니서티브를 둠으로써 비교되는 전문가-주도적 보건 서비스의 전문화를 가속화하는 것으로 서술될 수 있다. 커뮤니티 음악치료의 발현은 그것이 드러내는 딜레마에 대한 답변으로서가 아니라, 하나의 실천적 · 학문적 반응으로서 이러한 경향과 분투의 맥락에서 이해되어야 한다(Stige, 2003).

다시 말해, 커뮤니티 음악치료의 중요성 및 관련성에 대한 성찰에 있어서 여러 요인을 고려할 필요가 있다. 보편적인 인간의 역량은 음악적 커뮤니티를 만들고, 협력적 음악하기를 가능하게 한다. 지엽적 상황은 참여 기회와 장애물을 정의한다. 보편적인 인간의 권리는 사회참여를 유도하고 건강, 교육 및 문화의 가장 중요한 쟁점들을 이용하게 한다. 또한, 지엽적 상황은 필요와 우선순위를 규정한다. 개별화된 처치는 물론 많은 사례에서 타당하고 유의하나, 사회에서 대규모 건강 문제를

사진 1-5 │ 뉴욕. 마리아 로지스와 앨런 터리, 음악심리치료에서 커뮤니티 음악치료로 이어지는 과정. 새로운 경계를 탐색하고자 하는 의지 공유하기.

사진 제공: Jun Oshima.

완전히 없애거나 잠재적으로 감소시킬 수는 없다. 커뮤니티 심리학, 사회복지 및 건강 증진과 같은 분야들은 이 어려움을 심각하게 받아들인다. 개별화된 처치는 건강과 발달에 있어 보다 선제적이고 사회적이며 문화적인 접근으로 보완되어야 한다. 커뮤니티 음악치료는 이러한 보완적 전략의 일부다.

🎧 결론

현대 학문으로서 음악치료 발전의 많은 부분은 개별화된 처치에 집중되었으나, 커뮤니티 지향과 건강 증진 실천이라는 표면에 나타나지 않는 흐름은 여러 국가에 존재하였다. 1990년대 후반 이래로, 이러한 경향은 국제적으로 힘을 얻었다.

커뮤니티 음악치료 실제는 건강 증진 음악하기를 통한 개인과 커뮤니티의 연결에 초점을 둔다. 개인과 커뮤니티의 연결은 인간 생활의 사적·공적 측면 간의 관계들이 그러한 것처럼 다면적이다. 그러므로 커뮤니티 음악치료는 현대 음악치료의 보다 관습적인 실제와 비교하여 배타적으로 서술되지 않고, 보완적인 움직임으로 서술되어야 한다. 이는 정립된 실제에서 승인된 가정들에 대해 의문을 제기하는 '위험한 지식'을 발전시키는 커뮤니티 음악치료의 가능성을 배제하지 않는다.

커뮤니티 음악치료는 실제, 하위 분야, 전문적 전공 등 세 가지 수준에서 정의될 수 있다. **실제**로서, 커뮤니티 음악치료는 어떤 특정한 실제의 형태보다는 관련된 실제들의 합이라는 개방된 용어로 고려되어야 한다. 이러한 실제들은 일부 공유된 특징을 가질 수 있으나, 지엽적 가치와 상황에서의 차이 때문에 실제 간 상당한 다양성도 존재한다. 맥락을 교차하여 공유될 수 있는 것은 특정한 활동이나 기법들이 아니라, 성찰을 위한 특정한 가치이자 도구로 알려진 협력적 음악 만들기를 탐색하는 데 대한 관심이다. **하위 분야**로서, 커뮤니티 음악치료는 인간의 사회적 생활이라는 맥락에서, 또한 인간의 사회적 요구 및 역량의 측면에서 음악, 건강 및 사회적 변화에 대한 연구로 이해될 수 있다. 커뮤니티 음악치료는 특히 다중 생태적 수준이 수반되기 때문에 광범위한 연구 분야다. **전문적 전공**으로서, 커뮤니티 음악치료는 정서적으로 의사소통이 어려운 문제를 다루는 능력, 할 수 있는 음악적 기술이 무엇이든 사람들을 음악적 참여에 초대하는 능력과 같은 음악치료 직군의 정립된 기술에 많은 부분 기반한다. 뿐만 아니라, 커뮤니티 음악치료는 사회적 상황과 관련하여 문제를 이해하는 능력, (흔히 공개적인 수행을 포함하는) 협력적 음악하기로 작업하며, 커뮤니티의 문제와 관련하여 한 사람의 고유한 가치를 표현하고, 맥락을 교차하여 동맹을 만들며, 다양한 커뮤니티 구성원들 사이를 매개하는 능력과 같은 전문적 역량의 확대에 주목할 필요가 있다.

커뮤니티 음악치료의 다면적이고 맥락화된 특징을 고려하면, 어떤 정의는 너무 복잡하게 혹은 너무 단순하게 발전하는 경향이 있다. 정의에 대한 딜레마를 다루는 한 가지 가능한 방식으로, 우리는 실제, 학문 및 직군으로 커뮤니티 음악치료를 특징짓는 경향이 있는 일곱 가지 특질을 전달하기 위해 두문자어 'PREPARE'를 제안하였다.

커뮤니티 음악치료의 발현은 좀 더 사회적으로 참여하게 되는 음악치료 학문으로의 초대를 나타낸다. 그러나 커뮤니티 음악치료는 수십 년 동안 음악치료에서 육성되어 왔던 가치와 지식의 연속이자 발전이기도 하다. 커뮤니티 음악치료의 발현은 음악치료사들이 커뮤니티의 서비스와 사회적 변화의 과정에서 이러한 기술을 스스로 사용하게 함을 시사한다. '커뮤니티 음악치료로의 초대'의 적절성은 음악에서의 연결과 음악을 통한 연결에 대한 인간의 역량을 생물학적으로 지지하는 것과 관련하여, 또한 현대사회에서 논란이 되는 쟁점인 인간의 연계성을 만드는 후기 현대 발달과 관련하여 약술될 수 있다.

🎧 핵심 용어, 논의 주제와 미주

핵심 용어(제시된 순서에 따른 핵심 용어)

인간의 유대감(human connectedness)

들어 보지 않은 목소리에 귀 기울이기(attending to unheard voices)

음악하기(musicking)

치료(therapy)

치료적(therapeutic)

일상생활(everyday life)

건강 증진(health promotion)

사회적 변화(social change)

커뮤니티(community)

행동 가능성(possibilities for action)

커뮤니티 음악치료 정의하기(defining community music therapy)

정의의 제한점(limitations of definition)

〈커뮤니티 음악치료의 특질(PREPARE)〉

참여적(Participatory)

자원 지향적(Resource-oriented)

생태적(Ecological)

수행적(Performative)

활동가적(Activist)

성찰적(Reflective)

윤리 주도적(Ethics-driven)

논의 주제

다음의 비판적 사고 질문은 수업 혹은 집단에서 논의될 수 있고, 이 장에서 논의된 주제에 대한 비평적 성찰을 위해 학생 개인이 사용할 수 있다.

1. 많은 사람이 자신의 일상생활 자원으로서 음악을 사용한다. 이러한 사용은 건강과 안녕감을 위한 음악을 포함한다. 따라서 어떤 사람들은 음악을 '치료적'이라 생각하고 이야기한다. 음악치료의 직군에 대한 가능한 함의들을 논의하라.

2. 다수가 명확한 학술적 의사소통에 있어 정의가 중요함을 옹호하지만, 우리는 이 장에서 어떤 학자들이 맥락적 사용과 별개로 경계와 정의들을 만듦으로써 의사소통이 반드시 개선되지는 않는다고 주장하는 것을 보았다. 이 관점을 선택한 것에 대한 한 가지 함의는 우리가 이해하는 것을 도울 수 있는 다양한 전형을 도모하는 것일 수 있다. 이 논의에서 당신이 택한 입장이 무엇이든 커뮤니티 음악치료의 한 가지 전형을 구체적으로 서술하라. 그 예가 왜 이해를 돕는지 이유를 설명하라.

3. 두문자어 'PREPARE'에서 마지막 특질은(윤리 주도적 E) 커뮤니티 음악치료가 개인의 병리

적 측면과 관련된 전문가들의 의견에 의한 것이라기보다 음악, 건강과 커뮤니티에 대한 협의된 시각에 의해 주도된 것임을 시사한다. 영국에서 사이먼 프록터(Simon Procter)는 정신건강에서 비의료적 이니셔티브에 대한 음악치료의 관계를 논의하였다.

> 이와 같은 부문에서 제안된 서비스들은 다양하지만, (장애와 질환보다) 사람들의 능력과 건강(wellness)에 대한 잠재력에 초점을 둠으로써 역량을 강화하는 것이 목적인 이래로, 실천적인 것(상담, 복지 및 혜택 조언, 언어/문해 수업 등)과 창의적인 것(음악, 예술, 문학)이 강조되는 경향이 있다. 실천적인 것과 창의적인 것에 대한 이러한 이중적 강조를 보면, 음악치료를 거의 이용할 수 없다는 것은 이상하게 보인다.
>
> (Procter, 2001)

프록터에 의해 서술된 것처럼 음악치료의 통합이 있든 없든 간에, 유사한 비의료적 이니셔티브들이 다수의 국가에 존재한다. 당신의 국가에서 음악치료와 이 이니셔티브 간의 관계는 어떠하며, 그 상황에 대한 당신의 평가는 어떠한가?

미주

1. '모든 참여자의 목소리에 귀 기울이기'라는 은유는 국제 평화 연구에서 가장 중요하다 (Galtung, 1999). 만일 모두가 자신의 목소리를 사용하는 것이 허용되었다면, 사람들이 커뮤니티를 공격하기 위해 폭력을 사용할 위험―혹은 그들이 좌절을 내부로 돌려 스스로를 공격할 위험―은 감소된다.

2. '음악하기(musicking)'는 스몰(Small, 1998)에 의해 소개된 용어다. 유사한 개념으로 '음악하기(musicing)'라고 철자를 쓴 것은 엘리엇(Elliott, 1995)에 의해 발전되었으나, 사회적 상황에서 관계의 수행으로서 음악 만들기(music making)에는 초점을 덜 둔다. 음악하기에 대한 우리의 개념적 이해는 행위자, 활동 및 산물이 어떻게 상호작용하고, 따라서 서로를 구성하는지에 대해 문화심리학과 음악사회학의 이론에 의한 것뿐만 아니라 스몰의 업적에 영향을 받았다. 이 책에서 인용된 문헌의 일부에서는(특히 앤즈델과 파블리셰빅에 의한 여러 문장), 엘리엇이 철자를 쓴 음악하기(musicing)가 사용될 때조차도 개념적인 이해는 스몰의 음악하기(musicking)에 더 가깝다.

3. 일부 커뮤니티 음악치료 과정은 전통적인 임상적 맥락에서 발전하므로, 저자들은 때때로 실제를 서술할 때 '내담자' 혹은 '참여자' 같은 용어들을 사용하는 것이 적절하다는 것을 밝힌다. 우리가 이 책에서 채택할 일반적인 용어는 참여자로, 커뮤니티 음악치료의 기본 원

리들을 서술할 때 기존의 참어적 관점을 취하였다.

4. 이 표현은 새국제웹스터사전(The New International Webster's Dictionary)과 영어유의어 사전(Thesaurus of the English Language, 2000)에서 채택되었다.

5. 음악치료에 대한 이 관점은 1980년대와 1990년대에 노르웨이의 커뮤니티 음악치료 실제에서 중요해졌다(Byrkjedal, 1992; Einbu, 1993; Kleive & Stige, 1998; Stige, 1993, 1993/1999).

6. 루드의 정의 및 이에 대한 논의는 『커뮤니티 음악치료에서의 변화의 바람 토론(Debating the Winds of Change in Community Music Therapy)』이라는 제목하에 출간되었다. http://www.voices.no 참조.

7. 중간체계, 외체계 및 거시체계가 포함된 브론펜브레너(Bronfenbrenner, 1979)의 미시체계 모델은 큰 영향을 미쳤고 개인, 집단, 단체 및 지방자치 단체와 다양한 더 큰 체계 간의 상호작용을 묘사하는 다른 모델들이 잘 알려졌다(제4장 참조).

8. '관습적 음악치료'라는 용어는 음악치료가 다수의 방식으로 실천되고 논의되었다는 사실을 감안할 때 정확한 용어가 아니다. 이 용어를 활용하여 우리가 지칭하는 관습은 개인적 수준에서 증상과 건강 문제를 살펴보는 것, 이 수준에서 중재에 초점을 두는 것, 그리고 임상적 장소의 경계 내에서 작업하는 것이다(클리닉, 기관 혹은 개인 사무실의 '치료적 공간').

제2장

간략한 역사

제2장을 공부한 후에 당신은 다음과 같은 질문에 대해 토의하게 될 것이다.

- 현대의 커뮤니티 음악치료 실제와 음악적 치유에 대한 전통적 실천은 어떻게 유사하고, 어떻게 다른가?
- 현대 음악치료에서 수십 년간 선구적이었던 문헌들의 커뮤니티 관련 아이디어 중 핵심적인 것은 무엇인가?
- 1980년대의 음악치료 이론에서 체계적·사회문화적 전환의 특징은 무엇인가?
- 1980년대와 1990년대에 커뮤니티 기반 및 커뮤니티 지향 음악치료에서 새로워진 실천적 관심에 기여하는 것은 어떤 종류의 사회문화적 변화인가?
- 21세기 초기에 국제적 담론 및 연구의 분야로서 커뮤니티 음악치료는 왜 발현되었는가?
- 어떤 은유가 커뮤니티 음악치료의 역사적 발달을 가장 잘 서술할 수 있는가?

🎧 음악과 건강의 전통적인 공동체적 실천

학문이자 직군으로서 음악치료의 발달은 다양한 동시대적·역사적 맥락과 관련하여 볼 때 가장 잘 이해되었다. 이 책의 마지막 장에서 우리는 후기 현대사회에서 최근의 발달이 어떻게 음악치료 직군에 영향을 미쳤는지 논의할 것이다. 이 장에서 우리는 역사적 관점을 취할 것이고, 연구 및 실제의 분야로서 커뮤니티 음악치료의 구체화를 자극하였던 몇몇 과정을 살펴볼 것이다.

현대 음악치료의 역사 전반에 걸쳐, 인권 이해 및 사회적 정의의 시각에 기반한 다양한 커뮤니티 발달 이니셔티브는 모든 시민을 위한 건강, 교육 및 가치 있는 문화적 참여를 이룰 수 있도록 노력을 부추겼다.[1] 음악치료사들은 음악치료가 개별화된 처치와는 다른 것을 어떻게 제공하는지를 보여 주는 이러한 이니셔티브와 자신의 작업을 연결하였다(Stige, 2003). 만일 우리가 전통적인 사회에서 음악이 어떠하였고, 어떻게 사용되어 왔는지를 살펴본다면, 협력적인 음악 만들기에서의 사회적 · 문화적 가능성과 이것이 어떻게 건강, 안녕감 및 커뮤니티 발달과 관련되었는지 더 이해할 수 있을 것이다.

전통적인 실천(traditional practices)은 근래에 제시되었던 현대의 '커뮤니티 음악치료'에서 발견한 것과 여러 방식에서 유사하며, 여전히 여러 문화에 존재하면서 번창하고 있다. 중앙 · 동 · 서아프리카에서의 다양한 **응고마**(ngoma)[1] 전통과 같은 현재의 예들은 대부분의 커뮤니티 음악치료 실제와는 표면적으로 꽤 다르게 보일 수도 있다. 그러나 협력적 · 참여적 과정에서 건강과 관련된 음악 만들기에 초점을 둔다는 것에 유사점이 있다. 수많은 전통이 있는데, 유명한 사례로는 프리드슨(Friedson, 1996, 2000)에 의해 연구되었던 말라위의 '춤추는 예언자'라는 툼바카(Tumbaka) 전통이다. 툼바카 전통에서, 프리드슨은 질병, 고통 및 치유는 음악으로 가득 찬 사건이자 과정이라고 주장한다. 치유 의식은 툼바카 전통의 정신을 나타내도록 설계된 반공개적이고 사회 음악적인 사건들일 뿐만 아니라, 더 넓은 사회 분야를 활성화하도록 설계되었다. 프리드슨이 서술한 의례에서, 트랜스 상태(trance)[2]는 핵심 요소다. 이는 선조들의 정신이 중요한 역할을 한다는 툼바카 사람들의 우주론과 관련되어 있다. 그러므로 트랜스 상태는 정신과 만남을 정립하는 도구가 된다.

영적인 차원은 치유에 대한 여러 아프리카의 음악 전통에서 전형적인 것이나 (Kigunda, 2004), 영적인 영역을 명백히 덜 참조하고, 인간의 존재에 대한 사회적 · 정치적 차원에 더 초점을 두는 응고마 전통들도 있다(Schumaker, 2000). 바츠(Barz,

---

1) 역자 주: 콩고어로 '북'이라는 뜻이며, 중남부 아프리카에서 연주되는 나무로 만든 북을 지칭한다. 전통 춤이나 민속행사를 의미하는 말로도 사용된다. 응고마는 주로 반투어를 사용하는 부족들이 연주하는 것으로 알려져 있다.
2) 역자 주: 무아지경, 황홀경으로 일컬어지는 가수 상태를 말하며, 심리/상담 분야에서는 주로 어떤 일에 집중할 때 나타나는 변형된 의식 상태 혹은 초월적 의식 상태를 뜻한다.

사진 2-1 │ 케냐 캄바(Kamba) 전통에서의 응고마(ngoma) 치유.

사진 제공: Muriithi Kigunda.

2006)는 우간다의 HIV/AIDS 범유행과 관련하여 음악이 어떻게 사용되었는지에 대해 연구하였다. 어떤 수준에서는 HIV/AIDS가 의료적 위기이자, 명백하게 개인적 · 사회적 · 문화적 · 영적 · 경제적 위기이기도 하다. 이러한 상황에서 응고마 전통의 협력적 음악 만들기가 대단히 귀중하다고 바츠는 주장한다. 바츠는 사람들이 음악을 활용하여 어떻게 질병이 퍼지는지, 또한 어떤 대응책이 감염 비율을 감소시킬 수 있는지에 대해 그들 자신과 이웃을 어떻게 교육하는지 서술한다. 바츠는 음악 활동이 어떻게 참여자들의 역량을 강화할 수 있는지, 커뮤니티와 지지의 개념을 만들 수 있는지, 또한 문제의 재현에 기여하는 젠더 고정관념에 의문을 제기하는지도 기록한다. 이러한 방식으로 음악은 전통적인 치유자들, 비전문적인 실천과 의학 서비스가 공존하고 서로를 보완하는 **다중 치유 체계**(multiple healing systems)의 일부가 된다.

치유에 대한 공동체적 · 음악적 의례를 채택하는 전통적인 실천들은 모든 대륙에 존재한다. 이 실천들은 흔히 현대 음악치료의 전문적인, 연구 기반 실제와는 '동떨어진' 것으로 고려된다. 흔히 음악치료 문헌들은 이러한 실천을 과학 이전 실천의 예로 지나치면서 언급한다. 그러나 음악치료사들이 이러한 전통적인 실천에 대해 더 많이 알고, 잘 알고 있어야 한다고 주장하는 일부 의견이 있었다(Kenny, 1982, 2006; Moreno, 1988, 1995a, 1995b; Rohrbacher, 1993, 2008; Ruud, 1992a, 1995; Sekeles, 1996; Stige, 1983, 2002). 이러한 학자 중 다수는 전통적인 의례가 어떻게 음악적 · 사회적 · 치유적 과정을 통합하는지에 대해 관심을 가졌다.

이는 인류학자인 얀젠(Janzen, 2000)의 음악과 건강에 대한 연구에서 간학문적 플랫폼의 필요성을 논의한 것과 관련하여 볼 수 있다. 얀젠은 건강 연구와 음악 연구가 대개 다른 학과와 학부에 위치하는 현대 학문과 대학의 분리된 특성이 전통적인 치유 의례의 전체성을 거의 이해하지 못하는 상황에 기여함을 시사한다. 연구자들은 이 상호작용하는 요소들과 전체 의례 대신에 선정된 측면에 관심을 가지는 경향이 있기 때문이다. 얀젠은 음악치료가 이 분열과 관련하여 통합적인 노력으로 기여하는 역량을 가질 수 있었으나, 이 도전과 가능성이 음악치료사들 사이에서는 충분히 심각하게 받아들여지지 않았다고 주장한다.

🎧 음악치료 문헌에 나타난 초기 커뮤니티 관련 아이디어

음악치료가 1940년대와 1950년대에 새로운 직군으로 정립되었을 때, 의학적 · 행동적 아이디어들이 우세하였다. 『음악과 의학(Music and Medicine)』에 기록된 것과 같이, 일부는 전통적인 실천에 대한 민족지학적 연구에 관심이 있었으나(Schullian & Schoen, 1948), 구크(Gouk, 2000)가 주장한 것처럼 이러한 전통적인 실천은 현재의 실제와는 관련성이 적은 비과학적 선례들로 여겨졌다. 이러한 방식의 사고에 대한 초기 비평은 미국의 민족음악학자 브루노 네틀(Bruno Nettl, 1956)에 의해 발전되었다. 네틀은 의례적 환경에서 음악, 언어와 움직임을 통합하는 전통적인 방식의 문화에 치료적 가치가 있다고 주장하였다. 네틀은 이를 더 제한적인, 행동에 대한 음악의 직접 효과 연구와 대조했는데, 그것은 자신이 현대 미국 음악치료의 초점으로 이해하였던 것이었다.

그 후 20년간 1960년대와 1970년대에는 미국 음악치료에서 행동주의 이론과 실제가 지배적이었다. 커뮤니티 관련 쟁점들이 무시되었다고 주장하는 것은 여전히 부정확하다. 음악치료의 초기 교과서 중 하나인 개스턴(Gaston, 1968)의 『치료에서의 음악(Music in Therapy)』에는 전체 절이 커뮤니티에서의 음악치료에 할애되었다. 그 문장 중 하나는 다음과 같다.

> 만일 음악치료사들이 자신의 실제가 최신의 것이 되기를 바란다면, 분명히 그들은 커뮤니티와 처치의 통합에 대해 점점 더 인식해야 할 것이다. 커뮤니티 중심 기관들을 지향하는 상상력, 즉흥연주와 평생학습은 성공적인 음악치료사의 특징이 될 것이다.
>
> (Folsom, 1968, p. 361)

플로렌스 타이슨(Florence Tyson)은 커뮤니티와 음악치료 간 관계에 대한 통찰에 공헌한 미국의 선구자 중 한 사람이다('글 상자 2-1' 참조). 1950년대와 1960년대, 1970년대에 타이슨은 '외래환자 음악치료'와 '커뮤니티에서의 음악치료' 같은 쟁점에 초점을 둔 몇몇 글을 출간하였다. 타이슨의 업적은 임상적 실제가 어떻게 맥락에 의해 영향받는지를 조명하였으나, 타이슨은 커뮤니티 기반 및 커뮤니티 지향 음악치료를 알릴 수 있는 새로운 이론적 관점을 비교적 덜 발전시켰다. 이러한 도전은 1980년대에 음악치료 이론에서 문화–민감적 · 체계적 관점의 선구자인 캐롤린 케니(Carolyn Kenny)에 의해 지속되었다(아래 참조).

1960년대와 1970년대에 소수의 미국 음악치료사들은 음악치료에 대한 사회적 관점을 탐구하였다(예: Hadsell, 1974). 예를 들어, 「청소년과 함께한 커뮤니티 음악치료」라고 불린 논문에서 라글란드와 에이프리(Ragland & Apprey, 1974)는 비행청소년 내담자군과 함께한 합창단 프로젝트를 기록하였다. 합창단이 공개적으로 공연함에 따라서 가창자들은 자신의 수행 작업에 대한 인정을 받았다. 프로젝트를 논의함에 있어서 저자들은 학업과 관련하여 출석 및 동기부여의 획득을 강조한다. 이전의 비행학생들은 학교 출석과 수행이 더 나아졌고, 작업 습관과 행동에서 더 좋은 성과를 보였다.

일부 커뮤니티 관련 아이디어는 영국 음악치료의 초기 음악치료 문헌에서도 발견되었다. 선구자 **줄리엣 앨빈**(Juliette Alvin)의 업적이 적절한 사례다. 앨빈은 음악치료와 커뮤니티에 대한 체계적 논의를 발전시키지 않았으나, 1960년대에 음악치료에 대한 커뮤니티 관리 및 함의에 대한 성찰의 내용을 출간하였다. 앨빈은 음악 치료 실제와 세션이 열리는 장소 간 필수적인 적합도에 대한 아이디어도 발전시켰다. 앨빈의 영향력 있는 책『음악치료(Music Therapy)』에서 앨빈은 "작업은 환자에게 적합할 뿐만 아니라 음악 세션이 열리는 장소와도 적합하게 구상되어야만 한다."(Alvin, 1966/1975, p. 159)는 것에 대해 논의하였다. 앨빈은 음악치료실 너머 커뮤니티에서의 참여 가능성을 증진하는 것에 관해서도 염려하였다.

글 상자 2-1   플로렌스 타이슨: 커뮤니티 음악치료 센터

이미 1950년대 후반에 플로렌스 타이슨은 미국 정신의학의 탈병원화에 대한 반응으로 자신이 '외래환자 음악치료'라고 불렀던 것을 논의하였다(Tyson, 1959). 몇 년 후에 타이슨은 '커뮤니티 음악치료 센터'라는 짧은 글을 작성하였다. 여기서 타이슨은 자신이 뉴욕에 세웠던 센터의 역사와 목적, 조직에 대해 논의하였다(Tyson, 1968). 배경은 1960년대 미국 전역을 통틀었던 커뮤니티 기반 재활센터의 발달이었다.

타이슨은 '커뮤니티 음악치료'라는 용어를 정기적으로 사용한 최초의 음악치료사 중한 명이었으나, 커뮤니티 음악치료에 대한 타이슨의 개념은 아마도 그 용어에 대한 현재의 이해와는 다른 것이었다. 타이슨은 그 용어를 정의하지 않았으나, 관습적 음악치료로부터의 급진적인 변화를 덜 반영하는 방식으로 이를 사용하였던 것으로 보인다. 그럼에도 불구하고, 타이슨은 커뮤니티 기반 서비스가 새로운 책임과 도전을 가진 음악치료사들을 나타낸다고 주장한다.

음악치료는 커뮤니티 실천에서 다른 차원들을 획득한다. 음악치료사들은 전인으로서 환자에 대해, 또한 각각의 대인관계적 만남이 환자의 전체 생활 상황에 있어 즉각적이고 중요한 함의를 가질 수 있다는 사실에 대해 더 많이 알게 되는 것처럼 보인다(이는 단순히 요양병원의 안마당—쉼터—에 대한 그의 적응에 관련된 질문이 아니다). **음악치료 만남에 대한 전체 커뮤니티 환경의 지속적인 영향**은 음악치료가 외래환자의 요구를 다룰 수 있다는 것 내에서 광범위한 기틀의 필요성을 만든다(Tyson, 1968, p. 383).

타이슨은 커뮤니티 센터 내 음악치료의 주된 목적은 병원 음악치료의 목적(환자의 재사회화)과 동일하다고 주장하였다. 그러나 타이슨은 이들과의 작업 가능성은 다르다는 것을 제안하였다. 타이슨은 음악치료 센터 활동의 일부로서 공연을 동반한 정기 뮤지컬과 집단적 음악하기를 소개하였고, 이러한 사건들로부터 개별 내담자들과 센터의 환경 모두 그리고 센터와 커뮤니티 간 관계에서 넓은 범위에서의 긍정적인 결과들을 주장하였다. '커뮤니티에서의 임상 음악치료 프로그램 조직을 위한 지침'을 포함하는 타이슨의 글 모음은 1973년부터 출간되었다(McGuire, 2004).

타이슨은 다음과 같이 추측하였다. "음악치료의 유동적인 프로그램은 환자가 커뮤니티에 복귀하였을 때 음악 활동을 지속하는 장려책이 될 수 있고, 커뮤니티는 그렇게 하는 데 필요한 시설을 환자에게 제공할 수 있다"(Alvin, 1968, p. 390). 이 방식으로 앨빈은 음악치료 과정의 결과가 사회적·문화적 조건에 따른다는 사실을 인식하고 있음을 나타내었다. 앨빈은 영국 음악치료의 문화적 맥락으로서, 영국의 아마추어 음악 만들기 전통에 대한 성찰과 함께 이를 따랐고, 이 전통이 "문화적으로 유익할 뿐만 아니라 정신적 어려움에 대한 예방이 될 수도 있다는 것"을 시사하였다. 앨빈은 다음과 같이 상상하였다. "음악치료사는 음악을 도구로 하는 일종의 사회복지사가 될 수 있고, 자신의 작업을 커뮤니티가 이용할 수 있는 의료적·사회적 서비스와 관련지어야 한다"(Alvin, 1966/1975, p. 161).

메리 프리슬리(Mary Priestley)의 업적은 또 다른 적절한 사례다. 많은 음악치료사가 개별화된 심리치료적 접근인 프리슬리의 분석적 음악치료 모델에 대해 알고 있다. 그러나 프리슬리의 고유한 실제는 음악치료가 할 수 있는 것이 어떤 것인가에 대한 광범위한 해석에 따라 안내되었다. 자신의 작업에서 프리슬리는 즉흥연주 집단, 보컬 집단, 녹음 세션, 치료적 교수, 챔버 뮤직과 음악 클럽 같은 구조들을 활용하였다. 후자의 구조는 프리슬리가 일하였던 정신과 병원에서 자원적 참여로 이루어진 개방형 행사였고, "병원이 집인 사람들을 위한, 그들이 경험할 수 있는, 친구 집에서의 음악이 있는 저녁과 가장 가까운 것이었다"(Priestley, 1975/1985, p. 95). 음악 클럽이 활동 집단인지 치료적 집단인지에 대해 논의하면서 프리슬리는 "음악은 이와 같은 집단의 생생한, 울림이 있는 구성원이 되는 기회를 제공하고, 이것이 치료적 경험"(Priestley, 1975/1985, p. 95)임을 시사하였다. 이 주장은 프리슬리의 실제와 치료적 이론의 일부로 흔히 가정하는 것보다 현대의 음악 중심 및 커뮤니티 지향 접근에서 멀지 않은 곳에 위치한다.

폴 노도프와 클라이브 로빈스(Paul Nordoff & Clive Robbins, 1965/2004, 1971/1983, 1977/2007)의 선구적인 업적은 아마도, 특히 커뮤니티 음악치료와 관련이 있다. 노도프와 로빈스는 부분적으로는 영국에서, 부분적으로는 미국에서 작업하였으며, 그들의 접근은 개별 음악치료에서 집단 음악치료로, 일반적인 커뮤니티 내 수행으로의 전이를 포함하였다. 음악에 대한 내담자의 진화하는 관계는 노도프와 로빈스의 작업에서 핵심적인 것이었고, 그들은 공개적으로 공연되는 여러 음악 작품과 연극을 만들었다. 노도프와 로빈스의 영향은 지속되고 있으며, 개리 앤즈델(Gary Ansdell)과 메르세데스 파블리셰빅(Mercédès Pavlicevic)을 포함하여, 영국 맥락에서 커뮤니티 음악치료를 선도하였던 음악치료사 중 일부가 노도프−로빈스 전통으로 훈련되었다.

이 절에서 우리는 미국과 영국의 사례를 서술하였으나 이 시기에 독일, 노르웨이, 아르헨티나, 브라질, 호주 등 여러 국가에서 발전되었던 음악치료와 커뮤니티 간 관계에 대한 선구적인 업적을 기록하는 것은 중요하다. 이러한 사례들과 다른 맥락은 이 책의 전반에 걸쳐 제공될 것이다.

♫ 음악치료 이론의 체계적 · 사회문화적 전환

앤즈델(2002)에 따르면, 1970년대 후반부터 1990년대 후반까지 영국에서 음악치료가 전문화된 방식은 음악의 사회적 · 공동체적 가능성보다 개인 내담자의 치료에 더욱 초점을 둔 것으로 이어졌다. 따라서 음악치료의 이론들은 개별화된 문제와 해결에 동시에 초점을 두면서 상당 부분 심리학과 의학 같은 학문에 의해 정의된 가설들에 영감을 받았다. 많은 국가에서 아마도 병렬적인 발전을 따를 수 있게 되었으나, 미묘한 차이들이 그림에 추가되는 것도 필요하다. 전문화의 과정은 국가마다 어느 정도 차이가 있다.

같은 십 년간 음악치료 이론과 연구에서의 기여 또한 더 공동체적이고, 문화 지향적이며, 학문 및 직군이라는 맥락에 민감한 이해의 방식으로 발전되고 이어졌다. 1980년대에 (그것들이) 더 강해짐에 따라 우리는 이 시대에 발전된 몇몇 이론적 관점에 대해 논의할 것이다.

캐롤린 케니(Carolyn Kenny)는 음악치료의 체계 지향적 관점에 대한 관심을 증가시키는 데 기여한 미국의 이론가다. 케니의 첫 번째 책은 건강에 대한 더 넓은 문화적 체계의 일부로 음악을 보는 것의 적절성을 명시하였다(Kenny, 1982). 자신의 출발점 중 하나로 그레고리 베이트슨(Gregory Bateson)의 생태적 업적을 택하여, 케니는 관계적 정의를 옹호하였다. 케니는 음악치료에서 음악이 '약물'로 고려되어서는 안 되며, 음악치료사들이 그들의 건강과 삶에 대한 책임을 택함에 있어 사람들을 지지하고 격려해야 함을 시사하였다. 케니는 치료의 사회문화적 기능도 살펴보아야 한다고 주장하였다. 1980년대 내내 케니는 생태적 · 체계 지향적 방향에서 자신의 사고를 발전시켰고, 현대 커뮤니티 음악치료의 명확한 관련성에 대한 아이디어를 발전시켰다('글 상자 2-2' 참조).

글 상자 2-2 **캐롤린 케니: 신화와 장, 의례와 책임**

1960년대와 1970년대에 미국의 음악치료는 행동주의적 지향이 증가하였으나, 더 넓은 관점을 옹호하는 몇몇 확산적 목소리가 있었다. 더 강력한 목소리 중 하나는 캐롤린 케니의 것이었다. **커뮤니티 음악치료**라는 특정한 용어는 케니의 글에 나타나지 않았지만, 음악치료 이론에 대한 케니의 공헌 중 몇 가지는 현재의 논의와 관련이 있다. 케니의 주장에 나타나는 연속적 맥락은 전통적인 인간의 지혜와 현대의 지식 및 임상 실제 간 통합을 탐구하는 것이었다.

『신화의 맥(The Mythic Artery)』에서, 케니(1982)는 신화와 의례를 가지고, 또한 신화와 의례를 통해 작업하는 것의 가치에 대해 구체적인 사례를 제시하였다. 3년 후 케니(1985)는 음악치료와 체계 이론의 적절성에 대해 논의하였다. 1989년에 케니는 음악치료 이론에 대해 관련적이고 맥락에 민감한 기여가 있는 『연주의 장(The Field of Play)』[3]을 출간하였다. 『연주의 장』은 체계 이론과 『신화의 맥』의 주장을 어느 정도 통합하였다. 케니가 개발한 이론은 음악치료가 과정 지향적 실제라는 가설에 기반하였다. **장**(field)에

---

3) 역자 주: 케니는 2014년 음악치료 국제포럼인 보이시즈(voices)에 자신의 이론을 '연주의 장'이라는 제목으로 기고한 바 있다. 케니가 말하는 연주의 장은 다양한 음악치료 접근에 대한 일반적 이론으로, '어떻게 할 것인가'에 대한 이론이 아니라 '어떻게 있을(존재할) 것인가'에 대한 이론이다. 케니는 play의 이중적 의미(놀이, 연주)에 대해서도 언급하였으나, 음악치료에서의 의미 전달을 위해 이 책에서는 연주로 번역하였다.

대한 케니의 개념은 환경적 접근과 관련되었고 인간, 상징 및 의례뿐만 아니라 소리의 존재와 연결되었다.

보다 최근에 케니는 음악치료 연구자들의 사회적 책임을 옹호하였다(Kenny, 1999). 이는 케니의 주요 연구 주제인 토착 사회의 재활성화에서 예술의 역할과 더불어 인류학적 초점에 더 명확하게 전환한 것으로서, 커뮤니티 음악치료에 대한 최근의 담론과도 관련이 있다(Kenny, 2002a, 2002b). 케니의 글 모음은 의례 연구 및 인류학으로 알려진 글뿐만 아니라 음악치료 이론에 대한 공헌을 포함한다(Kenny, 2006).

1980년대 커뮤니티와 사회에 대한 중요한 이론적 관점을 발전시킨 또 한 명의 음악치료사는 노르웨이의 이론가 에벤 루드(Even Ruud)다. 루드는 자신의 박사학위 논문에서(1987/1990) 음악치료를 과학과 인간성에 대한 현대 이론들과 관련지었다. 이 업적의 한 가지 기록적인 특징은 인류에 대한 이론이다. 루드는 생물학뿐만 아니라 심리학과 사회학적 차원이 포함되었음에도 불구하고, 인간에 대한 어떤 이론도 완전하지 못하다는 것을 주장하였다. 이 가설에 대해서 루드는 음악에서의 의사소통을 위한 조건이라는 복수적·다요인적 이론을 발전시켰다. 그러므로 루드(1987/1990)는 음악을 도구로 격하하는 이론은 충분하지 않다고 주장하였다. 즉, 개인이 즉흥연주하는 행위뿐만 아니라 사회화 및 문화화의 과정들도 음악치료 이론에 포함되어야만 한다는 것이다.

사진 2-2 | 미국 조지아 밀리지빌(GA, Milledgeville). 콘서트에서 수화로 노래하는 모습.
사진 제공: University Televison, Georgia College & State University.

글 상자 2-3   **에벤 루드: 사회적 장에서의 음악치료와 사회적 장으로서의 음악치료**

『음악치료란 무엇인가?(What is Music Therapy?)』²라는 책에서 루드(1980)는 음악치료에 대해 좀 더 사회적으로 지향된 관점을 취하는 것의 함의를 명시한다. 루드는 관습적이고 개별적인, 건강 특정적인 목적의 범위를 넘어 음악치료가 전통적으로 역할을 맡는 것에서 배제되었던 사람들에게 음악을 가져다 주기 때문에 중요하다는 것을 시사한다. 루드의 가설은 건강 문제에 대한 생의학적 · 심리학적 관점이 인간 생활의 사회적 · 문화적 차원을 무시하는 경향이 있다는 것이다. 음악치료에 오는 사람들이 경험하는 문제와 제한점은 개인뿐만 아니라 다양한 사회적 · 문화적 조건과도 연결된다. 그러므로 루드는 음악치료가 내담자의 맥락과 사회적 환경(milieu)을 지향해야 하고, 예방적이고, 정치적인 차원이 중요해져야 한다고 주장한다. 또한 루드는 대인관계적 민감성은 항상 충분하지 않다고 주장한다. 음악치료사들은 음악치료가 속한 **사회적 장**(social field)과 관련하여 민감할 필요가 있다. 때때로 치료사들은 이 장을 형성하는 정치적 · 사회적 힘을 다루고, 사람들이 살아가고 성장하고 발달하는 것 내에서 조건을 만들 필요가 있다.

루드는 이후의 출간물, 예를 들어 음악과 건강에 대한 논문 모음(Ruud, 1986), 인류학에서의 이론 및 연구 기법을 활용한 음악 연구(Berkaak & Ruud, 1992, 1994), 음악과 정체성에 대한 연구(Ruud, 1997a, 1997b), 다양한 맥락에서의 음악과 건강에 대한 연구(Batt-Rawden, Bjerke, DeNora, & Ruud, 2005; Ruud, 2002; Storsve, Westby, & Ruud, 2010)에서 이러한 주장의 여러 측면을 탐구하였다.

케니와 루드의 글은 현대 커뮤니티 음악치료의 발달에 영향을 미쳤다. 같은 시대에 다른 이론적 공헌이 있으며, 국제적으로 덜 알려졌으나 이 또한 관련이 있다. 독일 음악치료 이론에 대한 공헌 중 일부가 이를 예시한다. 독일의 음악치료 문헌에는 음악치료의 **사회적 · 정치적** 차원을 논의하는 전통이 있다. 음악치료와 사회에 대한 게크(Geck, 1972/1977)의 평론서는 이러한 경향을 조명한다. 게크의 주장은 만일 치료사들이 사회적 힘과 대인관계의 소외('집단적 이상' 가능성)에 대한 문제에 인식이 없는 개인들을 무비판적으로 정상화하려고 시도한다면, 치료는 강압적인 것이 될 수 있다는 것이다. 이러한 사례에서 게크는 음악치료가 (개인적) 해결책이라기보다는 (정치적) 무관심을 나타낸다고 주장한다.

1990년 동독과 서독의 통일 때까지, 음악치료에는 분리된 두 독일의 학문적 전통이 있었다. 동독 전통의 핵심적인 선구자인 **크리스토프 슈바베**(Christoph Schwabe)는 음악치료에 대한 사회적 관점의 선구자이기도 하다. 슈바베는 1980년대에 자신의 이론적 아이디어 중 다수를 발전시켰다. 1990년대에 슈바베는 이러한 관점 중 일부를 문화와 사회에서의 변화에 반응하여 부분적으로 다시 표현하였다(Schwabe & Haase, 1996, 1998).[3] 슈바베의 아이디어와 커뮤니티 음악치료 문헌 간에 불일치가 있다 하더라도, 슈바베의 이론적 고려 사항은 커뮤니티 음악치료 현장에서 유의하다. 슈바베는 자신이 '사회적 음악치료'라고 명명한 모델을 제시하고,[4] 의뢰에 대한 구체적인 **암시**와 더불어 심리치료의 형태로 이를 서술한다(Schwabe & Haase, 1998). 이 주장은 '사회적 질환'의 개념에 기반한다. 대조적으로, 대부분의 커뮤니티 음악치료 문헌은 질환과 진단의 개념을 벗어나 사고하는 것의 적절성에 대해 명시하였다.

글 상자 2-4   **크리스토프 슈바베: 사회적 음악치료**

1969년에 크리스토프 슈바베는 동독예술심리치료협회(East German Society for Arts Psychotherapies) 음악치료 분과의 공동 설립자였고, 이 나라 음악치료 학문의 핵심적 선구자였다. 가장 유명한 슈바베의 책 두 권은 『성인 내담자를 위한 활동적 집단 음악치료(Aktive Gruppenmusiktherapie für erwachsene Patienten)』(1983)와 『조정 음악치료(Regulative Musiktherapie)』(1987)로, 각각 능동적 집단 음악치료와 수용적 음악치료에 관한 것이다. 커뮤니티 음악치료와 관련된 가장 적절한 글은 더 최근의 『사회적 음악치료(Sozialmusiktherapie)』다(Schwabe & Haase, 1998).

슈바베의 이론적 주장은 인간의 조건과 개인에 대한 특정한 개념의 논의에 입각한다. 슈바베는 개인이 결코 완전하게 고립될 수 없다는 것을 강조한다. 그들은 상호작용하고, 관계를 맺으며, 서로에게 의존적이다(다양한 방식으로, 또한 다양한 정도로). 결과적으로 **사회적**—개인과 집단이 상호적으로 서로를 구성하는 것—이라는 것에 대한 특정한 개념은 슈바베의 업적에서 핵심적인 이론적 개념으로 활용된다. 개인의 발달은 항상 커뮤니티 및 사회의 발달과 관련된다.

이 가설에 대해서 슈바베는 **나에 운트 디스탄츠**(Nähe und Distanz, 근접성과 거리감)라는 개념의 활용을 통해 사회적 생활을 서술한다. 근접성은 **개방적이 되는 것, 연계의 경험**과 관련이 있으며, 특정한 **보호의 결핍**과도 연결된다. 거리감은 **서로 다른 것, 경계**의 설립과 관련이 있으며, **자기방어**와 관련이 있다. 이를 함께 택하는 것은 사회적 만남이 어떻게 **위험과 위험 요소**를 나타내는 동시에 해방의 경로가 되는지를 조명한다. 그러므로 슈바베에 의해 정의된 사회적 건강은 개인의 고유한 내적 삶뿐만 아니라 다른 사람들과의 만남에서 근접성과 거리감의 균형을 잡는 역량이다(Schwabe & Haase, 1998, p. 15).

🎧 음악치료의 의제 확장하기

1960년대와 1970년대에 커뮤니티 기반 실제를 개척하려는 노력과 (일부) 음악치료 이론에서의 체계적·사회문화적 전환에도 불구하고, 1980년대 후반 마샤 브루섹(Marcia Broucek)은 여전히 미국의 음악치료가 탈시설화를 필요로 함을 시사하였다.

> 역사적으로 음악치료는 '시설화된 치료'였다. 그러나 시설화된 사람들은 더 큰 인구 집단에서 작은 비율로만 구성된다. 음악치료 실제의 전통적인 범위를 넘어서 관점을 확장하려는 시도에서는 인본주의적 관점에서 음악치료의 검토가 제안되었고 위기에 처한 사람들을 위한, '보통의' 사람들을 위한, 자기 탐색에 개방적인 사람들을 위한 음악치료의 세 가지 수준이 제안되었다.
>
> (Broucek, 1987, p. 50)

브루섹은 음악치료가 역사적 선례와 경제적 현실 모두 때문에 '시설화되었다'고 주장하였다. 브루섹은 음악치료사들이 기관의 환경을 넘어 자신이 제공해야만 하는 자원들이 무엇인지를 고려해야만 함을 시사하였고, 이것이 음악치료를 유익한 방식으로 개방하는 것이라고 주장하였다. 이 주장은 북미의 맥락에서 만들어졌다. 주제는 좀 더 일반적이다. 음악치료의 탈시설화는 많은 국가에서 상황의 차이에 따라 다양한 방식으로 논의와 관심의 주제가 되었다.

그러나 커뮤니티 음악치료의 현대적인 개념은 탈시설화된 음악치료 이상의 또 다른 것을 시사한다. 커뮤니티 음악치료의 발현은 사회문화적 변화에 대한 더 큰 그림의 일부다. 그 정체성은 음악치료를 위한 더 큰 의제를 포용하는 접근들(커뮤니티의 변화를 위한 음악치료)을 포함하기 위해서 맥락(커뮤니티에서의 음악치료)인 커뮤니티를 넘어서는 것으로 보인다. 이는 새로운 장소와 활동의 포용도 필수적으로 수반한다. 우리는 브루셰의 비평이 발표된 때와 같은 시기부터 이 경향의 두 가지 예를 제시할 것이다.

첫 번째 예는 노르웨이의 맥락에서 온 것이다. 노르웨이는 루드의 사회적 기반 음악치료 이론뿐만 아니라 국가의 사회적 민주주의 전통이 문화적으로, 사회적으로 관련된 음악치료의 맥락을 구성하였다. 1980년대 초반에 브뤼뉼프 스티게(Brynjulf Stige)와 동료들은 음악치료가 어떻게 통합적인 지역 커뮤니티의 발전에 기여할 수 있는지 탐구하기 시작하였다('글 상자 2-5' 참조). 이 업적은 장애인의 권리에 대한 국가적 논쟁으로부터 영감을 받았다. 음악치료를 기존에 있는 지역 커뮤니티에서의 구체적인 사회적·문화적 어려움과 연결함으로써, 음악치료사들의 역할이 재정의되었다. 커뮤니티 참여를 증가시키기 위해, 더 넓은 커뮤니티로 사람들이 재통합되는 것을 돕기 위해 다양한 방식으로 음악치료를 활용하는 것이 탐구되었다. 커뮤니티 기반 음악치료 실제는 지역 음악가, 음악 교육자 및 문화 복지사 등과의 협력으로 발전되었다. 프로젝트는 공식적인 연구 프로젝트로 수행되지 않았으나, 민족지학 현장 연구 및 참여적 실천 연구의 전통에 대한 문헌에 의해 잘 알려졌다(Kleive & Stige, 1988).

1990년대 내내 스티게는 지역적·전국적 규모의 여러 다른 커뮤니티 음악치료 프로젝트에 참여하였고, 또한 그것을 이론적으로 발전시키기 위해서 본래의 작업에 대한 서술을 여러 차례 재논의하였다.

브뤼뇰프 스티게: 문화적 참여 혹은 아주 조금이라도 세상을 변화시키는 방법

스티게의 첫 번째 커뮤니티 지향 음악치료 경험은 1980년대 서부 노르웨이 지역의 정부로부터 기금을 받은 문화 프로젝트에서 발전하였다. 지역 커뮤니티에서 음악치료사들의 가능한 역할이 탐색되었고, 프로젝트는 문화적 참여에 대한 보편적인 권리가 중요한 노르웨이 사회의 정치적·사회문화적 발달과 관련되어 보였다.

커뮤니티 음악치료에 대한 나의 관심은 1983년 8월 어느 월요일 오후에 시작되었다. 그 이후로 나는 음악치료사가 된 이래 내 사고의 많은 부분을 안내하였던 경험들을 갖게 되었다. ……동료인 잉운 브뤼셰달(Ingunn Byrkjedal)과 함께 나는 이후에 업비트(Upbeat)라고 이름 붙인 집단을 맞이하였다. 집단 구성원들—여섯 명의 다운증후군 성인—은 여러모로 어느 음악치료실처럼 보였지만, 또한 달라 보이기도 하였던 음악실에 들어왔다. 이곳은 우리가 보통 일하던 곳이었으나 그들이 거주하였던 시설에 속해 있지 않았고, 마을의 커뮤니티 음악학교에 속한 곳이었다.

이러한 차이가 변화를 만든 것으로 밝혀졌다. 같은 방이 지역의 합창단뿐만 아니라 지역의 고적대에 의해서도 사용되었는데, 벽 가운데 하나에는 여러 장의 사진이 있었다. 집단 구성원들은 방에 들어와서 음악치료사들이 자신을 위해 멋진 반원형으로 놓아둔 의자로 향하지 않았다. 대신에 그들은 그 사진을 좀 더 가까이에서 살펴볼 수 있도록 벽으로 향하였다. 집단 구성원들 사이에서 대단한 열의가 퍼져 나갔다. "(고적대) 밴드!" "저것 봐! 드럼! 유니폼!" 우리가 마침내 반원 형태로 배열된 의자 곁으로 모였을 때 집단 구성원 중 한 사람인 크누트(Knut)가 물었다. "우리도 (고적대) 밴드에서 연주할 수 있을까요?"

크누트의 짧지만 단순한 질문이 나를 생각하게 하였다. 음악치료 (전공) 학생으로서 내가 배웠던 것의 아주 많은 부분에 도전이 되었다. 나는 이런 질문을 아주 심각하게 받아들이지 않는, 내가 속한 음악치료의 문화에 대해 말하는 것이 공정하다고 생각하였다. 나는 음악치료가 창의적인 즉흥연주 및 사람과 사람 간 관계에 관한 것이라고, 혹은 각 내담자의 특정한 요구를 충족시키기 위해 작곡되거나 편곡된 음악을 신중하게 사용하는 것에 관한 것이라는 이야기를 들었다. 지역의 고적대와 연주하기 위해서 음악치료실을 떠나는 것에 관한 것이 아니었다. 그런데도 나의 동료와 나는 크누트의 질문이 중요하다고 느꼈고, 우리의 접근에 대해 진지하게 다시 생각하게 되었다(Stige, 2003, pp. 4-5).

분리는 크누트의 집단 구성원들에게 매우 큰 도전이었고, 지역 커뮤니티의 밴드 및 합창단과의 협상은 작업의 목적인 사회적 통합의 정립이 가능한 것으로 밝혀졌다. 그러므로 치료 실제를 규정하는 전통적인 규칙에서 벗어나는 것이 이해가 되었다. 참여자들의 꿈과 목소리가 더 넓은 커뮤니티의 음악적 · 사회적 관계망 내의 길로 이어지는 참여적 · 생태적 접근이 선택되었다.

그 작업이 처음 국제적으로 발표되었을 때, 문화적 참여 및 사회적 행동주의와 소통하는 제목인 "문화적 참여로서의 음악치료 혹은 아주 조금이라도 세상을 변화시키는 방법"(Stige, 1993/1999)이 사용되었다. '커뮤니티 음악치료'라는 용어는 1993년 비토리아-가스테이즈(Vitoria-Gasteiz)에서 열린 제7차 세계음악치료대회 이후에 차용되었고, 케네스 브루샤(Kenneth Bruscia)와 레슬리 번트(Leslie Bunt)가 함께한 논의에 영감을 받았다. 이 저자들이 작업에 적합한 용어를 찾는 데 10년이 걸렸다는 사실은 노르웨이어와 영어 간의 차이와 일부 관련이 있다. 노르웨이어에는 영어의 '커뮤니티'에 대응하는 용어가 없다. 대신에 사회, 인근, 일체감의 경험과 같은 측면을 지칭하는 다중적인 용어가 있다. 이는, 즉 언어와 문화에서의 차이가 어떻게 커뮤니티 음악치료에 대한 국제적 담론의 자원과 도전을 모두 구성하는가에 있어 일반적인 견해를 조명한다.

미국에서의 두 번째 사례는 음악치료의 인본주의적 접근이 1970년대 동부 해안의 도시 지역에서 발전되었다는 것이다(Vinader, 2008). 인본주의 음악치료의 선구자 중 하나인 **이디스 힐먼 박실**(Edith Hillman Boxill)은 사회적으로 참여하는 음악치료에 대한 시각도 발전시켰다. 박실(1985)은 처음에 발달장애인과 함께하는 음악치료의 접근을 개발하였다. 인본주의 심리학에 영감을 받아서 박실은 자기에 대한 인식, 타인에 대한 인식 및 환경에 대한 인식에 초점을 두었고, 이 개념들을 창의성, 정서적 안녕감, 성장, 자기실현 및 책임과 연결하였다. 박실은 "외부 세계에서의 참여로 사람을 이끌고, 개인적 이행 및 전체성을 유도하는"(Boxill, 1985, p. 72) 확장된 인식에 대한 내재적 학습과 같은 개념들을 관련지었다.

사진 2-3 │ 1980년대 서부 노르웨이 산데인(Sandane). 아주 조금이라도 세상을 변화시키는 방법: 문화적 참여로서 음악치료.

사진 제공: Ragnar Albertsen.

게슈탈트 치료와 칼 로저스(Carl Rogers)의 내담자 중심 접근 아이디어들을 잘 알게 되면서, 박실은 자신이 서술한 "우리의 별인 지구의 모든 사람에게 음악치료의 이점—치유의 힘—을 확장하여 치료실 너머로 닿게 하는"(Boxill, 1997a, p. 2) **인식의 연속성**이라는 넓은 개념을 적용하였다. 박실의 비전은 전 세계적으로 평화를 증진하는 참여적이고 활동가적인 음악치료였다. 이러한 방향으로 나아가기 위해서, 박실은 1988년에 **평화를 위한 음악치료사들**의 창립자이자 대표자가 되었고, 이후 '**어디서든 폭력에 반하는 학생들**'(SAVE) 설립에서 이니셔티브의 역할도 맡았다. 박실은 음악치료를 의식적이고, 활동가적이며, 다른 분야 및 직군과 협력하는 개방된 학문으로 구상하였다('글 상자 2-6' 참조). 박실의 영향력은 인간 중심 음악치료와 관련된 것은(Noone, 2008) 물론 평화와 리더십을 위해 음악치료의 의제를 확장하는 것에서도 (Ng, 2005; Vaillancourt, 2007, 2009; Vinader, 2008) 지속되고 있다.

∩ 새로워진 관심과 새로운 이니셔티브

케니, 루드와 슈바베의 이론적 업적은 1980년대에 발전된 음악치료에 대한 사회적 관점을 설명한다. 같은 십 년간, 스티게와 박실의 업적이 하나의 사례가 된 것처럼 음악치료 실제의 확장된 의제들에 대한 아이디어도 발전되었다. 이러한 아이디어는 당시 국제적인 음악치료에서 비교적 주변적일 것이나, 1990년대에 이와 다른 영향력이 이 십 년의 시기에 몇몇 교과서에서 입증된 것처럼, 음악치료와 커뮤니티 간의 관계에 있어 새로워진 관심으로 이어졌다. 다시, 우리는 두 가지 예를 제시할 것이다.

글 상자 2-6   **이디스 힐먼 박실: 평화를 위한 음악치료**

이디스 힐먼 박실은 1916년부터 2005년까지 살았고, 활동가적 음악치료를 대변하였다. **평화를 위한 음악치료사들**(Music Therapists for Peace)이 설립된 것과 같은 해인 1988년에 박실은 **미국음악치료협회**(American Association for Music Therapy)의 학술지인 『음악치료(Music Therapy)』의 특별호를 편집하였다.[5] 이 특별호의 초대에서 박실은 그야말로 행성(지구)의 생존에 초점을 두었고, 음악치료 분야가 '우리 실제의 편협한 벽' 너머에 도달하는 협화음과 공명의 상태를 야기할 수 있다고 주장하였다. 박실의 시각은 세계관을 가정하고, 국제적 평화를 증진할 수 있는 참여형 음악치료였다.

만드는 것에 변화가 있고, 당신이 참여하도록 초대되었다. ……미국음악치료협회(AAMT)의 학술지, 『음악치료』는 그 지평을 확장하고 있다. 우리는 음악치료사, 음악교육자, 음악가, 심리학자, 물리학자, 내과의사와 다른 건강 전문가들과의 담론에 개방적이며, 현대의 전체성/건강에 영향을 미치는 음악의 고유한 잠재력을 탐구하도록 설계하였다(Boxill, 1988, p. 5).

시범 프로젝트인 **어디서든 폭력에 반하는 학생들**(Students Against Violence Everywhere: SAVE)과 평화 학교 프로그램 또한 **평화를 위한 음악치료사들**(Music Therapists for Peace)에서 발현되었다(Boxill, 1997c). 2001년에 박실은 다른 전문가들, 예술가, 과학자 및 정치가들과 함께 세계의 평화와 치유를 격려하기 위해 음악을 사용하는 것을 옹호하는 패널에 참여하였다. 패널은 **UN 문명 간 대화의 해**(United Nations Year of Dialogue among Civilizations)의 일부로 UN에 의해 주최되었다.

『음악치료: 말 이상의 예술(Music Therapy: An Art Beyond Words)』에서 **레슬리 번트**(Leslie Bunt, 1994)는 커뮤니티를 위한 자원으로서 음악치료를 논의하는 데 여덟 장 중 한 장을 할애하였다. 번트는 사회와 건강 및 복지 서비스에서의 변화를 지칭함으로써 이 논의를 개념화한다.

> 전문 음악치료사들의 초기 업적 중 대부분은 그 당시의 용어를 사용하면, 정신장애인과 정신질환자들을 위한 큰 시설에서 시작되었다. 불과 40년이 지난 후 최근에야 우리는 사회가 이러한 문제를 가진 사람들에게 적응하는 방식에 있어 주요한 변화들을 목격한다. 오래된 용어들을 '학습장애'와 '정신건강 문제' 같은 최신의 용어들로 대체하는 변화가 있었다. 이후의 급진적인 변화는 이 큰 시설들이 폐쇄되고, 좀 더 커뮤니티 기반의 주간 센터, 작은 단위와 호스텔들로 대체되는 것이다. 우리는 최근에 부가적인 인적·경제적 자원에 수반되는 함의와 더불어, 까다로운 이행 단계를 겪고 있다. 1990년대의 시작은 비고용, 무주택 및 보호관찰과 교도소 서비스의 부담 증가에서도 나타난다. 이 모든 변화에 대한 음악치료사들의 반응은 어떠한가?
>
> (Bunt, 1994, p. 160)

이 질문은 이에 대한 양날의 검—음악치료사들은 보장되는 정도까지 시설의 환경 밖에서 도움이 필요한 사람들과 함께하는가? 음악치료사들은 이 새로운 도전을 충족하는 지식과 전문성이 있는가?—을 가진 것으로 읽힐 수 있다. 번트는 대부분의 현대사회에서 다문화적 특징의 증가와 관련된 세 번째 질문—"모든 종류의 음악이 인간이 되는 것과 중요하게 연결된다는 것을 우리가 점차 명확히 깨달을 때, 음악치료는 어떻게 이 성장하는 문화 혼합에 적응할 것인가?"(Bunt, 1994, p. 161)—도 이어 나간다. 번트의 의도는 포괄적인 답을 주지 않았던 것으로 보이나, 질문에 목소리를 주고 그 중요성을 나타낸다. 번트는 다른 학문과 더불어 **연계 작업**의 가치 및 연구에 대한 **파트너십 모델**의 적절성을 논의하였다. 또한 번트는 음악치료가 보완적 실제가 될 수 있다는 커뮤니티 기반 팀의 발전 가능성을 보았다. 결국 번트는 음악적 · 문화적 커뮤니티 이니셔티브와 협력하는 프리랜서 '순회 음악치료사들'의 미래를 구상하였다.

『음악치료의 정의(Defining Music Therapy)』 제2판에서 **케네스 브루샤**(Kenneth Bruscia, 1998)는 음악치료, 생태학 및 커뮤니티에 대한 일부 영향력 있는 논의들을 포함하였다. 초판(1989)에서 브루샤는 실제의 11가지 영역을 정의하였으나 커뮤니티 음악치료 실제를 포함하지는 않았다. 제2판에서 브루샤는 영역의 수를 11에서 6으로 줄였다. 이 판에서 실제의 영역은 교수적(didactic), 의료적, 치유적, 심리치료적, 레크리에이션과 생태적 실제를 포함하였다. 일반적으로 생태적 실제를 서술하는 데 있어 또 구체적으로 커뮤니티 음악치료를 서술하는 데 있어 브루샤는 케니, 루드, 박실, 스티게와 다른 이들의 업적을 인용하였다. 브루샤는 실제의 생태적 영역을 다음과 같이 서술하였다.

> 실제의 생태적 영역은 일차적 초점이 사회문화적 커뮤니티와/혹은 물리적 환경의 다양한 층위 내/그리고 층위 간 건강 증진에 있는 음악과 음악치료의 모든 적용을 포함한다. 이는 생태적 단위 그 자체로 건강이 위험에 처해 있기 때문에 중재를 필요로 하며, 혹은 그 단위가 구성원들의 건강 문제를 다소 유발하거나 문제에 기여하기 때문에 가족, 작업장, 커뮤니티, 사회, 문화 혹은 물리적 환경에 대해 초점을 둔 모든 작업을 포함한다. 또한 음악치료를 통해 커뮤니티를 만들고, 세우거나 유지하기 위한 어떤 노력도 포함된다. 그러므로 실제의 이 영역이 '내담자'라는 개념을 커뮤니티, 환경, 생태적 맥락을 포함하는 것 혹은 건강 문제를 가진 개인으로 확대하는 것은 본질적으로 생태적이다.
>
> (Bruscia, 1998, p. 229)

브루샤는 생태적 음악치료의 관계적 특성을 강조하였다. 치료사들이 개인 혹은 커뮤니티에서의 변화를 촉진하기 위해 작업하는 반면, 기본적인 생태적 가설은 다른 것의 변화로 이어질 한 가지에서의 변화다. 개인을 돕는 것은 맥락적 변화에 대처하는 것과 분리된 일이 아니다(Bruscia, 1998, p. 229). 브루샤는 음악치료가 치료실 너머로 확장될 뿐만 아니라 내담자-치료사 관계가 커뮤니티와 커뮤니티 내 관계의 많은 층위를 포함하도록 변화되었기 때문에 생태적 실제가 다른 실제와 꽤 다를 수 있다고 주장하였다. "더 나아가더라도 중재 과정 그 자체가 다르며, 어떤 경우에는 전통적인 치료와 같은 것도 아니다"(Bruscia, 1998, p. 231).

🎧 국제적 장의 발현

커뮤니티 지향 실천이 1990년대의 일부 영향력 있는 교과서에 포함되었을지라도, 커뮤니티 음악치료는 여전히 밀레니엄 시대의 초반에 일반적인 음악치료 개념의 일부가 아니었다. 2002년 국제적인 인식과 관련하여 전환점이 도래하였다. 이해에는 구체적으로 커뮤니티 음악치료에 초점을 맞춘 여러 논문이 발표되었는데, 그중 학술지 『보이시즈(Voices)』에 실린 **게리 앤즈델**(Gary Ansdell, 2002)의 「커뮤니티 음악치료와 변화의 바람」이 아마도 가장 영향력 있는 글일 것이다. 커뮤니티 음악치료에 관한 장을 특집으로 다룬 두 권의 책(Kenny & Stige, 2002; Stige, 2002)도 이해에 출간되었다. 같은 해 옥스퍼드(Oxford)에서 열린 제10차 세계음악치료대회에서 커뮤니티 음악치료는 핵심 논의 주제였다. 이 '갑작스러운' 관심의 이면에 있는 이야기는 무엇인가?

스티게(2003)는 새 밀레니엄의 시대 이전에 커뮤니티 음악치료의 이니셔티브가 주로 국지적이거나 지역적인 성격이었다고 주장하였다. 21세기 초반에 이러한 상황은 변화하였다. 음악치료에 대한 담론은 국제적으로 성장하였다. 2001년에 설립된 『보이시즈』와 같은 전자(형식의) 포럼은 앤즈델(2002)에 의해 서술된 것처럼 시사하는 바가 많은 에세이들이 국가와 문화를 막론하고 읽히도록 하였다. 국제적 담론과 토론을 위한 장이 마련된 것이다.

글 상자 2-7 **게리 앤즈델: 커뮤니티 음악치료와 변화의 바람**

논문「커뮤니티 음악치료와 변화의 바람」에서 게리 앤즈델(2002)은 음악치료의 발전에 있어 사회적·문화적 요인의 더 큰 인식을 향한 '패러다임의 변화'를 시사하였다. 앤즈델에 따르면, 유럽의 문화적 역사에서 계속 반복되는 음악과 건강의 연결은 20세기에 영국에서 두 계통으로 발전되었다. 하나의 후계는 점차 음악치료의 현대 직군이 영국 분파로 발전하는 것으로 이어진 반면 다른 하나는 커뮤니티 음악의 영국 전통 발달로 이어졌다. 앤즈델은 이 두 전통의 확산에 대해 서술하였고, 커뮤니티 음악 실천이 사회적인 것으로 남아 있는 반면 음악치료가 어떻게 그 초점을 점점 더 개인적인 것에 두게 되었는지에 대해 서술하였다.

두 입장 간에 놓여 있는 것은 무엇인가? 덜 편향된 접근이 가능한가? 내담자 혹은 음악치료사로 훈련된 음악가들 혹은 커뮤니티 음악가들 혹은 이 작업이 일어나는 어떤 시설에 대한 관심에 있어서 어떤 상황이 가장 좋은 것인가(Ansdell, 2002).

앤즈델은 많은 음악치료사가 이미 개인적-공동체적 연속체의 더 넓은 스펙트럼을 탐구하였음을 인정하였다. 따라서 앤즈델의 일은 이에 대한 정당화라는 논쟁을 발전시키는 것이었다. 앤즈델의 논문에서 가장 역설적인 절은 아마도 커뮤니티 음악치료와 앤즈델이 음악치료에서 '일치 모델'이라고 불렀던 것 간의 관계에 대한 논의일 것이다. 앤즈델은 이 용어를 자신이 영국 음악치료 실제의 근원적인 기본 가정으로 고려하였던 것을 반영하기 위해 사용하였다. 앤즈델의 논의는 정체성과 역할, 장소와 경계, 목적과 수단, 가정과 태도에 대해 초점을 두었다. 여기 그 논쟁에 대한 발췌문이 있다.

일치 모델은 내담자의 문제와 이에 대한 내담자의 정서적 반응에 초점을 맞춘다. 정신분석적 사고의 기본적 가정에 따라, 내담자들의 문제는 정서적·대인관계적 어려움을 통해 드러나는, 본질적으로는 정신 내적인 것으로 보인다. 음악치료사에게 우선순위는 치료적 관계의 수단을 통해 잠재된 문제들을 가진 내담자를 돕는 것이며, 그 과정에 대한 외적인 침습을 예방하는 것이다. 이 치료적 의제는 내담자가 문제의 위치이자 '치료'에 대한 희망으로 확인한 **개별적인** 심리 모델에 의해 지지된다. 자기성(selfhood)의 문화적·사회적 결정요인은 거의 이론화되지 않았거나 다루어지지 않았다. 음악에 대한 일치 모델의 가정도 이 모델—음악은 자기성찰적 현상이자 마음, 감정 및 관계 맺기의 패턴에 대한 역동적 표현으로 보인다—을 따른다. 이에 잠재되어 있는 핵심 비유는 정신분석의 자유연상에 귀결되는 결과인 즉흥연주에 대한 것이다. 이는 음악의 일차적 기능이 표현적 혹은 투사적 도구 혹은 감정이라는 힘을 담는 용기(container)이자 아마도 재조직자(re-organiser)라는 신념으로 이어진다.

커뮤니티 음악치료의 가정은 음악 그 자체가 개인적·사회적 생활에서 흔히 작동하는 방식으로 음악치료도 작동해야 한다는 음악의 사회적 (혹은 생태적) 현상에서 유래된다. 커뮤니티 음악치료사의 실제는 음악의 자연스러운 경향들이 이끄는 곳을 따른다. 개인에 대한 그 고유한 효과의 측면에서 **내면적**이지만, 또한 **커뮤니타스**[4]에서는 참여와 연계에 대해 **외면적**이기도…… 커뮤니티 음악치료사들은 내담자의 문제에 직접적으로 초점을 맞추기보다는 개인, 관계, 환경 및 커뮤니티에서의 안녕감과 잠재력을 생성하는 음악하기의 능력을 얻는 것을 목표로 한다(Ansdell, 2002).

21세기에 커뮤니티 음악치료에 대한 높아진 관심은 후기 현대사회에서의 건강과 안녕감에 영향을 미치는 사회문화적 발전과 관련될 수 있다. 이것의 한 측면은 개인의 정체성이 어떻게 기존의 전통에 의해 정의되는 것에서 각 개인에게 지속적인 개인적 프로젝트가 되는 것으로 변화했는가와 관련이 있다. 이는 생활에서의 건강 및 의미와 더 큰 관련이 있음을 포함한다. 채니(Chaney, 2002)가 주장한 바와 같이 건강한 삶에서 혹은 건강한 삶을 통해서 의미를 찾는 것은 전문가 주도적 의학에 쉽게 포함될 수 없다.

역설적으로, 개별화의 방향에 대한 이러한 경향은 커뮤니티 지향 관점에서 새로워진 관심으로 이끄는 요인 중 하나가 될 수 있다. 커뮤니티 음악치료는 다른 사람의 프로젝트와 피치 못하게 연결되는 각 개인의 정체성 프로젝트와 관련하여 문화와 맥락, 성찰의 필요에 대한 높아진 인식을 키우는 데 있어서 문화적·성찰적 수행을 대표한다. 이러한 방식으로 커뮤니티 음악치료는 사람들이 일상생활에서 음악과 건강에 대한 자원을 이용할 수 있는가에 대한 새로운 질문들을 제기하며 음악치료에 대한 중요한 전망을 나타낸다(Stige, 2003).

---

4) 역자 주: 영국의 사회인류학자 빅터 터너(Victor W. Turner)가 사회적 관계를 평등한 개인으로 구성된 미분화되고, 미조직적인 중간 양식으로 지칭한 것이다. 사람의 사회적 지위나 속성이 변화할 때 집행되는 통과의례의 경계 단계가 커뮤니타스의 한 예라고 할 수 있다.

커뮤니티 음악치료는 음악치료 학문에서의 새로운 관점과 실제의 발현이자, 음악치료사들이 일하는 맥락에서의 사회적·문화적 변화에 대한 반응들의 총합으로 이해될 수 있다. 커뮤니티 음악치료에서의 국제적 담론에 대한 발현은 더 폭넓은 국제적 청중이 이용할 수 있는 지역적 통찰과 발전을 가져온다. 동시에 커뮤니티 음악치료는 21세기 초반에 음악치료가 정립되는 과정의 맥락에서 그 적절성을 나타냈다. 남아프리카에서 **메르세데스 파블리셰빅**(Mercédès Pavlicevic)의 업적은 이에 대한 적절한 사례라고 볼 수 있다. 이 나라의 첫 번째 음악치료 대학 훈련 프로그램의 설립자 중 한 사람인 파블리셰빅은 남아프리카의 맥락에 서구 맥락의 개별화된 음악치료에 대한 아이디어가 적합하지 않다는 것을 깨달았다. 이를 통해 파블리셰빅은 남아프리카의 문화적·사회적 상황에 맞게 조정된 커뮤니티 음악치료의 관점을 점차 발전시켰다(Pavlicevic, 2004).

글 상자 2-8 **메르세데스 파블리셰빅: 시간과 공간에 따라 전문적 실천을 재구성하기**

2006년까지 메르세데스 파블리셰빅은 15년 동안 남아프리카의 사회적 맥락에서 살았고, 이와 관련이 있었다. 1998년에 코비 테밍(Kobie Temmingh)과 함께 파블리셰빅은 프리토리아(Pretoria)대학교에 아프리카 최초의 음악치료 훈련 프로그램을 만들었다. 파블리셰빅은 수년간 이 훈련 프로그램의 책임자였다. 파블리셰빅(2004)은 전통적인 아프리카 음악 치유 의식의 경험과 도시 및 지방 사람들과의 임상 작업이 어떻게 지속적으로 자신의 '임상가의 마음'을 '대체로 불편하게' 쿡 찔렀는지 설명하였다. 서구 음악치료의 개별화된 모델은 남아프리카의 맥락에서 실현 가능하거나 합리적으로 보이지 않았다. 몇 년 동안 파블리셰빅과 졸업생들은 문제의 시간과 장소에 맞는 전문적 실제를 재구성하기 위해 다양한 혁신적 커뮤니티 음악치료 프로젝트에 스스로 몰입하였다.

2004년에 메르세데스 파블리셰빅과 게리 앤즈델이 편집한 커뮤니티 음악치료에 대한 첫 번째 선집이 출간되었고, 파블리셰빅은 이후 음악적 동료애(Ansdell & Pavlicevic, 2005), 협력적 음악하기(Pavlicevic, 2010a; Pavlicevic & Ansdell, 2009)와 사회적 행동주의(Pavlicevic, 2010b) 같은 주제와 관련하여 여러 편의 영향력 있는 현장 관련 연구들을 만들어 냈다.

사진 2-4 | 일본 고베. 오토아소비 프로젝트, 지적장애 음악가와 비장애 음악가들의 집단 즉흥연주.
사진 제공: Kaneko Yoshiro.

🎧 뿌리, 강, 동족

커뮤니티 음악치료에 대한 국제적 담론의 발현은 관련된 아이디어 및 가치들에 의해 알려진 다양한 지역적·국가적 전통의 '재발견'으로 이어졌다. 이는 빠르게 명확해졌다. 예를 들어, 호주, 캐나다, 남미의 맥락은 커뮤니티 기반 및 커뮤니티 지향 음악치료에 대한 자신들의 고유한 전통이 있었다. 우리는 이 맥락들을 간단하게 살펴볼 것이다.

오그래디와 맥퍼란(O'Grady & McFerran, 2006)에 따르면, 호주의 커뮤니티 음악치료에는 강한 커뮤니티의 가치와 커뮤니티 관리의 체계에 기반한 오랜 전통이 있다. 질적 연구에서, 이 연구자들은 호주의 맥락에서 커뮤니티 음악과 커뮤니티 음악치료 간 경계에 대한 질문들을 살펴보았다(O'Grady & McFerran, 2007). 오그래디와 맥퍼란의 결과는 두 집단의 전문가들이 참여한 '보건 의료 연속체'가 있는 장소의 차이를 시사한다. 또한 그들은 음악 대 사람이 어떻게 관심의 주된 초점을 수반하는지와 관련하여 차이를 밝혔다. 마지막으로 오그래디와 맥퍼란은 윤리적 경계가 어떻게 이해되고 다루어지는지와 관련하여 차이를 밝혔다. 두 명의 연구자들은 호주의 음악치료사들이 커뮤니티 음악가들로부터 많은 것을 배우고, 또 반대로도 그러하다고 주장한다.

캐나다의 음악치료 선구자 중 한 사람인 프란 허먼(Fran Herman)은 수행과 커뮤니티를 부분적으로 지향하는 접근을 발전시켰다. 허먼은 1950년대에 중복장애 아동들과의 작업을 시작하였다.

휠체어 연주자들(The Wheelchair Players, 1956~1964)은 캐나다의 첫 번째 집단 음악치료 프로젝트다. 표현 예술에 있어서 탐색의 수단으로 설계되었고, 치료할 수 없는 아동들을 위한 집(The Home for Incurable Children)[이후에 블루어뷰 병원(Bloorview Hospital)로 알려졌다.]에 사는 젊은이들이 자신의 기본적 인권으로서 예술에 대한 이용 가능성을 추구하고 옹호하게 되었다.

자신들의 장애 때문에 수혜자이자 소비자로 지각된 이 젊은이들은 공헌자이자 공유자로서 조망되기를 원하였다. 그들은 창의적인 활동의 공유와 발전을 통해 그것을 이해하였고, 자신의 장애에 대한 한계에 얽매이지 않고 나아갈 수 있었다.

(Herman in Buchanan, 2009)[6]

캐롤린 케니의 업적도 캐나다에서 영향력이 있었으며, 체계 및 환경적 관점의 활용(Woodward, 2002/2004), 대규모 커뮤니티 공연에서 치료적 중재의 가능성에 대한 탐색(Oddy, 2001/2005) 및 제휴한 커뮤니티 정신 건강 음악치료 프로그램의 발전(Baines, 2000/2003)을 포함하여 커뮤니티 음악치료의 적절성에 대한 여러 관점과 이니셔티브가 이 나라에서 탐구되었다.

남미의 음악치료에는 커뮤니티 음악치료에 대한 현대 이해의 적절성에 대한 여러 이니셔티브가 있었다. 예를 들어, 바르셀로스(Barcellos, 2005)는 샤가스(Chagas, 2007)의 업적을 한 예로 브라질에서의 '사회적 음악치료' 전통을 서술하였다. 콜롬비아에서 곤잘레스와 동료들(Gonzalez et al., 2008)은 음악, 교육과 사회를 연결하여 음악치료에서의 초학문적인 시각을 발전시켰다. 아르헨티나에서 예방적인 심리사회적 음악치료에 대한 아이디어는 펠리자리와 로드리게즈(Pellizzari & Rodríguez, 2005)에 의해 탐구되었다.

이러한 예들은 우리에게 커뮤니티 음악치료 역사의 복잡성을 상기시킨다. 우리는 이를 세 가지 요점으로 요약할 수 있다. 첫째, 커뮤니티 음악치료는 발현하는 운동이자 관점이다. 음악치료와 커뮤니티에 대한 논의는 이전 십 년간의 음악치료 문헌에서 찾을 수 있으나, '커뮤니티 음악치료'라는 특정한 용어는 불과 이 밀레니엄 시대에 국제적으로 정리된 것이다. 둘째, 영어의 '커뮤니티'는 음악치료에서의 일부 주요 언어(예를 들어, 일본어, 스페인어, 포르투갈어, 독일어와 스칸디나비아어와 같은)로는 직접적으로 번역되지 않는다. 이는 공유된 설명을, 심지어 더욱 하기 복잡한 것으로 만든다. 셋째, 커뮤니티 음악치료에서의 신조는 실제, 이론 및 연구에 국한되므로 우리는 어떤 단일한 발전이 아니라 다소 밀접한 관련이 있는 역사들에 관해 이야기한다. 이러한 점들은 물론 커뮤니티 음악치료의 기원과 발전을 추적하려는 어떤 이의 시도에 대한 도전을 나타낸다.

이 장에서 언급된 저자들과 글은 꽤 다른 참조 체계를 취한다. 모든 글은 음악치료의 이론 및 실제에서의 변화를 요구하지만, 일부 저자들은 경도에서 중도의 진화를 옹호하는 반면 다른 이들은 더 급진적인 해결을 옹호한다. 커뮤니티 음악치료, 생태적 음악치료, 음악 환경적 치료, 음악 사회적 환경(milieu) 치료, 음악 사회치료 및 사회적 음악치료(Stige, 2003, p. 121)와 같은 여러 가지 새로운 개념이 제안되었다. 이 용어와 담론들이 다양한 방식으로 그들을 포함하거나 관련짓지만, 만일 우리가 이것을 교환할 수 있는 것으로 대한다면 이해는 저해될 것이다. 일부 공헌은 전문적 실천의 실용적 조정에 대한 맥락에 매여 있는 주장들을 대표한다. 다른 글들은 음악치료에 대한 새로운 접근을 제안하고, 새로운 이론적 혹은 메타이론적 관점을 나타낸다. 그러므로 우리가 이 장에서 언급한 글들은 어떤 구체적 혹은 제한적 방식으로 거의 동일한 '것'이 아니다. 그러나 그들은 일부 가족 유사성을 공유한다. 우리는 아마도 모든 저자가 자신들의 가문으로 커뮤니티 음악치료라는 용어를 수용하거나 이해하여 언급하였다고 가정할 수 없을 것이나, 문장들 간의 관계는 여전히 확인될 수 있다.[7]

이는 **역사적 발전을 서술하는 은유**(metaphors to describe historical developments)와 관련하여 몇 가지 성찰을 불러온다. 사람들이 역사에 관해 이야기할 때 **뿌리**에 대해 이야기하는 것은 매우 흔하다. 우리가 앞에서 서술한 상황에서 공유된 중심과 혈통을 가지는 것처럼 뿌리에 대해 생각하는 것은 제한적으로 이해가 된다. 이 이미지는 커뮤니티 음악치료의 발전에 적합해 보이지 않는다. 다양한 맥락으로부터 많은 기원이 있다. '뿌리' 은유의 또 다른 측면은, 즉 뿌리가 어떻게 성장을 위한 자양분을 제공하는지를 이해하게 한다. 이러한 측면에 대한 반응으로 스티게(2003, p. 401)는 **기근**[5]이라는 특정한 이미지를 제안하였다. 기근이 있는 반얀나무와 다른 식물들이 성장할 때, 가지에서 내려온 새로운 뿌리는 땅을 뚫고 내려가 새로운 몸통을 만든다. 뿌리 은유에 대한 이 버전은, 역사란 우리가 관심을 가지는 현상으로부터 유리된 것이 아님을 보여 준다. 역사는 이것의 통합적인 부분이다. 어린 뿌리들은 거의 항상 흥미롭지만, 우리는 더 어린 '기근'이 현대의 발전을 위한 자양분을 제공하는 데 더욱 중요할 수 있다는 것도 인정할 필요가 있다.

또 다른, 아마도 더 간단한 은유는 커뮤니티 음악치료를 **강**으로 생각하는 것이다. 강에는 대개 더 작은 여러 시내로부터 흘러온 물이 있다. 때때로 여러 갈래의 큰 강이 만나서 더 큰 강을 이룬다. 강은 줄기를 뻗어 나가서 다른 방향으로 향하는 더 작은 강을 만들기도 한다. 이는 강 그 자체에 따른 것이 아니라 풍경과 기후 조건에 더 많이 따르는 것이다. 이 이미지는 커뮤니티 음악치료의 혼종적 특징—사회복지, 건강 증진 및 커뮤니티 발달에서 나온 물과 음악치료에서 나온 '물'이 혼합되어 일부 가능성을 언급한다—을 조명한다. 이 이미지는 또한 변화가 학문에 있어 내적인 요인들 때문만이 아니라 사회에서의 정치적·사회적·문화적 변화와도 관련된다는 아이디어들도 조명한다.

앞에서 지칭한 은유들의 제한점은 그들이 커뮤니티 음악치료를 '자연스러운' 것으로, 내적인 경향과 외적인 조건 때문에 성장하거나 흐르는 것임을 시사한다는 것이다. 이는 과정의 일부 측면을 조명하지만, 여기에는 관련된 **행동성**의 측면도 있다. 커뮤니티 음악치료와 같은 사회적·문화적 발달은 다양한 조건의 상호작용 때문이며, 활동 및 인간 행위자의 선택도 관련된다. 세 번째 은유는, 말하자면 커뮤니티 음악치료를 **가족**으로 보고, 이러한 측면의 일부를 포착한다. 가족의 발달 및 변화의 가능성(함께 머무를 것인지 혹은 분리될 것인지와 같은)은 가족을 둘러싸고 있는 전통과 조건뿐만 아니라 선택과 행위의 결과물이다. 어떤 가족 구성원들은 더 거리가 멀고 다른 이들은 더 가깝지만, 가족 간에는 어떤 명확하거나 '자연스러운' 경계

---

5) 역자 주: 흙에 묻혀 있지 않고 공기 중에 나와 있는 뿌리.

사진 2-5 │ 레바논 팔레스타인 난민 캠프에서의 음악 교육. 음악적 자부심.
사진 제공: Vegar Storsve.

가 필수적이지 않다. 이전의 가족들로부터 새로운 가족이 형성되고, 더 큰 가족들 내에 또는 가족 간에 다양한 유형의 연계가 있다. '가족'으로서, 커뮤니티 음악치료는 커뮤니티 심리학이나 커뮤니티 음악과 같은 다른 '가족들'과 비교되거나 관련될 수 있다. 가족 은유는 많은 커뮤니티 음악치료 실제가 무정형적이거나 경계가 없는 실제와 같지 않다는 특징인 유연성을 알도록 도울 수 있다(Stige, 2003).

🎧 결론

음악은 참여와 협력을 초대하고, 흔히 커뮤니티에 대한 견고한 개념을 만든다. 많은 사람이 이 가능성에 대해 인식하고, 많은 전통문화가 협력적인 음악 만들기와 병합하며, 자본화하는 의례에서 그것을 탐구하였다. 그러므로 전문 커뮤니티 음악치료의 역사를 탐구함에 있어서 다양한 전통적인 실천과 같은 다른 실제들과의 관계를 논의하는 것은 적절하다.

'커뮤니티 음악치료'라는 용어는 이미 1960년대에 문헌에서 사용되었다. 예를 들어, 플로렌스 타이슨은 커뮤니티 보건 서비스의 일부로서 음악치료의 정립을 논의하였다. 타이슨의 논의 맥락은 이 십 년간 여러 산업화된 국가에서 특정 보건 서비스들의 탈시설화였다. 타이슨은 새로운 맥락이 음악치료사의 역할과 책임에 어떻게 영향을 미치는지에 대해 논의하면서 주로 현대 음악치료의 관습적 개념들과 연합하였다. 이 장에서 인용한 다른 여러 글에서 더 급진적인 변화들이 옹호되었다.

앨빈, 프리슬리와 노도프-로빈스 같은 음악치료의 여러 선구자는 연계성과 커뮤니티에 대한 인간의 필요를 고려하여 1960년대와 1970년대에 실제와 아이디어들을 발전시켰다. 전문화 이후 십 년 동안, 여러 국가에서는 음악치료의 개인적·집단적 접근이 지배적이었다. 그러나 케니, 루드와 슈바베의 업적과 같은 반대의 흐름이 존재하였다. 1980년대에 그들은 좀 더 공동체적이고 문화 지향적이며 맥락에 민감한 이해들로 이어지는 음악치료 이론에 대한 공헌을 발전시켰다. 같은 십 년 동안 음악치료의 더 넓은 의제를 포용하는 커뮤니티 지향 실제 프로젝트의 발현도 나타났다. 예를 들어, 노르웨이에서는 스티게와 동료들이 음악치료가 어떻게 문화적·사회적 참여와 관련하여 장애인의 권리를 실현하는 데 공헌할 수 있는지 탐구하기 시작하였다. 미국에서는 박실이 평화와 비폭력을 위한 참여적·활동가적 음악치료에 대한 시각을 발전시켰다.

1990년대에 이 새로운 발전은 번트와 브루샤 같은 저자들에 의해 영향력 있는 음악치료 교과서에 자신의 방식을 드러내기 시작하였다. 21세기의 초반에는 커뮤니티 음악치료에 대한 국제적인 학술적 담론이 발현되었다. 앤즈델과 파블리세빅 같은 커뮤니티 음악치료의 제안자들은 패러다임의 변화가 이미 시작되었다고 주장하였다. 음악치료사들은 관습적인 치료의 실제에서 더 원대한 경향이 발현된, 자신들이 일하는 커뮤니티에서 사회심리적 역할을 맡을 준비가 되어 있었다. 결과적으로 커뮤니티 발전과 건강 증진을 위한 창의적 전략을 개발하는 데 있어 비전문가 및 전문가들과 함께 일하는 많은 음악치료사가 현재 건강을 위한 폭넓은 파트너십의 참여자로 스스로를 규정한다.

세 가지의 은유는 우리가 커뮤니티 음악치료의 역사에 관해 어떻게 생각할 수 있는지에 대해 다른 측면을 조명한다. **뿌리**의 은유가 그중 하나다. 더 어린 기근—커뮤니티 음악과 지역 심리학 같은 분야에 대한 관계를 포함하는—의 중요성이 더 커질 수 있는 반면 본래의 뿌리 중 일부는 오늘날 덜 두드러질 수 있다. **강**은 또 다른 은유다. 현재 커뮤니티 음악치료의 음악치료라는 강에는 많은 물이 있지만, 다른 원천으로부터 유래된 시냇물도 있다. 물이 혼합되면, 커뮤니티 음악치료는 커뮤니티에 추가되어 활용되는 음악치료가 아니다. 이는 그만의 고유한 정체성을 가진 새로운 조합이다. **가족**은 세 번째 은유다. 사람들이 자신이 연계된 가족 구성원 및 확대가족과 어떻게 관계를 키워 나아갈지 선택하는 것과 동일한 방식으로, 커뮤니티 음악치료의 학생들은 임상가이자 학자로서 자신의 관계적 정체성을 가지고 성찰적으로 작업해야 할 것이다.

🎧 핵심 용어, 논의 주제와 미주

핵심 용어(제시된 순서에 따른 핵심 용어)

전통적인 실천(traditional practices)

응고마(ngoma)

다중 치유 체계(multiple healing systems)

플로렌스 타이슨(Florence Tyson)

줄리엣 앨빈(Juliette Alvin)

메리 프리슬리(Mary Priestley)

노도프와 로빈스(Nordoff & Robbins)

캐롤린 케니(Carolyn Kenny)

에벤 루드(Even Ruud)

크리스토프 슈바베(Christoph Schwabe)

브뤼뉼프 스티게(Brynjulf Stige)

이디스 힐먼 박실(Edith Hillman Boxill)

레슬리 번트(Leslie Bunt)

케네스 브루샤(Kenneth Bruscia)

게리 앤즈델(Gary Ansdell)

메르세데스 파블리세빅(Mercédès Pavlicevic)

서술하는 은유(metaphors for description)

논의 주제

다음의 비판적 사고 질문은 수업 혹은 집단에서 논의될 수 있고, 이 장에서 논의된 주제에 대한 비평적 성찰을 위해 학생 개인이 사용할 수 있다.

1. 여러 학자는 음악치료사들이 치유 의례라는 전통적인 실천으로부터 배울 수 있다고 주장하였다. 그러나 이 주장을 지지하는 데 뒷받침된 논쟁은 저자들 간에 차이가 있다. 당신은 그 주장 중 일부를 개략적으로 설명하고, 당신의 국가에서 실천의 현대 영역과 관련하여 그 강점과 제한점을 논의할 수 있는가?

2. 1988년에 이디스 힐먼 박실이 설립한 평화를 위한 음악치료사들과 참여적·활동가적 음악치료는 세계 전반에 걸쳐 평화를 증진하는 것을 구상한다. 좀 더 최근에 학자들은 음악이 갈등 변화의 중요한 매개가 될 수 있는가에 대해 논의하였다(Urbain, 2008). 비평가들은 음악치료와 같은 작은 학문을 위한 질서로는 이것이 너무 크다고 주장한다. 평화 및 갈등 변화와 관련하여 음악치료의 가능성과 제한점을 논의하라.

3. 21세기에 '커뮤니티 음악치료'에 대한 국제적 담론의 발현은 다양한 범위의 반응, 열정, 비평주의, 무관심을 충족하였다. 당신의 국가에서 반응을 특징짓는 것은 무엇인가? 시간이 지나면서 반응은 변화하였는가? 어떤 문화적·사회적·정치적·학술적 요인이 당신의 맥락에서 담론에 영향을 미쳤는가?

미주

1. 지적장애인의 인권 실현을 위한 이니셔티브는 이 발전의 예가 된다. 참조(Owen & Griffiths, 2009).

2. 루드(1980)의 책『음악치료란 무엇인가(Hva er musikkterapi)?』의 노르웨이어 원제에 대한 우리의 해석이다.

3. 슈바베뿐만 아니라, 음악치료와 커뮤니티에 대한 독일의 중요한 관점은 음악치료를 사회사업과 연결한 알무트 자이델(Almut Seidel, 1992, 1996)과 음악심리치료와 사회치료 간의 관계를 논의한 이사벨 프로네-하게만(Isabelle Frohne-Hagemann, 1986, 2001)을 포함한다.

4. 슈바베와 하세(Schwabe & Haase, 1998)의 책,『사회적 음악치료(Die Sozialmusiktherapie)』의 독일어 원제에 대한 우리의 해석이다.

5. 1988년 미국에는 두 개의 음악치료협회— 전국음악치료협회(National Association for Music Therapy)와 미국음악치료협회(American Association for Music Therapy)—가 있었다. 두 협회는 전미음악치료협회(American Music Therapy Association)의 설립으로 1998년에 합병되었다. 그 시점에 학회지『음악치료(Music Therapy)』의 발간이 중단되었다.

6. 선택된 이 인용에서의 인터뷰(Buchanan, 2009)는 휠체어 선수들에 관해 만들어졌던 영화의 짧은 영상을 포함한다.

7. '가족 유사성'[6]의 은유는 비트겐슈타인(Wittgenstein, 1953/1967)이 왜 언어의 본질을 정의하지 않고 대신 '언어 게임'의 개념을 발전시켰는지를 설명하는 주장에서 채택되었다. 언어의 의미는 그 활용의 맥락과 연계되고, 이는 다면적이며 늘 변화한다. 그러므로 비트겐슈타인에 따르면, 언어에서의 공유된 본질을 정의하는 아이디어는 문제적이다. 이는 유사점을 알아낼 수 있다고 말하는 것이 아니다. 비트겐슈타인은 이를 설명하기 위해 '가족 유사성'이라는 은유를 사용한다. 당신은 하나의 공유된, 그리고 본질적 요인 때문에 가족을 인정하지 않는다. 일부 요인은 특정한 구성원에서 우세하고, 다른 요인은 다른 구성원들에서 더 우세하다는, 가족이 특징인 요인들의 연결이 있다.

---

6) 역자 주: 비트겐슈타인이 자신의 저서『철학적 탐구』에서 설명한 개념으로 어떤 개념이 단 하나의 공유된 특성이나 공유된 특성의 조합으로 정의될 수 있는 것이 아니기에, 한 집단을 이루는 구성요소에 공통적인 특성은 없으나(각기 다른 이름) 유사한 특성(가문-가족의 성)이 연결되어 하나의 집단으로서 구별된 특성을 만든다는 개념을 뜻한다.

제2부

커뮤니티 음악치료의 기본 개념

제2부에서는 커뮤니티, 음악과 치료로 명명된 그 자체를 구성하는 세 가지 용어에서 파생된 커뮤니티 음악치료의 몇 가지 기본 개념을 탐구한다. 그렇게 해서 우리는 커뮤니티 음악치료가 이 세 가지 개념과 그것이 지칭하는 실제의 복합체로만 이해될 수 없다는 것을 인정한다.

제2장에서 논의한 바와 같이 커뮤니티 사업, 커뮤니티 심리학, 커뮤니티 음악, 음악치료, 사회복지와 건강 증진 같은 다양한 혼종적 전통이 현대 커뮤니티 음악치료 분야에 영향을 미쳤다.

제3장은 건강과 안녕감에 초점을 둔다. 커뮤니티 음악치료는 건강이 병리와 질병의 부재 그 이상이라는 가정에 기반한다. 안녕을 가능하게 하는 자원들과 건강의 적극적 차원이 강조된다. 커뮤니티 음악치료는 사회적·문화적 요인에 의해 영향을 받는 과정으로서의 건강에도 주의를 기울인다.

제4장은 커뮤니티, 사회적 지지, 사회적 스트레스, 사회적 자본, 통합 및 배제와 같은 개념에 초점을 두고 인간 삶의 사회적 차원을 논의한다. 현대사회는 흔히 개별화가 특징이라고 한다. 커뮤니티의 가능성과 필요성을 개별성이 배제하거나 강조하는지 살펴볼 필요가 있다.

제5장은 음악의 개념을 상술하고, 이를 건강 및 커뮤니티와 관련짓는다. 음악은 커뮤니티를 가능하게 하는 도구이며, 이는 다시 건강과 안녕감으로 이어지는가? 아니면 건강, 커뮤니티와 음악 간 관계를 개념화하는 다른 방법이 있는가?

제3장

건강과 안녕감

제3장을 공부한 후에 당신은 다음과 같은 질문에 대해 토의하게 될 것이다.

- 건강과 안녕감은 어떻게 서술될 수 있는가?
- 질병(disease)[1], 질환(illness)[2] 및 병(sickness)[3] 간의 관계는 어떠한가?
- 다양한 분석의 수준(예를 들어, 인간은 유기체, 사람 혹은 사회적 존재라는 것이 특징이다)과 건강의 다른 차원은 어떻게 연결되어 있는가?
- 정신 건강 분야는 왜 정의와 개념적 명료화에 있어 특히 어려운가?
- 건강은 전 세계 지역에 따라 어떻게 다른가?
- 사회경제적 불평등이 건강에 어떠한 영향을 미치는가?
- 안녕감은 물질적 부와 관련이 있는가?

---

1) 역자 주: 진단이 있는 병으로, 대개 객관적으로 규정할 수 있는 것을 의미한다.
2) 역자 주: 치료를 요하거나 요하지 않는 상태로, 환자가 주관적으로 느끼고 경험하는 것을 포함한다.
3) 역자 주: 일반적으로 질병과 질환을 모두 지칭하며, 의미는 질환과 유사하나 사회가 개인의 상태를 해석하는 관점이 포함된 것으로 알려져 있다.

🎧 질병의 부재로서 건강

커뮤니티 음악치료는 건강 및 안녕감과 관련된 분야이나, 병원이나 다른 보건 의료 환경에서 내담자들과 일하는 것으로 제한된 것만은 아니다. 커뮤니티 음악치료는 흔히 학교나 사람들이 시간을 보내고 자신의 삶을 살아가는 장소와 같은 커뮤니티 환경에서 일어난다. 커뮤니티 음악치료의 목적은 일차적인 치유와 처치가 아니라 가장 폭넓은 의미에서의 건강 증진이다. 이 장에서 우리는 건강과 안녕감의 다양한 개념을 제시할 것이고, 건강 문제를 서술하는 데 활용하는 명칭도 논의할 것이다. 커뮤니티 음악치료에 대한 기존의 국제적 특징을 살펴보고 나서 우리는 세계적으로 건강을 위협하는 질병과 장애에 대한 개관을 제공할 것이고, 건강과 안녕감의 적극적인[4] 측면에 대한 통계들도 살펴볼 것이다.

건강의 개념에 대해 수많은 정의가 있다. 의학적 맥락에서 **건강**(health)은 흔히 질병의 부재로 정의되고, 이 정의를 지지하는 사람들이 아직 있다(Saracci, 1997). 넓게 활용된 문구는 질병이나 이상의 근거 없이 최적으로 기능할 때의 유기체 상태가 건강이라는 것이다.

질병(disease)은 "불편감, 통증, 장애, 죽음과 연관된 어떤 상태나, 이러한 상태에 대한 책임이 늘어난 것으로서 의사와 일반 대중에 의해 의료 직군의 책무로 적절히 간주된 상태"(Guze, 1978, p. 296)라고 정의되었다. 질병을 서술할 때 사용되는 말은 모두 부정적인 의미(불편감, 통증, 장애, 죽음)를 지닌다. 그러나 이러한 상황의 존재는 질병으로서의 상태를 분류하는 데 충분하지 않다. 이 상태가 의료 직군의 책무라는 전문가와 일반 대중 간의 동의도 있어야 한다.

이 정의가 사회적 구성주의 관점의 요소를 포함하고 있음에도 불구하고(전문가와 비전문적인 사람들 간 소통의 산물로서 건강을 이해) 일상 언어 사용은 보통 좀 더 솔직하다. 사라피노(Sarafino, 2002)는 사람들이 보통 건강에 관해, ① 메스꺼림이나 통증 같은 질병과 부상의 주관적 증상이나 ② 고혈압과 같이 신체가 적절하게 기능하

---

4) 역자 주: 적극적 건강이라는 개념에서 유래된 것으로, 감염이나 질병의 예방에서부터 스트레스에 대한 저항성을 높이는 것에 이르기까지 보다 능동적인 방식으로 건강도를 높이는 것을 의미한다. 예를 들어, 운동, 영양, 휴식 등을 통해 활동력을 높이는 것도 이에 해당한다.

지 않는 객관적 지표가 없는 상태로 생각한다고 주장한다. 사람은 자신이 암, 뇌졸중, 심근 경색, HIV/AIDS, 우울, 조현병이나 어떤 다른 알려진 장애 등에 걸리지 않을 정도를 건강하다고 여긴다. 그러나 있을 수 있는 질병의 목록은 가장 흔한 것에서부터 덜 흔한 것까지, 순수하게 통증과 관련된 질병에서부터 정신건강장애까지, 쉽게 진단되는 것에서부터 꽤 모호한 증상을 가진 것까지 포괄적이다.

이러한 정의에 따르면 건강하기 위해서 사람이 높은 삶의 질을 경험하거나 사회의 생산적인 구성원이 될 필요는 없다. 특정한 장애나 질병의 증상이 없는 사람이면 충분하다. 건강에 대한 이러한 정의는 꽤 협의적이며, 현대 의학의 우선순위와 접근들을 반영하기에 때때로 순전히 의학적인 정의로 지칭된다. 사람은 다수의 장기 체계(폐, 심장, 혈관계, 중앙 신경계 등)로 구성된 것으로 보이며, 병원의 각 진료과뿐만 아니라 의료 전문화 분야들이 이 장기 체계에 따라 정의된다. 사람을 장기 체계로 분해하는 것은 보다 총체적인 접근을 요구하는 비평적 목소리의 현대 의학 실천에서 매우 지배적이다. 환자들은 사람으로 대우받아야 하고, 보건 직원과 환자 간의 의사소통은 전체로서 사람에 대한 존중과 염려를 반영해야만 하며, 특정한 장기 체계에 대해 독점적으로 초점을 두지 않아야 한다. 이러한 아이디어와 소통하기 위해서 질환과 병의 개념이 때때로 채택되었다.

흔히 **질환**(illness)이라는 단어는 질병이라는 단어와 상호 교환적으로 사용되나, 과학적 문헌에서는 구별되었다. 질환은 질병의 부재나 존재와 관계없이 자신의 건강에 대한 사람들의 지각을 지칭한다. 원론적으로 질병을 가진 사람은 자신의 건강을 좋은 것으로 지각할 수 있다. 그러나 좀 더 자주 다른 방향에서 불일치될 수 있다. 의사가 어떤 알려진 질병을 밝히지 못할 수 있고, 여전히 환자는 아프다고 느낄 수 있다. **병**(sickness)은 상황에 사회적 차원을 더한다. 사회학 기반의 문헌에서 병의 개념은 때때로 건강하지 않은 것에 대해 사회적으로 구성된 명칭을 나타내기 위해 채택된다. 그러므로 병은 질병 및 질환과 모두 독립적일 수 있다. 사람은 아프다고 느끼거나 의학적 개념으로 질병을 갖지 않아도 커뮤니티에 의해 건강하지 않은 것으로 고려될 수 있다. 그러므로 질병, 질환 및 병 간의 일치와 불일치에 대한 모든 종류의 패턴을 상상할 수 있다(Boyd, 2011).

사진 3-1 | 뉴질랜드, 오클랜드. 축하(CeleBRation) 합창단. 리허설과 이완.
사진 제공: Neil Shepherd.

∩ 적극적 건강과 안녕감의 존재

1946년 세계보건기구(WHO)의 헌장에서는 다음과 같이 진술되었다.

> 건강은 완전한 신체적 · 정신적 · 사회적 안녕감의 상태이며, 단순히 질병이나 허약함의 부재를 의미하는 것이 아니다.[5] 얻을 수 있는 가장 높은 수준의 건강 표준을 향유하는 것은 인종, 종교, 정치적 신념, 경제적 혹은 사회적 조건의 차별 없는 모든 인간의 기본적 권리 중 하나다.
>
> (World Health Organization, 1946)

가장 많이 인용된 이 성명의 일부는 "**완전한 신체적 · 정신적 · 사회적 안녕감의 상태이며, 단순히 질병이나 허약함의 부재를 의미하는 것이 아니다.**"이다. 이 문구는 모든 실천적 목적을 위해 좋은 건강을 획득하는 것이 불가능함을 의미한다. 누가 자신이 완전한 안녕감의 상태를 경험한다고 주장할 수 있는가? 또한 그 목적이 모두에게 있어 영구적인 완전한 안녕감이라면, 불합리함은 심지어 더 명백해진다. 보통의 어떤 날에 우리가 만나는 불가피한 좌절들은 어떠한가? 우리가 직장이나 학교에서 접하는 어려움은 어떠한가? 좋은 건강은 보통의 삶과 양립할 수 없는 것인가?

다소 **이상적임**에도 불구하고 이러한 정의는 사람들이 건강에 관해 생각하는 방식에 꽤 많이 영향을 미쳤다. 이는 처치, 예방 및 재활을 넘어서 건강과 관련된 관심사를 펼친 것이다. 건강은 무시되어서는 안 되는 중요한 적극적인 측면을 가진다. 실천적인 건강 정책과 건강 증진의 맥락에서 정의는 질병 예방의 관점이 너무 좁다는 것도 시사한다. 질병을 예방하는 것뿐만 아니라 보건 직군, NGO' 및 다른 공공 보건 분야에 포함되는 어떤 집단에서도 중요한 과제는 건강의 적극적 측면을 증진하는 것이다. 1978년 세계보건기구(WHO)에 의해 구성된 국제회의인 일차 보건 의료에 대한 알마아타(Alma Ata) 회의는 건강의 적극적 개념에 영감을 받은 선언에 동의하였다.

---

5) 역자 주: 다른 문헌에서는 "건강은 육체적 · 정신적 · 사회적으로 완전한 상태이며, 단순히 질병이 없거나 허약하지 않은 상태를 의미하는 것이 아니다."라고 번역되어 있다.

회의는 강하게 재확인한다. ······건강은······ 기본적인 인간의 권리이고, 가능한 가장 높은 수준의 건강을 획득하는 것은 가장 중요한 전 세계적인 사회적 목적이다. 이 목적의 실현은 건강 부문뿐만 아니라 많은 다른 사회적 · 경제적 부문의 행위를 필요로 한다.

(World Health Organization, 1978)

이 관점에 따르면, 건강의 증진은 건강 이외의 많은 다른 부문들과 관련이 있다. 넓은 범위에서 건강이 보건 의료 부문 외의 정책, 실천 및 맥락에 의해 형성된 이래로, 이러한 다른 부문들의 의무는 질병, 부상 및 조기 사망 등에 영향을 미치고, 안녕감과 적극적인 건강 증진 행위의 결과들과 관련이 있다. 이는 교육, 일, 문화 및 교통 같은 부문과 관련이 있다. WHO의 건강에 대한 정의 및 건강 증진의 함의는 사람들의 일상생활 활동과 보건 의료 부문 이외의 많은 다른 부문에 연결되어 있다는 것이다. 이는 커뮤니티 음악치료의 중요한 맥락이다. 음악치료사들은 건강과 관련된 일이 반드시 치유적이고, 개인에 초점을 둔다는 가설을 수용할 필요가 없다. 적극적인 사회적 · 문화적 요인의 증진은 동등하게 중요할 수 있고, 이는 흔히 커뮤니티 음악치료 프로젝트의 초점이 된다.

건강의 적극적인 측면을 묘사할 때 **안녕감, 삶의 질** 및 **생활 만족도** 같은 개념이 정의되어야만 한다. 어떤 연구자들은 이를 (그리고 관련된 개념을) 유의어로 간주한다. 이스털린(Easterlin, 2003, p. 4)은 "나는 안녕감, 효용성, 행복, 생활 만족도와 복지 같은 용어들을 호환될 수 있는 것으로 받아들인다."라고 말한다. 다른 연구자들은 다양한 개념이 어떻게 정의되어야 하는가에 대한 합의가 없다는 사실을 우려한다. 수전 허드(Susan Hird)에 따르면, 안녕감에 대한 정의는 그 현상을 연구하는 사람들처럼 많다(Hird, 2003).

WHO는 성명과 선언문에서 **안녕감**(wellbeing)이라는 개념을 활용했으므로 특별히 이 개념에 대해 더 자세히 살펴볼 가치가 있다. 이 개념은 심리학, 사회학, 의학, 지리학, 경제학, 철학과 마케팅 연구 같은 수많은 과학과 학문에서 활용되었다. **주관적 및 객관적 안녕감** 간에는 중요한 구별이 있다. 주관적 안녕감이 무엇인지 설명하기 위해서 흔히 만족과 행복 같은 문구들을 사용한다. 그 용어는 삶의 주관적인 측면을 강조하고, 흔히 삶의 모든 측면이 고려되었을 때 보편적인 만족을 의미하는 일종의 두루뭉술한 문구처럼 사용된다.

허드(2003)는 약간 더 정교한 모델을 개발하였다. 허드는 **주관적 안녕감**(subjective wellbeing)이 세 가지 측면—유쾌한 정서(행복), 불쾌한 정서(불행) 및 안녕감의 인지적 측면으로, 후자는 생활 만족도와 동일하다—으로 분석될 수 있다고 말한다. 삶의 만족도는 보편적일 수도 있고, 영역 특정적(가족, 직업, 소득)일 수도 있다. 객관적 지표(예를 들어, 소득, 교육 연한, 주거의 질)에 초점을 두고 객관적 안녕감을 측정하는 사람이 있는 반면, 영역 특정적인 삶의 만족도는 삶의 다양한 측면에 대한 응답자의 평가를 얻음으로써 측정된다. 원칙적으로 이러한 측면들은 객관적 안녕감과 동일한 것이어야 한다([그림 3-1] 참조). 이와 일치하게, 디너(Diener, 1984)[2]는 주관적 안녕감이 네 가지 요소—① 유쾌한 정서(기쁨, 행복), ② 불쾌한 정서(분노, 슬픔), ③ 일반적인 생활 성취도, ④ 특정한 생활 영역(일, 건강, 결혼과 같은)의 만족도—로 구성된 것으로 정의하였다.

객관적 안녕감(objective wellbeing)이라는 개념은 모든 개인에게는 보통 수많은 요구가 있다는 가정에 기반한다. 이러한 요구들의 충족은 안녕감에 대한 기여로 이해된다. 안녕감에 대한 객관적 지표는 교육 성취, 주거 조건 및 건강(질병의 부재로서)과 같은 요인들에 대한 통계에 기반을 둘 수 있다. 펠스와 페리(Felce & Perry, 1995)는 객관적 안녕감의 측정과 관련하여 생활의 다섯 가지 측면—신체적 안녕감, 물

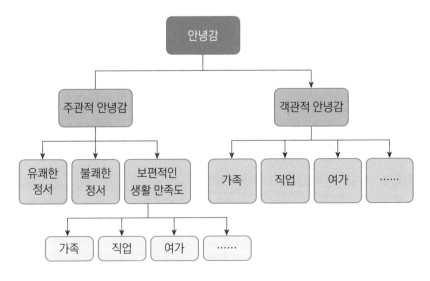

[그림 3-1] 안녕감의 측면

질적 안녕감, 발달 및 활동, 사회적 안녕감, 정서적 안녕감—을 구별하는 것이 가능하다는 것을 시사하였다.

주관적 · 객관적 안녕감이 안녕감에 대한 공동 개념의 두 가지 다른 측면인 이래로, 이 두 가지 측면의 지표 간에는 강하고 명확한 상관이 있다는 것을 상상할 수 있다. 그러나 객관적 · 주관적 지표 간에는 단일한 직접적인 관계가 없다. 미국에 사는 사람 중에는 생활 수준이 올라가는 것과 동시에 행복에서 현저한 감소가 나타났음을 보여 주는 다수의 연구가 있다. 이는 돈이 평등한 행복이 아니라는 것을 나타낸다(Kahn & Juster, 2002). 팀 캐서(Tim Kasser)는 우리의 가치 지향이 안녕감과 관련이 있고, 이는 물질주의적 가치와 상충함을 시사하였다.

> 물질주의적 가치를 중시하는 사람들은 물질주의적 추구가 상대적으로 중요하지 않다고 믿는 사람들보다 낮은 개인적 안녕감과 심리적 건강을 가진다. 이러한 관계들은 부유층에서 빈곤층, 10대에서 노인, 호주인에서 한국인에 이르는 사람들의 표본에서 기록되었던 것이다. 여러 연구자는 물질주의를 측정하는 다양한 방법을 활용하여 유사한 결과들을 보고하였다. 연구들은 강한 물질주의적 가치가 낮은 생활 만족도와 행복, 우울과 불안, 두통과 같은 신체적 문제에서부터 성격장애, 자아도취 및 반사회적 행동에 이르기까지 만연하여 사람들의 안녕감을 저해하는 것과 관련이 있다고 기록하였다.
>
> (Kasser, 2002, p. 22)

물질주의적 지향이 안녕감을 저해하는 이유를 설명하기 위해서 캐서(2002)는 모든 인간이 유능함을 느끼고 싶은 요구, 다른 사람들과 관련되고 싶은 요구, 자율성에 대한 요구 등과 같은 기본 요구들의 합을 갖추었음을 가정한다. 이러한 요구의 충족은 안녕감에 대한 전제조건으로 보인다. 이러한 요구들이 체계적으로 좌절된다면 이는 더 낮은 수준의 안녕감으로 이어질 것이다. 물질주의적 가치는 사람들이 자신의 요구를 충족하기 어려운 일을 하는 방식으로 자신의 삶을 조직하도록 이끌기 때문에 사람들의 고통에 영향을 미친다. 캐서는 사람들이 물질적인 성공에 대한 공허감이나 실패감을 느낄 때 흔히 더 많이 가지면 더 좋을 것이라 믿는 것을 고집하므로 자신을 더 행복하게 해 줄 것이라 생각하는 것에 대해 노력하기를 지속한다고 덧붙인다. 이 과정에서 그들은 자신의 유능성과 자존감에 대한 요구에 대해 상대적으로 빈약한 만족감을 얻고, 애초에 이들을 공허한 추구로 이끌었던 잠재적인 심리적 쟁점 교정에 실패한다.

캐서(2002)의 물질주의 지향과 안녕감 간 관계에 관한 결과는 부(wealth)가 낮은 삶의 질과 관련되었음을 의미하지 않는다. 『이코노미스트(The Economist)』에 의해 수행된 연구에 따르면, 국가의 물질적인 복지는 주관적 안녕감에 대한 높은 점수와 관련이 있다. 그러나 이는 건강, 정치적 안정성과 안전, 가족 관계, 커뮤니티 생활과도 그러하다(Economist, 2005). 그러나 물질주의 지향은 성공적이고 부유한 것과 동일한 것이 아니다. 또한 물질적 자원을 풍족하게 소유하는 것이 사람들을 일상생활의 귀찮은 일들과 많은 좌절로부터 보호하는 경향이 있는 반면, 물질적 자원의 부족은 압박 및 스트레스와 관련될 수 있다. 그러므로 캐서의 연구는 사회경제적 불평등을 정당화하는 논쟁으로 사용되지 않는다.

심리학과 사회과학 연구자들은 안녕감과 **삶의 질**(quality of life) 간의 어떤 명확한 구별을 만들지 않는다. 개념들은 흔히 호환할 수 있는 것으로 사용된다. 그러나 삶의 질 개념은 공공보건과 관련된 누구나의 관심이라는 특별한 맥락에서 활용되었다. 질보정생존연수(QUALY)[6]는 때로 공공보건 중재의 성공 지표로 사용된다. 좋은 건강(상태)에서 일 년의 생활을 완전한 해로 계산한다. 크게 저하된 건강(상태)에서의 일 년은 예를 들어 0.5(반년)로 계산될 수 있다. 건강이 더 나빠지면, 특정한 해에 더 낮은 수가 할당된다. 이러한 방식의 건강 운용은 기대 수명을 최대화하는 것에 초점을 두는 것으로부터 좋은 건강(상태)으로 보내는 해의 수를 최대화하는 것으로의 변화에 기여한다. 장애보정생존연수(DALY)의 개념은 이와 관련이 있으나, 질보정생존연수(QUALY)의 개념과는 또 다르다. 이는 실제 건강 상황과 모두가 나이를 먹어도 질병과 장애로부터 자유로운 이상적인 상황 간의 차이를 측정하는 것이다. 조기 사망률로 인한 수명손실연수(years of life lost: YLL)뿐만 아니라, (장애의 강도에 따라 부여되는) 장애의 결과로 손실된 연수[7]도 고려한다(Lopez et al., 2006).

인간의 안녕감과 삶의 질에 대한 연구는 전통적이고 협의적인 질병 예방 접근이

6) 역자 주: 다른 문헌에서는 'QALY'로 표기한다.
7) 역자 주: 다른 문헌에서는 질병이나 장애로 인해 건강하게 살지 못하게 된 연수(years lost due to disability: YLD)로 표기한다.

건강 증진이라는 사고방식으로 교체되어야만 함을 시사한다. 그러므로 커뮤니티 음악치료는 의학과 심리치료 같은 분야보다 건강 증진 및 커뮤니티 심리학 같은 분야와 아마 더욱 밀접하게 관련될 것이다.

글 상자 3-1   과정과 수행으로서의 건강

『음악치료의 정의(Defining Music Therapy)』 제2판에서 케네스 브루샤(Kenneth Bruscia, 1998)는 이 영향력 있는 책의 초판에서 옹호하였던 것과 다른 건강의 개념을 옹호한다. 초판에서 브루샤(1989)는 건강을 안녕감의 상태로서 다루었다. 이러한 관점에서는 당신이 건강한 상태에 있거나 그렇지 않다는 이분법이 관련되어 있다. 제2판에서 브루샤는 이러한 관점에 대한 비평을 제시하고, 사람의 건강은 자신이 건강 위협에 얼마나 잘 대처하는지 연속선상에서 서술될 수 있다는 안토노브스키(Antonovsky, 1987/1991)의 건강생성론적 지향을 채택한다. 그렇다면 건강은 어떤 상태가 아니라 자원을 만들어 가는 과정이다. 이러한 가설에 기반하여 브루샤는 건강에 대해 이러한 정의를 제공한다. "건강은 개인과 생태적인 전체성에 있어 한 사람의 잠재력을 최대한 발휘하는 과정이다"(Bruscia, 1998, p. 84). 이 정의를 발전시키면서 브루샤는, 건강이 사회적 맥락과 관련되어 있어 그것이 '세계 안에 존재하는' 방식임을 강조한 에벤 루드(Even Ruud)와 데이비드 얼드리지(David Aldridge)의 업적을 활용한다.

에벤 루드(1987/1990, 1998, 2010)는 자신이 건강에 대해 인간화된 개념이라 불렀던 것의 필요를 강조한다. 건강은 '아프지 않은 것'과 다른 그 이상의 어떤 것이라고 루드는 주장한다. 그러므로 우리는 의학 내에서 전형적으로 발견되는 것보다 더 넓은 건강의 개념을 필요로 한다. 루드는 건강의 개념을 **삶의 질**이라는 개념과 관련짓고, 또한 건강이 개인을 넘어 커뮤니티와 문화를 포함하는 것으로 확장됨을 시사한다. 루드는 개인과 집단적 수준 간에는 상호적 영향이 있으며, 두 가지의 건강 모두 다른 것에 영향을 미칠 것이라 주장하였기에 음악치료에 대한 루드의 정의는 사람의 행동 가능성을 높이기 위한 노력이다(Ruud, 1998, p. 52).

데이비드 얼드리지(1996)는 건강과 음악의 지각 및 수행을 연계한다. 수행으로서의 건강을 논의하면서 얼드리지는 건강이 과정 및 정체성과 관련된다고 주장한다.

현대에 들어서, 건강은 더 이상 아프지 않은 상태가 아니다. 개인은 건강해지기를 선택하며, 어떤 사례에서는 잘 있는 활동을 추구한다고 스스로 공표한다. 이러한 변화는 '아프게 되는' 상태를 '잘 있는' 활동의 참여에 귀속시키는 것에서부터, 다른 사람에 의해 부과되는 정체성에 의존하기보다 개인이 자신에 대한 정의를 직접 택하는 현대적 경향이 반영된 것이다(Aldridge, 1996, p. 20).

얼드리지는 이러한 것의 결과로 내담자가 자신의 관리에서 건강이 맡는 역할에 관해 스스로 이해하기를 요구하기 시작한다는 것을 덧붙인다. 얼드리지는 사회적 · 개인적 정의에 있어 건강이 주제일 때, 전문 임상가들이 보완적 이해를 구하기 시작할 것임을 시사한다.

⌂ 건강의 관계적 개념

건강은 때로 **일상생활의 어려움**에 대처하고 숙달한 사람의 능력으로 이해된다. 이 관점은 건강에 대한 우리의 이해에 많은 것을 더한다. 건강은 이미 단순히 그 사람만의 속성이 아니다. 건강은 관계적 개념이 된다. 건강은 사람과 자신의 환경 간 관계에 관한 것이다. 정신건강 분야 내에서 이는 흔히 대인관계적 접근이라고 불린다 (Kaslow, 1996; Kiesler, 1991). 다양한 사회는 개인에게 다양한 종류의 부담 및 요구를 부과한다. 예를 들어, 대륙에 따라 농촌 환경에서의 부담 및 요구와 크고 현대적인 도시에서의 부담 및 요구 간에는 큰 차이가 있다. 도시 사업가의 일에서 처참한 것이 될 수 있는 정신건강 증상이 농부에게는 경미한 결과를 가져오는 것에 불과한 일일 수 있다. 다른 측면에서는, 도시의 점원에게 사소한 어려움을 만들어 낼 수 있는 신체적 문제가 농촌의 목수에게는 결정적인 것이 될 수도 있다.

속도, 정밀도와 사회적 기술 같은 관련 요인에 대한 직업의 요구 수준이 높을수록 적절한 수준에서 기능하는 것이 더 어렵다고 주장할 수 있다. 그러나 생산성은 심리사회적 맥락의 측면만 중요하다는 것이 아니다. 또 다른 측면은 어떤 사회적 체계의 구성원들이 잘 견디는가 아닌가 하는 편차의 정도이다. 만일 문제와 행동들이 관용과 이해를 충족한다면, 그리고 어쩌면 주변의 사회적 환경으로부터 관리와 지지를 촉발하게 된다면 부담과 요구는 덜 관대한 사회적 맥락에서의 사례보다 더 적을 것이다.

1978년 알마아타 회의의 헌장은 건강의 세 가지 측면—신체적 안녕감, 정신적 안녕감, 사회적 안녕감—을 언급한다. 이 세 가지 측면은 때로 신체적·정신적·사회적 건강으로 지칭된다. 가끔 영적 건강이 네 번째 측면으로 정의된다. 건강의 개념을 인간의 속성(혹은 자신의 환경에 대처하는 사람의 능력)을 뜻하는 개념으로 제한하기 전에 우리는 때로 커뮤니티의 건강, 집단의 건강 혹은 국가의 건강 같은 문구도 참조한다.

그러나 이 책에서 우리는 건강의 개념을 커뮤니티 혹은 사회의 수준으로 확장할 것이다. 맥락을 개념으로 구축하는 대신에 현실과 관련된 측면은 예측요인, 매개요인, 중재요인 혹은 더 포괄적인 이론적·개념적 모델 안에서 단순히 상관이 있는 것으로 간주될 수 있다. 다른 개념에 의해 포착된 요인과 과정에 건강의 개념을 관련지음으로써 건강 증진은 더 넓은 과정들과 관련하여 이해될 수 있다. 우리가 다

사진 3-2 | 브라질 고이아니아. 지지 자조집단. 당뇨 치료 경험에 대해 노래하기와 즉흥연주.
사진 제공: Dalma Pereira.

음 장에서 더 상세히 논의하겠지만 건강은 우리가 사는 사회적 · 문화적 · 사회에 관한(societal) 맥락에 의해 만들어지고, 영향을 받는다. 영성과 종교에 대한 개인의 관계는 중요한 건강의 측면을 가질 수 있고, 건강의 결과도 마찬가지다. 우리가 건 강이라는 개념을 활용할 방식에서 이는 건강 그 자체의 외적인 요인이나, 커뮤니티 음악치료와 같은 건강 관련 작업과 매우 관련이 있다.

글 상자 3-2 **참여로서의 건강**

관계적 관점을 취하여 브뤼뉼프 스티게(Brynjulf Stige, 2003)는 커뮤니티 음악치료와 관련지어 건강이라는 개념을 논의한다. 스티게는 건강을 정의하면서, 한편으로 생물학 적 · 사회문화적 결정론[8]의 아이디어와 또 다른 편으로 자율적이고 자급자족할 수 있는 개인에 관한 아이디어 간에는 방향을 찾을 필요가 있다고 주장한다.

후자의 입장은 어쩌면 결정론보다 더 호소적임에도 불구하고, 개인과 집단 간의 이분 법을 만들어 내는 것으로 이어지기 때문에 문제적이라고 스티게는 주장한다. 건강의 개 념에 대한 객관주의자와 상대주의자의 입장을 얻기 위해서, 스티게는 덴마크의 이론가 올레 드레이에르(Ole Dreier, 1994)가 건강의 변증법적 개념을 개관하려는 시도에서 영 감을 얻었다. 드레이에르는 건강에 대한 개인의 측면을 인정하나, 건강이 사람들의 **상 호 관리**와도 관련됨을 강조한다. 사람들이 살아가는 조건과 사회적 생활에의 참여에 대 한 사적인 자격조건 간의 변증법[9]이 고려되어야만 한다는 것이다. 이러한 방식으로 드 레이에르는 건강을 신체, 인간, 사회 어디에도 두지 않고, 인간이 참여하는 **상호작용** 및 **활동**의 질에 두었다. 이를 언급하는 것은 개인적 요인을 강조하는 건강의 관습적인 개 념들이 무관함을 의미하는 것이 아니라, 그저 부분적일 뿐이라는 것이다. 드레이에르의 의도는 어떤 정확한 방법으로 건강을 정의하는 것이 아니라 건강의 개념에 대한 성찰에 있어 대안적인 경로를 제안하는 것이라고 스티게(2003)는 주장한다. 커뮤니티 음악치 료와 관련하여, 이 경로는 각 개개인의 가능성에 대한 상호 관리가 공유된 음악 만들기 를 통해서 어떻게 표현될 것인지에 대한 우리의 관심을 시사할 것이다. 그러므로 스티

---

8) 역자 주: 세상에 일어나는 모든 일은 일정한 인과 관계의 법칙, 즉 먼저 발생한 원인에 따라 결정된다는 이론 을 말한다.

9) 역자 주: 실재하는 모순이나 허점을 문답을 활용하여 밝힘으로써 자신의 논리를 입증하는 사고법이다.

게는 건강에 대해 다음의 개념을 제안한다.

> 건강은 인간의 공존에 있어서 상호 관리의 특질이자, 참여에 대한 사적인 자격조건을
> 발달시키는 합이다. 이처럼 건강은 개인, 커뮤니티를 위한 자원, 개인과 커뮤니티 간 관
> 계를 형성하는 과정이다(Stige, 2003, p. 207).

스티게(2003)는 건강이 인간 공존의 특질로 이해되는 것은 커뮤니티 음악치료 실제
가 참여적 접근 및 파트너십 모델과 관련될 필요가 있음을 시사한다. 즉, 전문적이지 않
은 사람들과 전문가들 간의 역할 책임은 각 상황에서 가까이 있는 문제 및 자원에 따라
협의된다는 모델이다(제10장 참조).

🎧 건강의 차원

건강에 대한 새로운 정의를 제공하는 대신에 우리는 세 가지 **건강의 차원**(dimensions
of health)으로 기술하였던 것을 간략히 요약하고자 한다.

첫째, 건강은 질병의 부재로 정의될 수 있다. 이는 건강에 대한 좁은 정의지만,
이러한 정의도 커뮤니티 음악치료에 있어 중요한 어떤 것을 제시한다. 좋은 건강을
가지기 위해서 통증과 고통을 만들고 능동적인 삶을 사는 한 사람의 능력을 저하
시킬 수 있는 질병을 피하는 것은 큰 이점이다. 결국 질병의 부재는 안녕감에 기여
한다. 이는 심각한 신체적 혹은 정신적 손상을 가진 사람들도 건강의 긍정적인 측
면을 경험할 수 있고, 좋은 삶을 가질 수 있다는 아이디어와 상충하는 것이 아니다.
부상과 질병의 회피를 좋은 건강에 대한 기본적 기여로 간주하는 것은 합리적이다.

둘째, 안녕감으로 정의되는 건강은 우리에게 더 중요한 점, 건강이 질병의 부재
이상이라는 것을 상기시킨다. 건강은 가족, 일, 여가와 같이 한 사람의 삶에 있어
핵심적인 측면에 대한 긍정적인 감정과 만족을 의미한다. 그러나 우리는 부정적인
감정의 회피가 좋은 건강의 중요한 전제조건이라는 아이디어에 동의하는 것에 주
저한다. 삶은 일상의 귀찮은 일들, 좌절과 우리가 어떤 것에 대해 덜 좋다고 느끼는
것으로부터 결코 자유로울 수 없다. 좌절이 없고 오직 긍정적인 감정만 있는 삶은

가능하지 않으며, 아마도 우리가 성취하고자 하는 것이 아닐 것이다. 어려움은 학습과 성장으로 이어질 수 있고, 부정적인 정서는 비교를 만들 수 있기에 우리의 긍정적인 정서적 반응을 북돋울 수 있다. 안녕감의 개념은 건강의 중요한 측면을 가리키나, 영구적인 행복의 상태로서의 좋은 건강이라는 비현실적 개념으로 이어져서는 안 된다.

셋째, 우리는 건강이 단지 개인의 속성은 아니라는 것을 강조하고자 한다. 우리가 일상생활에서 만나는 어려움에 대처하고 숙달하는 한 사람의 능력은 사람뿐만 아니라 상황과도 관련이 있다. 건강은 관계적 개념이다. 그것은 다른 사람들과의 관계, 요구와 도전, 사회적 · 조직적 · 문화적 · 사회에 관한(societal) 맥락에 대한 것이다. 아주 강한 요구와 일탈에 대해 덜 관대한 문화를 부여하는 맥락은 학교, 일, 사회적 생활의 참여로부터 개인을 배제하는 데 영향을 미친다. 건강을 이해하기 위해서 개인, 개인의 맥락 그리고 개인과 그들의 맥락 간 관계를 이해하는 것이 중요하다.

우리가 광범위하게 개요를 서술하였던 세 가지 차원은 인류에 대한 세 가지 관점—유기체로서, 사람으로서, 사회적 존재로서 인간(Ruud, 1987/1990, 1998)—을 반영한다. 이는 좀 더 인정받는 문서인 국제질병분류(International Classification of Diseases: ICD, 아래 참조)를 보완하는 세계보건기구(WHO)의 국제기능, 장애, 건강 분류(International Classification of Functioning, Disability, and Health: ICF)에 개요가 서술된 분석의 수준들도 반영한다. ICF는 개인의 조건 및 다양한 맥락적 요인 간 관계와 상호작용으로서 인간의 기능을 서술하여, 맥락 내에서 사람에 대한 이해를 제공하고자 한다.[3]

모두 취합하면, 이 차원은 음악치료사들이 신체 기능 및 구조, 질환과 안녕감에 대한 개인적 경험을 무시하는 일 없이 자신의 일에서 **관계적 · 맥락적 요인**(relational and contextual factors)을 고려해야 함을 시사한다. 이는 커뮤니티 음악치료 문헌에서 발전된 개념과 유사한 것으로, 내담자의 요구 및 그들이 스스로 찾은 상황이 전체적인 '개인적-공동체적 연속체'에 걸쳐 행동을 촉구할 수 있음을 시사한다(Ansdell, 2002). 연구와 실천의 분야로서 커뮤니티 음악치료는 이 연속성을 인정하고, 실천적 · 이론적 · 윤리적 · 정치적 함의를 탐구할 수 있다.

사진 3-3 │ 남아프리카 그레이터 케이프타운 지역의 음악치료 커뮤니티 클리닉. TB 병원에 있는 여성 병동의 음악치료 집단.

사진 제공: Magriet Theron.

⌒ 정신건강의 사회적 구성

앞 절에서 언급되었던 질병의 정의와 건강의 개념은 넓은 범위에서 장애 및 건강 자원을 다룬다. 커뮤니티 음악치료에 대한 교과서적 맥락에서 정신건강은 특별한 관심을 받을 만하다. 이는 실천의 중요한 영역이기 때문일 뿐만 아니라 장애와 담론 간 관계들의 전형적인 예가 되기 때문이다. 정의와 개념적 명료화에 관한 것은 정신건강 분야에서 특히 어렵다.

정신건강장애를 정의하고 진단하기 위한 두 가지의 일반적인 체계는『정신장애진단 및 통계편람 제4판(the Diagnostic and Statistical Manual of Mental Disorders: DSM-IV-TR)』과 신체적 질병들도 다루는『국제질병분류(the International Classification of Diseases: ICD-10)』이다. DSM-IV-TR은 미국정신의학회(American Psychiatric Association)에 의해 출간되고, ICD는 세계보건기구(WHO)에 의해 만들어진다.[4] 정신장애에 관한 한 두 체계 간에는 상당히 중복되는 부분이 있다. DSM은 1952년에 출간되었다. 국제사인(분류)목록(International List of Causes of Death)으로 알려진 ICD의 초판은 1893년에 국제통계협회(International Statistical Institute: ISI)에 의해 채택되었다. 1948년에 WHO는 사망률도 포함된 ICD의 제6판 개정에 대한 책임을 맡았다. 두 체계 모두 최신판에서 뚜렷한 별개의 범주로 장애를 분류하는 것을 중요하게 여긴 것이 특징이다. 논리적 근거는 신체적 질병에 대한 의학적 논거와 유사하다. 바른 해결책과 처치를 찾기 위한 아이디어는, 먼저 문제가 무엇인지 가능한 한 정확히 알아야 할 필요가 있다는 것이다. 가급적 신뢰할 수 있는 진단적 체계를 만들기 위해서 통합 준거, 증상 발현의 순서, 증상의 지속 길이, 기능의 수준 및 다른 가능한 진단의 배제와 같이 보다 구체적인 준거의 체계가 적용되었다. 각각의 사례에는 복합적인 진단이 적용될 수 있다.

DSM-IV-TR은 **정신장애**를 개인에게서 일어나는, 그리고 현재의 디스트레스[10] (예를 들어, 고통스러운 증상)나 장애(예를 들어, 하나 혹은 여럿의 중요한 기능 영역에서의 손상) 혹은 고통, 죽음, 통증, 장애에 대해 유의하게 증가된 위험을 가지거

---

10) 역자 주: 스트레스를 받는 것. 고통, 괴로움 등으로 번역하기도 한다.

나, 자유의 중대한 상실이나 개인의 심리적 혹은 생물학적 역기능을 반영하는, 임상적으로 유의한 행동적 혹은 심리적 증후군이나 패턴으로 개념화한다(American Psychiatric Association, 2000, p. xxxi). 정신건강 문제는 흔히 유기적인 병인학적 요인, 상관이나 징후를 가진다. 그러나 신체적 질병이 유기적 체계에 위치한 반면, 정신장애는 '심리적'이거나 '행동적'이다. 이는 이와 같은 문제가 단순히 행동적 혹은 심리적 준거에 기반하여, 때때로 유기체나 신체 증상에 대한 참조 없이 진단될 수 있음을 의미한다. 1980년 DSM-Ⅲ가 소개되었을 때 편집자들은 '정신장애'의 개념에 대한 정확한 경계를 명시하는 만족스러운 정의가 없다는 것을 인정하였다. 이는 DSM 편람의 이후 개정판에서 반복되었다(Berganza, Mezzich, & Pouncey, 2005).

DSM의 초기 버전(1952년과 1968년의 DSM-Ⅰ과 DSM-Ⅱ)은 정신역동적 접근에 강하게 영향을 받았다. '정상인' 것과 '이상인' 것 간에는 뚜렷한 차이가 없었다. 좋거나 덜 좋은 건강은 좋은 건강에서 장애까지의 척도에 대한 입장의 문제였다. 1980년에 출간된 DSM-Ⅲ에서 정신역동적 접근은 건강과 질병에 대한 생의학적 개념으로 대체되었다. 정상과 이상 간의 차이가 소개되었다. DSM-Ⅲ은 '분수령이 된 기록물' '과학적 혁명'이자, '미국정신의학의 완전한 변화'를 초래한 것이 특징이었다(Wilson, 1993). 또한 DSM의 새로운 버전에서 진단적 범주의 수가 증가되었다는 사실에 대한 함의에 의문을 가지는 수많은 비판의 목소리가 있었다. 다음 판인 DSM-5는 2013년 5월에 출간이 예정되었다.[11]

적절하게 기능하기 위해서 진단적 체계는 신뢰할 수 있어야 한다. 이 맥락에서의 신뢰도는 독립적으로 여러 환자를 진단평가할 때 임상가들이 같은 진단에 동의하는 정도로 정의될 수 있다. DSM-Ⅲ의 진단적 범주에 대한 신뢰도는 DSM 체계의 이전 버전에서보다 더 나아졌다고 주장되었고, DSM-Ⅳ의 출판 이후 신뢰도의 문제는 대체로 해결되었다. 그러나 과학적 안전성과 진단적 체계의 신뢰도에 관한 심각한 의혹이 제기되어 왔다. 이용 가능한 근거를 검토한 이후 커크와 커친스(Kirk & Kutchins, 1994)는 DSM 체계의 이전 버전뿐만 아니라 DSM-Ⅲ의 신뢰도가 다소 낮다고 결론지었으며, 신뢰도 문제가 무시되었던 정도를 비판하였다.

---

11) 역자 주: 한국어판 DSM-5는 2015년에 출간되었다.

세계보건기구에 따르면, 정신건강에 대한 단일한, '공식적인' 개념과 같은 것은 없다(World Health Organization, 2001b). 정신건강은 특정한 정신장애 혹은 적극적인 정서적·인지적 안녕감의 상태가 부재한 것을 지칭할 수 있다. 사회학자 데이비드 메카닉(David Mechanic)은 정신장애를 개인의 사고 과정에서 일어나는 일탈적 행동이나, 흔히 하는 기대에서의 일탈된 행동 및 커뮤니티에서 개인 혹은 다른 이들에게 영향을 미치는 경험이나 사람을 중재를 필요로 하는 문제로 정의하였다(Mechanic, 1999).

진단적 체계에 대한 더 기본적인 비평은 사회구성주의에서 비롯된다. 매덕스(Maddux, 2008)는 정신건강을 진단하는 것은 사실이 아닌 사회적 구성을 지칭하는 것―"심리적 정상과 이상의 개념 및 특정한 진단명과 범주는 사람들에 관한 사실이 아니라, 사회 구성원에 의해 시간이 지나면서 협력적으로 발전되고 합의된, 공유된 세계관을 반영하는 사회적으로 구성된 추상적인 개념(예를 들어, 이론가, 연구자, 전문가, 그들의 내담자들, 미디어와 모든 것이 포함된 문화)"(Maddux, 2008, p. 63)―이라고 주장한다. 이전의 출간물에서 매덕스(2002)는 유사한 논쟁을 발전시키고, DSM 및 ICD 체계에 강경히 반대하여 주장한다. 매덕스는 특별히 다음의 세 가지―① 인간에 대한 범주화 및 병리화, ② 정신장애가 다른 개인과의 관계 그리고 크게는 그 맥락에 존재한다기보다 개인 내에 존재한다는 가정, ③ 인간에게 있어 가장 좋고, 강한 것을 이해하는 것보다 가장 나쁘고 취약한 것을 이해하는 것이 더 중요하다는 개념[5]―에 대해 비판적이다.

사회과학자들은 정신건강 진단을 활용하는 것이 환자의 생활뿐만 아니라 예후를 악화시키는 것에도 영향을 미칠 수 있다고 주장하였다. 낙인이론에서는 일차적인 것과 이차적인 일탈 간에 구별이 만들어졌다. 일차적인 일탈은 정신장애의 증상으로 해석되는 사회적 규준의 침해로 보인다. 일차적인 일탈은 네 가지 근원에서 비롯될 수 있다. 이는 유기적 결손, 심리적 역동, 외적 스트레스, 혹은 사회적 규칙에 대한 저항의 의지적인 행위로부터 기인될 수 있다. 이차적인 일탈은 개인이 자신의 정체성을 일탈적인 것으로 수용할 때 일어나는 과정이다. 정신건강 문제를 가진 환자로서 혹은 좀 더 구체적으로, 조현병 같은 특별한 진단을 가진 사람으로 어떻게 낙인되는지를 설명하기 위해 정리된 **낙인이론**은 더 일탈적인 행동에 영향을 미칠 수 있다(Scheff, 1966). 어빙 고프먼(Erving Goffman)은 여기에 정신건강 진단이 어떻게 낙인화로 이어질 수 있는지에 대한 자신의 설명과 분석을 덧붙였다. 낙인은 크게 신빙성이 없는 속성으로 정의된다. 정신건강 진단이 신빙성이 없는 것으로 지각되는 사회에 관한 문화적 맥락에서 낙인화는 사람들의 삶에 부담을 더할 수 있다. 고프먼에 따르면 우리가 질환을 제도화할 때 그 일탈은 과장된다. 이에 영향을 미치는 두 가지 요인—제도적 체제의 영향, 정상 세계로부터의 분리(Goffman, 1963; Rogers, 1991)—이 있다.

이차적 일탈(secondary deviance)과 **낙인화**(stigmatization) 같은 개념은 사회적 맥락과 사회적 규준이 어떻게 실천을 안내하는 논리적 근거를 알리는지를 우리에게 상기시키며, 이는 전문적 실천이 어떻게 가치와 관련되는지를 조명한다. 우리가 이제 세계 보건이라는 쟁점에 접근하면서 이 주제는 더 명확해질 것이며, 또한 정의와 평등을 논의하지 않고 우리가 건강에 대해 논의하지 않을 수 없다는 것을 설명한다.

글 상자 3-3 **음악치료에서 진단명이 필요한가**

음악치료 문헌에서 정신건강 진단의 문제적 측면은 다양한 각도에서 논의되었다. 크리스티안 골드와 동료들(Gold, Rolvsjord et al., 2005)은 행위 이전에 진단을 필요로 한다는 의료적 가설은 맥락과 문제의 심각성, 음악에 대한 내담자의 관계와 같은 다른 정보들이 더 중요할 수 있는 음악치료에서 제한된 관련성을 가진다고 주장하였다.

란디 롤브쇼르드(Randi Rolvsjord, 2007, 2010)는 병리적 측면과 문제보다 역량 강화의 자원 및 과정에 초점을 둔 음악치료 이론과 실제의 함의를 탐구하였다. 유사한 방식으로, 브뤼뇰프 스티게(2003)는 커뮤니티 음악치료에서 DSM-IV나 ICD-10 준거에 따라 문제를 정의하는 데 초점을 둔 개인주의적 방향에서는 편향을 만들 수 있다고 주장하였다. 이러한 정의는, 문제는 개인에게 속하고 해결은 전문가에게 속한다는 의학적 가정에 근거한다. 하나의 대안은 맥락적 요인을 고려하고 불리한 점을 맥락과 커뮤니티에 상대적인 것으로서 생각하는 것이다. 상대적으로 혜택받지 못한 사람들과 일하는 것은 **들어 보지 않은 목소리에 귀 기울이기**라는 음악치료의 은유와 연결되고, 침묵하였던 목소리에 대한 우려와 관련이 있다. 그렇다면 사회적 정의와 평등은 실천을 안내하는 논리적 근거의 일부가 된다.

사이먼 프록터(Simon Procter, 2001, 2004)는 진단, 개인사 및 위계와 같은 쟁점과 관련하여 의료적 · 비의료적 정신 보건 부문 간의 문화적 차이를 논의하였다. 프록터는 이와 같은 질문을 하였다. "음악치료사로서, 우리는 진단이 필요한가? 우리가 진단 없이 일할 수 있는가?" "우리는 내담자가 아닌 전문가에 의해서 작성된 내담자의 문서화된 이력을 이용하는 것이 필요한가? 우리가 그것 없이 일할 수 있는가?"(Procter, 2001). 프록터는 이와 같은 질문을 하였을 때 몇몇이 자신을 순진하고 개성이 강한 사람으로 낙인 찍을 수 있다는 것을 인정하나, **인간성**, **실현 가능성**과 **역량 강화**에 초점을 둔 비의료적 정신 보건 부문에 찬성한다.

사진 3-4 | 뉴욕의 볼틱 스트리트 클리닉. 펠리시아(Felicia)가 기타를 연주하는 아리엘(Ariel)과 함께 노래하기.
사진 제공: South Beach Psychiatirc Center.

건강에서의 불공평과 불평등

불공평(inequity)의 개념은 때로 **불평등**(inequality)의 개념과 동의어로 이해되었다. 그러나 그 둘 사이를 구별하는 것이 중요하다. 예를 들어, 불평등이 개인이나 인구 집단 간의 기대 수명이나 건강에 대한 다른 지표에서의 차이를 지칭하는 반면, 불공평은 불필요하고 피할 수 있는 차이를 지칭하면서도 공평하지 않고 부당한 것으로 고려된다.[6] "모든 불평등이 부당한 것은 아니나, 모든 불공평은 부당한 불평등의 산물이다"(Pan American Health Organization, 1999).

2003년 세계보건보고서(World Health Report)에는 일본의 한 여성과 시에라리온의 한 여성, 두 젊은 여성의 생활에 대한 서술이 있다.

> 오늘날 일본에서 태어나는 여아가 약 85년의 수명을 기대할 수 있는 반면, 같은 시기에 시에라리온에서 태어나는 여아는 36년의 기대 수명을 가진다. 일본의 아동은 접종과 적절한 영양섭취 및 좋은 학교교육을 받게 될 것이다. 만일 엄마가 된다면 그녀는 양질의 산모 관리라는 유익을 얻을 것이다. 나이가 들면서 그녀는 점차 만성 질병이 생길 수 있으나, 훌륭한 처치와 재활 서비스를 이용할 수 있을 것이다. 그녀는 평균적으로, 해마다 약 550달러에 해당하는 의약품과 필요하다면 훨씬 더 많이 받는 것을 기대할 수 있다.

> 한편, 시에라리온의 소녀는 예방주사를 맞을 기회가 적을 것이고, 아동기 내내 저체중일 가능성이 높다. 그녀는 아마도 청소년기에 결혼할 것이고, 계속해서 여섯 혹은 그 이상의 자녀를 훈련된 산파의 도움 없이 출산할 것이다. 그녀의 아기 중 하나 혹은 그 이상이 영아기에 사망할 것이며, 그녀 자신도 출산 중 사망의 고위험에 놓이게 될 것이다. 만일 그녀가 아프게 된다면, 평균적으로 해마다 약 3달러에 해당하는 의약품을 기대할 수 있다. 만일 그녀가 중년까지 살아남는다면 역시 만성 질병이 생길 수 있으나, 적절한 처치를 이용할 수 없어서 일찍 사망하게 될 것이다.

> (World Health Organization, 2003, p. ix)

이 두 시나리오 간의 비교는 부유국과 빈곤국 간에, 그리고 세계의 부유한 지역과 부유하지 않은 지역 간에 존재하는 건강에서의 큰 불공평을 나타낸다.

국제연합개발프로그램(the United Nations Development Programme, 2005)의 보고서에 따르면, 2000년에서 2005년까지의 시기 동안 고소득 국가에서의 기대 수명은 78.8년이었다. 사하라 이남 아프리카에서의 상응하는 수치는 46.1년이다.

[그림 3-2]에 제시된 것처럼 세계의 모든 다른 지역은 이 두 극단 사이에 위치해 있다. 1970년에서 1975년까지의 시기와 비교하면 두 곳을 제외하고, 세계 모든 지역에서의 기대 수명에는 상당한 증가가 있었다. 사하라 이남 아프리카에는 거의 변화가 없었고, 소비에트 블록(중동부 유럽, Central and Eastern Europe: CEE)과 독립국가연합(Commonwealth of Independent States: CIS)에 속한 국가에는 기대 수명의 감소가 있었다. 사하라 이남 아프리카에서는 HIV/AIDS 유행병이 기대 수명의 감소에 영향을 미쳤다. CEE와 CIS 국가에서는 그들의 계획 경제와 복지체계의 붕괴뿐만 아니라 경제 전환기 동안의 문제가 인구집단의 건강에 극적인 부정적 영향을 미쳤다. 흡연, 신체적 무위, 건강하지 않은 식습관과 알코올 소비 같은 건강하지 않은 생활 양식과 관련된 관상동맥 심장병, 부상 및 다른 건강 문제가 유행병의 비율에 이르렀다.[7]

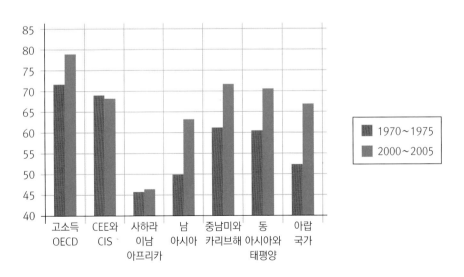

[그림 3-2] 지역에 따른 출생 시 기대 수명
(OECD – 예를 들어, 호주, 캐나다, 미국과 서유럽 대부분의 국가, CEE – 중동부 유럽의 국가,
CIS – 독립국가연합, 예를 들어 구소비에트 사회주의 공화국 연방)

건강에서의 불평등은 국가 내에서도, 빈곤국뿐만 아니라 부유국에서도 표명된다(World Health Organization, 2007a). 건강에서의 차이는 정치적·사회경제적·문화적인 것을 포함한 사회적 만족도의 여러 축을 따라 발생한다. 사회경제적 지위는 대개 교육 수준, 소득(개인적 혹은 가족), 직업 계층에서의 직무 혹은 지리학적 위치에 의해 정의된다. 토착민 집단이 있는 모든 국가에서 그들은 국가 평균보다 더 낮은 기대 수명을 가진다(World Health Organization, 2007b).[8]

세계질병부담(global burden of disease) 연구의 발표에서 로페즈와 동료들(Lopez et al., 2006)은 세계의 두 넓은 지역—① 고소득 경제국(서유럽, 미국과 캐나다, 호주, 뉴질랜드, 일본과 한국), ② 저·중소득 국가(중남미와 카리브해, 중동과 북아프리카, 사하라 이남 아프리카, 남아시아, 동아시아와 태평양과 동유럽과 중앙아시아)—을 구별하였다. 세계 인구의 15%가 고소득 국가에 살고 있지만, 그 비율은 감소하고 있다.

질병에 대해 분류하면 다음과 같다.

- 집단 I: 전염병, 출산 전후의 상태 및 영양 결핍
- 집단 II: 비전염성 질병(예를 들어, 암, 당뇨, 관상동맥 심장병, 뇌졸중, 알코올 사용 장애, 단극성 우울)
- 집단 III: 부상(자해 부상 및 폭력을 포함)

먼저, 「세계질병부담보고서(Global Burden of Disease Report)」에 서술된 사망 통계를 살펴보자(Lopez et al., 2006). 전 세계적으로 2001년에 5,600만 명이 사망하였다. 거의 20%가 5세 미만의 아동이었다. 질병 부담은 고소득 국가의 사례에서보다 저·중소득 국가의 아동과 청소년 사이에서 더 높았다. 고소득 국가에서는 전체 사망의 7%만이 집단 I 질병 때문이다. 저·중소득 국가에서의 상응하는 수치는 36%다. 저·중소득 국가에 상응하는 수치가 54%인 반면, 고소득 국가에서는 전체 사망의 87%가 집단 II(비전염성의) 질병 때문이다. 집단 III 질병(부상, 자살과 폭력)은 고소득 국가에서 전체 사망의 6%를 이루고, 저·중소득 국가에서 전체 사망의 10%이다(그림 3-3) 참조).

거의 모든 집단 I 질병(전염병, 출산 전후의 상태 및 영양 결핍)은 저·중소득 국가에서 나타난다. HIV/AIDS 문제는 1990년 집단 I 질병의 2%에서 2001년의 14%로, 이 국가들에서 빠르게 증가한다. HIV/AIDS 유행병은 특히 사하라 이남 아프리카에서

압도적이다. 사하라 이남 아프리카는 세계 인구의 10%보다 적지만 HIV에 감염된 사람의 70% 이상이 이 지역에서 살고 있다.

집단 II 질병(암, 당뇨, 관상동맥 심장병, 뇌졸중, 알코올 사용 장애와 단극성 우울 같은)은 부유한 국가의 질병이었다. 그러나 이 질병은 이제 두 지역—사하라 이남 아프리카와 남아시아—을 제외하고, 저·중소득 국가의 15세에서 59세 전체 사망의 50% 이상에 책임이 있다. 이는 세계 다섯 지역(중남미와 카리브해, 중동과 북아프리카, 동아시아와 태평양, 동유럽과 중앙아시아)의 인구가 건강에 대한 새로운 도전을 마주하고 있음을 의미한다. 또한 집단 III 질병(부상과 폭력)이 이러한 국가들에서 매우 널리 퍼진 이래로, 그들은 동시에 세 가지 도전에 직면하였다.

세계의 모든 지역에서 신경정신의학적 상태는 가장 중요한 장애의 원인으로 건강한 수명의 37% 이상이 15세 이상의 성인에게서 장애의 결과로 손실되었다. 이러한 상태들의 장애 부담은 남성과 여성에게 있어 거의 동일하나, 주요 기여 요인은 다르다. 우울은 남성과 여성 모두에게 있어 장애의 주원인이나, 우울의 부담은 여성에게서 약 50% 더 높다. 또한 여성은 불안장애, 편두통과 노인성 치매 때문에 더 높은 부담을 가진다. 남성의 부담은 알코올 및 약물 사용 장애 때문이며, 여성에게 있어서보다 거의 6배가량 더 높고, 이는 남성의 신경정신의학적 부담의 4분의 1에 이른다(Lopez et al., 2006).

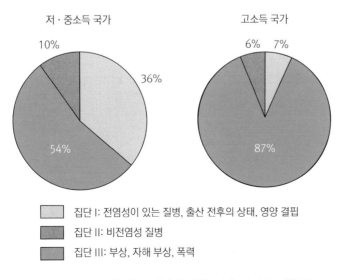

[그림 3-3] 광범위한 원인 집단에 의한 전체 사망의 비율 분포
Mather, Lopez, & Murray(2006)의 자료에 기반함.

🎧 건강에서의 불평등 설명하기

질병 부담에서의 보편적인 변화는 의료적 관점이 중요한 것일 수 있으나 건강과 건강 문제에 대한 우리의 이해에는 충분하지 않음을 나타낸다(우리가 이 장의 앞부분에서 건강의 차원을 논의할 때 시사한 바와 같이). 건강 문제에서의 보편적 차이를 서술함에 있어서 의학적 언어가 흔히 질병과 장애의 설명에 사용되는 반면, 사회문화적 · 경제적 지식이 이러한 일부 차이를 만드는 상태 및 과정의 이해에 필수적이다.

이는 또한 음악치료 실제가 어떻게 그들에게 접근하고 관계를 맺을 것인지와 같은 문제처럼 맥락마다 매우 다른 현실과 관련될 필요가 있음을 시사한다. 예를 들어, HIV/AIDS 환자들과의 음악치료가 중요하지만, 유럽과 미국의 음악치료에서는 작은 분야이며, 이 분야에서 일하는 음악치료사들은 주로 개별화된 접근을 발전시키는 것을 선택한다(예를 들어, Lee, 1996 참조). 반대로 동아프리카의 맥락에서 음악과 건강에 대해 작업할 때 HIV/AIDS는 중요한 쟁점 중 하나로 논의될 수 있고, 이 쟁점은 개별화된 방법으로 접근될 수 없으나 사회문화적 관점에 의해 알려진 커뮤니티 지향 접근을 필요로 한다(Barz, 2006; Stige, 2008b).

윌킨슨(Wilkinson, 1996) 그리고 윌킨슨과 피켓(Wilkinson & Pickett, 2010)은 국가 내의 사회경제적 불평등과 국가를 넘어선 불평등 간의 가능한 연결을 지적하였다. 이 저자들은 평등주의 국가의 인구들이, 더 확연한 사회경제적 불평등을 가진 국가보다 발달의 모든 수준에서 더 나은 건강을 가진다고 주장한다. 주된 설명은 사회적 응집과 관련된다. 더 많은 평등주의 사회 및 더 작은 사회경제적 차이는 사회적 응집과 연관되고, 사회적 응집은 더 좋은 건강(다음 장 참조)과 연관된다. 윌킨슨은 평등주의의 사회관계 질과 공적 가치가 왜 소위 동부 유럽의 사회주의 국가에서 전통적으로 예측된 기존의 1인당 소득보다 더 높은 건강의 표준을 가지는지 설명함을 시사한다. 이용 가능한 경험적 근거에 기반하여 카와치(Kawachi, 2000)는 경제적 격차의 크기가 최저생활비와 관계없이 건강의 중요한 예측변수라고 결론짓는다. 카와치와 버크만(Kawachi & Berkman, 2000)은 사회적 응집을 "사회적 유대감과 사회에서의 집단 간 연대의 정도"라고 정의하고, 사회적 자본을 "개인을 위한 자원으로서의 행위와 집단적 행위를 촉진하는 사회에 관한(societal) 구조의 특징들(대인관계의 신뢰 수준 및 상호성의 규준 및 상호 협력과 같은)"로 정의한다. 사회적 응집과 사회적 자본은 사회적 관계망과 사회적 지지 같은 개념과 구별되는 사회의 집단적 차원으로, 대개 개인의 수준 및 타인과의 상호작용에 적용된다. 카와치와 버크만은 이 두 가지 개념, 사회적 응집과 사회적 자본이 공중보건에 중요함을 시사한다.

수많은 요인이 건강에서의 사회경제적 불평등을 설명하는 데 기여할 수 있다. 한 가지 중요한 요인은 흡연, 식습관 및 신체 활동 같은 건강 관련 행동에서의 사회경제적 차이와 관련된다. 후이스만, 쿤스트와 마켄바흐(Huisman, Kunst, & Mackenbach, 2005)는 유럽연합의 흡연 유행에서 불평등을 살펴보았다. 양성 모두 흡연자의 비율은 낮은 사회경제적 지위와 더불어 증가한다. 이는 수많은 국가와 여러 건강 행동을 교차하여 나타나는 것으로 보이는 하나의 표본에 불과하다. 건강하지 않은 행동은 일반적으로 낮은 지위의 집단 사이에서 더 흔하다. 건강 행동은 명백하게 사회경제적 지위와 사망률 간의 연관에 대한 설명에 기여하는 요인 중 하나다.

건강에서의 불평등은 인구의 성인에 국한되지 않는다. 아동과 청소년 사이의 사회경제적 건강 불평등은 세계 각지에 존재한다. 1980년의 블랙 리포트(Black Report)[12]에 따르면, 북유럽 국가의 아동들 간 건강 불평등은 거의 근절되었다. 그러나 좀 더 최근의 연구는 이보다 더 부유한 국가에서도 상대적인 불평등이 나타났음을 보여 준다(Halldorsson et al., 2000). 아동들 간의 빈곤은 보편적인 사회적 복지체계, 보건 의료의 무료 이용 및 무상교육을 시행하는 국가에서 훨씬 덜 만연하나, 여전한 사실이다. 미국처럼 사회경제적 공평에 대해 우선순위를 덜 두는 부유한 국가에서는 아동이 있는 가족에서의 빈곤이 좀 더 만연하다(World Health Organization, 2007a).

건강 증진에 관한 오타와 헌장(WHO, 1986)에는 **건강의 전제조건**(prerequisities for health)—"건강을 위한 기본적 상태와 자원은 평화, 주거지, 교육, 음식, 소득, 안정적인 생태 체계, 지속 가능한 자원, 사회적 정의와 공평이다. 건강의 개선은 이러한 기본적인 전제조건에서의 안전한 기반을 필요로 한다."—이라는 목록이 있다. 이는 단순히 경제적 과정, 법적 체계와 정치적 결정에는 사람들의 건강을 위한 결과

---

12) 역자 주: 영국의 보건사회복지부에서 발간한 보고서로, 건강에서의 불평등 문제를 정책적으로 의제화하는 데 기여하였다.

가 따른다는 것을 의미한다. 공공보건 및 건강 증진을 위한 행위는 사회의 모든 부문과 관련이 있고, 건강 전문가들과 보건관리체계의 권한을 훨씬 넘어선다. 빈곤은 세계 대부분의 지역에서 건강에 가장 중요한 도전이다.

글 상자 3-4 **음악치료, 다양성과 빈곤**

음악치료사들은 다양성과 빈곤에 직면할 때 어떻게 우선순위를 매기는가? 이는 남아프리카 음악치료에서의 다양성과 커뮤니티에 대한 헬렌 우스투이젠(Helen Oosthuizen, 2006)의 논문에 나오는 주요 질문이다. 우스투이젠은 요하네스버그 지역에서 일하는 몇 안 되는 음악치료사 중 한 사람이며, 자신이 어떤 일의 기회를 받아들일지 결정할 때 자신의 우선순위를 신중하게 고려하는 데 필요한 것을 어떻게 찾는지 서술한다.

> 음악치료사와 커뮤니티 센터의 서비스를 기꺼이 고려하는 일부 더 부유한 기관과 부모들은 질문을 하고, 가능성을 제안하면서 시작한다. 나는 많은 선택권이 있고, 내가 거절한 곳을 채우는 사람들은 음악치료사들이 아니었다. 나는 한 커뮤니티에서 내가 어떻게 최고의 작업을 할 수 있는지에 대한 질문 이외에, 나의 자원들이 한 커뮤니티 혹은 다른 커뮤니티에서 최적으로 이용될 것인지를 고려할 필요가 있다. 나의 기술을 어떻게 이용할지에 대한 선택을 하는 것은 특정한 커뮤니티에 큰 가치를 부여하면서 우리의 직군을 성장시키거나 **저해할** 수 있고, 전체로서 국가에 영향을 미치는 적절한 쟁점들을 다루거나 **복잡하게 할** 수 있다(Oosthuizen, 2006).

우스투이젠은 음악치료사로서 다양한 남아프리카의 커뮤니티에서 자신의 작업을 서술한다.

> 부유한 학교 커뮤니티에 음악치료를 소개하며 나는 내가 커뮤니티 구성원들과 공유하는 문화적 이해가 유용한 이점임을 알게 된다. 그래도 내가 (자신이) 속한 커뮤니티와 유사한 부유하고 자원이 있는 커뮤니티에서만 일하는 것이 빈부 격차를 강조하는 것일 수 있음을 고려할 필요가 있다. 이렇듯 나는 조국(남아프리카 공화국)의 사회적 불평등 문제를 악화시킨다. 내가 속한 커뮤니티와 매우 다른 커뮤니티에서 단기 음악치료 집단을 시작하면서, 나는 이곳에 어떤 음악치료가 적합한지에 대한 질문으로 힘들었고, 내 사고에 적응하는 나 자신을 발견하며, 이 맥락에서 가치 있는 음악치료 실제를 형성하는

커뮤니티와 밀접하게 작업하였다. 이 다양한 작업 경험은 적절한 국가적 · 보편적 쟁점에 대한 음악치료사들의 인식을 높이고, 이러한 쟁점을 다루는 데 있어 우리 직군이 보유한 가능성을 높이는 도전이 된다(Oosthuizen, 2006).

자신의 논문을 마무리하면서 우스투이젠은 우리가 작업하는 방식의 변화를 수반하더라도 음악치료사로서 우리는 더 넓은 사회적 맥락 내에서 작업을 고려할 필요가 있다고 주장한다.

이는 모든 음악치료사가 넓은 범위의 다양한 커뮤니티에서 일을 찾을 필요가 있음을 시사하는 것이 아니라, 우리가 어떤 커뮤니티에서의 작업을 신중하게 고려할 필요가 있다는 것이다. 나는 나를 둘러싼 빈곤이 무시되기 쉽다는 것을 알았다. 이 무시는 빈곤한 커뮤니티에서 나의 투자 부족을 변명하는 것을 허용하고, 빈부 격차를 증가시킨다(Oosthuizen, 2006).

🎧 안녕감과 삶의 객관적 조건

지금까지 우리는 사망률, 질병률 및 장애에 대한 통계를 제공함으로써 세계 보건을 서술하였다. 그러나 이 장의 앞에서 언급한 것처럼 건강은 질병의 부재 그 이상이다. 또한 안녕감의 개념은 삶의 더 적극적인 측면에 대한 강조를 필요로 한다. 각국에서 행복을 분석하기 위한 시도들이 있었다. 베인호번(Veenhoven, 1995)은 세 가지 **행복의 이론**(theories of happiness)—비교 이론, 민속 이론, 거주성 이론을 구분하였다.

비교 이론에서 삶의 평가는, 삶이 이상적으로 어떠해야 한다는 표준에 반해 개인이 무게를 두는 것으로서 삶의 지각이 경험되는 것처럼 일종의 정신적 미적분에 기반을 두는 것으로 가정된다. 다시 말해서, 우리가 현실적이라고 생각하는 것에 기반을 두고 삶을 판단한다. 이러한 비교 과정의 결과로, 삶에 대한 한 사람의 주관적인 평가는 그 객관적인 질과 관련되지 않는다. **민속 이론**은 행복을 삶에 대한 개인의 평가로 보지 않으나, 삶에 대해 문화적으로 형성된 개념의 반영으로 본다. 또한 이 이론에 따르면, 행복은 특별한 국가나 문화에서 현재 삶의 질과 크게 관련되지

않는다. **주거성 이론**은 삶에 대한 한 사람의 주관적 평가는 무엇보다도 삶의 객관적
질에 의존한다고 주장한다. 더 나은 생활 조건에서 더 행복한 인구가 있을 가능성
이 있다. 주거성 이론은 상대적인 차이보다 절대적인 삶의 질에 초점을 둔다.

38개국의 대학생과 28개국의 일반 인구 조사에서 수집된 자료를 분석한 것에 기
반하여, 베인호번(1995)은 주거성 이론의 예측이 모두 확인된 반면, 비교 이론과 민
속 이론의 예측이 상당 부분 확인되지 않았다는 결론을 내렸다. 행복은 삶의 객관
적인 조건들을 대거 반영한다. 만일 우리가 주관적·객관적 안녕감 사이의 관계에
대한 이 장의 앞에서의 논의로 되돌아간다면, 베인호번의 결론은 다소 놀라운 것일
수 있다. 다양한 연구는 안녕감의 객관적·주관적 지표 사이에는 어떤 단일한, 직
접적인 관계도 없음을 나타냈다. 돈은 행복과 동일한 것이 아니다. 물질주의적 지

사진 3-5 | 호주 노던 테리토리에서 음악 만들기 잘 지내기에 참여한 헨버리 학교의 아트스토리즈 학생.
음악과 안녕감.
사진 제공: Christine Carrigg.

향은 안녕감을 저해하기도 한다. 동시에 물질적 자원의 부족은 흔히 부담과 스트레스, 선택과 선택권의 부족 및 취약성의 증가와 관련이 있다.

삶의 객관적 조건과 안녕감의 경험 간 관계는 복합적이고, 다면적이며 시간, 사람과 장소에 따라 상대적이다. 중요한 매개 요인 중 일부는 이용 가능한 사회적 지지의 정도와 사회적 자본의 양이며, 이는 다음 장에서 논의의 주제가 될 것이다.

🎧 결론

건강 관심사와 건강에 관한 아이디어는 시간과 장소에 따라 다양하다. 의학적 맥락에서 **건강**은 흔히 **질병의 부재**, 예를 들어 유기체가 질병이나 이상의 근거 없이 최적으로 기능할 때의 상태로 정의되었다. 이 관점에 따르면, 건강해지기 위해서 사람은 건강하다고 느끼거나 사회의 생산적인 구성원이라고 느낄 필요가 없다. 사람이 특정한 질병이나 질병의 증상이 없으면 충분하다. 비판적인 목소리는 환자를 사람으로 대하는, 건강에 대해 좀 더 총체적인 접근을 요구한다. 이러한 아이디어들과 소통하기 위해서 **질환과 병**의 개념이 따로 채택되었다. 이 문헌에서 **병**은 건강하지 않은 상태에 대해 사회적으로 구성된 명칭을 나타내는 데 사용되는 반면, **질환**은 자신의 건강에 대한 사람들의 지각을 지칭한다.

1946년 건강에 대한 WHO의 이상주의적 정의는 건강에 대한 사람들의 사고방식에 꽤 영향을 미쳤다. 건강은 무시되어서는 안 되는 중요한 적극적인 측면이며, WHO의 정의는 처치, 예방 및 재활과 관련된 것뿐 아니라 건강 증진, 실현 가능성, 역량 강화 및 사회 변화에 실천을 개방하였다. 우리가 건강의 적극적인 측면에 관심을 둘 때 **안녕감, 삶의 질, 생활 만족도** 같은 개념이 중요해진다. 예를 들어, 안녕감은 주관적인 안녕감의 차원(정서, 삶에 대한 보편적인 판단, 특정한 생활 영역에 대한 만족)과 관련하여 그리고 안녕감의 객관적인 지표(교육 성취, 주거 상태, 질병의 부재와 관련하여)와 관련하여 이해될 수 있다. 객관적·주관적 지표 간에는 어떤 단일한, 직접적인 관계가 없다. 예를 들어, 여러 연구가 미국에 사는 사람들의 행복에서 유의한 감소를 나타냈지만, 동시에 생활 수준은 증가하였다.

다양한 사회는 개인에게 각기 다른 종류의 부담과 요구를 부과한다. 그러므로 건

강은 일상생활의 어려움에 대처하고 숙달하는 한 사람의 능력으로도 정의된다. 이
것은 관계적 개념—건강은 사람과 그 환경 간 관계의 질이다—이다. 이 관점은 커
뮤니티 음악치료에서 핵심적이다. 그러나 질병의 부재 혹은 안녕감의 적극적인 경
험으로서 건강에 대한 이해 없이 우리가 할 수 있는 것에 대해 생각하는 것은 실수
일 수 있다. 우리가 개요를 설명하였던 건강의 세 가지 차원은 개인적 수준에서 질
병, 장애와 경험을 무시하지 않고 관계적·맥락적 요인들을 고려해야 함을 시사
한다.

　정신보건 분야는 이 점을 꽤 잘 조명한다. 진단은 사회적 구성이다. 그것은 사회
적 규준의 침해를 관찰하는 데 기반하고, 이는 정신장애의 증상으로 해석된다. 일
탈은 유기적 결손, 심리적 역동, 혹은 외적 스트레스와 같은 원천으로부터 비롯될
수 있다. 또한 사회적 규칙에 대한 불복종 의지의 행위를 대표한다. 다수의 사회과
학자에 따르면, 낙인찍기는 낙인이 이미 일부인 분야에 영향을 미친다. 사람에게
진단명이 주어질 때 이 영향은 이 사람에 대한 다른 사람들의 개념뿐 아니라 자신
의 자기 개념에도 영향을 미친다. 어떤 면에서 이는 더 일탈적인 행동에 영향을 미
칠 수 있다. 이는 정신건강에 대해 자원 지향 관점이 매우 유용한 이유 중 하나다.

　사회적 정의의 가치를 논의하지 않고 건강을 논의하는 것은 불가능하다. 세계 보
건에는 큰 불공평이 있다. 2003년의 세계보건보고서는 이에 대한 한 예로 일본에
서 태어난 여아가 약 85년의 수명을 기대할 수 있는 반면, 같은 시기에 시에라리온
에서 태어난 여아는 36년의 기대 수명을 가질 수 있다는 것을 보여 준다. 만일 일본
의 시민이 만성적으로 질환을 가지게 된다면, 그녀는 훌륭한 처치 및 재활 서비스
와 연평균 550달러 정도의 의약품을 기대할 수 있다. 이와 비교하여, 시에라리온의
시민은 만일 그녀가 아프게 되면, 평균적으로 연간 3달러 정도의 약품을 기대할 수
있다고 보았다. 불공평은 국가 간에만 존재하는 것이 아니라 국가 내에서도 존재
하고, 어떤 국가에서는 꽤 극단적인 정도다. 그러므로 건강에서의 빈곤과 불공평을
직면할 때 어떤 것이 우선순위가 될지에 대한 질문은 모든 곳에 있는 음악치료사들
과 관련이 있다.

🎧 핵심 용어, 논의 주제와 미주

핵심 용어(제시된 순서에 따른 핵심 용어)

건강(health)

질병(disease)

질환(illness)

병(sickness)

안녕감(wellbeing)

주관적 안녕감(subjective wellbeing)

객관적 안녕감(objective wellbeing)

건강의 차원(dimensions of health)

관계적 · 맥락적 요인(relational and contextual factors)

낙인이론(labeling theory)

이차적 일탈(Secondary deviance)

낙인화(stigmatization)

건강에서의 불공평(inequities in health)

건강에서의 불평등(inequalities in health)

건강의 전제조건(prerequisites for health)

행복의 이론(theories of happiness)

논의 주제

다음의 비판적 사고 질문은 수업 혹은 집단에서 논의될 수 있고, 이 장에서 논의된 주제에 대한 비평적 성찰을 위해 학생 개인이 사용할 수 있다.

1. 이전의 장에서 우리는 1980년대 음악치료 이론에서의 체계적 · 사회문화적 변화에 대해서 논의하였다. 이는 이 장의 초반에서 논의되었던 것과 같이, 1960년대와 1970년대의 심리학과 관련 학문에서 발현된 많은 생태이론의 일부가 될 수 있다. 실천에 대한 한 가지 함의는 문제가 있는 사람의 직속 체계(아동의 가족 및 학급 환경과 같은) 간의 관계와 함께

작업할 수 있다는 것이다. 전통적인 치료적 실제에서 더 극단적인 출발도 생각할 수 있다. 당신의 국가에서 생태적 사고가 음악치료의 이론 및 실제의 특징인지, 그렇다면 어떻게 그러한지 논의하라. 생태적 사고에 의해 제안된 가능성의 범위가 충분히 탐구되었다고 느끼는가? 만일 그렇지 않다면, 어떤 요인들이 지금의 상황에 기여하였는가?

2. 다수의 사람이 치료라 명명된 활동에 저항하는 것은 그 용어가 전문가들이 우세한 상황이나 낙인과 관련되기 때문일 것이다. 음악치료사들이 비의료적 맥락에서 일하는 것은 때로 딜레마를 만들 수 있다. 작업을 '음악치료'라고 명명하지 않는 것이 존중되는 것은 언제이고, 부정되는 것은 언제인가? 이러한 딜레마를 다루는 다양한 방법과 예들을 논의하라.

3. 건강에서의 불공평은 음악치료 문헌에서 집중적으로 논의되었던 쟁점 중 하나가 아니나, 어떤 음악치료사들은 이 문제에 능동적으로 관련되기를 선택하였다('글 상자 3-4' 참조). 당신의 맥락에서 건강에 대한 불공평을 상세히 설명하고, 음악치료사가 이 쟁점을 가지고 작업할 수 있는지, 그렇다면 어떻게 그러한지 논의하라.

미주

1. NGO는 비정부기구의 규정된 축약어다.

2. 디너(Diener)는 국제 삶의 질 연구 단체(International Society of Quality of Life Studies)의 전임 회장이자, 『행복 연구 학술지(Journal of Happiness Studies)』의 편집자이다.

3. ICF는 다음의 요소— 신체 기능 및 신체 구조, 활동 및 참여, 환경적 요인 —를 중심으로 구성되었다. 신체 기능 혹은 구조와 관련하여, 사람은 유의한 일탈이나 손실과 같은 **손상**을 경험할 수 있다. **참여**가 생활 상황에서의 관여로 이해되는 반면, **활동**들은 과제나 행위에 대한 개인의 실행을 지칭한다. 사람은 손상을 경험할 수 있을 뿐만 아니라 **활동 제한**(활동 실행에서의 어려움) 혹은 **참여 제한**(생활 상황에서의 관여의 문제)도 경험할 수 있다. ICF에서 서술된 것과 같이 환경적 요인은 자연적 환경, 테크놀로지, 지지 및 관계, 태도, 서비스, 체계 및 정책을 포함한다. 이 요인들은 손상, 활동 제한 및 참여 제한의 결과로 증가하거나 감소한다(WHO, 2001a).

4. 중국 정신장애의 분류(Chinese Classification of Mental Disorders)와 같은 다른 분류 도식이 비서구 문화권에서 사용될 수 있다.

5. 푸코(Foucault, 1961/1999)의 연속적 작업인 『**광기와 문명**(Madness and Civilization)』과 같이, 문제 및 장애의 개념화는 직군의 구성에 기여한다(제10장 참조).

6. 공평을 구성하는 다양한 정의와 더불어 평등의 다양한 개념이 있다(제7장 참조).

7. 중부 및 동유럽의 새로운 EU 회원국에서 나온 최근 보고서들은 경제적 전이기 동안 일어

나는 부정적인 경향이 이미 역전되었음을 나타냈다(Zatonski & Jha, 2000).

8. 건강에서의 불평등이 반드시 안정적인 것은 아니다. 러시아 연방에서는 현재 남성뿐만 아니라 여성들 사이에서도 교육 수준에 따른 기대 수명의 차이가 증가하고 있다(Murphy et al., 2006).

제4장

커뮤니티와 사회적 자원

제4장을 공부한 후에 당신은 다음과 같은 질문에 대해 논의하게 될 것이다.

- 인간 발달에 대해 논의할 때 분석의 수준이 의미하는 것은 무엇인가?
- '커뮤니티'라는 개념의 근원은 무엇인가?
- 우리 각자는 자신의 사회적 관계망을 통해서 세계와 얼마나 가깝게 연결되는가?
- 사회적 지지 효과에 대한 연구에 있어 직접 효과 가설과 완충 효과 가설 간의 차이는 무엇인가?
- 미발생 생활 사건이 어떻게 스트레스를 대표할 수 있는가?
- 사회적 자본은 무엇이며, 이는 어떻게 연구될 수 있는가?
- 음악치료사들은 주변화된 집단의 상황과 관련하여 어떻게 기여할 수 있는가?

∩ 사회적 맥락 내에서의 인간 발달

인간의 삶은 타인과의 지속적인 상호작용이 주된 특징이다. 신생아는 출생 직후부터 그들의 부모나 다른 양육자에 의해 돌봄을 받아야만 생존할 수 있고, 그 돌봄은 몇 년간 지속된다. 상호성, 협력 및 공유는 (다양한 정도와 다양한 방식으로) 우리 삶의 중요한 특징들이다. 인류의 진화에서 유전자-문화 공진화[1] 및 인간이 특히

---

1) 역자 주: 문화와 유전자가 서로 영향을 주고받으면서 함께 진화하였다는 것이다.

집단 내에서 잘 기능하게 하는 특정한 단위의 선정이 있었던 것으로 보이며, 두 가지 모두 고유한 개별적 이익과 집단의 이익을 가진다(Stige, 2002). 소속감과 관련성이 기본적인 심리적 혹은 매우 기초적인 사회적 요구로 시사되었는데, 만일 이것이 체계적으로 좌절되었다면 건강의 결과가 꽤 심각할 수 있기 때문이다(Baumeister & Leary, 1995; Berkman & Glass, 2000). 그러나 우리의 사회적 주변 환경은 삶의 자원일 뿐만 아니라 긍정적 요인이기도 하다. 다른 사람들도 부담이자 스트레스의 근원일 수 있다. 대인관계는 매력, 긍정적 경험 및 사랑과 연관될 수 있으나 공격성, 질투 및 슬픔에 의해 지배될 수도 있다. 이 장은 사람들의 삶이라는 사회적 맥락에 관한 것이다.

이러한 맥락들의 요소를 서술하는 다수의 개념적 모델이 있다. 미시체계, 중간체계, 외체계와 거시체계 간 관계를 서술하는 브론펜브레너(Bronfenbrenner, 1979)의 **생태적 모델**(ecological model)은 큰 영향을 미쳤다. 브론펜브레너(1979, pp. 16-42)에 따르면 활동, 역할 및 대인관계의 패턴을 구성하는 **미시체계**는 주어진 환경(가족이나 또래 집단과 같은)에서 인간이 발달함에 따라 경험된다. **중간체계**는 인간이 능동적인 참여를 발달시키는(아동에게 있어 가정과 학교 간의 관계와 같은) 둘 혹은 그 이상의 미시체계 간 상호 관계를 지칭한다. **외체계**는 발달하는 인간의 능동적인 참여를 수반하지는 않으나 발달하는 인간을 포함하는 체계들에 영향을 미치는 체계를 지칭한다(지역의 의회나 학교 행정부가 외체계의 예다). **거시체계**는 사회와 같은 상위 수준의 단체에서의 조직감과 밀도를 지칭한다. 이러한 수준들은 하위 수준이 상위 수준에 내재되거나 중첩된 것으로 이해될 수 있다.

돌턴, 엘리아스, 원더스만(Dalton, Elias, & Wandersman, 2007)은 중심이 같은 원들(혹은 동심원, [그림 4-1] 참조)로 정의되는 층위에 둘러싸인 사람이 중심에 있는 관련 모델을 제안하였다. 사람에게 가장 가까운 층위인 **미시체계**의 구성은 사람이 살아가면서 타인과 직접적·개인적 상호작용에 참여하는 환경으로 정의된다. 다음 층위는 직장의 팀과 다른 부서의 직원들 같은 미시체계의 합으로 구성되는 **단체**다. 지리적 **지역성**은 다음 수준을 구성한다. 전형적인 예는 마을, 이웃과 근교를 포함한다. 지역성은 단체 및 미시체계의 합으로 이해될 수 있다. 또한 **거시체계**를 구성하는 마지막 층위는 문화, 정부 및 경제 기관, 법적 체계 등으로 구성된다. 이 생태적 모델은 우리의 삶이 상황에 따라 어떻게 형성되는지를 나타낸다. 어떤 것들은 가깝고, 다른 것들은 더 멀지만, 그 모든 것은 우리의 삶에 직접적이거나 간접적인 영향을 미친다.

이 맥락들과 관련된 요인을 서술하기 위해서 여러 가지 핵심 개념이 필요하다.[1] 이 장에 제시된 각 용어는 사회적 삶의 중요한 측면들을 포착한다.

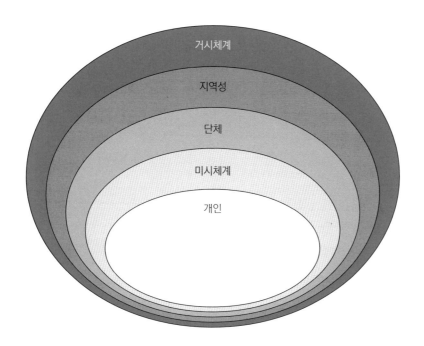

[그림 4-1] 맥락 내에서의 개인: 분석의 수준

출처: Cengage Learning(구 Wadsworth/Thomson Learning)의 허가를 얻어 Dalton, Elias, & Wandersman(2007, p. 18)에서 인용됨.

글 상자 4-1 **음악치료 중에 공동체적 경험을 복원하기**

데이비드 램지(David Ramsey)는 인간의 연계성 자원으로서 음악을 탐구하였던 음악치료사 중 한 사람이다. 램지는 수년간 뉴욕에 있는 베스 에이브라함 보건 서비스(Beth Abraham Health Services)의 음악치료사로 일하였다. 박사학위 논문에서 램지(2002)는 실어증을 가진 환자 집단과 함께한 자신의 작업을 살펴본다. 내담자가 거쳐 온 변화를 서술하고 분석하면서, 램지는 결국 과정의 중심으로서 공동체적 음악 경험에 초점을 두게 된다.

집단을 분석하는 동안 나는 집단 과정 중에 드러난 다양한 개인의 성격에 대해 인식하게 되었다. 그레타(Greta)가 불평하는 사람으로 보이는 반면, 메리(Mary)는 도전적인 사람이었다. 로스(Ross)는 때로 집단을 불안하게 만들었고, 팸(Pam)은 관심을 필요로 하고 집단 활동을 전환시킬 수 있었다. 나는 행동으로 보여 주는 리더였다. 그러나 역할 기능으로 각 구성원을 관찰하는 전통적인 방법은 음악의 '성격'과 '역할'을 고려하지 않았다. 어떤 수준에서 과제 수행은 익숙한 노래를 만드는 것이었다. 다른 수준에서 노래는 궁극적으로 집단 과정을 결정하는 그 자체의 고유한 힘과 리더십을 발휘하였다.

나는 개인차보다 통일된 집단 반응에 초점을 둔 관점에서 집단을 조망하였다. 개인이 상호작용하여 과정을 결정하는 집단 역동에 대한 전통적 관점은 개인적 선호를 나타내기보다 개인이 음악 경험에 순응하는 '코러스 효과[2]'의 개관으로 대체되었다. 이 사례에서 그들에게 제공되었던 음악 경험은 그들을 사로잡았고, 다른 어떤 것이 제공할 수 없었던 본질을 복원하였다. 집단 참여 및 유명한 노래의 통일된 생성을 통해, 참여자들은 스스로를 표현적인 발표에 몰두하게 할 수 있었고, 커뮤니티의 요구와 관련된 인간의 필연성을 성찰하고 공유하였다(Ramsey, 2002, pp. 107-108).

램지의 연구에서 **커뮤니티**—공유된 경험으로서, 일체감과 연계로서, 심리적·사회적 지원으로서, 정서적 라포와 공유로서의 커뮤니티—**의 복원**은 핵심 범주가 되었다.

🎧 커뮤니티

커뮤니티(community)라는 현대의 영어 단어는 라틴어 **커뮤니타스**(communitas, 공통의 것)에서 파생된 것으로, 개인적이고 경험적인 차원에서부터 제도적·구조적 차원에 이르기까지 관련된 다양한 의미와 연결된다. 이 단어는 심지어 유럽의 커뮤니티와 같이 국가의 대규모 연합에 관해 사용되기도 한다. '소통하다'라는 말은 동일한 라틴어 기원(communicare)을 가진다. 소통한다는 것은 공통의 것을 만드는 것을 의미한다.

커뮤니타라는 개념은 광범위한 학문, 예를 들어 생물학, 인류학, 사회학과 심

2) 역자 주: 단일 음원으로 복수의 음원이 동시에 울리는 것처럼 들리는 효과를 의미한다.

리학 등에서 활용된다. 일반적으로 수용되는 단일한 정의는 없다. 힐러리(Hillery, 1955)에 따르면, 1950년대에 이미 94개의 정의가 제안되었다. 커뮤니티의 **지리적 개념**(geographical notion of community, 이웃, 마을, 동네)과 **관계적**(relational) **개념**(인간 관계의 질) 간에는 중요한 구별이 있다(Gusfield, 1975, McMillan & Chavis, 1986에서 인용). 커뮤니티 음악치료의 맥락에서는 두 가지 개념 모두 적절하게 활용된다.

커뮤니티는 흔히 특정한 **장소**에서 시간이 지남에 따라 **상호작용하는 개인들의 집단**으로 정의된다. 맥퀸과 동료들(MacQueen et al., 2001)은 커뮤니티를 사회적 유대에 의해 연결되고, 공통의 관점을 공유하며, 지리적 장소나 환경에서 공동 행위에 참여하는 다양한 특징을 가진 사람들의 집단으로 정의한다. 후기 현대사회에서는 커뮤니티가 공통의 관심사를 발전시키는 경향이 있다. 이 커뮤니티들은 장소보다는 관계에 의해 정의되었다. 인터넷 소통의 시대에 커뮤니티는 서로 멀리 떨어진 곳에서 사는 개인들을 포함하여 발달할 수 있다.

맥밀런과 채비스(McMillan & Chavis, 1986)는 맥밀런(1976)의 이전 업적에 기반하여 **커뮤니티 의식**(sense of community)[3]에 대한 이론을 발달시켰다. 이 개념에 대한 그들의 정의는 네 가지 요소— **멤버십**(소속감의 느낌 혹은 개인적 관련성의 개념을 공유하기), **영향**(집단을 중요하게 여기거나 변화를 가져오는 감각), **요구의 통합과 이행**(구성원들의 요구가 충족될 것이라는 느낌), **공유된 정서적 연계**(구성원들이 공유된 역사, 공통의 장소, 함께하는 시간과 유사한 경험을 가지며, 앞으로도 가질 것이라는 약속과 신념)—에 기반한다. '커뮤니티 의식'이라는 용어는 잘 기능하는 커뮤니티의 중요한 심리적 측면에 주목하며, 강하고 긍정적인 함의를 가진다. 지리적 혹은 관계적 개념으로서 커뮤니티는 좀 더 서술적이나 항상 중립적으로 다루어지는 것은 아니다.

마을을 말하는 이미지로, 안정적인 작은 커뮤니티는 흔히 '커뮤니티'라는 개념이 논의될 때 마음에 떠오르는 것이다. 이는 인간의 사회적 단체가 택한 많은 형태 중 하나이나, 때로 원형으로 다루어졌다. 20세기 중반, 인류학에서 유명한 학자에 의해 저술된『작은 커뮤니티(The Little Community)』를 보면 다음과 같은 주장이 있다.

작은 커뮤니티는 인류의 역사 전반에 걸쳐 인간 생활의 매우 두드러진 형태였

---

3) 역자 주: 보통 공동체 의식으로 번역되나, 이 책에서는 커뮤니티의 개념을 강조하여 커뮤니티 의식으로 번역하였다.

다. 도시는 수천 년간 이어졌고, 초기에는 고립된 주택이 나타났다. ……신대륙에 정착하고서야 그것이 아마 '대규모로 처음 등장'하였을 것이다.

(Redfield, 1953/1963)

'커뮤니티'라는 개념을 이렇게 다룬 것은 유목민 커뮤니티의 복잡한 분열-융합 패턴에 대한 것보다 마을 커뮤니티에 좀 더 집중함으로써 인간의 사회적 단체를 자연스럽게 만드는 하나의 방식으로 비평될 수 있다.[2] 사회이론에서 '커뮤니티'라는 개념의 예가 되는 레드필드(Redfield, 1953/1963)의 아이디어는 문제적 역사를 가진다. 다른 커뮤니티보다 특정한 형태의 커뮤니티에 특혜를 주고, 정의에 따라 선정된 형태의 커뮤니티를 긍정적인 것으로 다루는 경향이 있었다. 다시 말해서, 규준적이고 서술적인 요소들이 혼동되었다. 안정적인 작은 커뮤니티에 편향적인 초점을 두는 것은 문제적이다. 인간의 다양성을 무시하고, 인간 사회생활의 부정적인 측면들도 과소평가하여 커뮤니티의 기능을 국한하기 때문이다.[3]

도시화된 후기 현대사회에는 복잡한 패턴의 연계성을 가진 커뮤니티의 다양화가 있었다(Walker, 1993). 개별화의 과정도 가속화되었다. 이는 공동체적인 이니셔티브들을 근절하기보다 변화시킨다.

개별화는 모든 형태의 집단성이 사라지는 것을 시사하지 않는다. 이는 커뮤니티에 새로운 후기 현대적 형태를 제공한다. 일상적인 사회생활에서 한 사람이 지향하는 서열 구조의 필요는 그들에게 선례가 주어지지 않은 곳에서조차 사람들이 자신의 행위에 대한 제한을 만들도록 한다. 그러므로 집단적 도식은 모든 사람이 스스로 선택해야만 하는 곳에서도 나타나며, 이는 후기 현대적 정신에서 증가하는 사례다.

(Fornäs, 1995, pp. 100-101)

앞에서 서술한 몇 가지 커뮤니티 개념은 커뮤니티 음악치료 문헌에서 적절하게 밝혀졌다. 심리적 커뮤니티 의식이 흔히 강조되고(Ramsey, 2002) 관계(Ansdell, 2002, 2004) 혹은 장소(Kleive & Stige, 1988)에 의해 정의되는 커뮤니티와 연결된다. 개념에 대한 이론적 논의에서 스티게(Stige, 2003, pp. 198-201)는 커뮤니티가 **공유된**

사진 4-1 │ 독일 크레펠트(Krefeld). 록암링(Rock am Ring). 거리 파티로서의 음악치료.
사진 제공: Peter Neumann.

실천 및 **수행의 문화**와 관련이 있다고 주장한다. 유사한 아이디어가 음악적 **실천 커뮤니티**(communities of practice) 개념을 참조하여 문헌에서 발전되었다(Ansdell, 2010a; Krüger, 2004; Stige, 2002; Storsve, Westby & Ruud, 2010)('글 상자 4.2'와 제5장 참조).

글 상자 4-2   음악적 커뮤니티의 탐구

　게리 앤즈델(Gary Ansdell, 2010a)은 뮤지컬 마인즈(Musical Minds) 집단에 대한 질적 사례연구에 기반한 에세이에서 다양한 커뮤니티의 개념을 탐구한다. 뮤지컬 마인즈의 구성원들은 런던 동부의 불우한 지역에 거주하고, 장기적인 정신건강 문제를 가진 성인들을 돕는 단체의 후원하에 주 1회 만난다. 앤즈델은 커뮤니티가 주어진 상태도 편안한 상태도 아니고 취약하지만, 중요한 과정인 사회적·음악적 세계를 자신이 어떻게 목격하고 참여했는지 서술하였다. 집단에 있어 음악과 가창은 어려운 환경에서 의미와 소속감을 발견하는 고유한 방식이었다. 뮤지컬 마인즈의 사례는 개인성과 커뮤니티, 정체성과 소속감, 협력과 협의 간 복잡한 관계들을 강조한다고 앤즈델은 주장한다. 다음의 현장 기록은 이 점을 조명한다.

이제 '수행 공간'이 준비되고, 뮤지컬 마인즈의 구성원들은 노래를 제안하며, 처음에는 개별적으로 노래한다―이들 각각은 양식과 전달, 취향이 완전히 특이하다. 처음에는 서로의 수행에 집중하는 것이 어려워 보인다. 사람들은 돌아다니고, 다른 사람에게 이야기하며, 담배를 피우기 위해 밖으로 나간다. 그러나 세션이 안정되면서, 좀 더 잘 알려진 (그리고 부르기 쉬운) 독창곡의 후렴구에 사람들이 참여하자 훨씬 더 집중한다. 이러한 순간에는 들쑥날쑥한 일체감이 있다. 그사이에 한 남자가 내게 와서 말한다. "그들은 내가 하는 것처럼 노래하지 않아요. 그러면 내가 호흡을 틀리게 된다고요." 그러더니 그는 덧붙인다. "하지만 나는 함께 노래하는 것이 좋다는 것을 알아요. 내가 계속해서 노력해야 해요"(Ansdell. 2010a, p. 45).

앤즈델은 현대사회에서 '커뮤니티'라는 개념에 대한 제럴드 데란티(Gerald Delanty)의 논의를 참조하면서 이 서술을 맥락과 관련짓는다. 만일 어떤 것이 매우 다양한 커뮤니티의 개념을 통합한다면, 이는 커뮤니티가 소속감과 관련이 있다는 아이디어다(Delanty, 2003, p. 4). 앤즈델은 현대의 커뮤니티는 그냥 일어난 것이라기보다 수행되어야만 하는 것이라고 주장한다. 앤즈델은 집단을 서술하기 위한 최적의 모델은 이를 **음악적 실천 커뮤니티**로 생각하는 것임을 시사한다.

뮤지컬 마인즈의 가능한 한 가지 모델은 '실천 커뮤니티'로, 이는 사회학습이론가 에티엔 웽거(Etienne Wenger)(Wenger, 1998; Wenger, McDermott, & Snyder, 2002)에 의해 발전된 개념이다. 이는 사회적·교육적·생산적 측면이 밀접하게 연계된 작업 집단의 참여적 학습에 대한 연구에서 발현되었다. 웽거는 '실천 커뮤니티' 개념은 사람들이 어떤 것을 행하고, 학습하는 데 관련된 매일의 경험이 특징이라는 점을 시사한다. 이는 일시적인 대면 이상의 것이나, 형식적인 사회적 구조 이하는 아니다. 웽거의 개념은 점차 모든 종류의 소규모 집단을 서술하는 데 활용되었고, 학습이 어떻게 사회적인지를 예시한다. 이는 이러한 '실천 커뮤니티'가 어떻게 참여, 의미 만들기, 정체성, 소속감이라는 기본적인 사회적 과정의 촉매가 되는지에 대해 우리의 주의를 기울이게 한다(Ansdell, 2010a, p. 48).

앤즈델의 에세이에서 뒷 절은 소속감과 학습에 대한 초점으로서 사람에 대한 가치이자, 정체성과 차이 간 섬세한 균형의 협의와 같은 음악적 실천 커뮤니티의 특정한 측면을 탐구한다. 앤즈델은 커뮤니티 음악치료 시도의 주된 기능이, 그들이 어려운 상황에서도 음악적 실천 커뮤니티를 구축하고, 육성하고, 유지할 수 있게 하는 것임을 시사한다('글 상자 7-3' 참조).

∩ 사회적 관계망

커뮤니티의 개념 너머에는 사회적 맥락과 인간의 연계성을 서술하는 데 적합한 다른 개념이 몇 가지 있다. 이들 중 한 가지는 반즈(Barnes)가 1950년대 서부 노르웨이에 있는 작은 어촌에서 연구를 수행하였을 때 처음 사용되었다(Barnes, 1954). 사회적 상호작용의 측면을 서술하기 위해서 반즈는 **사회적 관계망**(social network)이라는 용어를 사용하였다. '사회적 관계망'이라는 용어는 사람들의 일상생활에서 사람들 간 접촉의 연결망을 지칭한다. 우리의 사회적 관계망은 우리가 상호작용하는 모든 사람, 예를 들어 가족 구성원, 학교 친구, 직장 동료, 이웃 혹은 우리가 반복적으로 만나고 소통하는 누구로도 구성된다. 우리가 거리에서 우연히 지나치는 사람들과 알지 못하거나 소통하지 않는 사람들은 우리의 사회적 관계망에 속하지 않는다. 그러나 우리가 심지어 그들의 이름이나 배경을 모르더라도, 버스 정류장에서 정기적으로 이야기하는 사람들은 우리 사회적 관계망의 일부다.

사회적 관계망의 개념은 두 사람 간의 접촉이 그 두 사람 모두의 사회적 관계망에 속하는 사람들 간의 간접적 접촉을 나타낸다는 사실도 고려한다. 사회적 관계망 구성원들을 통해 당신은 지구에 있는 모든 사람과 간접적으로 접촉한다. 연구자들은 지구상에서 인위적으로 선택한 한 사람이 그가 알 수 없고 멀리 떨어져 거주하는 특정인에게 닿는 데 얼마나 많은 단계가 필요한지 밝히기 위해 실제로 노력하였다. 헝가리인 저자 프리제시 커린치(Frigyes Karinthy)는 1929년에 평균적으로 다섯 명의 중개인만 필요하다는 것을 시사한 소설[4]을 썼다. 이는 잘 알려진 사회 심리

---

4) 역자 주: 헝가리의 극작가이자 저널리스트였던 커린치는 단편 소설집 『모든 것은 다르다(Everything is different)』에 수록된 '체인링크(Chain-links)'에서 전 세계 인구 중 무작위로 사람들을 선택하여 상대방에게 연결되기까지 5명을 거치면 충분할 것이라고 가정한 바 있다.

학자 스탠리 밀그램(Stanley Milgram)이 '분리의 6단계[5]'라고 불렀던 것과 유사하다. 밀그램은 미국 중서부에 있는 몇 사람을 무작위로 선정하고, 그들에게 매사추세츠에 사는 특정인에게 소포를 보내도록 요청하여 이 가설을 실제로 검증하였다. 그러나 그들에게는 우체국을 이용하는 것이 허락되지 않았다. 대신에 그들은 가능한 한 적은 중개인을 거쳐서 표적 인물에게 그 소포를 보내기 위해 그들이 알고 있는 누군가이자, 다른 누군가에게 그것을 전달할 수 있는 사람에게 소포를 보내야 하였다. 표적 인물에게 실제로 그 소포가 도착하는데, 그 목적지까지 평균 5명에서 7명의 중개인이 필요하였다(Milgram, 1967).

2003년에, 컬럼비아대학교의 연구자들은 밀그램의 것과 유사한 다른 연구를 수행하였으나, 이번에는 뉴욕에 사는 발신자들과 다른 국가에 퍼져 있는 수신자들과 함께한 연구였다. 이번에도 연구자들은 중개인의 평균 수가 5명에서 7명이었음을 밝혔다(Saxbe, 2003). 사회적 관계망의 관점에서 보면, 우리는 분명히 작은 세상[6]에서 살고 있다. 그러나 밀그램의 연구에서는 300개의 소포 중 100개도 안 되는 소포가 그 목적지에 도착하였다는 것이 분명히 추가되어야 한다. 컬럼비아대학교의 연구에서는 61,168개의 메시지 가운데 324개만이 목적지에 도착하였다. 연구자들은 높은 저하율을 참여자들의 동기부여가 결여된 탓으로 보았다.

사회적 관계망 내에서, 두 개인 간의 연계는 '유대'라고 불린다. 흔히 **약한 유대**와 **강한 유대**는 구별된다. 강한 유대는 정기적인 대면, 중요하게 지각되는 일들에 관한 실제 대화 및 상호적인 긍정적 감정이 특징인 관계다. 약한 유대는 좀 더 일시적이고, 우리 각자에게 덜 중요하게 보일 수 있다. 그럼에도 불구하고 약한 유대는 중요하다. 잘 알지 못하는 이웃이나 동료들에게 인사하는 것은 그래도 누군가 당신을 알아보는 것에 대한 인상과 소속감의 느낌을 줄 수 있다.

관계망은 수많은 방식으로 서술될 수 있다(Berkman & Glass, 2000). **크기**는 한 사람의 관계망에 있는 사람의 총수다. **밀도**는 관계망의 구성원들이 서로 연결되어 있는 정도다. 밀도는 때로 규정된 집단의 모든 가능한 연계 중에서 양방향적인 연계의 수로 좀 더 정교하게 정의된다. 10명의 사람 사이에는, 45개의 가능한 양방향 연계가 있다. 만일 실제로 이러한 연계가 9개뿐이라면 그 밀도는 20%다. **통합성**은 규정된 사회적 관계망 내에서 분리되지 않은 개인의 수다. 분리되지 않은 다른 사람 중 한 명과 적어도 하나의 유대를 가진 사람이다. **동질성**은 특정한 관계망 내에서 사람들이 나이, 교육적 배경 및 생활 양식 같은 특징의 측면에서 서로 유사한 정도 다. **다중성**은 유대의 특정한 합을 통해 유입되는 다양한 유형의 교류나 지지의 수를 의미한다. 만일 지역합창단의 구성원들과 당신의 관계가 모두 같은 합창단의 구성 원에 불과하다는 사실과 관련된다면, 다중성은 낮다. 예를 들어, 다중성은 이웃, 동 료, 자녀들의 교사, 부모님의 친구들이나 같은 집회의 구성원과 같이 다른 맥락에 서도 그들 중 여럿을 알고 있다면 더 높다.

사회적 관계망 내에는 사람들 사이에 여러 종류의 가능한 관계와 연계가 있다. 사회적 관계망 내의 개인 간 양방향 유대를 서술하는 데 어떤 개념들이 활용된다. 중요한 측면은 접촉의 빈도, 유대의 길이 및 상호성이다. 만일 관계의 두 사람이 모 두 같은 정도로 주고받는다면 상호성은 높다. 만일 한 사람이 항상 '돕는 사람'이 고 다른 한 사람이 항상 도움이나 지지를 받는 사람이라면, 그 관계는 상호성의 부 족이 특징이며, 잠재적으로 양쪽 모두에게 스트레스 근원이 된다(Mittelmark et al.,

사진 4-2 │ 독일 쿠블랑크(Kublank). 통합 하계 워크숍에서의 즉흥연주.
사진 제공: Kristin Richter.

2004). **사회적으로 통합되는** 것은 광범위한 사회적 관계에 참여하는 것을 의미한다.

사회적 관계망의 개념은, 예를 들면 건강 및 생활 양식의 측면 같은 여러 장소 (arena)에서 유용하다. 성적 접촉의 관계망은 커뮤니티와 인구집단을 넘어서 HIV-감염의 확산을 결정하기에 우리의 건강 관련 행동은 삶의 중요한 타인들로부터 크게 영향을 받으며, 잘 기능하는 사회적 연계는 정신건강에 중요하다. 그러나 사회적 관계망의 개념은 우리가 개인에 대한 사회적 관계의 영향을 밝히는 과정을 이해하는 데 부족하다. 지금까지 관계망 내에서 사람들 간의 관계망이나 관계를 서술하는 우리의 방식은 일차적으로 양적인 것이다. 이러한 과정을 좀 더 광범위하게 서술하기 위해서 우리는 다른 개념, 즉 사람들이 서로에게 어떻게 사회적으로 지지를 제공하거나 스트레스를 유발하는지와 같은 대인관계의 중요한 특질을 포착하는 개념이 필요하다.

🎧 사회적 지지

사회적 지지(social support)는 여러 다른 방식으로 정의되었다. 가능한 가장 단순한 설명은 사회적 지지란 한 사람이 다른 사람을 도울 때 일어나는 과정을 지칭한다는 것이다(Feldman & Cohen, 2000). 바레라(Barrera, 2000, p. 215)는 약간 다른 표현—"이는 동일한 거주지, 직장, 단체 및 다른 커뮤니티 환경을 공유하는 사람들 간에 일어나는 교류를 돕는 것을 포착하려는 개념이다."—을 사용하였다. 또한 사회적 지지는 수용자의 안녕감을 향상하려는 의도로 제공자나 수용자 혹은 두 사람 모두에 의해 지각되는 자원의 교환으로 정의되었다(Shumaker & Brownell, 1984). 전자는 외부자 관점을 취하여 사회적 지지를 사람들 간 일종의 교류로 간주하는 반면, 후자는 제공자와 수용자를 구별하는 지각된 측면을 강조한다. 의사소통이론의 체계에서는 대신 '발신자'와 '수신자'라고 말할 수 있다. 두 관점은 모두 타당하다. 지각된 측면은 제공자와 수용자가 그들의 관계를 다른 방식으로 지각하는 것을 허용한다. 예를 들어, 한 사람은 자신이 중요한 지지를 제공한다고 믿을 수 있는 반면, 다른 사람은 그들의 상호작용을 지지적인 것보다 더 스트레스를 받는 것으로 경험할 수도 있다.

사회적 지지는 모든 곳의 커뮤니티에 존재하기에 '천연자원'이라 불린다. 타인으로부터의 도움은 무수히 많은 다른 상황에서 중요하다. 어린 아동은 그들이 비틀거리고 넘어질 때 위로가 필요하다. 학령기 아동은 자신의 숙제에 도움이 필요할 수도 있다. 청소년은 자신의 이성 친구에게 차이고 난 후에 이야기할 누군가를 필요로 할 수 있다. 임신한 여성은 자신의 상황을 어떻게 직면해야 하는지에 대해 다른 여성들과 이야기하는 것이 필요할 수 있다. 배우자의 죽음을 경험한 사람들은 자신의 비탄과 슬픔에 관해 이야기할 누군가가 필요할 수 있다. 사회적 지지는 다양한 스트레스가 많은 삶의 경험에 활용될 수 있는 중요한 해결책이다.

하우스(House, 1981)는 사회적 지지의 네 가지 범주를 구분한다. **정서적 지지**는 삶의 경험을 공유하는 것과 관련이 있고 신뢰, 돌봄 및 공감의 제공을 포함한다. **도구적 지지**는 필요한 사람들에게 도움의 제공과 실질적인 조력을 시사한다. **정보적 지지**는 특정한 문제를 제시하거나 해결하기 위해 사람에게 유용할 수 있는 정보의 제공 및 조언을 포함한다. **평가적 지지**는 자신에 대해 더 많이 배우려는 누군가에게 유용한 정보(피드백과 확언)의 제공을 의미한다. 사회적 지지의 모든 형태는 건강과 안녕감을 개선하는 데 기여할 수 있다. 정서적 지지는 연구에서 가장 주의를 기울였던 범주다.

건강에 있어 우정과 긍정적인 사회적 관계의 중요성은 아마도 수천 년 동안 민간 지혜의 일부였을 것이다('친구가 좋은 약이 될 수 있다'). 그러나 1970년대에 이르러서야 체계적인 경험적 근거들이 발현되기 시작하였다(Reis, 1995). 코헨, 고틀리브, 언더우드(Cohen, Gottlieb, & Underwood, 2000)에 따르면, 사회적 관계와 건강에 대한 연구에는 두 가지 전통이 있다. 본래 뒤르켐(Durkheim)에 의해 발전된 사회적 관점에서는 사회적 통합, 참여 및 사회적 역할에 초점을 두었다. 이 전통에서의 연구는 사회적 통합이 더 낮은 수준의 사망률 및 질병률과 관련이 있다는 것을 확인하였다(Berkman & Glass, 2000). 이 분야의 연구에서 사용된 척도는 관계망의 크기, 다양성 및 상호성의 진단평가를 포함한다(Steptoe & Ayers, 2004). 이는 높은 수준의 사회적 지지가 낮은 수준의 디스트레스, 심리적 불평 및 정신의학적 증상과 관련이 있다는 것을 단순히 상정하는 **직접 효과 가설**(direct effect hypothesis)로 알려졌다.

또 다른 전통은 카셀(Cassel, 1976)에 의해 고무되었다. 이 전통에서는 다른 가설이 시사되었다. **완충 효과 가설**(buffer effect hypothesis)에 따르면, 사회적 지지는 우리가 다양한 스트레스원에 노출될 때 자원을 나타낸다. 예를 들어, 이러한 스트레스원과 정신건강 측면 간의 연관은 사회적 지지에서 낮은 점수를 받은 사람들에게 강하고, 사회적 지지에서 높은 점수를 받은 사람들에게서 약하다. 통계적 용어로

사진 4-3 │ 레바논에 있는 팔레스타인 난민 캠프에서의 음악 교육. 더 숙련된 학습자로부터의 학습.
사진 제공: Even Ruud.

이를 **상호작용 효과**라고 한다. 예측 변수(이 사례에서는 스트레스의 근원에 대한 노출의 정도)와 종속 변수(정신적 고통의 측정에 대한 척도 점수) 간의 연관은 제3의 변수(사회적 지원의 수준)에 따른다. 완충 효과 가설의 관점에서 사회적 지지는 사람들이 스트레스가 큰 요구나 스트레스가 큰 상황에 직면할 때 최우선의 자원이다.[4]

높은 수준의 사회적 지지는 더 낮은 사망률 및 더 낮은 우울 수준과 같이 더 나은 정신건강과 관련된다(Stansfeld, 2006). 그러나 대부분의 근거가 횡단연구 설계(한 시점에서만 자료를 수집하며, 시간이 지나면서 반복적으로 하지 않는 연구, 제9장 참조)에서 나온다. 그러나 전향적 설계의 여러 연구도 있다. 이 연구들은 낮은 지지를 받은 사람들이 더 높은 지지를 보고한 사람들과 비교하여 사망률이 평균적으로 2∼3배 더 높다는 것을 나타낸다(Uchino, 2004, Wills & Ainette, 2007에서 인용). 그러나 사회적 지지가 사망률과 관련된다는 기제는 잘 탐구되지 않았다. 이러한 과정에 대해 더 나은 이해로 이어지는 요인들을 측정함과 더불어 좀 더 전향적인, 종단연구의 필요가 있다.

사회적 관계망과 사회적 지지를 위한 음악적 참여의 결과는 일부 커뮤니티 음악치료 문헌에서 논의되었다. 노르웨이의 시골 마을에 있는 노인 합창단에 대한 두 연구에서 크나르달(Knardal, 2007)과 스티게(2010b)는 참여자들이 합창단을 관계망 내에서 사회적 지지를 생성하는 사회적 경험으로 평가함을 밝혔다. 사회적 고립은 지역 커뮤니티에 거주하는 많은 노인에게 도전이 된다. 동반자와 친구들이 사망할 수도, 자신의 사회적 관계망이 다양한 방식으로 줄어들거나 약화될 수도 있다. 많은 참여자가 합창단을 새로운 지지적 관계의 중요한 근원이라고 서술하였다. 우정은 진화하였고, 사람들은 교통수단 및 다른 일상적인 어려움에 있어서도 서로를 돕기 시작하였으며, 합창단의 구성원 중 몇몇은 리허설이 아닐 때도 만나기 시작하였다. 다중성의 증가도 자주 서술되었다. 스티게(2010b)는 가창자들이 서로와 관련하여 이웃, 가창자, 운전사, 조력자, 위원회 구성원, 옹호자, 기타 등으로 구축하는 다중적 역할과 관계를 나타내기 위해서 **상호 돌봄의 문화**라는 용어를 사용하였다. 음악치료사에 의해 선택된 역할의 다양성도 유사한 용어들로 서술되었다.[5]

🎧 사회적 스트레스

이 장의 초반에 언급했듯이, 다른 사람들과의 관계는 안녕감과 좋은 건강의 근원만이 아니다. 다른 사람들은 부담과 좌절의 근원이 될 수도 있다. 이는 사회역학자들이 **사회적 스트레스**(social stress)를 이야기하는 것으로 이어진다.

'스트레스'라는 단어는 여러 의미를 지닌다. 이는 우리의 대처 능력을 넘어설 수 있는 외부의 요구들을 지칭한다(스트레스원-스트레스 자극). 또한 그러한 요구에 대한 우리의 지각과 평가를 지칭하며 우리가 충족하는 요구에 대한 내적이고 심리적인, 생리학적 반응(스트레스 반응)도 지칭한다. 스트레스 반응에 대한 우리 경험의 네 번째 측면은 스트레스를 받는 것에 대한 느낌을 추가할 수 있다(Ursin & Eriksen, 2004).[6] 압박에 대한 반응은 보통 적응적인 것이며, 개인의 대처 기회를 높이는 데 기여한다. **긍정적 스트레스**(positive stress)라는 용어는 흔히 사람이 대처할 수 있는 스트레스의 형태를 지칭하는 데 사용된다. 모든 사람의 생활에는 스트레스가 있고, 우리가 대처할 수 있는 한 스트레스가 큰 경험들로부터 배울 수 있으며, 심지어 스트레스에 더 잘 대처하게 될 수 있다. 우리가 너무 강렬하거나 매우 오래 지속되는 부담에 직면하게 되었을 때, **부정적 스트레스**(negative stress)라는 용어가 사용된다.

휘턴(Wheaton, 1999)은 여러 다른 형태의 스트레스뿐만 아니라 가장 불연속적이고, 돌발적이며, 외상적인 스트레스 형태와 좀 더 지속적인 스트레스 형태들 간의 연속체를 서술한다([그림 4-2] 참조). **만성적 스트레스**는 특정한 사건으로 시작되지 않는 스트레스를 지칭한다. 이는 다른 사람과의 관계에서 문제가 되는 측면처럼 서서히, 점진적으로 발전할 수 있다. **미발생 생활 사건**은 기대되거나 예측되는 사건으로 정의되나, 발생하지 않은 것이다. 10대 초반의 어린 소년은 급우들의 생일파티에 초대되었으나, 자신의 생일이 다가왔을 때 부모님이나 양육자들이 생일파티를 열어 줄 수 없거나 꺼릴 수 있다. **일상의 괴로움**은 교통 체증이나 다른 사람들이 지나치게 요구하는 것과 같은 일상생활의 짜증나고 불만스러운 요구들로 정의되었다.[7] **스트레스가 큰 생활 사건**은 가족 구성원의 죽음이나 이혼과 같은, 뚜렷한 발생과 결과가 있는 삶의 변화처럼 개별적이고, 관찰 가능한 사건들이다.[8] **돌발성 외상**은 좀 더 극적이며 우리가 사회적 스트레스라는 용어에 포함된다고 상상할 수 있는 것 이상의 자연재해, 비행기 사고 및 유사한 참사적 사건을 포함한다.

휘턴의 도식은 **거시체계 스트레스원**이라 불리는 가장 흥미로운 범주도 포함한다. 이 스트레스원은 거시체계 수준의 과정에 의해 유발되며 사회경제적 불평등, 미고용, 높은 범죄율과 기타 등을 포함한다. 이 스트레스원은 개인적·대인관계적 수준의 스트레스원에 의해 매개될 수 있으며, 개인에 대한 직접적 스트레스에 노출되는 사회의 측면, 예를 들어 개인주의와 물질주의 혹은 단순히 현대사회의 복잡성이 증가하는 측면일 수 있다고 상상하기 쉽다.

다른 사람에 의해 유발되는 스트레스의 여러 형태를 쉽게 볼 수 있다. 여러 연구 분야는 심리적 불평과 정신건강에 대한 이러한 스트레스의 영향을 확인하였다. 미드타운 맨해튼(Midtown Manhattan) 연구(Langner & Michael, 1963)에서 정신건강 문제는 부모의 이혼, 부모의 갈등, 부모에 대한 부정적인 인상 및 한 사람의 사회적 관계망에서 다른 사람들에 대한 부적절한 관계와 같은 요인이 관련된 것으로 나타났다. 루터와 동료들(Rutter et al., 1975)은 아동 간 정신의학적 장애의 가장 중요한 예측 변수 중 하나로 가족의 불화 혹은 붕괴를 확인하였다. 취약한 건강과 관련된 것으로 나타난 다른 요인은 빈곤과 비고용(Bartley, Ferrie, & Montgomery, 2006) 및 직업 스트레스(Marmot, Siegrist, & Theorell, 2006)다.

사람들은 스트레스에 저마다 다르게 반응한다. 어떤 개인에게는 스트레스가 꽤

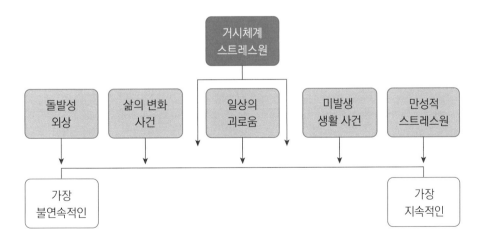

[그림 4-2] 스트레스 연속체

출처: Wheaton, 1999. Cambridge University Press의 허가로 재인쇄.

큰 것으로 지각될 수 있는 경험들이 다른 사람에게는 더 쉽게 다루어졌다. 라자루스와 포크만(Lazarus & Folkman, 1984)은 두 가지의 서로 관련된 평가 과정을 정의하였다. **일차적 평가**는 한 사람이 하나 혹은 그 이상의 스트레스원이 지니는 힘이나 강도를 추정하는 것을 지칭한다. 어떤 사람에게 있어 공적인 회의에서 발언하는 것은 꽤 어려운 것일 수 있고, 스트레스가 큰 것으로 지각될 수 있다. 다른 사람에게 이러한 발언을 하는 것은 전혀 스트레스가 크지 않은 것으로 지각될 수 있다.

이차적 평가는 스트레스원에 대응하기 위해 개인이 이용 가능한 자원의 추정치 및 대처 선택지를 지칭한다. **재평가**는 스트레스원 혹은 이용 가능한 대처 자원의 강도에 대한 개인의 지각을 '다시 만들거나' 변화시키는 것을 의미한다.

음악 수행으로 작업하는 것이 커뮤니티 음악치료의 일부 참여자에게는 스트레스가 큰 상황을 만들 수도 있다. 그렇다면 상황에 대한 평가에 참여하는 것과 구성적인 재평가를 양성하는 것은, 음악치료사의 책임 중 일부다(Ansdell, 2005b, 2010b; Dahle & Slettebakk, 2006; O'Grady, 2009).

대처 자원은 스트레스원을 다룰 때 사람들이 이용 가능한 개인적·사회적 특성을 지칭한다. 대처 자원의 중요한 범주는 사회적 지지가 유동적일 수 있는, 사회적 관계망이 잘 기능하는 것이다. 개인적 대처 특성은 자아존중감과 자기효능감을 포함한다. 관련 연구들을 검토하여, 코헨과 에드워즈(Cohen & Edwards, 1989)는 스트레스에 대한 완충장치로서 성격 특성의 중요성에 대한 근거가 제한적인 것에 불과하다는 결론에 이르렀다.

글 상자 4-3   **'다른 사람들'인 커뮤니티**

커뮤니티는 사람들을 통합하고 구별하며, 포함하고 배제한다. 캐나다의 남성 노숙자 합창단에 대한 연구는 이 점을 꽤 명확하게 조명한다. 한 합창단원의 진술을 예를 들어 생각해 보자.

> 진(Jean): 체계……는 커뮤니티를 위해서 만들어졌어요. ……전체적인 것이, 그렇지만, 너무 많은…… 너무 (많은) 다른 성격이 커뮤니티 안에 있어요, 몇몇 사람에게는 체계가 좋지만, 그중 한 절반에게는, 말도 안 돼요. 그런 종류의

성격에는 적절하게 맞지 않아서, 그래서 제가, 제가 훨씬 나빠졌던 거고, 저는 심지어 제 존엄성도 잃었어요. 사람들은 1번가에서 제게 침을 뱉곤 했어요. ……왜냐하면…… 너는 아무것도 아니라고(Bailey & Davidson, 2003).

이 주장은 합창단의 구성과 참여자 중 다수에게 일어났던 이후의 긍정적인 삶의 변화를 살펴보는 연구 중 질적 연구 면담의 맥락에서 이루어졌다. 연구자들은 결론지었다.

합창단 참여를 통해, 이전의 극빈층이자 무력한 남성이었던 이들은 궁핍하였던 시기 동안 경멸당하고 조롱받았던 사회에서 자신의 목소리를 찾은 것으로 나타났다. 그들이 노래하는 동안 자신의 중독과 외상은 극복되었고, 해방된 자신은 음식과 쉼터에 대한 지속적인 요구들이 일상적인 것 이상으로 높아지는 것을 허용하였다. 가창에서의 음성 사용은 노숙인 합창단원들에게 그들 자신 안에서 가치 있는 것을 표현하고, 공개 포럼에서 이 가치를 공유하는 수단을 제공하였다(Bailey & Davidson, 2003).

개인, 집단과 커뮤니티 간에는 사회적 관계망의 질과 사회적 지지 및 사회적 스트레스의 정도에 따른 긍정적인 상호작용뿐만 아니라 긴장이 있다. 이 연구는 이러한 관계들이 공동체적 아마추어 가창을 통해 어떻게 다루어질 수 있는지에 대한 예가 된다('글 상자 10-2' 참조).

🎧 사회적 자본

사회적 관계망, 사회적 지지, 사회적 스트레스 같은 개념과 대처는 모두 개인적 · 대인관계적 수준에서 일어나는 현상과 과정을 서술하는 것이다. **사회적 자본** (social capital)이라는 용어는 지역 커뮤니티, 행정구역, 군 및 국가와 같이 더 큰 단위의 특징을 나타내기 위해 제안되었다. 용어의 사용은 20세기 초반으로 거슬러 올라갈 수 있으나(Hanifan, 1916), 개념은 오늘날 프랑스의 사회학자 피에르 부르디외(Pierre Bourdieu, 1986)의 이름과 강하게 연관된다. 부르디외는 자본의 네 가지 형태—**경제적 자본**(경제적 자원에 대한 요구), **사회적 자본**(집단 멤버십과 연결된 자원, 타인 및 사회적 관계망에 대한 관계), **문화적 자본**(교육과 지식), **상징적 자본**(명성과 명예)—를 구분하였다. 카와치와 버크만(Kawachi & Berkman, 2000)은 우리의 맥락과 크게 관련된 방식으로 사회적 자본을 서술하였다. 카와치와 버크만은 "사회적 자본(대인관계적 신뢰의 수준과 상호성 및 상호 조력의 규준과 같이)을 개인을 위한 자원으로서 행동하고, 집단적 행위를 촉진하는 사회 구조의 특징"으로 정의하였다. 이 저자들은 사회적 자본이 **사회적 응집**(social cohesion)이라는 개념의 일부를 형성한다고 주장한다.

보다 최근의 출판물에서 카와치, 서브라마니언과 킴((Kawachi, Subramanian, & Kim, 2010)은 사회적 자본에 대한 두 종류의 정의를 구분한다. 사회적 응집 접근은 사회적 자본을 단체나 커뮤니티의 속성으로 정의한다(앞에 제시된 정의와 같이). 관계망 기반 접근은 사회적 자본을 개인의 사회적 관계망 내에 내재된 자원으로 정의한다. 우리의 견해로 후자의 정의는 사회적 지지(이 장의 앞부분에서 정의된)와 사회적 자본 간의 구분을 좀 더 어렵게 만든다. 만일 사회적 자본이라는 용어가 개인에게 있어 이용 가능한 자원을 좀 더 협의적으로 서술하는 데 사용된다면, 이는 사회적 관계망과 사회적 지지 같은 용어에 별로 많은 것을 더하지 않는다. 더 높은 수준의 분석에 초점을 둔 생태적 개념으로서, 이는 사회적 요인이 건강에 어떻게 영향을 미치는지에 대한 우리의 이해에 새로운 관점을 가져온다.[9]

사회적 자본이 그 개별 구성원에게 자원을 대표하는 사회적 커뮤니티의 한 측면으로 정의된 이후로, 그것이 가져올 수 있는 부정적인 결과를 찾는 것은 역설적으로 보일 수 있다. 그러나 이것이 바로 포르테스(Portes, 1998)가 영향력 있는 논문에서 하였던 것이다. 포르테스는 사회적 자본의 높은 수준에 대해 다음과 같은 네 가지의 부정적 결과—① 타인에게 지원을 제공하는 응집적인 집단의 구성원들에게 과도한 요구를 맡긴다. ② 동조 압력은 개인의 자유에 대한 편협성과 제재로 이어질 수 있다. ③ 외집단의 구성원들에 대한 탄압 혹은 배제, ④ 사회적 유동성의 상승에 대한 저해—를 밝혔다. 이로 인해 카와치, 서브라마니언과 킴(2010)은 사회적 자본의 정의는 높은 수준의 사회적 자본 결과가 항상 긍정적이라는 가정에 기반해서는 안 된다는 결론을 내리게 되었다.[10]

사회적 자본을 측정하기 위한 척도는 이 개념의 다면적 성질을 명확히 나타낸다. 한 척도는 하버드 대학교의 로버트 퍼트넘(Robert D. Putnam)에 의해 개발되었다. 척도는 행동의 측정, 견해, 단체 멤버십, 클럽이나 단체에서의 위치, 특정한 지리적 단위에서의 단체 수 및 대통령 선거의 투표율로 구성된다(Putnam, 2000). 어떤 의미에서 이는 사회적 자본이라는 개념을 오히려 불특정한 것으로 만든다. 그러나 이는 여전히 커뮤니티, 주 혹은 심지어 국가의 특징을 나타내는 데 중요한 사회적 생활의 측면을 포착할 수 있다.

퍼트넘(2000, p. 22)은 사회적 자본의 두 가지 형태인 **결속**(bonding)과 **연결**(bridging)을 구분하고, 이것이 사회적 자본이 서술될 수 있는 차원 중 가장 중요한 것일 수 있다고 주장한다. **결속**은 사람들 가운데 동질적인 집단의 사회적 관계망과 관련이 있는 사회적 자본으로 정의된다. 퍼트넘(2000)에 따르면, 결속 사회적 자본은, 예를 들어 '민족적 친목 단체, 교회 기반 여성 독서 집단 및 유행을 따르는 컨트리 클럽[7]' 내에 존재할 수 있다. **연결**은 다양한 사회적 분열의 사람들을 포함하는 집단이나 관계망과 관련이 있는 사회적 자본이다. 퍼트넘(2000)에 따르면, 그 예는 시민권 운동, 다수의 청소년 서비스 집단 및 전기독교적인 종교 단체들이다. 결속 사회적 자본은 응집, 연대 및 높은 수준의 정서적 지지로 나타날 수 있다. 연결 사회적 자본은 전형적으로 정보의 교환, 정보의 확산 및 외적 자산에 대한 이용을 의미한다. 합창단은 사회적 자본의 두 가지 형태를 모두 주관할 수 있다. 모두 작은 시외 지역의 마을이나 이웃 출신이며, 이미 서로를 잘 알고 있는 합창단의 구성원들은 결속 사회적 자본을 강화할 수 있고, 정서적·사회적 지지와 우정의 중요한 근원을 나타낼 수 있다. 다양한 교육적 배경, 다양한 종류의 직업을 가진, 각기 다른 이웃에서 온 구성원들로 이루어진 다민족 도시의 합창단은 더 높은 수준의 연결 사회적 자본을 위한 기반을 마련한다. 제8장에서 우리는 커뮤니티 음악치료 과정에서의 각기 다른 두 가지 '변화'로서 결속과 연결을 논의할 것이다.

사회적 자본은 주 및 국가와 같은 지리적 영역을 서술하는 데 사용될 수 있다. 퍼트넘(2000)은 미국의 여러 주에 걸쳐 사회적 자본의 수준을 평가하고자 하였다. 사회적 자본에 대한 가장 높은 점수는 북부 다코타, 남부 다코타, 미네소타와 몬태나 같은 중서부/북부의 주에서 나왔다. 앨라배마, 조지아와 미시시피 같은 남부의 주에서 낮은 점수가 나왔고, 가장 낮은 점수를 받은 곳은 네바다로 밝혀졌다.[11]

퍼트넘(2000)에 따르면, 미국의 사회적 자본은 20세기의 마지막 30년 동안 감소

7) 역자 주: 도시에 사는 회원들을 위해 교외에 위치한 각종 스포츠 및 오락 시설이 갖추어진 사교 모임. 오늘날에는 주로 회원제 골프클럽을 일컫는다.

하였다. 시민의 정치적 참여는 현저히 감소하였다. 비형식적인 사회적 유대가 약화되었고, 친구들과 보내는 시간은 줄어들었다. 미국인들은 그들이 해 왔던 것보다 서로를 덜 신뢰하였고, 불신이 좀 더 널리 퍼졌다. 퍼트넘은 이러한 변화를 경험적으로 기록하였다. 또한 퍼트넘은 사회적 자본의 감소에 기여할 수 있는 가능한 요인들—① 시간과 돈에 대한 압력(맞벌이 가정에 대한 특별한 압력을 포함하는), ② 교외화, 통근 및 스프롤[8], ③ 텔레비전 및 컴퓨터 게임과 같은 현대 전자 엔터테인먼트 미디어, ④ 세대 변화(커뮤니티 쟁점에 덜 관여하는 새로운 세대)—을 살펴보았다. 퍼트넘의 분석은 일차적으로 미국의 자료에 기반을 둔다. 사회적 자본의 수준은 국가에 따라 심지어 국가 내의 지역에 걸쳐서도 다양할 수 있고, 시간이 지나면서 발생하는 사회적 자본에서의 변화도 다를 수 있다. 그러나 대인관계의 신뢰, 상호성 및 상호 조력의 규준으로서 이러한 생활 측면의 중요성은, 어떤 국가나 문화에서의 높은 삶의 질과 좋은 건강을 위한 중요한 전제조건을 구성할 가능성이 있다. 사회적 자본과 건강 간의 관계에 대한 이후의 연구는 근본적인 과정과 기제에 대한 이해를 좀 더 예리하고, 미묘하게 하는 데 기여할 가능성이 있다.

2005년에 사회적 자본과 건강 간의 관계에 대한 연구들을 검토한 드 실바와 동료들(De Silva et al., 2005)은 개인적 자본과 생태적 자본을 구분하였다. 드 실바와 동료들은 개인적 수준에서 흔한 정신장애와 이른바 인지적인 사회적 자본 간의 반비례 관계에 대한 강력한 근거를 밝혔으나, 생태적 수준의 사회적 자본에 대해서는 일관적인 결과가 거의 없었다. 드 실바와 동료들은 그 근거가 정신질환을 퇴치하기 위한 특정한 사회적 자본 중재의 발달을 알리기에 부적합하다고 결론지었다. 좀 더 최근의 연구들은 사회적 자본의 지표와 건강의 지표 간 역 연관성을 확인하였다 (Åslund, Starrin, & Nilsson, 2010). 맥켄지(McKenzie, 2006)는 개인적인 것과 생태적인 것이라는 명백히 다른 두 가지 형태의 사회적 자본이 있다는 아이디어에 반대하여 주장한다. 여러 생태적 수준이 있고, 전체적인 국가 수준에서 측정되는 사회적 자본과 가족 수준의 사회적 자본을 함께 묶는 것은 말이 되지 않는다. 사회적 자본과 건강 간 관계에 대한 향후 연구에 있어 중요한 도전은 사회적 자본의 측정 방법과 수준을 명확히 정의하고, 건강의 특정한 측면과의 연관을 체계적으로 살펴보는 것

---

8) 역자 주: 도시 개발이 근접 미개발 지역으로 확산되는 현상을 말한다.

사진 4-4 │ 독일 크레펠트(Krefeld). 록암링(Rock am Ring). 집중의 순간.
사진 제공: Peter Neumann.

이다.

사회적 자본과 건강의 관계에 대한 연구들은 킴, 서브라마니언과 카와치(2010)에 의해 검토되었다. 킴, 서브라마니언과 카와치는 더 나은 신체 건강과 사회적 응집의 지표로서 신뢰 간의 꽤 일관적인 연관을 밝혔다. 이들은 "신뢰의 근거는 신체 건강의 결과에 대한 것보다 자기가 평정한 건강에 대한 것이 더 강하였고, 지역 수준의 신뢰보다 개인적 수준의 지각이 더 강하였다."라고 덧붙였다. 킴, 서브라마니언과 카와치는 더 강력한 연구 설계를 필요로 한다.

글 상자 4-4 **정신건강을 위한 사회적-음악적 자본의 치료적 재분배**

사회적 자본은 사람들이 서로에게 귀를 기울이고, 함께 일하거나 놀이하고, 서로를 돌볼 때, 신뢰와 상호성이라는 공유된 자원으로 진화한다. 영국의 음악치료사인 사이먼 프록터(Simon Procter)는 커뮤니티에서 사회적 자본의 축적 및 분배가 어떻게 음악치료에서 최외측의 이론적·실용적 관심 쟁점이 되는지 서술하였다. '정치적 입장을 이용하기'라는 장난스러운 제목의 장에서, 프록터(2004)는 당대의 정신의학 체계에 대한 비판적 평가와 함께 커뮤니티 음악치료와 사회적 자본에 대한 논의를 시작한다.

정신의학 체계는 다국적 회사의 작은 집단에 의해 개발되고, 생산되며, 판매되는 약물을 처방한다. 심지어 정신건강을 위한 비약물적 중재(음악치료와 같은)는 이제 약물과 비등한 용어로 약물과 비등한 결과를 만드는 능력을 입증할 것이 요구된다. 본질적으로, 건강이라는 개념은 다른 사람들과 관련하여, 사람들이 사회적 **맥락** 내에서 어떻게 **존재하는지**에 초점을 둔 것에서 **분리되어** 진단평가되고, 치료될 수 있는 생리적·심리적 기능의 불연속적인 묶음으로 사람들을 보는 것으로 변화되었다. 이는 병리학의 많은 부분이 타인과 관련해서 접하는 어려움에 대해 진단적으로 서술되어 있는 정신건강에서 특히 불합리해 보인다. 결과는 커뮤니티 내의 개인 혹은 커뮤니티의 안녕감과 관계가 있는 비처방적 실천에 대한 여지(혹은 돈)가 거의 없다는 것이다. 따라서 건강과 안녕감에서 커뮤니티의 역할—그리고 개인의 역량 강화—은 강제로 배제된다(Procter, 2004, p. 215).

1990년대 중반 이래 커뮤니티는 영국의 사회사업 및 보건의료의 정치에서 '다시 유행인' 단어가 되었다. 정부 정책은 커뮤니티 내 관리의 이점을 주장하였으나, 정신건강계에서 그 단어는 매우 양면적이라고 프록터는 주장한다. 이전에 사람들이 살았던 시설들이 지금은 '커뮤니티에서' '고립된, 자원이 취약한 작은 시설'로 대체되었다는 것은 진보적 사고와 연관될 수 있으나, 시대에 역행적인 움직임과 연관될 수도 있다(Procter, 2004, p. 217). 그럼에도 불구하고 커뮤니티 관리로의 변화는 새로운 가능성과 이니셔티브들을 위한 자리를 만들었고, 프록터는 이들 가운데 적어도 몇몇은 주 기금을 받는 다수의 새로운 사용자 주도 단체라고 주장한다. 음악치료사로서 프록터의 실천은 정신건강 문제의 경험이 있는 사람들을 위한 비의료적 커뮤니티 자원 센터인 **웨이 어헤드**(Way Ahead)에 있다. 프록터는 음악치료가 이러한 장소에 매우 잘 맞을 수 있으나, 이것이 항상 확실한 것은 아니라고 주장한다.

이러한 장소는 흔히 '치료들'에 대해 의혹을 나타낸다. 치료사들은 자신의 소매를 걷지 않은 사람들(스스로 노력하지 않는 사람들)에게 무관심해 보이나, 대신에 그들 자신의 의제, 좋고 나쁜 것에 대한 자신의 아이디어를 들여온다. 그들은 중산층이고, 어떤 다른 각도에서 세상을 보는 것에 실패한다(Procter, 2004, pp. 218-219).

이상적인 프록터는 커뮤니티의 가치를 '치료적 가치'로 무시하지 않는 음악치료사가 있는 실제를 서술한다. 프록터는 음악치료사들이 '그들의 커뮤니티여야' 함을 시사한다 (Procter, 2004, pp. 218-219).

> 웨이 어헤드에는 음악치료사인 나를 가르치는 매우 특정한 어떤 것이 있다. 커뮤니티 자원 센터로서 그 자체에 대한 서술은 두 가지 함의를 가진다. 하나는 장소에 대한 것이고, 다른 하나는 에토스(ethos)에 대한 것이다. 장소는 그곳이 사람들의 정신건강과 관련되었다고 할지라도, 의료적이 아니라는 점에서 '커뮤니티'다. 그러나 에토스도 단순히 체계를 통해 개인을 처리하는 것과 관련되지 않는다는 점에서 커뮤니티이나, 공동체적 가치와 공동체 내에서 각 개인의 기여를 인정하는 안녕감의 모델을 적극적으로 장려한다(Procter, 2004, p. 219).

프록터는 공동체적 가치와 퍼트넘(2000)의 사회적 자본 개념을 연결하고, 음악적 참여와 사회적 자본 간의 연계를 강조한다.

> 사회적 자본은 음악적 참여를 통해 축적된다. 그렇다면 아마 우리는 음악적 자본에 대해서도 이야기할 수 있을 것이다. 사람들에 대한 것이고, 사람들 간에 있기에 그것은 본질적으로 사회적이고, 사회 내에서 긍정적인 변화의 기회가 증가할 뿐 아니라 심미적 자기실현 및 자기 경험에 대한 기회를 유발하기에 본질적으로 음악적이다. 이는 공적인 것과 사적인 것, 공동체적이고 개인적인 것 모두일 수 있다. 이는 자기 정체성에 관한 것일 뿐만 아니라 다른 사람들이 듣게 하기 위한 것이기도 하다. 이는 무엇보다도 개인으로서뿐만 아니라 커뮤니티의 구성원으로서 생활 수행에 대한, 안녕감을 증진하는 기회를 잡는 것에 대한 것이다. 그렇다면 음악치료사의 역할은 사람들에게 건강한 음악적 과정을 이끌 기회, 커뮤니티 내에서 자신의 건강을 증진하는 음악과의 관계를 새롭게 하고 발전시킬 기회의 제공을 포함해야만 한다(Procter, 2004, p. 228).

이 작업은 음악치료 실제를 사회적 자본 및 사람들의 건강과 안녕감 간의 관계를 밝히는 연구와 명백히 연결한다. 이후의 출판물에서 프록터(2006, 2011)는 더 나아가 사회적 자본의 축적 및 분배로서 커뮤니티 음악치료의 아이디어를 발전시킨다.

🎧 사회적 배제와 주변화

사회적 배제(social exclusion)는 개인 혹은 집단이 다른 사람, 집단, 단체나 제도에서 분리되거나, 좀 더 일반적으로는 다양한 사회적 삶의 장소에서 일어나는 활동에서의 사회적 관계 및 참여에서 제외되는 과정으로 정의될 수 있다. 사회적 배제의 반대는 사회적 통합이다. **사회적 통합**은 이전에 배제되었던 개인 혹은 집단을 포함하기 위한 행위나 사회적 배제로 이끄는 과정에 반대되는 행위를 의미한다.

배제는 각기 다른 수준에서 일어날 수 있다(Abrams, Hogg, & Marques, 2005). 한 사람이 다른 사람을 거절하는 것은 대인관계 수준에서의 사회적 배제다. 한 집단의 사람들이 멤버십의 기준을 규정하고, 일부 개인이 이 기준을 충족하지 않을 때, 이는 집단 내에서 배제를 초래할 수 있다. 집단 간 배제는 한 집단의 구성원이 집단 내 구성원을 다른 집단의 구성원들과 다르게 규정하는 경계를 만들 때처럼 집단과 집단 간에 일어난다. 제도적 배제는 사회 내에서 제도가 통합과 배제에 대한 고유한 기준을 규정할 때 일어난다. 특정한 사회 내에서 특정한 범주에 있는 사람들이 활동에서의 사회적 관계 및 참여로부터 배제되는 것은 사회에 관한(societal) 수준에서의 배제다. 심리학자들은 소위 개인 내적 배제라는 것을 규정하기도 하였다. 이는 "우선 사람이 통합의 기회를 고려하는 것을 막는 인지적·정서적 틀"(Abrams, Hogg, & Marques, 2005, p. 18)을 지칭한다.

왜 사회적 배제가 일어나는가 하는 질문에 대한 여러 가지 답이 있다. 한 가지 수준의 설명은 개별적인 인간을 지칭한다. 인간은 범주화하는 경향이 있다. 이는 다른 사람들에 대한 범주화를 포함하며, 사람들의 삶에서 중요한 기능을 수행한다. 호그와 테리(Hogg & Terry, 2001)가 서술한 것처럼 범주화는 사회적인 것뿐만 아니라 비사회적인 자극에도 작동하는 기본적인 인지적 과정이다. 범주화는 우리가 특정한 맥락에서 주관적으로 의미 있는 경험의 측면에 초점을 두도록 돕는다(Hogg, 2001). 사회적 범주화는 집단행동의 인지적 기반이다. 우리가 자신을 특별한 집단의 구성원(집단 내)이자 다른 집단의 구성원이 아닌 것(집단 외)으로 지각할 때, 우리는 집단 내 유사성을 극대화하고 집단 간의 차이를 강조하는 경향이 있다. 이러한 차이에서 중요한 차원은 신념, 태도, 감정과 행동이다. 원형은 집단의 속성에 대한 인지적 표상이며, 집단을 특징짓고, 다른 집단으로부터 그들을 구별하는 모든 속성을 포함한다.

배제는 우리의 주변과 세상을 더 이해하기 쉽게 만드는 것 외에 다른 목적을 수행할 수 있다. 인간은 긍정적인 자아존중감을 위해 노력하며, 자아존중감은 우리가 속한 집단에 대한 우리의 지각에 의해 대부분 형성된다. 긍정적인 사회적 정체성은 우리가 매력을 느끼는 집단의 멤버십에 의존한다. 우리가 매력을 느끼는 집단(혹은 매우 존중받는 집단)에 참여하고, 덜 매력적이라고 지각하는 사람들의 집단과 거리를 유지함으로써 우리는 자아존중감을 높일 수 있다. 집단, 관계망이나 단체의 멤버십에서 개인, 집단 혹은 사람들의 범주를 배제하는 것은 사회에서의 특권 및 사회경제적 불평등과 불공평을 보존하는 데 기여할 수도 있다.

그렇다면 만일 우리가 소속되고 싶은 집단으로부터 배제를 경험한다면 어떨까? 트웬지와 바우마이스터(Twenge & Baumeister, 2005)는 사회적 배제의 효과에 대한 20개 이상의 실험 연구 결과를 요약한다. 결과는 거의 한결같이 부정적이다. 사회적 배제는 타인에 대한 공격성을 증가시키고, 타인과 협력하는 의지를 감소시키며, 위험을 감수하고 늑장 부리기와 같은 자멸적인 행동에 참여하는 경향의 증가로 이어진다. 배제의 또 다른 효과는 분석적 추론 과제를 잘 수행하는 능력의 감소다. 거절당한 사람들은 정서에 대한 방어적인 부정, 인지적 상태에 관여할 수도 있고, 트웬지와 바우마이스터에 따르면 이것이 사회적 배제의 많은 부정적 결과를 설명할 수 있다.

사회적 배제 과정의 어떤 측면을 서술할 때 유용한 개념은 **낙인화**(stigmatization)이다. **낙인**이라는 말은 그리스어로, 노예나 범죄자들을 쉽게 인식하고 식별하기 위해 그들의 피부를 태우거나 상처를 내어 표시하는 것을 지칭한다. 사회학자 어빙 고프먼(Erving Goffman)에 따르면, 낙인은 한 개인을 '전인'에서 '오염된, 가치가 떨어진 사람'으로 낮춤으로써 대대적으로 불명예스럽게 하는 속성이다(Goffman, 1963, p. 3). 고프먼에 따르면 낙인화의 조건에는 세 종류가 있다. **개인적 성격의 결점**은 비도덕적이거나 일탈적인 행동을 반영하는 것으로 이해되는 낙인이다. 메이저와 에클스턴(Major & Eccleston, 2005)에 따르면, 정신건강 문제를 가진 사람들과 범죄에 연루된 적이 있는 사람들은 현대 미국 사회에서 이러한 종류의 낙인화를 경험한 사람들의 범주다. **신체의 혐오**는 '정상적'이라고 지각되는 것으로부터 신체적으로 일탈된 것에서 유래된 낙인을 지칭한다. 예를 들어, 비만인 사람들이 이를 경험할 수 있다. **부족의 낙인**은, 예를 들어 민족성, 국적이나 종교에 기반을 둔 집단에 속한 사람들에 대한 속성이다. 미국의 아프리카계 미국인들과 대부분 유럽 국가의 유태인들이 이를 경험하는 집단의 예다. 이유 여하를 막론하고, 낙인화로 인한 사회적 배제는 이를 경험하는 어떤 사람의 삶도 힘들게 만들 수 있는 사회적 스트레스의 근원이다. 정신건강 문제가 있는 사람들에게 낙인화가 일어날 때, 대개 뒤따르는 사회적 배제는 그들의 부담을 가중하고, 회복과 재활 기회를 감소시킬 수 있다.

사회적 배제는 낙인화가 관련되지 않은 상황에서도 일어날 수 있다. 거부와 배제는 흔히 일어나는 현상이며, 우리의 사회적 생활에서 피할 수 없는 부분이다. 사람들은 사회적 관계에 소비하는 한정된 양의 시간과 에너지를 가질 뿐이다. 각 개인은 자신이 우정이나 관계를 발달시키고자 하는 사람들을 선택해야 한다. 사회적 배제는 사회적 생활에서 제거될 수 없다. 제거해야 하는 중요한 것은 일부 개인을 사회적 고립, 외로움, 삶의 질 하락 및 부정적인 건강 결과로 이끄는 체계적 배제다. 커뮤니티 음악치료가 통합과 배제의 예방에 기여하는 한, 이는 아마도 관련된 사람들 사이에서 긍정적인 정신건강에 기여할 것이다(Curtis & Mercado, 2004).

주변화(marginalization)는 사회로부터의 분리과정으로 정의될 수 있으며, 생산적 활동 혹은 사회적인 재생산적 활동의 주류와 불수의적인 단절을 초래할 수 있다. 과정은 대개 물질적 약점과 관련된다(Kagan & Burton, 2005). 보건의료 체계가 덜 발달된 국가에서, 주변화는 대개 보건의료에 대한 이용 가능성의 감소와 관련된다. 주변화는 많은 측면에서 사회적 배제와 유사하다. 이는 각기 다른 수준의 과정을 지칭하나, 아마도 분석의 상위 수준에서 가장 흔히 사용된다. 개별적 수준에서 주변화는 개별적 수준의 사회적 배제에 상응한다. 예를 들어, 커뮤니티 수준의 주변화는 소수 민족이나 이민자들이 실직, 가난, 정치력의 부족 및 결정 과정에 대한 영향력의 부족을 경험할 때 일어난다.

뉴먼(Newman, 1999)은 부유한 미국의 커뮤니티에서 사회적 지위의 하강 이동에 대한 민족지학적 연구—수천 명의 중산층 가족이 산업의 축소, 공장 폐쇄, 합병의 결과로, 혹은 이혼이나 사람들의 삶에서 심신을 약화하는 다른 경험 때문에 매년 미국의 사회적 사다리에서 '급락한다'.—를 수행하였다. 뉴먼의 연구는 하강 이동을 경험하는 사람들이 자신의 통제력과 자원에 대한 이용이 줄어든 상황에서 어떻게 자신을 찾는지를 밝힌다. 흔히 그들은 낙인화된다. 이들의 사회적 관계망은 어려움을 겪고, 지지의 필요가 높아지는 시기에 흔히 사회적 지지를 덜 받는다. 뉴먼(1999, p. x)은 사람들이 이러한 상황에 다르게 반응함을 강조한다. "어떤 사람들은 자신의 상황을 초월하는 방법을 찾는 영웅들이며, 다른 사람들은 영혼을 잃고 방향이 없이 사회적 지형을 배회한다." 그러나 뉴먼은 그들이 영웅이든 잃어버린 영혼이든, 불행한 사람들을 별나다고 생각하는 아이디어에 반하여 경고한다. 우리는 사람들을 불행한 상황에 처하게 하는 사회적·정치적·경제적 과정의 역할을 인정할 필요가 있다.

> 분노나 실망의 감정, 부당하다는 느낌, 이러한 것은 대부분의 피해자에 의해 공유되는 하강 이동에 대한 반응이다. 그들은 자신이 가진 것을 위해 열심히 하였고, 필요하다면 만족을 지연시켰으며, 자신의 국가나 가족이 요청할 때 희생하였다. 그러나 하강 이동 경험은 이것이 충분하지 않다는 것을 아주 분명히 하였다. 책임 있는 화이트칼라(사무직) 직업, 숙련된 블루칼라(노동직) 직업을 얻는 것이나 안정적인 결혼은 평생 보장되는 비결이 아니다. 사람은 규칙에 따라 행할 수 있고, 내야 할 돈을 낼 수 있더라도 아메리칸 드림에서 추방될 수 있다. 누군가의 최선의 노력이 결국 보상받게 될 것이라는 보장은 그야말로 없는 것이다.
>
> (Newman, 1999, p. 229)

뉴먼의 연구는 자신의 직업 보장을 잃고 경제적 혼란을 경험한 사람들에 초점을 두었다. 세상에는 경제적 안정을 한 번도 경험하지 못하고, 가치 있는 사회적 자원을 한 번도 이용하지 못한 수백만의 사람들이 있다. 불평등은 여러 세대에 걸쳐 재현되며, 주변화의 한 가지 중요한 이유는 적절한 교육의 부족이다.

UNESCO[9](United Nations Educational, Scientific and Cultural Organization, 2010)에 따르면, 전 세계적으로 적어도 7,200만 명의 아동이 자신의 교육권에서 배제된다. 10명 중 7명은 사하라 이남 아프리카 혹은 서·남아시아에 살고 있다. 교육 배제의 주된 이유는 빈곤, 젠더[10] 불공평, 장애, 아동 노동, 소수 언어 사용, 원주민 집단 소

---

9) 역자 주: 국제연합 교육과학문화기구.
10) 역자 주: 국내에서 sex와 gender는 모두 성으로 번역되나, gender는 남녀의 성별 외에 성 정체성에 대한 의미도 포함하고 있어 이 책에서는 젠더로 번역하였다.

속과 유목민 혹은 농촌에 사는 생활 유형이다. 그러므로 엄청난 수의 아동이 자신의 교육권을 지키는 데 실패함으로써 자신의 삶의 기회에 돌이킬 수 없는 손상을 입는다.

　주변화된 집단 간의 삶의 질과 건강 개선은 사회의 불평등과 불공평을 줄이는 데 있어서도 중요하다. 혜택받지 못한 집단이 보건의료를 이용하는 것은 목적을 향한 중요한 단계다. 더더욱 중요한 것은 건강 증진에 대한 오타와 헌장에 실린 건강을 위한 전제조건—평화, 쉼터, 교육, 식량, 소득, 안정적인 생태 체계, 지속 가능한 자원, 사회정의와 평등—이다(World Health Organization, 1986). 이는 사회의 모든 부문에 걸쳐 정치적인 행위와 협력을 필요로 한다. 사회의 평등과 공평을 향한 움직임도 주변화된 집단 자체의 동원을 필요로 한다. 만일 음악치료사들이 주변화된 집단과 그 이상을 동원하는 데 기여하고자 한다면, 사회정의와 공평의 서비스 및 건강을 위한 다른 전제조건에 대한 서비스에서 커뮤니티 음악치료의 개입은 불가피할 수 있다. 이 책의 다음 장들은 이러한 사회적 현실과 어려움들을 심각하게 받아들이는 커뮤니티 음악치료 실제의 많은 사례를 포함한다. 쟁점과 실제의 범위를 조명하기 위해 여기서 몇 가지 사례들이 언급될 수 있다.

　타잇과 머렁건(Tait & Murrungun, 2010)은 음악치료가 한 요소이며, 멀리 떨어진 원주민 커뮤니티에서의 유아기 학습이 하나의 핵심 목표인 호주 노던 테리토리의 아트스토리즈 이니셔티브를 서술한다. 다수의 음악치료사가 장애인의 교육권과 관련하여 참여하였다(Ely & McMahon, 1990; Ely & Scott, 1994; Kern, 2005; Stige, 1995; Uricoechea, 2003). 건강 및 복지와 관련한 주변화는 일부 음악치료사들에 의해 다루어졌다(Barcellos, 2005; Chagas, 2007; O'Grady, 2009; Oosthuizen, 2006; Pavlicevic, 2004; Tuastad & Finsås, 2008). 사회적-음악적 자본에 대한 프록터(2004, 2006, 2011)의 업적과 커뮤니티 참여의 지지적 궤적에 대한 크루거(Krüger, 2004, 2007)의 업적은 사회적 지지의 불평등에 도전한다. 음악의 이용 가능성에 대한 불평등과 주변화는 여러 커뮤니티 음악치료 프로젝트(Curtis & Mercado, 2004; Kleive & Stige, 1988)에서도 다루어졌다. 베일란커트(Vaillancourt, 2009)의 업적은 사회적 정의와 평화의 관계에 초점을 둔다.

사진 4-5 │ 독일 크레펠트(Krefeld). 록암링(Rock am Ring).[11] 기념의 순간.
사진 제공: Peter Neumann.

🎧 결론

상호성, 협력과 공유는 인간 삶의 중요한 특성이며, 이 장에서 우리는 인간의 연계성을 서술하기 위해 다양한 개념을 탐구하였다. 브론펜브레너 등에 의해 개발된 생태적 모델은 우리의 열망, 행위 및 관계의 상황에 의해서 우리의 삶이 어떻게 형성되는지 보여 준다. 이러한 맥락과 관련된 특징들을 서술하기 위해 여러 핵심 개념이 필요하였다.

커뮤니티는 일반적으로 특정한 장소에서 시간이 지남에 따라 상호작용하는 개인들의 집단으로 정의된다. 커뮤니티가 장소에 의해 규정되든, 관계에 의해 규정되든 커뮤니티의 개인들은 사회적 유대에 의해 연결된다. 잘 기능하는 커뮤니티는 멤버십, 영향력, 요구의 통합과 이행 및 공유된 정서적 연계가 특징인 **커뮤니티 의식**을 유발한다. 후기 현대사회에는 복잡한 연계성의 패턴이 있는 커뮤니티의 다양화가

---

11) 역자 주: 매년 6월경 뉘르부르크에서 열리는 독일 최대 규모의 록음악 페스티벌로 유럽에서 인기가 높다.

있었다. 커뮤니티는 전통적이든 후기 현대적이든 부정적인 속성을 가지며, 예를 들어 억압과 착취가 특징이 될 수 있다.

사회적 관계망은 일상생활에서 사람들 간 접촉의 망을 지칭한다. 사회적 관계망 내에는 사람들 간 여러 가능한 유형의 관계와 연계가 있다. 사회적으로 통합되었다는 것은 광범위한 사회적 관계에 참여하는 것을 의미한다. 사회적 지지는 한 사람이 다른 사람을 돕는 과정과 관련이 있다. 모든 형태의 사회적 지지는 더 나은 건강과 안녕감에 기여할 수 있다. 그러나 서로에 대한 사람들의 관계는 안녕감과 좋은 건강의 근원인 것만이 아니다. 때때로 다른 사람들이 좌절의 근원, 어쩌면 부담의 근원까지도 나타낸다는 사실은 사회역학자들이 사회적 스트레스라는 개념을 발전시키도록 하였다.

사회적 관계망, 사회적 지지 및 사회적 스트레스 같은 개념은 모두 개인적 및 대인관계적 수준에서 일어나는 현상과 과정을 서술한다. '사회적 자본'이라는 용어는 지역 커뮤니티, 행정자치구, 군과 국가 같은 더 큰 단위에서 신뢰와 상호성의 특징을 서술함으로써 이 그림에 더하는 데 활용될 수 있다. 사회적 자본을 측정하는 척도가 개발되었고, 사회적 자본과 건강 및 안녕감 간의 연관을 평가하기 위해 많은 연구가 수행되었다. 결속과 연결은 사회적 자본의 두 가지 중요한 형태이며, 첫 번째 용어는 사람들의 동질적인 집단 관계망의 사회적 자본과 관련되었고, 두 번째 용어는 다양한 사회적 배경의 사람들을 포함하는 집단이나 관계망과 관련된 사회적 자본이다.

결속과 연결은 사회적 배제와 주변화의 과정에 의해 극명하게 두드러진 사회적 통합의 과정들이다. 후자의 용어는 사회에서의 다양한 참여 영역으로부터 사람들이 불수의적으로 분리되는 과정을 지칭한다. 이러한 과정은 불운한 개인들과 그들의 관계망에 유해하다. 이는 전 세계 7,200만 명 이상의 아동이 현재 자신의 교육권에서 배제되고, 따라서 자신의 삶의 기회가 돌이킬 수 없게 손상을 입는다는 사실로 예시된다. 사람들을 불운한 상황에 처하게 하는 사회적 · 정치적 · 경제적 과정의 역할이 인정되어야 하고, 모두를 위한 교육과 같은 대응을 취해야 한다.

커뮤니티 참여에 초점을 두는 것이 특징인 커뮤니티 음악치료와 다른 이니셔티브는 커뮤니티 참여가 핵심 개념이 된 공중보건 및 건강 증진 분야와 관련하여 볼 수 있다. 커뮤니티 참여는 커뮤니티 요구의 확인, 우선순위 설정 및 커뮤니티에 속한 사람들의 건강 및 안녕감을 증진하기 위한 행위 등과 같은 활동에 개별적인 커뮤니티 구성원이 참여하는 것을 지칭한다. 사람들은 자신의 기여가 가치 있다고 느끼는 정도로, 그리고 자신이 주는 것과 받는 것 간에 균형을 느끼는 정도로 커뮤니티 활동 참여가 격려될 수 있다(Wagemakers, 2010). 커뮤니티 참여는 일반적으로 커뮤니티에 좋을 뿐 아니라, 관련된 사람들에게도 중요할 수 있다. 커뮤니티 단체의 일에 참여하는 것은 삶의 질 향상과 관련이 있다(Veenhoven, 2004).

건강 증진은 개인과 커뮤니티가 건강에 영향을 미치는 요인에 대한 통제권을 얻고, 이 통제권을 활용하여 건강을 개선하는 과정으로 정의된다. 역량 강화는 이러한 통제권 획득 과정을 나타내는 개념이다. 커뮤니티 참여는 역량 강화에 기여하는 실천의 한 예다. 이웃, 직장에서 함께 일하는 팀과 자원봉사 단체의 지역 구성원과 같은 커뮤니티는 건강 증진에 있어 중요한 영역이다. 커뮤니티 음악치료 실제는 커뮤니티 건강 증진에 대한 하나의 기여로 볼 수 있다. 제5장에서 우리는 이 장에서 발전된 사회적 관점과 공명하는 음악의 개념을 논의할 것이다. 제6장, 제7장과 제8장에서 우리는 이 관점과 양립되는 실천의 특징이 되는 쟁점, 가치와 과정을 서술할 것이다.

∩ 핵심 용어, 논의 주제와 미주

핵심 용어(제시된 순서에 따른 핵심 용어)

생태적 모델(ecological model)

커뮤니티(community)

커뮤니티의 지리적 개념(geographical notion of community)

커뮤니티의 관계적 개념(relational notion of community)

커뮤니티 의식(sense of community)

실천 커뮤니티(community of practice)

사회적 지지(social support)

사회적 지지의 직접 효과 가설(direct effect hypothesis of social support)

사회적 지지의 완충 효과 가설(buffer effect hypothesis of social support)

사회적 스트레스(social stress)

긍정적 스트레스(positive stress)

부정적 스트레스(negative stress)

사회적 자본(social capital)

사회적 응집(social cohesion)

결속(bonding)

연결(bridging)

낙인화(stigmatization)

주변화(marginalization)

논의 주제

다음의 비판적 사고 질문은 수업 혹은 집단에서 논의될 수 있고, 이 장에서 논의된 주제에 대한 비평적 성찰을 위해 학생 개인이 사용할 수 있다.

1. 커뮤니티는 변화하며, 새로운 형태의 커뮤니티가 발달한다. 오늘날 당신이 구성원인 커뮤니티는 당신의 부모님이 지금의 당신과 같은 나이였을 때 속하였던 커뮤니티와 어떻게 다른가?

2. 퍼트넘은 20세기의 마지막 30년 동안 미국의 사회적 자본 감소를 시사하는 근거를 제공하였다. 당신은 자신이 거주하는 국가나 주의 사회적 자본이 증가하거나 감소한다고 생각하는가?

3. 사회적 배제와 주변화는 세계의 모든 곳에 존재한다. 당신이 거주하는 커뮤니티나 행정구역에서 배제와 주변화를 감소하기 위해 어떤 것이 수행될 수 있는가? 어떤 유형의 행위가 필요할 것인가?

미주

1. **맥락**의 개념은 문화와 인간 발달에 관한 이론에서 주요 개념이나, 그 용어의 의미가 항상 명확한 것은 아니다. 인간의 상호작용과 관련해서, 맥락은 대개 활동의 사회적 환경(milieu)이나 환경을 지칭한다. 한 쪽에 있는 인간과 활동의 관계 및 다른 쪽에 있는 맥락은 서로 다른 방식으로 이해된다. 즉, 때로 맥락은 주어진(인간과 활동들을 채색하는) 것

으로 이해되나, 다른 경우에 관계들은 좀 더 상호적이고 구성적인 것으로 생각된다. 두 사례 모두, 맥락은 **주변** 상황이나 구조(시간 혹은 공간)로 생각된다. 문화심리학자 콜(Cole, 1996, p. 135)은 이것이 하나의 가능한 구상일 뿐임을 명시한다. 맥락은 '함께 엮는' 것 또는 '그 부분에 응집력을 제공하는 연계된 전체'로도 보일 수 있다. 이 해석은 '주변 원'의 이미지에는 덜 부합하며, '연결'이나 어쩌면 연결망에 좀 더 부합한다. 우리가 이 장의 후반에서 논의하게 될 사회적 관계망은 그 부분에 응집력을 제공하는 연계된 전체라는 맥락의 이미지에 맞는다.

2. 레드필드(Redfield, 1953/1963)의 글도 안정적인 작은 커뮤니티를 원형으로 보는 다소 편향된 처치에서 벗어나는 방식을 어느 정도 암시하였다고 주장할 수 있다. 자신의 책에서 레드필드는 과학자들이 인간의 커뮤니티를 이해하고자 하였던 다양한 방법―예를 들어, 생태 체계와 사회적 구조―을 탐색하였다. 레드필드는 또한 전통적인 인간 커뮤니티의 연구에 대한 전기적·역사적 접근을 탐구하였다. 그렇게 해서 레드필드는 인류학자들 간에 일반적이었던 몇 가지 가정, 즉 '개별성과 역사는 전통적인 커뮤니티의 이해와 무관한다.'는 것에 이의를 제기하였다. 이는 레드필드가 전통적인 커뮤니티에 대한 연구를 현대의 커뮤니티에 연결하는 것을 가능하게 하였다.

3. '커뮤니티'라는 개념에 대한 이 편향된 사용은 현대의 문화에 대한 어떤 영향력 있는 업적들로 통합되었다. 커뮤니티의 가치는 말하자면, 개인주의와 단편적인 관계들의 방향으로의 발전에 대한 대항력으로, 광범위하게 사회와 관련되어 보였다. 예를 들어, 권한 및 권력의 중심과 관련하여 인간의 행동성을 위한 수단으로서 커뮤니티에 주로 초점을 맞추었던 영국의 문화 이론가 레이먼드 윌리엄스(Raymond Williams)의 업적을 고려하라(Willams, 1961/1971).

4. 코헨과 윌스(Cohen & Wills, 1985)는 이 두 가지 모델을 밝힐 수 있는 연구를 요약하고, 두 모델이 모두 지지된다는 결론을 내렸다. "완충 모델에 대한 근거는 사회적 지지 척도가 스트레스가 큰 사건에 의해 유발된 요구에 반응하는 대인관계적 자원의 지각된 이용 가능성을 진단평가할 때 밝혀진다. 주효과 모델의 근거는 지지 척도가 사회적 관계망에서 사람의 통합 정도를 진단평가할 때 밝혀진다." 다시 말해서, 직접 효과는 전형적으로 지지의 구조적 척도(관계망 크기 같은)에 대한 것으로 밝혀지는 반면, 완충 효과는 기능적 척도, 특히 정서적 지지에 대한 것으로 밝혀진다(Wills & Ainette, 2007).

5. 좀 더 관습적인 형태의 음악치료에서 다중적인 관계는 흔히 윤리적 문제이자 치료적 과정에 대한 위험으로 보인다(Dileo, 2000). 여기에 서술한 관점에서 커뮤니티 음악치료는 사회적 관계망의 발달에 기여하고, 다중성은 전형적으로 긍정적인 자원이지만, 변하기 쉬운 역할을 관리하는 복잡성은 무시되지 않아야 한다.

6. 스트레스는 신체적 · 정신적 압박에 대한 생리학적 반응으로 본래 한스 셀리에(Hans Selye, 1956)에 의해 정의되었다.

7. 일상의 괴로움(예를 들어, 스트레스가 큰 생활 사건이나 돌발성 외상과는 반대로)이라는 특성이 외견상 사소함에도 불구하고 건강과 안녕감에 대한 영향은 강력한 것이며, 어쩌면 과소평가되어 왔을 것이다. 사회경제적 지위와 건강의 연관에 대한 한 가지 가능한 설명은 교육을 덜 받고, 소득이 적은 집단의 일상의 괴로움 수준이 더 높다는 것이다.

8. 스트레스가 큰 생활 사건의 측정을 위한 척도를 본래 개발하였던 연구자들(Holmes & Rahe, 1967)은 크리스마스 기념과 휴가도 잠재적으로 건강과 안녕감을 위협할 수 있는 사건에 포함하였다(그러나 이 사건들은 잠재적인 스트레스원들로 목록의 약간 아래쪽에 나왔다).

9. 사회적 자본이 어떻게 정의되어야 하는가에 대해서 과학적 문헌에서는 명확한 합의가 없다. 일부 연구자들은 이 개념이 화려한 경제적 언어로 치장한 낡은 아이디어들을 나타낼 뿐이고, 정의와 평등에 대한 정치적 분투와 같은 더욱 중요한 공중 보건 의제들로부터 위험하게 주의를 돌리는 것을 나타낸다고 주장하며, 개념을 없애는 것을 선호할 것이다 (Kawachi, Subramanian, & Kim, 2010).

10. 자유, 평등 및 연대라는 가치들 간에 생길 수 있는 긴장에 대해서 제7장의 논의를 참고하라.

11. 유럽에는 모든 국가에 대한 유사한 비교가 가능하지는 않으나, **유럽 사회조사**의 일부로서 다른 사람에 대한 신뢰에 관한 질문이 있었다. 두 가지의 대안적 반응 범주—"다른 사람을 대할 때 조심할수록 좋다."와 "대부분의 사람은 신뢰할 수 있다."—가 있었다. 타인에 대한 신뢰가 가장 높은 수준은 북유럽 국가(노르웨이, 덴마크, 핀란드, 스웨덴)에서 나타난 것으로 밝혀졌다. 타인에 대한 신뢰가 가장 낮은 수준은 포르투갈, 러시아, 폴란드와 불가리아에서 나타났다. 남 · 북의 차원은 미국에서 나타난 사회적 자본의 차이만큼 명확하지 않다. 신뢰에 대해 낮은 점수를 얻은 4개국 중 3개국은 자본주의로의 고통스러운 전이 과정을 거쳐 온 과거의 공산주의 국가들이었다. 공산주의 정권하에서 다소 잘 발달된 그들의 복지체계는 덜 부유한 집단의 상황을 현저히 악화시켰고, 사회적 불공평이 급격히 증가한 원시적 유형의 자본주의로 대체되었다. 이는 고소득, 중간 수준의 사회경제적 불평등 및 잘 발달된 복지 체계가 특징인 북유럽 국가들과는 대조적이다(출처: European Social Survey/NSD).

제5장

음악, 건강과 커뮤니티

제5장을 공부한 후에 당신은 다음과 같은 질문에 대해 논의하게 될 것이다.

- 음악치료와 다른 음악 학문 간의 관계는 무엇인가?
- 음악적 과정과 준음악적[1] 과정 간의 관계는 어떻게 개념화될 수 있는가?
- 음악적 기술(musicianship)[2]은 인간의 음악성 및 다양한 문화의 음악들과 어떻게 관련되는가?
- '음악하기'라는 용어가 시사하는 것은 무엇인가?
- 공동체적 음악하기가 어떻게 통일성과 다양성을 육성하는가?
- 음악, 건강과 커뮤니티 간의 연결이 어떻게 개념화될 수 있는가?

---

1) 역자 주: 음악 문헌에서 음악 대(vs) 비음악으로 양분되지 않는 확장적 개념을 설명하기 위해 besides라는 의미의 접두어 para를 사용하여 paramusical이라는 용어가 등장하였다. 흔히 새소리, 웃음소리, 울음소리, 비명 소리, 박수 소리, 물소리, 바람 소리 등과 같이 음악과는 다른, 효과음으로 생각되는 소리들을 paramusical sound라 하여 이 책에서는 paramusical을 준음악적으로 번역하였다.
2) 역자 주: 국내 문헌에서 musicality와 musicianship은 모두 음악성으로 자주 번역되나 musicianship은 음악을 수행(연주)하는 데 수반되는 기술적인 측면을 주로 지칭하므로, 이 책에서는 musicality를 음악성, musicianship을 음악적 기술로 번역하였다.

🎧 음악이 될 수 있는 것

음악은 갈고리다. 그것은 사람들을 사회적 공간으로 끌어당긴다. 아니 어쩌면 사회적 공간이 음악일 것이다. 소리와 움직임을 통해 사람들이 행동하고 상호작용할 수 있는 세상이다. 음악에 대해 이야기할 때 우리는 다양한 은유를 사용한다. 예를들어, 대상(노래 같은), 사건(콘서트 같은) 혹은 활동(가창 같은)에 대해 생각할 수 있다. 우리가 음악적이라 고려하는 것은, 일부는 전통과 다른 혁신에 가치를 두고 일부는 완전성과 다른 사람들의 참여에 가치를 두는 등 음악에 대해 이용 가능한 담론들과 연결된다(Keil & Feld, 1994). 음악치료는 통합적 활동을 제공할 수 있다. 부분적으로 음악적 참여는 언어의 숙달 없이 가능하기 때문이다. 그럼에도 불구하고 음악적 활동과 경험이 언어 및 문화와 분리되지 않는다는 것을 기억하는 것은 중요하다. 그것은 시간이 지남에 따라 음악이라는 개념이 문화적 맥락 간에 그리고 어떤 주어진 문화적 맥락 내에서 가변적인 정도로, 문화에 기반한 가정과 가치에 내재되어 있다(Korsyn, 2003).

선율과 리듬 및 함께 어울리는 어떤 요소와 활동에 대해 이야기할 때 영어에서 우리가 사용하는 단어는 **음악**이다. 이는 그리스어 **무시케**(mousiké)에서 유래된 말이다. 고대 그리스 로마 시대 초기에 이는 노래하기와 춤추기, 시가와 드라마의 공연을 지칭하는 매우 광범위한 용어였다. 그러므로 영어에서 '음악'이라는 말의 현대적인 협의적 의미는 보편적이지 않다. 이는 수 세기에 걸친 사회적·문화적 발달의 결과이며, 실천과 제도가 좀 더 전문화되었다. 아마도 외래어인 경우를 제외하고, 모든 언어가 영어로 된 용어인 음악에 상응하는 특정한 용어를 가진 것은 아니다. 여러 반투(Bantu)어에서 공통적인 **응고마**(ngoma)라는 용어는, 음악이라는 용어와 관련이 있으나 분명히 다른 개념의 예로 흔히 언급된다. 제2장에서 우리는 춤, 극, 노래와 드럼 연주하기가 핵심이자 불가분의 요소인 치유의 전통으로 응고마를 접하였다.

어떤 이들은 응고마와 같은 총체적인 개념이 현대 서구의 국가에서 정립된 음악의 전문화된 개념과 비교되는 중요한 교정적 관점을 대표한다고 주장하였다(예를들면, Bjørkvold, 1989/1992). 이 주장은 어머니-유아의 상호작용에 대한 당대의 연

사진 5-1 │ 독일 쿠블랑크(Kublank). 통합 하계 워크숍의 음악 만들기. 음악이 될 수 있는 것.
사진 제공: Kristin Richter.

구와 연결되었으며 소리, 움직임과 원내러티브가 인간의 민감성과 밀접하게 관련
된다는 것을 나타낸다(다음을 참조하라.). 이는 흥미로우나, 문화에 의해 채색되지
않은 유형의 음악은 없다.

　음악은 우리가 생각하는 것일 수도 있고, 생각하는 것이 아닐 수도 있다. 음악은
감정 혹은 감각적인 것이 될 수 있으나, 정서나 신체적 감각과 무관한 것일 수도 있
다. 음악은 몇몇이 춤을 추거나 기도를 하거나 사랑을 나누는 것에 대한 것일 수 있
으나, 꼭 그러한 것만은 아니다. 어떤 문화에는 음악에 대해 생각하는 복잡한 범주
가 있다. 또 다른 문화에서는 음악에 대해 생각할 필요도 없어 보인다. 음악이 무엇
인가 하는 질문은 모든 시대와 모든 장소에 개방적으로 남아 있다. 음악이 무엇인
가는 언제, 어디서나 여전히 의문의 여지가 있다. 이러한 상황에서는, 음악의 어떤

형이상학도 한 사람의 고유한 것으로 생각되는 시간과 장소, 특별한 시간과 장소로
부터 나머지 세상을 부득이하게 차단할 것이다. 음악에 대한 생각—혹은 다시 생
각하는 것조차—에는 기본적으로 음악을 한 사람의 고유한 것이라 주장하고 통제
하려는 시도와 함께한다.

(Bohlman, 1999, p. 17)

볼먼(Bohlman)의 결론은 물론 자신의 고유한 비판적 측면에서 연구된 것일 수 있
다. 이 장의 맥락에서 우리는 볼먼의 주장을 자기 비판적 성찰에 대한 소리로 활용
할 수 있다. 현대 대학의 학문인 음악학의 첫 백 년에 대한 짧은 여행은 음악치료를
포함하여 음악을 연구하는 모든 학문의 관련성을 보여 준다.

윌리엄스(Williams, 2001)는 19세기 후반 음악학의 선구자 중 하나인 오스트리아
의 학자 귀도 아들러(Guido Adler)가 음악에 대한 연구를 어떻게 두 가지 영역으로
나누었는지 설명한다. 그것은 역사적 음악학과 체계적 음악학인데, 후자는 음향학,
음악심리학과 비교음악학 같은 주제의 연구를 포함해야 한다. 전자는 역사적 연구
가치가 있는 유일한 음악적 전통으로 고려되었던 서양 예술 음악에 초점을 두어야
한다. 가정은 이 음악이 고유하고 우월하다는 것뿐만이 아니다. 이는 표준의 근원
으로 고려되었다. 이러한 사고방식은 유럽에서뿐만 아니라, 음악학에서도 영향력
을 갖게 되었다. 1980년대 중반까지는 음악학을 서양 예술 음악의 걸작이라는 캐
논(canon)의 음악 구조와 주로 관련된 학문으로 서술하는 것이 상당히 정확할 것이
다. 대중음악 같은 다른 장르나 공연과 같이 다른 상황에서의 활용과 실천에는 관
심이 적었던 것이다. 이는 현저히 변화되었다. 문화적·수행적 변화는 민족음악학,
대중음악 연구 및 음악사회학과의 더 밀접한 만남을 학문에 도입하였다. 이러한 모
든 분야에서 음악에 대한 관심이 사회적 현상으로 증가하였다. 이는 다양한 상황에
서 사람들이 어떻게 음악을 활용하고 경험하는지에 대한 관심과 더불어 간학문적
음악 연구의 공간을 열어 주었다.[1]

당대의 음악치료는 루드(Ruud, 1987/1990, 1998, 2000), 앤즈델(Ansdell, 1997, 2001),
스티게(Stige, 2002, 2003)와 여러 다른 이들이 주장하였던 것처럼 현재 음악 연구에
대해 '다시 생각하기'의 일부다. 음악적 과정과 결과는 음악치료에서 핵심적이나,
이를 시사하기 위해서는 '음악적'이라는 것이 무엇을 의미하는지에 대해 다시 생각

하는 것을 필요로 한다. 다음 절은 생물학적·심리학적·사회문화적 과정 간 상호
작용 측면에서 음악적인 것과 준음악적인 것에 대한 논의를 통해 이를 탐구한다.
앞에서 서술한 학문적 사고에서의 변화들은 음악치료와 다른 음악 학문 간의 연결
이 음악치료에 대해 많은 교과서가 시사하였던 것보다 훨씬 더 유의함을 시사한다.
최근 일부 음악치료 문헌에서는 음악교육과 같은 자매 학문 내에서의 발달과 유사
하게 음악에 대한 **다시 생각하기**(rethinking)가 있다. 예를 들어, 대중음악가들의 학습
전략에 대한 지식이 어떻게 당대의 학급 교수법에 실질적인 함의를 갖는지에 대한
연구에서처럼 간학문적 지향도 점차 증가하고 있는 것이다(Green, 2002, 2008).

　볼먼의 역설적인 결론은 그럼에도 불구하고 적절히 상기시킨다. 음악을 다시 생
각한다고 생각할 때조차도 우리는 음악을 우리 자신의 것이라 주장하고 통제하려
는 위험을 무릅쓴다. 비평과 대안적 관점을 위해 열려 있을 필요가 있다.

🎧 음악적인 것과 준음악적인 것

　음악치료사들이 다루어야 하는 질문 중 한 가지는 음악이 어떻게 정서, 인지, 행
동과 관련되는지에 대한 것이다. 이러한 과정—우리가 흔히 음악 외적으로 고려하
는 것—은 그 변화들이 전형적으로 치료적 결과라는 측면에서 생각되기 때문에 흥
미롭다. 만일 우리가 자극으로서 음악에 초점을 두고, 반응으로서 인간이 어떻게
느끼고, 생각하며 혹은 행동하는지의 변화에 초점을 둔다면, 우리는 **도구로서의 음
악**(music as means)을 개념화한다. 이는 음악치료에서 음악에 대해 정립된 사고방
식이었다(Gaston, 1968). [그림 5-1]은 이 개념을 설명한다(음악과 내담자 간의 단방향
화살표에 주목하라).

　도구로서의 음악에 대한 정립된 개념은 유기체에 대한 음악의 직접 효과에 초점
을 둔다. 이 개념은 특히 의학적·행동적 음악치료의 실제에서 중요한 것이었고,

[그림 5-1] 도구로서의 음악에 대한 삽화

음악에 대한 내담자의 **반응**에 초점을 둠을 시사한다. 다른 이론과 실천 영역들을 잘 알게 된 음악치료사들은 자신들이 아이디어의 한계로 고려한 것들을 우려하였다. 예를 들어, 에이건(Aigen, 1995, 2005)과 거레드(Garred, 2002, 2006)는 **매체로서의 음악**(music as medium)에 대한 개념이 인간의 의사소통 및 관계에 초점을 두는 실천과 좀 더 관련이 있다고 주장하였다. 음악에 대한 내담자의 반응에 초점을 두는 것 대신에 매체라는 개념은 음악에서의, 그리고 음악을 통한 **상호작용**을 강조한다. [그림 5-2]는 음악에 대한 각 사람의 관계가 어떻게 다른 사람들과의 관계에 의해 매개되는지, 그리고 대인관계가 어떻게 참여자들의 음악과의 관계에 의해 매개되는지도 설명한다(양방향 화살표에 주목하라).

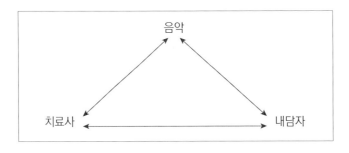

[그림 5-2] 매체로서의 음악에 대한 삽화

도구로서의 음악과 매체로서의 음악 개념은 음악치료 문헌에서의 음악과 건강에 대한 몇 가지 기본적 가정뿐 아니라 특정한 임상적 실재를 반영한다. 두 개념 간에는 명확한 차이가 있으나 일부 유사점도 있다. 예를 들어, 이 개념을 활용하는 대부분의 문헌에서는 커뮤니티와 맥락에 관한 관심이 적어, 묵시적으로 혹은 명시적으로 개인적 수준의 변화와 발달에 초점을 둔다. 이는 커뮤니티 음악치료에 있어 무엇이 음악이 될 수 있는지에 대한 폭넓은 아이디어를 탐구하는 것이 필요하다는 것을 시사한다. 만일 우리가 맥락과 커뮤니티에 관심을 가진다면, 음악이 어떻게 작용하는가에 대한 전통적인 음악치료의 의문들은 어디에서, 언제, 그리고 누구와 함께하는지에 대한 의문들로 보완되어야 한다(Stige et al., 2010a). 우리는 아마도 이를 도구나 매체로서보다는 **사회적 환경**[3]**으로서의 음악**(music as milieu)에 초점을 두는 것

---
3) 역자 주: 일반적으로 milieu, environment를 모두 환경으로 번역하나 이 책에서는 environment를 환경으로, milieu를 사회적 환경으로 번역하였다.

으로 서술할 수 있을 것이나, 이는 단지 우리가 사회적 환경을 공연과 참여에 관련된 배우들을 포함하는 세팅이라는 '극적인' 용어로 생각할 때만 정확할 것이다. 생태적 은유는 개인으로부터 분리된 주변으로서의 환경이 아니라, 관계를 수행하는 극에서 우리가 배역을 맡은 '장면'으로서의, 사회적 환경으로서의 음악이라는 개념을 지지한다(Small, 1998).

글 상자 5-1 **자신의 밖에서 내면을 발견하기**

음악 중심 음악치료의 자기표현에 대한 에세이에서 에린 엡(Erinn Epp, 2007)은 커뮤니티 음악치료 이론에 대한 적절성이라는 개념을 논의한다. 엡은 대부분의 사람이 음악은 합리적으로 의사소통한다는 아이디어를 발견함을 시사한다. 우리는 음악을 정서적 표현으로, 또 어쩌면 내적인 것을 외적으로 만드는 방식으로 생각하는 경향이 있다. 그러나 엡은 음악적 자기표현이라는 주제가 음악치료 문헌에서 활발하게 연구된 적이 거의 없다고 주장한다. 그래서 엡은 음악적 표현의 다양한 이론을 발표하고, 이후에 그것을 자기(self)에 대한 다른 아이디어들과 관련짓는다. 엡의 관심사 중 하나는 한 사람의 핵심 자기(core self)의 직접적인 표현으로서 낭만적인 음악의 비유가 당대 음악치료에 미치는 지속적인 영향이다. 엡은 다음의 일화로 에세이를 시작한다.

나는 세 명의 여성 치매 노인과 요양원에서 음악치료 세션을 하는 중이었다. 즉흥연주에서 몇 번의 시도 후에, 나는 '당신을 연인이라 부르게 해 주세요(Let me call you sweethart)'를 노래하기 시작한다. 알츠하이머가 진행된 여성 중 한 명이 즉시 똑바로 일어나 힘차게 노래한다. '지금 그녀는 아주 표현적이군.' 나는 속으로 생각한다. '그런데 그녀가 지금 표현하는 것은 무엇이고, 우리의 즉흥연주에서 그녀가 표현하지 않은 것은 무엇이지?'(Epp, 2007)

엡이 자신의 질문에 답하기 위해 선택한 길은 음악치료의 선구자들 사이의 음악과 표현에 대한 기본 가정들을 살펴보는 것으로 통한다. 이는 내담자의 음악 안에서 심리적 실재를 들을 수 있는지 아닌지와 같은 핵심 주제에 대한 논의를 포함한다. 엡은 한 핵심 자기의 직접적인 표현으로서 음악에 대한 아이디어가 개인적인 것과 사회문화적인 것에 대한 인위적 분리를 초래한다고 주장하며, 음악에 대한 프리슬리(Priestley)의 서술 중 하나에 대한 다음의 평가에서 이를 예시한다.

즉흥연주 모델의 관점에서 프리슬리는 음악의 직접적인, 단일한 효과도 강조하였다. "자유로운 표현에 대한 기쁨의 일부는 오직 내담자 자신이 표현하는 것을 좋아하는 목적만을 가진다는 점이다. 외부에서 안으로 밀어붙이는 목적이 없으므로, 어떤 목적들이 내부에서 발현되는 것은 더 쉽다."(Priestly, 1975, p. 221). 진정한 음악적 표현은 모든 외부의 영향으로부터 자유로운 자기 안의 장소에서 일어난다는 것이 이와 같은 서술에서 추론될 수 있다. 한 사람은 음악의 사적인, 특유의 활용을 통해 자신의 사적인, 특유의 내적 상태를 정확하게 나타낼 수 있다(Epp, 2007).

엡에 따르면, 만일 우리가 내적 핵심을 가진 자기에 대한 낭만적 아이디어에 이의를 제기하고, 새로운 관계의 발달을 통해 지속적으로 발현되는 탈중심화된 자기의 가능성을 탐색한다면 음악적 표현에 대한 좀 더 현대적인 이해가 발달될 것이다.

통일된 것에서 분화된 자기로의 변화가 따르면, 이후에 우리는 음악치료의 맥락에서 스스로에게 물을 수 있다. 우리는 내담자들의 음악을 단일한(예를 들어, 심리적) 실재의 투사로 조망하는가? 음악치료 세션에서 다루는 경험의 수준은 어떠한가? 어떤 것을 우리가 간과하는가?(Epp, 2007)

엡이 시사한 아이디어 중 두 가지는 음악치료 이론에서 재고될 필요가 있다. 그중 첫째는 양식적 관습에서 벗어난 음악이 가장 진솔하고, 직접적으로 표현적이라는 아이디어(익숙한 음악적 양식의 활용이 덜 표현적이라는 함의와 더불어)이고, 둘째는 음악적 표현이 소리-구조 그 자체에서 발견될 수 있다는 아이디어(음악치료 세션의 분석에서 수행과 맥락이 등한시된다는 함의와 더불어)이다.

엡의 관점에서는, 음악 중심 음악치료의 자기표현 이론은 음악적인 것과 음악 외적인 것 간의 역설적·상호적 관계의 탐색을 수용해야 하며, 음악의 실제 수행에서 표현적 내용을 분리할 수는 없다.

그렇다면 우리는 음악적 경험에 나타난 내적 실재의 측면에서 음악에서의 자기표현을 여전히 생각할 수 있는가? 대답은 '그렇다'와 '아니다' 그리고 '둘 다'이다. 아니 오히려 이에 대한 대답은 우리가 잘못된 질문을 하고 있다는 것이다. 우리가 앞서 보았던 것처럼 우리의 내적인 삶은 개인적인 존재의 상태를 포함하지 않는다. 우리에게 개인적으로 의미 있는 것은, 어느 정도는 우리에게 주어진 것이다. 음악에서 내적인 삶을 나타내는 것은 한 사람의 입장을 분명히 표현하는 것—한 사람이 살아가는 많은 수준을 분명히 표현하고, 수행의 행위에서 그들 간의 관계를 형성하는 것(그것을 반드시 통합하는 것은 아니다)—일 수 있다. 그렇다. 음악에는 우리가 표현할 수 있는 주관적 입장이 있으나, 주관성이 완전히 '내적인' 것은 아니다. 그것은 철저하게 내재화되어 있고, 철저하게 세계화되어 있으며, 철저하게 환원할 수 없는 것이다(Epp, 2007).

음악사회학자 데노라(DeNora, 2000, 2003, 2007)는 구체적 활용의 상황을 연구함으로써 음악이 어떻게 작동하는가에 대한 의문을 탐구한다. 데노라의 업적은 개인, 음악과 환경 간 **상보성**을 조명한다. 이는 활용하기만 하면 된다거나, 어떤 음악은 무엇에나 활용될 수 있다는 것을 의미하는 것이 아니다. 다양한 음악 작품과 실천은 각기 다른 행동 가능성을 지원한다. 대개 그들은 다른 사람보다 어떤 행동 가능성에 자신을 더 많이 빌려 준다. 그렇다면 음악적 구조는 주어진 상황에서의 **전유**(appropriation)를 통해 사람, 음악과 환경 간 관계의 발달을 허용하는 **행동 유도성**(affordances)으로서 중요하다.[2] 개인, 음악과 환경 간 상보성은 음악적인 것을 반영하거나, 음악 외적인 것에 영향을 미친다는 아이디어와는 다른 것을 의미한다. 이 관점에서는 관련된 순환성을 탐구하는 것이 좀 더 유용하다. 우리가 음악적으로 지각한 현상들과 그에 포함되는 과정 및 활동 간에는 상호성이 있다(DeNora, 2003).

스티게와 동료들(2010, p. 298)은 여러 커뮤니티 음악치료 사례 연구와 관련하여 이러한 주장을 탐구하였다. 상호성이라는 아이디어를 강조하기 위해서 그들은 '음악 외적'이라는 용어 대신에 '준음악적'이라는 용어를 사용하였다. 이 장의 앞에서 논의한 바와 같이 인간이 음악적으로 고려하는 것은 관습 및 이용할 수 있는 광범위한 자원들과 연결된다. 그러므로 **준음악적**(paramusical)이라는 용어는 음악적이거나 음악적이 아닌 것으로서의 과정에 대한 완고한 인상을 피하기 위해 사용된다. [그림 5-3]은 이러한 주장을 설명한다.

음악적인 것과 준음악적인 것 간의 순환적 관계에 대한 아이디어는 음악의 탈중심화된 개념 활용을 통해 커뮤니티 음악치료가 음악 중심 접근이라는 것을 시사한다(Aigen, 2005). 커뮤니티 음악치료는 '음악 그 자체'라는 아이디어와 잘 어울리지 않는다. 그보다는 맥락, 행위 및 상호작용에서의 음악에 초점을 둔다. 엡(2007)은 음악에 대한 탈중심화된 관점과 같은 것을 수용하는 음악적 표현에 대한 논의를 발

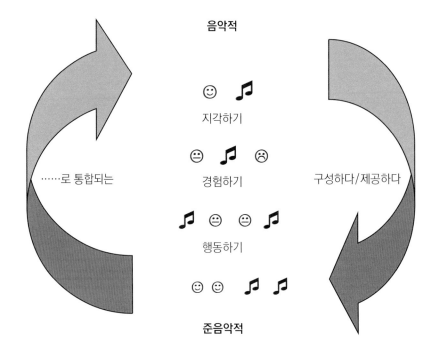

[그림 5-3] 음악적인 것과 준음악적인 것의 공동 구성

출처: Stige et al. (2010b), p. 299. Ashgate Publishing의 허가로 재인쇄.

전시켰다. 엡은 음악치료에서 음악의 전통적 개념이 흔히 한 사람의 개별성이나 핵심 자기에 대한 직접적인 표현으로서의 음악이라는 아이디어를 포함한다고 주장한다. 엡이 주장하는 것은 개인적인 것과 사회문화적인 것에 대한 인위적인 분리를 초래한다는 아이디어이다('글 상자 5.1' 참조).

🎧 음악성, 음악들[4]과 음악적 기술

어떤 주어진 상황에서 음악적인 것과 준음악적인 것 간의 역동을 이해하기 위해, 문화적 맥락에서 인간의 원음악성과 개인사 간 상호작용을 이해하는 것은 유용하다. 우리는 음악성, 음악들과 음악적 기술이라는 용어의 사용을 통해 이 개념을 명확히 할 것이다.

---

4) 역자 주: 음악은 본래 불가산 명사로 복수형이 성립되지 않으나, 문화적 자원으로서 음악의 측면을 강조하려는 원저자들의 의도를 고려하여 음악의 복수형인 music을 음악들로 번역하였다.

음악성(musicality)은 전통적으로 음악을 들을 때의 수용성과 음악을 만들거나 재생산할 때의 자원 동원성과 같은 음악에 대한 개인의 민감성과 재능을 지칭한다. 사람들은 자신의 수용성 및 자원 동원성에 관하여 명백히 다르므로, 음악성이라는 용어는 때로 음악을 아는 사람들과 그렇지 않은 사람들을 구별하는 데 사용된다. 그에 반해서 음악성은 소리와 움직임을 통한 그리고 이와 관련되는 공유된 인간의 역량을 나타내는 개념으로도 점차 활용된다. **원음악성**5)이라는 용어와 **의사소통적 음악성**은 때로 이 관점에서 의사소통하는 데 활용되는 좀 더 구체적인 용어들이다.

'원음악성'이라는 용어는 인류의 진화(계통 발생)³ 동안 음악을 만드는 우리의 역량이 발달하였음을 시사한다. 크로스와 몰리(Cross & Morley, 2009, p. 77)는 "인간에게 있어 기본적인 사회 인지 능력의 많은 부분을 제거하지 않고 음악을 없애는 것은 불가능할 것이다."라고 주장한다. 이 관점은 최근에 강화되었으나, 관련된 진화의 기제에 대한 특정한 논쟁에 대해서는 여전히 의견이 분분하다. 예를 들어, 밀러(Miller, 2000, 2001)는 성 선택6)을 주요 기제로 제안하였다. 밀러에 따르면, 음악은 공작의 꼬리와 비슷하게 남성의 경쟁적인 성적 과시로서 진화하였다. 여성들에게 당신이 우월한 유전자를 지녔음을 확신시키려고 노력할 때를 제외하면 대단히 실용적이지 않다. 그에 반해서, 디세나예이크(Dissanayake, 1992/1995, 2000a, 2000b, 2001, 2009)는 음악이 그것을 가능하게 한 공동체적 사례들의 생존 가치 때문에 진화하였다고 주장하였다. 후자의 관점은 음악치료에서 영향력 있는 것이었으며, 우리는 다음 본문에서 이러한 관점에 집중할 것이다.

말로크(Malloch)와 트레바든(Trevarthen)은 인간의 원음악성이 인간 교제의 기반임을 나타내기 위해 **의사소통적 음악성**(communicative musicality)이라는 용어를 사용한다. 자신의 이론을 음악치료와 구체적으로 관련시키는 논문에서 트레바든과 말로크(2000)는 어떻게 모든 인간이 신체와 목소리의 리듬적 · 선율적 움직임에 공감하는 역량을 가지고 있는지를 서술한다. 신생아는 성인과 의사소통할 때 이를 나타낸다. 성

---

5) 역자 주: '최초의' '본래의'라는 뜻의 proto를 접두어로 하여 원형적 음악성과 같은 의미로 사용될 수 있으며, 이 책에서는 원음악성으로 번역하였다.

6) 역자 주: 다윈이 『종의 기원』에서 '자연선택'으로 생명체의 진화를 설명한 이후, 이를 보충하기 위해 『인간의 유래』에서 제시한 이론이다. 다윈은 화려한 공작을 예로 들며, 생존에 불리한 형질을 가지고 있더라도 그 형질이 번식에 유리하다면 진화에 성공할 가능성이 높아지는 것으로 '성 선택'을 설명하며, 자연선택이론의 부족함을 보완하였다.

인은 아기와 의사소통할 때 혹은 다른 문화에서 인간적으로 조직된 소리를 인지하고 공감할 수 있을 때 이를 나타낸다. 저자들에 따르면, 아동은 몸짓으로 하는 의사소통에 대한 고유한 인간의 동기부여를 가지고 태어나는데, 이는 이후의 삶에서 일반적인 의사소통 기술뿐만 아니라 관습적인 음악적 능력으로도 길러질 수 있는 재능이다.

트레바든과 말로크(2000)에 따르면, 인간은 박동, 특질 및 원내러티브와 관련된 선천적 역량을 가진다. **박동**(pulse)은 규칙적이고 예측 가능한 별개 사건들의 연결을 지칭한다. **특질**(quality)은 특히 음고 및 음조와 관련되며, 시간에 따라 움직이는 표현의 윤곽을 지칭한다. **내러티브**(narrative)는 공동으로 만든 '악구들'이나 몸짓의 원내러티브들에서 밝혀진 것과 같이 박동과 특질의 연속적인 단위 형성을 지칭한다. 그렇다면 의사소통적 음악성은 단순히 소리와 움직임에 관련된 역량이 아니라, 다른 사람들과 관련된 역량이다. 정서적으로 만족하는 의사소통은 시간에 따라 협응된 관계의 형성을 통해 정립된다. 좀 더 최근의 출간물에서 말로크와 트레바든(2009)은 신경과학, 진화학, 심리학, 음악치료, 음악 교육 및 수행(연주)의 공헌들도 포함하는 작품집에서, 인간의 상호작용에 있어 자신들의 음악적 표현에 대한 이론을 상술하였다. 다니엘 스턴(Daniel Stern, 1985/1998, 1995, 2004, 2010) 등의 업적과 마찬가지로, 말로크와 트레바든의 의사소통적 음악성에 대한 이론은 음악치료 실제에서 음악적인 것과 대인관계의 관계에 대한 관심을 새롭게 하는 데 기여하였다. 인간의 원음악성은 문화적 학습의 자원이기도 하다. 이는 문화적 맥락에서의 의사소통을 가능하게 하고 필요로 한다.

음악들(musics, 복수형 명사로서의 음악)은 사람이 접하는 기존의 음악적·문화적 실재들을 지칭한다. 이 개념은 민족음악학에서 중요한 것이었으며(May, 1983), 음악에 대해 추상적으로 또 일반적으로 말하는 경향이 민족중심적 편향에 근거하고 있음을 나타내는 기능을 한다. 이는 정도의 차이는 있어도 이용 가능한 문화적 자원으로서 인간을 둘러싸고 있는 음악적 전통과 실천들의 다중성에 관해 우리에게 일깨워 주는 인식의 개념이다. 음악과 음악의 기능 및 의미는 행위, 말과 음악적 요소가 서로 설명되는 구체적인 실천 상황에서 연구되어야만 한다.[4] 이는 특정한 음악이 반드시 특정한 상황에 속한다는 의미가 아니다. 현대사회의 중요한 특성은 사람들이 여러 방식으로 음악을 탈개념화하고 재개념화하는 것을 테크놀로지가 가능하게 한다는 것이다. 이는 음악적 의미-만들기에 있어 우리에게 높은 수준의 유연성을 제공한다. 한 개인은 때로 여러 전통의 요소들을 혼합함으로써 서로 다른 범위의 음악들과 관련될 수 있다.

음악들(musics)은 개인과 커뮤니티를 위한 자원들로서 존재한다. 예를 들어, 음악들은 음악적 어휘 및 공식, 작품, 악기 및 기법과 같은 다양한 **산물**(artifacts)을 사람들에게 제공한다. 이러한 산물들은 사람들이 문화적 학습 및 정체성 발달의 과정에서 활용할 수 있는 도구다. 그러나 모든 자원을 모두가 이용할 수 있는 것은 아니다. 음악들은 다양한 방식으로 통합적이고 배타적이다. 「장애에 대한 민족음악학」에서 루벳(Lubet, 2004)은 서양 고전음악의 전통을 배타적 제도로서 논의하였다. 이는 음악적 참여에서 많은 사람을 배제하는 정도로 완벽을 추구함으로써 주도된 전통이다. 루벳은 왼손잡이가 된다는 것은 교향악단에서 배제되기에 충분할 수 있다고 단언한다. 당신의 바이올린 방향이 다른 이들과 맞지 않을 것이기 때문이다. 록 음악과 같은 다른 장르들은 다수의 사람에 의해 좀 더 통합적인 것으로 고려될 수 있다. 그러나 우리 모두는 모든 사람이 모든 밴드에 들어갈 수 없다는 것을 알고 있다. 기회는 당신이 일부가 되고자 하는 커뮤니티의 가치 및 태도와 당신의 음악적 기술이 서로 어울리는지와 연결되어 있다.

여기에 사용된 것처럼 **음악적 기술**(musicianship)은 개인이 음악과 관련하여 발달시킨 기술, 태도 및 개인적 자원을 지칭한다. 음악적 기술은 개인사 및 발달의 결과물이다. 이는 그 사람의 선천적 음악성과 환경에 대해 이용 가능한 음악들 간에 발현되는 상호 연결의 유형과 명백히 관련이 있다. 하나 혹은 그 이상 음악들의 숙달은 인간의 역량이 길러진 결과이거나, 디세나예이크(2001)가 "인간 원음악성의 예술화"라고 부른 것이다. 파블리셰빅(Pavlicevic)과 앤즈델(Ansdell)은 커뮤니티 음악치료에서 음악적 기술의 중요성을 강조하고, 다음의 방식으로 이를 서술한다.

> 음악적 기술은 사회문화적 맥락 내에서 행동하는 음악성(musicality in action)의 육성된 기능이다. 이는 음악성을 특정한 음악적 문화, 전통, 게임, 기법 및 산물들과 능숙하게 결합하는 것을 수반한다. 이는 상황(situated) 음악들과 숙련된 음악가들 및 개인에 의한 이러한 전유로 제공되는 행동 유도성을 통해 일어난다(요약하면, 음악적 행위를 통한 음악적 알기의 생성과 의사소통의 과정).
>
> (Pavlicevic & Ansdell, 2009, p. 362)

사진 5-2 | 호주 멜버른. 부쉬 노스(bush north) 마을의 커뮤니티 음악치료 프로젝트. '나는 나'의 녹음.
사진 제공: Kate Teggelove.

'음악적 기술'이라는 개념은 우리가 앞에서 접하였던 행동 유도성이라는 개념을 밝힌다. 행동 유도성은 사람과 음악 상황 간의 **관계**다. 다양한 음악(들)이 제공하는 것은 행동 유도성이 상황에서의 개인에 의해 어떻게 지각되었는지에 따라 다르다. 이는 '게임의 규칙'에 달려 있지만, 수반된 음악(들)과 개인의 음악적 기술이 얼마나 잘 맞는지에도 달려 있다. 커뮤니티 음악치료 실제의 참여자를 포함하는 어떤 사람들은 전문 기술과 재주라고 서술될 수 있는 수준으로 자신의 음악적 기술을 발전시킨다. 그러나 적성이 기량으로 고려될 것인지 아닌지는 음악적 기술, 음악들과 상황에 대한 음악하기 간 관계의 질보다는 덜 중요하다. 이러한 관계들은 단순히 음악적일 뿐만 아니라 준음악적이다. 그러므로 우리가 어떻게 행동하고 정서적으로 반응하며, 다른 사람들과 관련되고, 음악에 대해 생각하고 이야기할 수 있는지는 음악적 기술의 일부다.

🎧 관계에 대한 수행으로서의 음악하기

(여기에 적용된) **음악성**이라는 개념은 우리 모두가 음악의 참여에 대한 보편적 역량을 가지고 있음을 시사한다. **음악들**이라는 개념은 이 참여의 조건이 집단이나 커뮤니티와 관계가 있다는 것을 시사한다. **음악적 기술**이라는 개념은 개인의 기술과 태도가 음악성과 음악들 간의 관계로서 진화함을 시사한다. 음악하기는 이 수준들을 하나로 묶는다.

> 음악치료에서의 음악을 연구하는 데 있어 **음악하기**는 불가피한 관점이다. 즉, 수행된 관계로서의 음악이다. 그러나 이 논쟁이 만일 인간의 원음악성 및 음악의 문화에 대한 것이 아니라면, 다소 공허한 것일 수도 있다. 원음악성은 소리를 통해 표현과 의사소통에 참여하는 역량을 인간에게 제공하고, 문화사는 인간에게 의사소통 및 한 사람의 생애사 구성을 위한 상징적 도구를 포함하는 산물을 제공한다.
>
> (Stige, 2002, p. 84)

우리는 음악을 단순히 대상(예를 들어, 노래 혹은 음악 작품)으로서가 아니라 사람들이 참여하는 활동으로 생각할 수 있다고 설명하였던 제1장에서 '음악하기'라는 용어를 접하였다. 활동은 항상 상황과 연결되기에 '음악하기'라는 개념도 우리가 소리, 소리를 만드는 사람들, 소리를 만들 수 있는 사람들 간 관계에 대해 생각하게 한다. 스몰(Small, 1998)의 저서『음악하기(Musicking)』는 이 생태적 지향의 용어 이해에 있어서 중요하다.[5] 음악하기는 우리의 음악 참여 및 음악이 어떻게 상황에서의 다양한 관계에 대한 수행으로서 상연되고 경험되는지를 지칭한다. 여기에 사용된 '수행'이라는 용어는 광범위한 의미—이는 사회적 · 문화적 상황에서의 행위와 상호작용을 수반한다.[6]—를 가진다. 정립된 관계는 우리가 이 장의 앞에서 논의하였던 음악적인 것과 준음악적인 것의 상호작용을 예시한다. 파블리셰빅과 앤즈델(2009)은 음악하기를 "행동하는 음악적 기술"로 서술한다.

음악적 의미와 효과는 음악적인 것과 준음악적 과정 간의 상호작용 때문이며, 그것은 역사적으로 형성된 조건과 제약 내에서 음악하기라는 행위로 수행된다. 이러

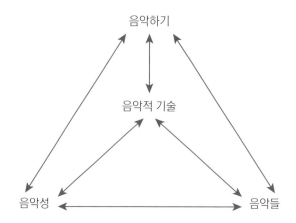

[그림 5-4] 음악성(공유된 인간의 역량), 음악들(문화적 자원), 음악적 기술(개인적 기능),
음악하기(사회적 활동) 간의 관계

출처: 이후에 개정됨(Stige, 2002, p. 107). Barcelona Publishers의 허가로 재출간됨.

한 조건과 제약은 앞에서 음악성, 음악들, 음악적 기술로 서술되었다. 음악하기라는 행위에서 참여자들은 다른 참여자들의 음악성과 음악적 기술 및 커뮤니티의 음악들을 포함하는 다양한 자원을 접한다. 각 참여자의 음악성과 음악적 기술은 음악들과 음악하기의 사회적 자원과 더불어 참여를 가능하게 하는 개인적 자원을 구성한다. [그림 5-4]는 이 관계들을 나타낸다.

[그림 5-4]에 설명된 상호작용을 서술하는 또 다른 방식은 음악성, 음악들과 음악적 기술(각각 인간의 진화, 문화사, 개인적 발달)로 이어지는 과정을 행동 유도성을 개발하는 과정으로서 생각하는 것이다. 그러므로 음악하기는 이러한 행동 유도성을 전유하는 것이다. 음악성, 음악들, 음악적 기술과 음악하기 간의 양방향 화살표는 전유가 행동 유도성의 활용을 수반할 뿐만 아니라 행동 유도성을 생산하는 가능성에 대해서도 상기시켜야 한다. 음악에 참여할 때 우리는 개인사(우리의 음악적 기술에 표현된)에 의해 영향을 받는다. 그러나 매 순간 새로운 만남으로서 재현된 이 역사는 우리가 창의적이고 새로운 것을 할 수 있게 한다.

∩ 공동체적 음악하기의 통일성과 다양성

앞에서 논의한 바와 같이, 음악하기는 사회적 행위와 상호작용을 포함한다. 스몰 (1998)은 혼자서 음악을 들을 때처럼 우리가 음악과 홀로 관련될 때조차도 사회적 관계들이 시사되며 관련된다고 주장한다. 커뮤니티 음악치료에 있어서 이는 한 집 단 구성원들의 **공동체적**(communal) 음악하기와 관련된 음악 활동을 살펴보는 특정 한 관심에 대한 것이다. 공동체적 음악하기는 집단적 행위, 협력 및 집단 응집의 탁 월한 수단이다. 음악, 시간과 움직임 간의 연결은 집단이 음악을 활용하여 시간을 구조화하고, 신체 움직임을 동기화하며, 협력적 작업의 속도를 유지하는 것을 가능 하게 한다. 또한 음악은 사회적 결합과 전통 및 가치의 표현을 허용한다. 이러한 사 회적 활용은 상업, 광고, 영화, 사회적 통제 및 치료와 같이 다양한 실천에서 음악 에 중요한 역할을 부여한다(Clarke, Dibben, & Pitts, 2010, pp. 101-124).

글 상자 5-2　**의례, 재즈와 음악치료에서의 커뮤니타스[7]**

음악치료 이론에 **커뮤니타스**(communitas)라는 용어를 소개하면서 에벤 루드(Even Ruud, 1991, 1992a, 1995, 1998)는 음악적 커뮤니티에서의 통일성 경험에 대한 성찰 도 구를 개발하였다.[7] 루드는 일부 음악치료 과정의 특징인 평등과 일체감의 강한 경험을 서술하기 위해 터너(Turner)의 '커뮤니타스'라는 개념을 전유한다.[8] 그 예로 즉흥연주 음악치료를 들면서, 루드는 즉흥연주가 때로 모든 사회적 역할을 일시적으로 평준화함 으로써 친밀함과 상호성에 대한 '공동 프로젝트'를 지원하는 경험이라고 서술한다.

음악치료에서의 즉흥연주는 '미학적 정제' 대신에, 모든 사회적 규칙의 일시적인 평준 화를 통해 커뮤니티('커뮤니타스')를 형성하고자 한다. 즉흥연주 동안에 치료사의 역할에 대한 모든 전통적인 기대는 적용되지 않는다. 음악치료사들은 상호보완적인 대칭 형태의

---

7) 역자 주: 평등한 개인으로 구성된 커뮤니티를 지칭하는 라틴어로, 사회인류학자 빅터 터너가 제창한 개념이 다. 터너는 기존의 커뮤니티라는 용어가 지역적, 공간적 의미에 국한된다는 인식 때문에 시간적, 공간적 의미 를 모두 포괄하는 용어로 커뮤니타스를 사용하였다. 커뮤니타스에서 경험할 수 있는 현상으로는 자유, 평등, 우정, 동질성 등이 있다.

사회적 상호작용이 음악적 상호작용에서 자발적으로 비롯되는 '자유로운 집단적 즉흥연주'를 통해 자발적인, 즉각적인 커뮤니티를 형성하고자 한다. 즉흥연주는 정서가 경험의 신뢰도를 측정하는 주요 척도인 공동 프로젝트가 된다(Ruud, 1998, pp. 131-132).

경계의(liminal)[8] 경험으로서 즉흥연주에 대한 루드의 서술은 절정 경험, 트랜스 및 초월적인 것뿐만 아니라 몰입과 유동성, 자발적, 즉각적과 같은 용어에 대한 논의를 포함한다. 루드는 음악치료의 실제가 흔히 이러한 경험을 가치 있게 여기며, 고대의 의례뿐만 아니라 재즈와 같은 현대적 예술 형식도 이를 공유한다고 주장한다.

커뮤니티 음악치료와 관련하여 공동체적 음악하기를 고려할 때 중요한 주제는 이 활동이 어떻게 통일성과 다양성의 경험을 모두 제공하는가 하는 것이다. 음악을 함께 만드는 것은 표현과 경험의 초점을 공유하는 많은 가능성을 만든다. 각 구성원들은 계속해서 각자의 고유한 방식으로 참여한다. 우리의 (원)음악성은 공유된 인간의 역량이나, 각기 다른 생애사와 다양한 음악과의 각기 다른 만남을 통해 음악적 기술로 육성된다. 결과적으로 공동체적 음악하기의 경험은 참여자마다 다를 것이다. 각 참여자는 다양한 음악에 대한 지각된 행동 유도성의 전유 및 음악성이 육성됨에 따라 자신의 음악적 기술에 기여한다. 공동체적 음악하기는 사적인 동시에 공적이며, 개인적인 동시에 사회적이고, 중심화인 동시에 탈중심화이다. 따라서 획일성을 넘어 통일성을 만드는 것은 공동체적 음악하기의 가능성 중 하나다. 이는 흔히 커뮤니티의 이상으로 고려된다.

커뮤니티에서 발견되는 '**공통성**'이 획일성이 될 필요는 없다. 이는 행동이나 아이디어를 복제하는 것이 아니다. 내용(의미)은 그 구성원들 간 상당히 다를 수 있는 **형식**(행동의 방식)에 대한 공통성이다. 커뮤니티의 승리는 이러한 다양성을 매우 억제하여 그 내재된 부조화가 그 경계에 의해 표현되는 명백한 일관성을 전복시키지 않도록 하는 것이다.

(Cohen, 1985/1993, p. 20)

---

8) 역자 주: 터너가 지칭한 리미널리티 단계(어느 한쪽에 속하지 않는, 공간의 경계에 놓여 있는 단계)에서의 경험. 문턱을 의미하는 리멘(limen)에서 나온 말이다.

사진 5-3 │ 독일 크레펠트(Krefeld). 록암링(Rock am Ring). 일어나서 가라.
사진 제공: Peter Neumann,

　획일성을 넘어선 통일성은 다양성을 수용하는 통일성으로도 서술될 수 있다. 제 7장에서 우리는 이것이 어떻게 커뮤니티 음악치료의 일부 핵심 가치—존중, 자유, 평등과 연대—들과 관련되는지 논의할 것이다. 다양성을 포용하는 통일성은 물론 다소 이상적인 아이디어이다. 현실 세계의 과정에는 가끔 신중한 방향 설정과 협상 을 필요로 하는 갈등이 있을 것이다. 만일 공동체적 음악하기가 개인과 집단의 역 사 및 염원과 연결된다면, 발전하는 이야기는 논쟁과 불화를 포함할 것이다. 공동 체적 음악하기에서 그리고 공동체적 음악하기를 통한 논란의 가능성은 많다. 시끄 러운 음악 만들기가 불러올 수 있는 충돌을 고려하라. 많은 사례에서 이러한 논쟁 은 다양한 사회적 갈등을 구체화한다(Frith, 2004). 공동체적 음악하기를 연구할 때 분쟁과 불화를 모두 참작할 필요가 있다.

　협력적 음악하기에 대한 장에서 파블리셰빅과 앤즈델(2009)은 음악적 커뮤니티의 경험에 관한 낮은 인식을 가지고, 음악치료에서 의사소통적 음악성이라는 개념이 어떻게 주로 양자적 관계를 탐색하는 데 사용되었는지에 대한 비평을 통해 공동체 적 음악하기에 대한 관점을 발달시킨다. 이 저자들에 따르면, 커뮤니티 음악치료의 발현은 좀 더 문화 중심적이고 맥락 민감적이며, 성찰적 지향을 향한 변화를 초래한다.

> 우리는 이 새로운 접근에 있어 의사소통적 음악성이 필수적이나 충분하지 않은 이론적 플랫폼을 제공한다는 것을 시사한다. 음악치료가 더 넓은 맥락에서, 또한 관련성의 양자적 형태를 넘어 좀 더 사회적이고 문화적인 수준에서 어떻게 작동하는지를 설명하기 위해 필요한 추가적인 이론은 어떤 것인가? 우리는—이 질문에 대한 답변의 시작으로—문화적 학습(음악적 기술) 및 직접적인 사회적 참여(음악하기)의 방식으로서, 이와 같은 음악적 발달과 사회적 발달을 결합하는 모델을 제안한다. 우리는 이를 음악의 '협력적 음악하기'에 대한 추가 기능이라 칭한다.
>
> (Pavlicevic & Ansdell, 2009, p. 358)

파블리셰빅과 앤즈델의 논의에서 기본적인 주장은 능동적인 음악적 참여로서 음악하기는 사회적 발달을 필요로 하며, 우리는 이를 양자적 의사소통뿐만 아니라 더 넓은 맥락에서의 협력과 관련해서도 연구해야 할 필요가 있다는 것이다. 파블리셰빅과 앤즈델의 가설은 음악적·사회적 경험 간에 자연 증분 관계[9]가 있다는 것이다(Pavlicevic & Ansdell, 2009, p. 364). 저자들은 협력적 음악하기가 음악적 커뮤니티의 외형적·가청적 징후이며, 커뮤니티를 형성한다는 점을 시사한다. 이 논의는 의사소통의 기능이 어떻게 협력으로 변화되는지에 대한 서술을 포함한다.

파블리셰빅과 앤즈델은 자신들의 가설을 뒷받침하기 위해, 예를 들어 인간의 (원)음악성이 어떻게 의사소통적 상호작용을 촉진하는지, 그리고 음악적 동료애가 어떻게 음악적 기술을 향상하는지를 서술함으로써 여러 주장을 제시한다. 이들은 세 가지의 음악적 사건에 대한 서술과 생리음악학, 인지신경과학, 음악의 사회학과 음악학 같은 분야 내 이론들과의 연계에 대한 논의를 통해 이를 예시한다(Pavlicevic & Ansdell, 2009, pp. 363-373). 사회적·음악적 경험 간 자연 증분 관계에 대한 가설은 추후 연구하는 것이 마땅하다. 이는 사회적-음악적 관계에 대해 정립된 일부 가정을 반박한다. 예를 들어, 한 커뮤니티의 아마추어 음악 생활은 흔히 '사회적 배

---

9) 역자 주: 수치 등이 조금 더해져 양을 변화시키는 관계를 말한다.

출구'로 서술되고, 이 서술은 대개 음악적 · 사회적 경험 간 증분 관계를 시사하는 것이 아니다. 상대적으로, 완벽주의인 전문가의 음악 전통은 때때로 보통 사람들의 입을 막기 위한 '음모'로 서술된다(Keil & Feld, 1994). 연구는 전문 음악가들이 내향성에서 높은 점수를 기록한다는 점도 시사한다. 이는 많은 형태의 음악적 기술이 홀로 연습하는 시간을 많이 필요로 한다는 사실에 의해 설명될 수 있다(Clarke, Dibben, & Pitts, 2010, p. 107). 그렇다면 파블리세빅과 앤즈델의 가설을 검증하고, 다양한 실천 및 가치 맥락과 관련하여 이를 살펴볼 필요가 있을 것이다.

다음에서 우리는 **보건 음악하기**라는 개념에 대한 설명을 통해 음악의 도움이라는 생태에 대해 상술할 것이고, 커뮤니티 음악치료에서의 사회적 협력이라는 두 가지 관련 개념—**상호작용 의례** 및 **실천 커뮤니티**—의 논의가 이어진다.

🎧 보건 음악하기

커뮤니티 음악치료의 분야는 고유한 정체성을 가지나 음악, 건강과 안녕감이라는 더 넓은 간학문적 분야의 일부이기도 하다(MacDonald, Kreutz & Mitchell, 출간 예정). 음악심리학, 음악사회학, 음악교육, 민족음악학, 커뮤니티 음악과 음악치료 같은 분야는 음악과 음악 만들기가 어떻게 다양한 상황에서 건강의 이점을 제공하는지 연구하는 것과 관련된다. 어떤 연구자들은 건강과 안녕감에 영향을 미치는 음악하기의 생성 기제를 서술하는 이론을 설명하기 시작하였다. 클리프트와 동료들(Clift et al., 2010)은 가창과 안녕감을 연결하는 다음의 여섯 가지 생성 기제를 제안하였다. 첫째, 합창은 행복을 불러일으키고 사기를 북돋운다. 이는 슬픔과 우울의 감정을 상쇄한다. 둘째, 가창은 주목하여 집중하는 것을 수반하여 걱정의 근원에 사로잡히는 것을 방지한다. 셋째, 가창은 깊이 통제된 호흡을 수반하여 불안을 상쇄한다. 넷째, 가창은 고립감과 외로움을 완화하는 사회적 지지와 우정을 제안한다. 다섯째, 합창은 교육과 학습을 수반한다. 이는 마음을 활동적으로 유지하고, 인지적 기능의 저하에 대응한다. 여섯째, 합창은 리허설에 참석하기 위한 정기적인 약속을 수반한다. 이는 사람들이 신체적으로 비활동적이 되는 것을 피하도록 동기를 부여한다(Clift et al., 2010, pp. 29-31).

합창단 참여에 대한 커뮤니티 음악치료 문헌에서 관련된 논의들이 밝혀졌다. 자니니와 레아오(Zanini & Leao, 2006)는 참여자들의 자신감과 미래에 대한 기대에 함의를 가지며, 자기표현 및 자기 충족으로서의 가창에 초점을 둔다. 크나르달(Knardal, 2007)은 기억 유지, 신체 기능의 모니터링, 정서적 작업 및 커뮤니티의 경험을 위한 자원으로서 노인 합창단의 가창을 서술한다. 향후의 연구는 이러한 시사점을 검증하고 보완할 것이다. 다른 분야의 연구들도 생성 기제에 대한 우리의 이해에 영향을 미친다. 예를 들어, 신경학에서의 연구는 음악 활동이 뇌의 가소성에 영향을 미치며, 질병 및 질환과 관련하여 예방적인 기능을 가질 수 있음을 시사한다(Cohen, 2009).

이 절에서 우리는 음악하기의 효과가 어떻게 사람 및 상황과 관련되는지에 대한 이해와 더불어 생성 기제에 대한 어떤 일반화된 설명을 보완할 필요를 조명할 것이다. 보건 혜택은 탈맥락화된 효과가 아니다. 이 주장이 체계적 조사에 대한 거부를 시사하는 것은 아니나, 과정이 어떻게 사회적·문화적 맥락에 내재되는지에 대한 진지한 고려를 시사한다. 제3장에서 우리는 건강의 세 가지 측면을 논의하였다. 그중 하나는 건강이 개인의 속성만이 아니라는 것을 분명히 하였다. 건강은 관계적인 개념이므로 참여의 가능성과 연결된다. 일상생활의 어려움을 제어하는 사람의 능력은 상황의 요구 및 도전 그리고 조직적·문화적·사회에 관한(societal) 맥락들과 관련이 있다. 건강을 완전히 이해하기 위해서 사적 자원과 이용 가능한 사회적 자원 간 관계를 이해하는 것은 중요하다(제4장 참조). 만일 우리가 이 개념들을 진지하게 받아들인다면, 우리는 음악의 효과에 대한 일반적인 설명이 특정한 맥락에서의 음악하기에 대한 연구로서 보완되어야 함을 깨닫는다. 음악이 어떻게 도움이 되는지에 대한 생태를 이해하는 것은 중요하다.

글 상자 5-3   **그리그 효과**

유명한 모차르트 효과를 농담조로 암시하면서 브뤼뉼프 스티게(2007, 2011)는 일상 생활의 어려움을 다루는 과정에서, 사람들이 활용할 수 있는 도구로서의 음악에 대해 설명하면서 그리그 효과(Grieg Effect)에 대한 아이디어를 낸다. 설명은 참여자들에게 의미 있고, 새로운 참여 가능성을 제공하는 이상적인 방식으로 음악성, 음악들과 음악 적 기술이 어떻게 음악하기라는 행위에서 상호작용하는지를 예시한다. 그리그 효과라는 아이디어는 업비트(Upbeat)와 그리그, 그리그 음악과의 만남에 대한 전개를 통해 상 술된다. 업비트는 1980년대 서부 노르웨이의 커뮤니티 음악치료 프로젝트 참여자였던 여섯 명의 다운증후군 성인 집단으로, 통합과 문화적 참여에 초점을 맞춘다.

　　내가 말할 이야기의 여섯 영웅은 군나르(Gunnar), 크누트(Knut), 레이다르(Reidar), 욘 레이다르(Jon Reidar), 솔브요르그(Solbjørg)와 솔베이그(Solveig)다. 그들은 이야 기의 주인공이며, 집에 돌아오기 전에 먼 길을 여행해야 하였고, 많은 용기와 호기심을 나타냈기 때문에 나는 그들을 영웅이라 부른다. 그들 중 대부분은 1940년대에 베르겐의 북부 농촌(군)인 송노피오라네(Sogn og Fjordane)에서 태어났다. 이 군에는 큰 마을이 없고, 사람들이 '시내에 가는' 것에 대해 이야기할 때 실제로 '베르겐에 가는' 것을 의미한 다. 우리의 여섯 영웅은 베르겐에 갔고, 꽤 오랫동안 그렇게 하였다. 그들이 성장하였던 1950년대에, 다운증후군 아동과 청소년이 자신의 커뮤니티에서 성장할 가능성을 고려 하는 사람은 거의 없었다. 그들은 시설로 보내졌고, 우리의 영웅들이 있던, 군에서 온 사 람들을 위한 주요 시설은 서부 노르웨이의 '주도'인 베르겐에 위치하였다. 그래서 그들은 자신의 가족들을 떠나야만 하였다. 그들은 6시간이나 8시간이나 10시간이나, 몇 시간이 걸리든지 베르겐에 가야만 했는데, 원칙적으로 그들은 자신의 남은 생애 동안 이 시설에 서 거주하게 될 것이다(Stige, 2007).

원칙들은 변화하는 경향이 있다. 여러 해가 지나고, 업비트 집단을 만든 사람들은 그 들이 왔던 곳에서 가까운 작은 시골 마을로 다시 이주하였다. 이곳에서 일하였던 두 명 의 음악치료사들은 통합적이고, 커뮤니티 참여를 허용할 수 있는 음악 활동을 정립하 고자 한다('글 상자 2-5' 참조). 그리그의 음악과 업비트의 만남은 우연히 일어났다. 이 만남의 효과는 음악가들의 전기, 음악적 자료, 음악가 집단의 수행적 실천 그리고 그들 이 속한 커뮤니티의 문화적 역사 간에 발달된 관계들과 관련될 수 있다. 그리그도 베르겐 출신이었기 때문에 전기가 작용하게 되었다. 이 도시와 공유된 연계는 집단 구성원들 사이에서 즉각적인 관심을 유발하였다. 다수의 짧은 악구들과 반복이 있는 음악의 단순성 때문에 그리그의 음악 중 선정된 작품들은 이 음악가들에게 주효하였다. 템포와 집단 구성원의 몸짓에 맞추기 위해 음악을 수행하는 특정한 방식은 극히 중요하다. 업비트는 그리그의 음악을 자신들만의 고유한 방식으로 연주하였다. 흔하지 않은 악기들을 가지고 더 느린 템포로, 루바토(rubato)를 많이 사용하여, 자부심과 즐거움의 표현을 매우 특별히 진지하게 연주하였다. 집단이 자신들의 색다른 그리그 버전을 공개하였을 때, 커뮤니티는 어떻게 반응할 것인가? 그들은 열광적으로 반응하였다. 아마도 이는 그리그의 음악이 이미 이 커뮤니티에서 정체성의 상징으로서 전유되었기 때문일 것이다.

음악의 맥락화된 효과에 대한 앞의 서술은 그리그의 이름에 기반한 두문자어를 만드는 것으로 요약될 수 있다. 가운데 글자인 I는, 이 논쟁에서 만들어진 주요 주장으로서 **상호작용**을 지칭하는 데 활용될 수 있다. 효과는 상호작용의 결과다. 앞 글자인 G와 R은, **몸짓**을 통한 참여에 대한 개인의 원음악적 역량과 주어진 맥락에서 이용 가능한 문화적 **자원** 간의 상호작용을 지칭하는 데 활용될 수 있다. I 다음의 두 글자, 즉 E와 G는, 개인적 **경험**과 **집단**의 과정 간 상호작용을 지칭하는 데 사용될 수 있다. 전체 두문자어 GRIEG는 생물학적으로 진화된 인간의 역량, 심리적 경향 및 선호와 사회적·문화적 실재 간의, 여러 수준에서의 지속적인 맥락화된 상호작용을 우리에게 상기시킨다(Stige, 2011, p. 135).

모든 작곡가가 음악의 효과에 대한 맥락화된 이해와 의사소통하는 두문자어의 구성에 똑같이 맞는 이름을 가지는 것은 아니다. 그리그는 자신의 음악이 상황에서 관계들을 변화시키는 수행을 가능하게 한다는 점에서 물론 유일무이하지 않다. 만일 그리그 효과가 있다면 글린카 효과나 마돈나 효과 혹은 실제로 모차르트 효과가 있을 것이다. 목록은 더 길게 만들어질 수 있으나, 도서관이나 실험실의 자문하는 전문가들에 의해서는 거의 만들어지기 어렵다. 이는 문화적 맥락의 음악적 실천에 대한 연구에서 성장할 것이다.

스티게(2002, p. 211)는 **보건 음악하기**(health musicking)를 장소, 의제, 행위자, 활동 및 음악 실천의 산물에 대한 보건 행동 유도성에 대한 평가와 전유로 개념화한다.[9] 음악하기는 자리와 공간, 즉 산물, 의제와 행위자가 배치될 수 있고, 활동이 펼쳐질 수 있는 **장소**를 필요로 한다. 음악하기는 **의제**에 근거하기도 한다. 참여자들에 의해 의식적 · 무의식적으로 구상된 어떤 목적과 쟁점들이 있다. 이 목적과 쟁점은 즉각적인 상황(예를 들어, "재미있게 해 보자.")이나 좀 더 장기적인 목표(예를 들어, "다음 커뮤니티 콘서트를 위해 연습하자.")에 초점을 둔다. 게다가 음악하기는 행위자 간 참여와 협력을 수반한다. 개인 행위자들은 양자관계, 집단 혹은 커뮤니티와 같은 연합을 만들 수 있고, 과정에서 행위자가 되기도 한다. 음악하기는 필수적으로 **활동**을 필요로 하고, 순간적인 행위뿐만 아니라 오랜 시간에 걸친 행동들도 허용한다. 음악하기는 악기, 노래와 가사 같은 여러 유형의 **산물** 활용도 포함한다. 산물의 행동유도성은 여러 가지다. 악기는 연주와 참여를 불러일으킬 수 있고, 노래와 가사는 참여와 성찰 등을 불러일으킬 수 있다.

음악하기의 이러한 차원들은 다양한 방식으로 연계되고, 복잡한 관계망을 형성한다. 건강과 안녕감을 증진하는 방법으로 이러한 관계들에 대한 수행으로서의 보건 음악하기를 고려하는 것에서는 자원에 대한 인간의 관계가 양가성을 특징으로 함을 기억하는 것이 중요하다. 어떤 장소나 의제는 목표와 그것이 연계된 전통에 따라서 통합이나 배제의 가능성을 만든다. 이와 유사하게, 활동과 산물은, 예를 들어 그것이 필요로 하는 기술 수준이나 그것이 연계된 가치 때문에 참여를 격려하거나 저지한다. 그러므로 공동체적 음악하기에 참여하는 행위자들은 대개 장소, 의제, 활동 및 산물의 선택에 대해 협의할 필요가 있다.

시간적 차원은 보건 음악하기의 중요한 측면이다. 음악은 시간이 흐르면서 전개되고, 속성의 변화 없이 어떤 다른 방식으로 압축하거나 재배열될 수 없다. 그러므로 음악은 음악적 활동을 가능하게 하는 (그리고 필요로 하는) 것만이 아니다. 즉, 다른 활동과 함께 일어날 수 있다(Clarke, Dibben, & Pitts, 2010). 이 장의 앞에서 논의한 바와 같이 음악적 활동에 포함되는 활동들과 행동은 준음악적인 것으로 고려될 수 있다. 음악적인 것과 준음악적 과정의 상호작용은 사회 단체의 여러 수준—양자관계, 집단 혹은 더 넓은 커뮤니티—에서 일어날 수 있다.

사람들이 음악을 만들거나 사용할 때, 관련된 모든 음악적 · 준음악적 요소의 가능성에 대해 반드시 신중하게 성찰하는 것은 아니다. 대개 그들은 과의식적인 목적에 너무 치중하지 않고 '잘 잊어버리는' 즐거운 활동에 참여한다. 그들은 흔히 **몰입**이라는 최적의 경험을 찾는다(Csikszentmihalyi, 1990). 그럼에도 불구하고, 데노라

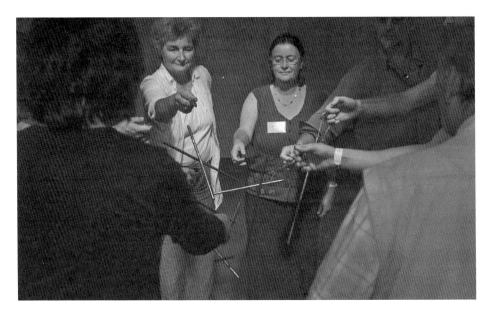

사진 5-4 │ 독일 손더스하우젠(Sondershausen). 장애인과 비장애인들을 위한 음악과 미술 페스티벌. 소리 관계에 대한 수행.

사진 제공: Wanda Möller.

(2000), 루드(2002)와 배트-러든(Batt-Rawden, 2007) 같은 학자들은 보건 자원으로서의 음악이 활용의 방식과 맥락에 의존한다는 것을 설명할 수 있었다. 우리는 건강과 안녕감이라는 서비스에 자원이 어떻게 동원되는지에 대한 이해를 발달시킬 필요가 있다. 커뮤니티 음악치료의 (상호적으로 배타적이지 않은) 두 가지 가능성은 **상호작용 의례**의 참여와 **실천 커뮤니티**[10]의 참여다.

🎧 상호작용 의례

상호작용 의례(interaction ritual)는 사람들이 함께할 때 주의를 공유하고 정서적 에너지를 증가시키는 방식으로 상호작용을 시작한다면 일어나는 것이다. 형식화된 절차가 하나의 요소가 될 수 있으나, 절차가 없을 수도 있다. 그것이 이러한 의례를 규정하는 것은 아니다. 상호작용 의례는 자발적인 것일 수도, 즉흥적인 것일 수도

---

10) 역자 주: 흔히 실천 공동체라는 용어로 번역되나 이 책에서는 커뮤니티의 개념을 강조하여 실천 커뮤니티로 번역하였다.

있다. 필수적인 요소는 신체적으로 공존하는 것, 관심의 상호적 초점 및 공유된 기분이다(Collins, 2004, pp. 47-101).[10] 이 요소가 있는 상호작용 의례들은 정서적 에너지의 증가 및 커뮤니티 의식의 구성으로 이어진다. 종교적 의식과 스포츠 행사들은 상호작용 의례의 이론이라는 렌즈를 통해 연구될 수 있는 상황적인 예가 된다. 음악은 상호작용 의례를 만드는 강력한 도구다. 이는 음악하기의 전형적 특징인 리듬감 있게 협응된 특질 때문만은 아니다.

커뮤니티 음악치료 프로젝트에 대한 사례 연구에서 스티게(2010a)는 지적장애가 있는 참여자들의 집단에서의 사회적-음악적 상호작용을 분석하고 해석하는 데 상호작용 의례의 이론을 활용하였다. 간단한 환영 노래가 그 예로 제공되었다. 참여자들이 반원형으로 앉았기에 서로를 시각적으로 볼 수 있었다. 또한 노래는 각 사람에게 따로 '주의 집중의 구절'이 주어지도록 편곡되었다. 이 절에서 치료사는 한 번에 한 사람에게 다가감으로써 신체적 공존이라는 요소를 강화하였다. 결과적으로, 이 사람이 음악 활동에 관련되고 참여함으로써 집단의 주의집중은 그 사람이 '가진' 문제의 구절로 쏠리게 되었다. 이처럼 구조화되고 유동적인 방식으로, 주의집중의 상호적 초점은 음악적 상호작용을 통해 만들어졌다. 이는 직접적으로 상호작용 의례의 또 다른 요소, 즉 공유된 기분의 정립으로 이어진다. 이 과정의 일부는 다양한 참여자가 상호작용하는 동안 집단에 스스로를 표현하기 위해 선택한 방식이었다. 스티게는 다섯 가지 다른 양식의 자기 제시에 대한 서술을 개발하였는데, 가장 흔한 세 가지는 **묵시적 참여**(거기에 있으나 참여하지 않는), **관습적 참여**(참여하나 두드러지지 않는), **모험적 참여**(두드러지나 어긋나지 않는)('글 상자 7-1' 참조)이다.

음악에서 가능한 자기 제시의 광범위한 양식들이…… 멀리 떨어져 있다고 해서 반드시 일련의 개별적 초점을 가진 단편화된 상황을 의미하는 것은 아니다. 만일 상호작용 의례에 통합된다면, 이러한 다양한 양식의 자기 제시는 보다 통합적인 사회적 공간을 공동으로 만드는 일부가 될 수 있다. **참여적 공간감**은 획일성을 넘어 통일성의 공간이 있음을 시사한다.

(Stige, 2010a, p. 138)

사진 5-5 │ 케냐 캄바(Kamba) 전통에서의 응고마. 인간의 상호작용으로서 춤과 음악.
사진 제공: Muriithi Kigunda.

상호작용 의례라는 개념은 공동체적 음악하기가 각 참여자와 전체로서 집단의 특정한 필요를 충족시키기 위해서 어떻게 세심하게 조정될 수 있는지를 조명한다. 물론 이는 항상 들리는 것만큼 간단한 것이 아니나, 인간 음악성의 생물학적 기반뿐만 아니라 이용 가능한 넓은 범위의 음악들은 각 참여자의 자원이 제한적일 때조차 음악을 인간의 상호작용 유지에 있어 극히 다재다능한 도구로 만든다. 증가된 정서적 에너지 및 커뮤니티 의식의 구성과 같은 이점은 치료적이거나 건강을 증진하는 것으로 고려될 수 있다(Stige, 2010a).

상호작용 의례가 잘 작동한다면, 참여자들은 긍정적인 정서적 에너지를 만들고 상황을 향유하며, 보통 더 많은 것을 위해 복귀하고 싶어 한다.[11] 콜린스(Collins, 2004)가 설명한 것처럼 상호작용 의례에 의해 생성되는 정서적 에너지와 커뮤니티 의식은 끊임없는 것이 아니다. 대개 며칠이 지나면 가장 집중적인 상호작용 의례 후더라도, 효과는 점점 사라진다. 집단 명이나 배지 같은 다양한 상징과 표장은 상호작용 의례에서 발전된 의식의 영속에 기여한다. 이러한 상징의 가치에도 불구하고, 상호작용 의례는 유지된 효과를 가지기 위해서 반복되어야만 한다. 이것이 아마도 아마추어 합창단과 다른 음악 앙상블이 정기적으로 함께하는 이유 중 하나일 것이다. 물론 관련된 기술 요소가 있으나, 관련된 정서적 · 사회적 동기도 있다. 며칠이 지나면 사람들은 음악하기가 만들 수 있는 정서적 결속을 새롭게 하기 위해서 다시 음악을 만들 때라고 느낄 것이다.

이는 커뮤니티 음악치료 실제가 반드시 시간제한적 중재로 설계되는 것은 아닌 이유 중 하나다(제8장 참조). 개인에게 의도된 효과를 만들어 내기 위해 특정한 수의 세션에서 치료가 제공된다는 보건의료 부문의 용량 효과 논리는 대개 적용되지 않는다. 대신에 커뮤니티 음악치료 실제는 동원될 때 다른 자원을 동원하는 것이 능숙해 보이는 다면적인 일상의 자원으로서, 흔히 커뮤니티 생활의 통합된 요소가 되는 상호작용 의례를 만든다.

🎧 실천 커뮤니티

사람들이 목적을 위해 반복적으로 함께할 때, 관계는 진화하고 **실천 커뮤니티**(community of practice)가 형성될 수 있다. 웽거, 맥더못과 스나이더(Wenger, McDermott, & Snyder, 2002, p. 4)는 실천 커뮤니티를 "주제에 대한 관심사, 일련의 문제나 열정을 공유하고 지속적인 기반을 두고 상호작용함으로써 이 분야에 대한 자신의 지식과 전문성을 깊게 하는 사람들의 집단"으로 폭넓게 정의한다. 실천 커뮤니티는 목적을 위해 공유된 참여를 발달시켜 지속적인 상호적 관계를 구축한다. 커뮤니티의 노력에 있어 누가 참여하고 참여하지 않는가에 대한 구성원들의 평가에는 중복되는 부분이 있다. 이와 유사하게 공유된 일과 관련하여 각 참여자의 역할이 확인되고, 구성원들은 각자 서로의 기여를 진단평가할 수 있게 된다. 흔히 커뮤니티 구성원들은 도구와 테크놀로지 혹은 현상이나 과정을 나타내거나 이해하는 특정한 방식도 공유한다(Wenger, 1998).

실천 커뮤니티의 개념은 다양한 학문적 맥락에서 활용되었다. 웽거의 접근은 레이브와 웽거(Lave & Wenger, 1991)가 자신들의 학습이론에서 사회적 활동으로 제안하였던 활용에 기반을 둔다. 학습은 전통적으로 개인의 지식 습득으로 연구되었으나, 레이브와 웽거는 사회적 실천에의 참여가 학습의 기본적인 형태임을 시사한다. 이러한 관점에 따르면, 학습은 실천 커뮤니티의 참여 증가를 수반한다. 그러므로 참여의 효과는 개인적 · 공동체적 정체성에서의 변화를 모두 포함한다. 각 개인에게 있어 참여의 가치는 지식과 기술의 습득에 국한되는 것이 아니라, 멤버십과 가치 있는 사회적 참여도 포함한다.[12]

커뮤니티 음악치료 문헌에서, 여러 저자는 음악을 만들기 위해서 사람들이 함께할 때 시간이 지나면서 진화하는 역할과 관계의 행동 유도성을 서술하기 위해서 '실천 커뮤니티'라는 개념을 활용하였다. 스티게(2002)는 가능한 역할과 관계의 범위가 증가하면서, 양자 관계를 넘어선 실천의 형식이 음악치료에 대한 많은 새로운 가능성을 포함하는 방법을 명시하기 위해 이 개념을 사용하였다. 크루거(Kruger, 2004)는 록밴드의 학습에 대한 자신의 연구에서 실천 커뮤니티 개념을 이용하였는데, 구체적으로 레이브와 웽거(1991)의 '참여의 궤적'이라는 개념에 초점을 두었다. 엔즈델(2010a)은 장기적인 정신건강 문제를 가진 성인들을 위한 단체가 지지하는

사진 5-6 │ 호주 뉴 사우스 웨일스. 음악 만들기 잘 지내기 프로그램의 영광스러운 MUD 싱어즈 합창단. 수행(공연)에서.

사진 제공: Lily Richardson.

동부 런던의 집단, '**뮤지컬 마인즈**'에 대한 사례 연구에서 '실천 커뮤니티'라는 개념의 적절성을 탐구하였다('글 상자 4-2'와 '글 상자 7-3' 참조).

앤즈델은 멤버십이 어떻게 소속과 학습을 제공하고, 정체성과 차이의 균형을 허용하는지에 초점을 둠으로써 **뮤지컬 마인즈**를 실천 커뮤니티로 서술한다. 앤즈델은 커뮤니티 음악치료의 주요 기능은 음악적 실천 커뮤니티가 그렇지 않으면 어려운 상황에서 육성되고 양성되며 유지되는 것임을 시사한다. 이와 유사하게, 루드는 팔레스타인 난민 캠프의 음악 프로젝트를 서술할 때 이 용어를 사용하였다(Ruud, 2011, in press; Storsve, Westby & Ruud, 2010).[13]

실천 커뮤니티는 **참여**(participation)를 허용하고, 참여에 의존한다. 참여는 협력적 행위와 상호적 인지 과정으로 이해될 수 있다. 이는 개인이 사회적으로, 문화적으로 조직된 구조(커뮤니티)에서 협력하고, 이 구조에 고유한 재화를 생성하는 것을 시사한다(Stige, 2006). 커뮤니티 음악치료에서 재화를 생성하는 것은 건강, 음악과 사회적 자원을 포함할 수 있다. 그렇다면 이것은 함께하는 것을 넘어 '참여'라는 개념을 시사한다. 독일어에는 참여에 대한 두 가지 다른 말이 있다. 이름하여 **타일나메**(Teilnahme)와 **타일하베**(Teilhabe)이며, 이 단어들은 중요한 차이를 조명한다. 후자가 당신이 어느 정도 영향력을 가진 전체의 일부가 되는 행위를 지칭하는 반면, 전자는 미리 정의된 어떤 것에 포함되는 행위를 지칭한다(Völker, 2004). 메텔(Metell, 2011)은 다음의 방식으로 차이를 설명한다. "타일하베가 사회의 참여에 대한 좀 더 정치적인 차원을 나타내는 반면, 타일나메는 어떤 것에 참여하는, 함께하는 것을 의미한다. ……주된 차이…… 권력의 차원이다. 타일하벤은 참여하면서 상호적 관계를 필요로 하는 반면, 타일나멘은 어떤 위계적 혹은 탈위계적 무리에서도 가능하다."

음악적·준음악적 과정이 상호작용하면서 음악이 만들어질 때 음악 이상의 것이 만들어진다(Clarke, Dibben, & Pitts, 2010). 음악적 실천 커뮤니티의 참여는 사람들에게 실존적·교육적·사회적 가치이자, 커뮤니티에 있어 변화의 가치가 될 수 있다.

🎧 결론

인간은 생물학적으로 진화된 민감성과 소리에 대한 관심을 공유한다. 이는 **도구**로서 음악을 활용한다는 아이디어를 어느 정도 지지하는 사실이다. 예를 들어, 이완 및 혈압을 낮추도록 유도하는 유쾌한 자극이 있을 수 있는데, 이러한 도구로서 음악의 효과는 항상 문화적 경험에 의해 매개된다. 임상적 혹은 유사 임상적 환경에서 음악에 대한 유기체의 반응은 일상생활에서 개인의 음악적 행위들과 연계된 것으로 보인다(Mitchell, MacDonald, & Knussen, 2008). 이 연구 결과는 이 장에서 언급된 인간의 (원)음악성에 대한 이론과 일치한다. 소리와 움직임에 대한 인간의 민감성과 관심은 의사소통 및 문화적 학습에 있어 자신의 역량과 연계된다. 이는 치료에서 음악에 대한 상당히 다른 개념, 즉 의사소통적 **매체**로서의 음악에 대한 적절성을 시사한다. 초점은 사람들이 어떻게 음악에 **반응**하는지에서 어떻게 음악을 통해 **상호작용**하는지로 변화한다. 음악의 이 두 개념은 음악치료에서 서로 보완된다.

이 장에서 발전된 주장은 도구이자 매체로서 '음악'이라는 개념이 필요하나, 커뮤니티 음악치료에는 불충분하다는 것이다. **음악하기**라는 용어(Small, 1998)는 더 넓은 관점을 상술하는 데 활용되었다. 함의는 음악을 동사로 보는 것 이상이며, 음악에 대한 연구를 **상황 활동**으로 포함한다. 상황 활동으로서의 음악하기는 수행되고 지각되는 관계가 있는 상황과 관련해서 생태적으로 이해되어야 한다. 그렇다면 음악은 인간이 반응하는 자극 혹은 행위와 상호작용의 수단 이상인 것이다. 이는 생물학적·심리적·사회문화적 과정의 집합체가 상호작용하는 다차원적이고, 지속적으로 변화하는 **사회적 환경**이다. 이 상호작용은 교류적 특징을 가진다. 말하자면 행위자, 활동 및 산물은 상호적 영향의 과정을 통해 시간이 지나면서 변화하고 발달한다.

이러한 서술의 복잡성은 어떤 단일한 은유도 커뮤니티 음악치료의 음악을 서술하는 데 적합한 범위를 포착할 수 없음을 시사하나, **생태로서의 음악**에 대한 아이디어는 가장 중요하다. 고려해야 할 두 가지 주의 사항은 다음과 같다. 첫째, 만일 음악이 매개 도구이자 매체로서 작동하지 않는다면, 즉 자극이나 의사소통이 없다면 수행된 관계에 대한 어떤 생태도 발달할 수 없다. 둘째, 생태로서의 음악이라는 개넘은 물론 커뮤니티 음악치료에만 관련된 것이 아니다.[14] 음악치료에서 적용의 차이는 은유의 활용 범위, 즉 좀 더 관습적인 음악치료의 경계 내에서 미시체계라는 생태에 초점을 둔 것인지, 혹은 커뮤니티 음악치료 실제에서 중요한 다른 분석 수준들도 포함하는지(제4장 참조)와 관련될 것이다.

이 장의 기본적 주장은 음악이 인간의 계통 발생[11]에서 발달된, 공유된 인간의 **음악성**에서 유래되었다는 것이다. 그렇다면 원음악성(혹은 의사소통적 음악성)은 비언어적 의사소통에 대한 인간 역량의 기본적 요소로 고려된다(Malloch & Trevarthen, 2009). 그러나 이와 같은 상호작용이 반드시 음악은 아니다. 음악에 대한 역량은 **음악들**이라는 문화적 복수형으로, 문화적으로 잘 알게 되는 표현으로서의 **음악적 기술**로 진화한다. 그렇다면 **음악하기**는 소리, 사람과 가치 간 관계의 확립을 수행하는 것이다. 행동 유도성과 전유라는 개념(DeNora, 2000)은 이러한 관계를 연구하기 위한 개념적 도구이며, 인간의 생물학에 기반하고, 문화적 역사에서 발달된 음악적 자료의 잠재력을 간과하지 않는 상황 사건 및 활동으로서 음악을 다루는 것이 가능함을 시사한다.

커뮤니티 음악치료에서 음악의 도움은 보건 음악하기, 어쩌면 **협력적 보건 음악하기**로 서술될 수 있을 것이다. 이는 대개 상황에서의 공동 행위 및 활동을 통해 만들어진다. 말하자면, 상호작용 의례와 실천 커뮤니티 내에서 발현된 것으로서, '공동―생성된' 것이다.[15] 따라서 도구로서의 음악과 목표로서의 건강은 커뮤니티 음악치료에서 매우 부정확한 서술이다. 건강과 안녕감의 변화에 초점을 두는 것은 계획의 결과를 구성하는 여러 가능한 방식 중 하나에 불과하다. 건강과 안녕감이 좌우되고, 사회적 자원과 신나는 음악으로 이어지는 순환적 과정에서도 음악적·사회적 변화가 있을 것이다.

---

11) 역자 주: 생물이 원시 상태에서 현재까지 진화해 온 과정을 말하며, 어떤 한 종이 한 조상에서 나왔다는 이론이 계통 발생의 기초가 된다.

∩ 핵심 용어, 논의 주제와 미주

핵심 용어(제시된 순서에 따른 핵심 용어)

도구, 매체와 사회적 환경으로서의 음악(Music as Means, Medium, and Milieu)

행동 유도성과 전유(affordance and appropriation)

음악적 · 준음악적 과정(musical and paramusical processes)

음악성, 음악들과 음악적 기술(musicality, musics, and musicianship)

음악하기(musicking)

공동체적 음악하기(communal musicking)

커뮤니타스(communitas)

실천 커뮤니티(community of practice)

보건 음악하기(health musicking)

상호작용 의례(interaction rituals)

참여(participation)

논의 주제

다음의 비판적 사고 질문은 수업 혹은 집단에서 논의될 수 있고, 이 장에서 논의된 주제에 대한 비평적 성찰을 위해 학생 개인이 사용할 수 있다.

1. 사람들은 음악과 음악-만들기에 대한 자신의 이전 경험에 의해 형성된 가정, 태도와 기대를 가지고 커뮤니티 음악치료에 온다. 어떤 이들은 자신이 음악가가 아니라는 아이디어에 사로잡혀 있는 반면, 다른 이들은 음악에 열심히 참여하며 자신의 능력에 대해 덜 걱정한다. 어떤 이들은 자유즉흥연주라는 아이디어에 의해 해방감을 느끼는 반면, 다른 이들은 관습적인 노래가 음악에 참여하기 위해 자신이 필요로 하는 구조와 공간을 제공한다고 느낀다. 만일 노래하도록 마이크 앞에 초대된다면 어떤 이들은 평가되는 것의 위험에 대해 불안함을 느낄 수 있는 반면, 다른 이들은 어쩌면 자신의 음악적 가능성에 관해 꿈꾸기 시작할 것이다. 당신 자신의 실천적 경험에서 나온 유사한 예들을 제시하고, 실천의 함의를 논의하라.

2. 자장가는 아동을 진정시킬 수 있으나, 그 효과는 우리가 노래하는 방식과 아동의 상태 및 환경의 소음량 같은 상황의 다른 측면들과 관련이 있다. 이 관찰이 도구로서의 음악, 매체로서의 음악 및 사회적 환경으로서의 음악 개념과 어떻게 연계될 수 있는지 논의하라.

3. '음악하기'라는 개념은 음악이란 사람들이 하는 어떤 것임을 시사한다. 행위와 활동으로서의 음악이 커뮤니티 음악치료에서 가질 수 있는 다양한 형태를 서술하고 논의하라. 당신이 평가하기에, 음악에 대한 이러한 사고방식에서 가장 중요한 이점과 제한점은 무엇인가?

미주

1. 이러한 간학제적 변화들의 개관 및 논의는 다음의 예(Clayton, Herbert, & Middleton, 2003; Cook, 1998; Cook & Everist, 1999; Leppert & McClary, 1987; Martin, 1995, 2006; Scott, 2000)를 참조하라.

2. **행동 유도성**이라는 개념은 오늘날 음악사회학과 커뮤니티 음악치료에서 잘 정립되었다. 이는 본래 시각적 지각에 대한 연구에서 제임스 깁슨(James J. Gibson)에 의해 발전되었다. 깁슨은 특히 행동 가능성과 관련하여 환경과 유기체 간 **상보성**을 서술하기 위해 이 개념을 사용하였다. "환경의 **행동 유도성**은 좋든 나쁘든 그것이 동물에게 **제안**하는 것, 그것이 **제공**하거나 공급하는 것이다"(Gibson, 1979/1986, p. 127).

3. 이 장에서 활용된 문헌은 (원)음악성이 우리 종의 생물학적 특성으로서 진화되었음을 시사한다(예: Cross, 2003, 2005; Cross & Morley, 2009; Wallin, 1991; Wallin, Merker, & Brown, 2000 참조). 이 관점의 지지가 증가하고 있으나, 대조적인 관점이 존재한다. 진화이론에서 정립된 하나의 관점은 음악이 좀 더 기본적인 진화 과정의 후예라는 것이다(Pinker, 1997). 이러한 사고방식에 따르면, 음악은 종의 진화에서 생존이나 번식을 촉진한 생물학적 특성이 아니다.

4. 스티게(2002)와 여러 다른 저자에 의해 논의된 것처럼 음악에서의 의미는 음악적 대상과 연계될 뿐만 아니라, 사람과 음악들이 특정한 상황에서 상호작용하면서 발현된다. 이 관점은 언어의 의미에 대한 비트겐슈타인(Wittgenstein, 1953/1967)의 영향력 있는 논의와 관련된다. 비트겐슈타인에 따르면, 국지적 맥락은 변화와 왜곡의 인위적 근원이 아니다. 의미는 사회적 상황에서 상호작용과 표지의 활용으로부터 발현된다. 비트겐슈타인은 언어가 삶의 형식에 내재된 사회적 실천의 일부로서 어떻게 작동하는지 설명하기 위해 **언어 게임**[12]이라는 은유를 소개하였다.

---

12) 역자 주: 비트겐슈타인의 후기 사상에서 중요한 개념으로 어떤 규칙에 따르는 다양한 언어 활동을 총칭하는

5. 맥락에서의 행위와 상호작용으로서의 음악이라는 개념에 대한 루드(1987/1990, 1998)의 논의는 하나의 전조로 고려될 수 있다(그러나 음악하기라는 특정한 용어를 사용하지 않았다).

6. 이는 커뮤니티 음악치료의 수행적 특질에 대한 제1장의 논의를 반영한다.

7. 루드는 1991년 산데인(Sandane)에서 열린 제1회 북유럽 음악치료 학술대회에서 논문에 처음 '커뮤니타스'라는 개념을 제시하였고, 이후에 다른 버전의 논문을 출간하였다.

8. 터너(Turner, 1969)는 **통과의례**(한 상태에서 다른 상태로 우리의 움직임을 기록하는 의례)에 대한 반 제넵(van Gennep, 1909/1999)의 중요한 업적에 대해 상술하면서 '커뮤니타스'라는 용어를 사용하였다. 반 제넵은 시간이 지나면서 진행되는 의례에 관심을 가졌고, 모든 통과의례가 세 단계—분리, 임계 및 (재)통합[13]—를 통한 전이로 서술될 수 있음을 시사하였다. 임계(threshold)에 대한 라틴어를 활용함으로써 반 제넵은 이 세 단계를 경계 이전의(preliminal), 경계의(liminal), 경계 이후의(postliminal) 단계로 칭하였다. 터너는 커뮤니타스로 이어질 수 있고, 대개 일상생활의 특징인 관습과 습관의 상당한 변화를 포함하는 단계인 경계의 단계에 특별한 관심을 가졌다. 그러므로 '커뮤니타스'라는 개념은 터너의 휴머니타스(humanitas)와 소시에타스(societas)라는 개념과 관련해서 보아야 한다. 터너는 '휴머니타스'라는 용어를 공유된 '전사회적' 인간의 정체성을 나타내는 데 활용하였고, '소시에타스'라는 용어는 인간을 계급, 하위문화 등으로 구분하는 사회적 관습과 문화적 규제를 나타내는 데 활용하였다. 터너에 따르면, 커뮤니타스는 휴머니타스와 소시에타스 간 모순이 일시적으로 감소되거나 무효화되는 것을 경험하는 상황에서 일어날 수 있다(Berkaak, 1993, pp. 25-26).

9. 스티게는 (근간에서) '보건 음악하기'라는 개념과 비고츠키(Vygotsky, 1978)의 문화심리학과의 관계, 버크(Burke, 1945/1969)의 삶의 도구[14]로서 '문학'이라는 개념, 의미에 대한 비트겐슈타인(1953/1967)의 관점, 행동 유도성과 전유에 대한 데노라(DeNora, 2000)의 논의와 스몰(Small, 1998)의 '음악'이라는 개념의 관계를 상술한다.

10. 랜달 콜린스(Randall Collins, 2004)는 사회학자 에밀 뒤르켐(Emile Durkheim, 1912/1995)과 어빙 고프만(Erving Goffman, 1967)에게서 유래된 의례 연구의 전통을 확

것이 언어 게임이며, 언어를 게임에 비유한 것은 언어가 언어를 사용하는 사람들의 구체적인 활동과 관련될 때 의미가 있음을 전제로 한다. 언어의 의미나 규칙이 곧 언어 활동에 의해 만들어지기 때문이다. 따라서 언어 규칙은 언어를 사용하는 인간의 삶의 양식에 기반을 둔다.

13) 역자 주: 반 제넵의 세 단계는 흔히 격리기, 과도기, 통합기로 번역되며, 한 단계에서 다른 단계로 넘어가기 위해서는 각각 격리 의례, 과도 의례, 통합 의례를 거친다. 통과의례는 일반적으로 죽음과 재생을 상징화하는 것으로 알려져 있다. 그러나 민족이나 문화에 따라 형태와 기능의 차이가 있다.

14) 역자 주: 케네스 버크는 모든 언어 활동이 사회 변화와 정치적 결정 과정에 영향을 준다고 하였으며, 이야기가 곧 영향력을 지니는 삶의 도구라고 주장하였다.

장하였다. 이 전통에서 형식적인 절차와 정형화된 행위는 의례를 구성하는 것이 아니다. 주의 집중에 대한 상호적 초점과 정서적 동조화가 훨씬 더 중요하다.

11. 상호작용 의례는 때로 잘못된다. 예를 들어, 어떤 사람들은 다른 사람들이 쇠약하게 경험하는 방식으로 스스로를 행위의 중심에 둘 수 있다.

12. 레이브와 웽거(1991)의 상황 학습[15] 이론의 발달에 대한 본래의 맥락은 전통적인 수습 제도에 대한 인류학적 연구다. 이후에 실천 커뮤니티라는 개념은 어떤 정립된 수습 제도 관행이 포함되지 않은 다수의 다른 맥락에서 탐구되었다(Wenger, 1998).

13. 특정한 프로젝트는 커뮤니티 음악 프로젝트이나, 커뮤니티 음악치료의 함의는 명백하다.

14. 흥미롭게도 생태적 은유는 최근 여러 음악 학자에 의해 적용되었다. 예를 들어, 에릭 클라크(Eric Clarke, 2005)는 '청취 방식'에 대한 자신의 탐구에 이를 활용한다.

15. 이러한 서술은 일상생활에서 휴대용 mp3 플레이어의 음악을 개인적으로 활용하는 것이 커뮤니티 음악치료에 관심이 없다는 것을 시사하지 않는다. 음악 연구의 다양한 전통에는 이에 대한 연구 문헌이 증가하고 있다. 다음의 예(Bull, 2000, 2007; Saarikallio, 2007; Skånland, 2007, 출간 예정)를 보라.

---

15) 역자 주: 학습과 수행이 분리될 수 없다고 보고, 지식이나 기능을 실제 상황이나 맥락과 함께 제시하여 학습자가 능동적으로 참여하여 맥락 속에서 정보를 찾고 문제를 해결하면서 지식을 형성한다는 구성주의 학습 방법이다.

제3부

커뮤니티 음악치료의 실제

제3부에서는 커뮤니티 음악치료의 실제에 대해 알아보고자 한다. 다음 3개의 장에서 다루는 주요 내용은 실제가 이론이나 연구에서 직접 비롯된 것이 아니며, 규범적 모델에 근거한 것도 아니다. 커뮤니티 음악치료의 주요 특징은 사회적 상황에 관해 관심을 가지고 책임 있는 관계를 생성하는 것이다. 이론과 연구의 상호작용을 통한 커뮤니티 내의 경험과 지식은 반응과 책임을 양성하며, 이는 가치를 반영한 인간의 상호작용을 유발하는 민감성과 결합한다.

제6장에서는 커뮤니티 음악치료의 실제와 관련된 쟁점에 중점을 두고 있다. 개인-공동체 연속체(individual-communal continuum)에 대한 설명과 제1장에서 언급하였던 일곱 가지 요소(두문자어 'PREPARE'로 정리하였던)에 대해 살펴본다.

제7장에서는 쟁점의 식별하게 하는 가치들과 이를 인권의 촉진과 연결하는 가치에 대해 상술한다.

제8장에서는 이전 2개의 장에서 언급하였던 가치 및 쟁점과 함께 참여 과정의 유연성 있는 모델에 대해 서술한다.

제6장

쟁점

제6장을 공부한 후에 당신은 다음과 같은 질문에 대해 논의하게 될 것이다.

• 커뮤니티 음악치료는 개인-공동체 연속체에 어떤 식으로 적용되는가?
• 커뮤니티 음악치료의 참여적 특질과 관련 있는 쟁점은 무엇인가?
• 커뮤니티 음악치료의 자원 지향적 특질과 관련 있는 쟁점은 무엇인가?
• 커뮤니티 음악치료의 생태적 특질과 관련 있는 쟁점은 무엇인가?
• 커뮤니티 음악치료의 수행적 특질과 관련 있는 쟁점은 무엇인가?
• 커뮤니티 음악치료의 활동가적 특질과 관련 있는 쟁점은 무엇인가?
• 커뮤니티 음악치료의 성찰적 특질과 관련 있는 쟁점은 무엇인가?
• 커뮤니티 음악치료의 윤리 주도적 특질과 관련 있는 쟁점은 무엇인가?
• 커뮤니티 음악치료가 반드시 반의료적(anti-medical) 실제는 아니더라도, 비의료적(non-medical) 혹은 의료 외적(extra-medical)이라는 것은 어떠한 의미인가?

🎧 개인적 문제와 공적 관심사 사이

커뮤니티 음악치료 실제에 참여하는 사람들은 대개 어려운 삶을 살고 있다. 건강이 좋지 않거나 궁핍한 환경 속에서 살고 있으며, 아마도 삶의 어려운 과도기 한가운데에 처해 있을 수도 있다. 커뮤니티 음악치료의 일반적 논점은 이러한 문제들이 개인적 병리로 다뤄지는 것이 아니라, 그보다 더 넓은 의미로 해석되거나 처리되어야 한다는 것이다. 다시 말해, 실제적 치료는 개인에 국한되는 것이 아니라는 것이다. 그렇다고 커뮤니티에 제한되는 것도 아니다. 커뮤니티 음악치료는 개인-공동 연속체(individual-communal continuum)에 걸쳐 다뤄진다. 예를 들어, 음악하기(musicking)의 집단 가능성을 탐구하는 것은 일부 사람이 사회에서 경험하는 고립에 대해 살펴보게 만든다. 미시체계와 거시체계(microsystems and macrosystems) 간의 연계를 살펴보면 개인적 · 음악적 · 정치적 체계들은 서로 관련된 것으로 보인다. 그러므로 커뮤니티 음악치료는 개인과 커뮤니티의 쟁점을 동시에 포함한다. 이것은 개인적인 치료 및 재활보다는 좀 더 자립에 가까운, 지역 발전과 사회적 행위 등의 넓은 의미의 실제를 제안한다.

커뮤니티 음악치료는 커뮤니티 발전과 재활뿐 아니라 개인의 성장과 역량 강화의 수준에서 개인과 사회적 변화를 모두 포함한 변혁(transformation)에 초점을 둔다. 실제에서는 이민자, 난민, 노인, 장애인과 같은 취약계층에서 빈번히 일어나는 고립과 주변화 문제 등을 다룬다. 이러한 쟁점은 개인이 경험하는 문제의 수준을 초월한다. 개인의 고통—그들의 희망, 꿈, 자원, 가능성뿐 아니라—을 조금 더 넓은 의미에서 바라보아야 한다.

> 난민의 위기나 도시 환경의 스트레스 등과 같은 우리 시대의 사회적 · 정치적 문제들은 우리가 사회적 집단에 속한다는 것이 무엇인지, 다른 사람과 소통하고 협력하는 것이 무엇인지를 재구성하도록 만든다. 다수의 음악치료사는 병이 있는 사람뿐만 아니라 사회적 · 문화적 · 정치적으로 문제를 지닌 사람—자신의 문화, 음악, 가정 등에서 소외당한 사람—과도 만나고 있다. 그 어느 때보다도 음악은 사회적 분열을 다루고 신뢰와 유대를 구축하는 등의 커뮤니티 서비스를 위해 필요하다.
>
> (Pavlicevic & Ansdell, 2009, p. 373)

개인과 커뮤니티 간의 관계를 위해 일한다는 것—자원을 동원하고 사회 변화를 이끌어 내기 위해 사람들을 돕는 것—은 삶에 대한 존엄과 평등을 위하는 그들의 권리에 대한 인지의 관점에서 볼 수 있다. 이 장에서 우리는 커뮤니티 음악치료와 관련된 실제의 쟁점들을 알아볼 것이다. 이 과정에서 실제를 범주에 따라 분류하지

사진 6-1 │ 호주 노던 테리토리(Northern Territory). 헨버리 학교(Henbury School) 소속의 아트스토리
즈(ArtStories) 학생이 '음악 만들기 잘 지내기'에 참여한다. 내 드럼 연주를 들어요!

사진 제공: Christine Carrigg.

는 않을 것인데, 이는 커뮤니티 음악치료 실제에서 발생하고 나타나는 특성들을 고려할 때 옹호하기가 어렵기 때문이다. 대신 우리는 'PREPARE'로 정리되는 요소에서 발생한 관련 쟁점들에 대한 예를 들어 보도록 하겠다.

제1장에서 설명한 바와 같이 음악치료 실제는 보통 참여적(participatory)·자원 지향적(resource-oriented)·생태적(ecological)·수행적(perfomative)·활동가적(activist)·성찰적(reflective)·윤리 주도적(ethics-driven)(두문자어 'PREPARE'로 정리할 수 있다)이다. 이 장에서 우리는 중요한 실제적 쟁점들을 알아보기 위한 도구로서 이 일곱 가지 특질을 사용할 것이다. 예를 들어, 만일 편견과 불평등으로 인해 사회에서 주변화된 사람이 있다면, 그들이 사회에 참여할 권리를 행사하는 것은 어려울 것이다. 커뮤니티 음악치료의 참여적 특질이 이 문제를 다룬다고 해도 만약 다른 여섯 가지 특질이 포함되지 않는다면 결국 결과는 다시 개인적인 문제가 될 수 있다. 그 이유는 주변화 역시 자원에 대한 접근과 관련되어 있기 때문이다. 이러한 문제가 발생하면 생태적으로 문제가 제기되며, 이는 수행적이고, 활동가적이며, 성찰적인 노력을 요구한다. 이러한 노력은 모두 존중과 평등과 같은 가치관이 중심이 되는 윤리 주도적 과정에 의해 인도되는 것이다. 다음 예를 보면, 한 가지 강조된 특질을 각 사례에 대한 '손잡이(handle)'로 간주할 때, 나머지 다른 특질은 해당 사례를 구성하는 '상자'의 하단, 상단 및 측면으로 볼 수 있다. 그 '손잡이'만으로는 전체 사례를 관리할 수 없다. 만약 적절한 방식으로 상황 및 과정들을 관리할 수 있었다면, 그것은 각각의 특질이 서로 상호작용하고 있었기 때문이다. 각각의 강조된 특질은 사례를 '다룬다'는 의미가 아닌 '건드린다'는 의미로만 해석될 수 있다. 비록 각 특질의 중요도는 다양할지라도, 실제에서의 그들의 **상호의존성**은 인지할 필요가 있다.

🎧 참여적 쟁점: 통합과 시민참여

참여적 접근은 참여하는 모든 목소리에 귀를 기울이는 의지를 수반한다. 커뮤니티 음악치료는 파트너십에 대한 내용을 기반으로 하며, 모든 참여자의 의견과 기여를 중요하게 여긴다. 이는 곧 민주주의적 에토스가 커뮤니티 음악치료의 핵심이며,

변화 과정에 적합한 리더가 여러 명이 될 수 있음을 의미한다.

커뮤니티 음악치료의 참여적 특질은 **통합**과 **시민참여**뿐 아니라 배제 및 고립과 같은 부정적인 대응 관계 역시 다루고 있다. 배제되거나 고립되는 경험은 대부분 사람에게 심리적으로 스트레스를 주는 일이며, 이는 사회적 지지 및 사회적 자본을 접하는 기회를 감소시킨다. 통합의 개념은 모든 계층의 사람에게 적용된다. 음악치료에서는 대부분 장애 분야에서 많이 거론된다(Ely & McMahon, 1990; Ely & Scott, 1994; Kern, 2005; Stige, 1995; Uricoechea, 2003).

통합과 배제의 과정은 다양한 수준에서 분석된다. 개인의 관점에서 통합은 인정받는 경험이나 긍정적 자아개념의 발전을 지지하는 것을 의미한다. 집단이나 단체, 지역과 같은 집단적 관계에서의 통합은 지지적 관계, 올바른 기능의 사회적 관계망 및 따뜻한 태도와 행동을 말한다. 이러한 수준, 특히 거시체계 수준에서의 통합은 공정함 및 가치 있는 사회적 자원에 대한 접근성도 포함하고 있다. 이러한 과정은 상호적이다. 요약하면 통합은 유대감의 문화, 다양성을 위한 관용 및 인간 상호의 존의 인식을 말하는 것이다(Nelson & Prilleltensky, 2005, pp. 126-127).

다양한 집단적 수준은 커뮤니티 음악치료 실제가 어떻게 유대감의 문화를 쌓을 수 있는지 조명한다. 각각의 음악적 상황은 관습적이며 좀 더 대담한 형태뿐 아니

사진 6-2 │ 캐나다 밴쿠버. 요양시설의 노인 집단에 즐거움을 제공하는 커뮤니티 정신건강 기관의 음악치료 서비스의 내담자. 사람들을 위한 연주.

사진 제공: Chialing Chen.

라 주변적이고 조용한 참여 형태와 같은 다양한 방식의 자기표현을 위한 참여적 공간을 구축할 수 있는 기회다(Stige, 2010a). 집단 간의 관계는 미시적 수준을 넘어 통합에 있어 결정적 역할을 한다(Elefant, 2010a). 집단 간의 관계와 관련된 일들은 대개 커뮤니티 참여나 사회적 행동 등의 방향으로 움직인다(Curtis & Mercado, 2004). 이런 일들이 사회의 주요 구성원들의 가치를 반영할 때 편견이 나타날 수 있으며, 최악의 경우 실제는 사회적 적합성에 대한 요구로 변하기도 한다(Miyake, 2008). 참여를 도모하는 가치와 과정에 대해서는 제7장과 제8장에서 좀 더 자세히 논의할 것이다.

> ## 글 상자 6-1　통합, 우정, 커뮤니티 참여
>
> 미국의 커티스와 머카도(Curtis & Mercado, 2004)는 발달장애가 있는 시민들을 위한 커뮤니티 음악치료 실제를 개발하여 통합과 참여 문제의 여러 측면을 조명하였다. 저자들은 커뮤니티 참여를 자신들의 연구와 연관시켰는데, 이는 단지 현장 출석과 커뮤니티의 관용과 관련하여 커뮤니티 통합을 평가하려는 경향을 비판하는 움직임이었다. 저자들은 사회적 맥락과 소속의 중요성이 커뮤니티 통합 노력 안에서 충분한 관심을 받지 못하였다고 주장한다. 커뮤니티에 속한다는 것은 경험을 공유할 수 있고, 활동에 참여할 수 있으며, 커뮤니티의 유지와 발전에 기여할 수 있다는 것을 의미한다. 진정한 참여의 결과는 우정, 학습 경험 및 협력적 행동에 중점을 둔다(Curtis & Mercado, 2004).
>
> 우정의 특징은 수용, 소통과 보답이다. 발달장애인은 진정한 우정이라고 불릴 수 있는 관계를 맺는 것이 어려울 수 있다. 발달장애인들이 주로 가지는 사회적 접촉은 다양한 종류의 활동 보조인이며, 그들이 친절한 경험을 제공하기는 하지만 이는 공적인 구조 경계 내에서만 이루어진다. 커티스와 머카도(2004)는 장애를 가진 사람이 우정을 쌓거나 커뮤니티에 참여하는 것을 저해하는 요소를 조사하였다. 실제적 혹은 사고방식의 장벽 외에도, 저자들은 복지기관들이 이용자들에게 자유 시간을 거의 제공하지 않거나 이러한 경험들을 추구할 수 있는 지원을 하지 않아 그들이 커뮤니티에 참여하거나 우정을 쌓는 것을 어렵게 만든다고 주장한다. 그러므로 전문적인 도움의 공적 구조를 초월하는 우정을 키우는 것은 장애인들이 받아야 할 전문적 지원의 일부가 되어야 한다.

커티스와 머카도는 커뮤니티 참여의 기회를 늘리기 위한 광범위한 음악치료 프로그램을 개발하였다. 프로그램의 5학기 동안 참여자들은 함께 음악을 만드는 즐거움에 대한 반응과 함께 매우 긍정적인 평가를 주었다. 평가를 완료한 간병인과 보호자들도 역시 긍정적인 반응을 보였으며, 몇 가지 구체적인 개선안을 제공하기도 하였다. 태도와 기대를 확립하기 위해 참여자들이 제안한 몇 가지 언급은 다음과 같다. "당신이 한 일은 정말 멋져요." "그들은 기대하였던 것보다 훨씬 더 잘했어요." "이것은 기회가 주어진다면 사람들은 해낼 수 있다는 것을 말해 주는 거예요."(Curtis & Mercado, 2004)

∩ 자원 지향적 쟁점: 복지와 평등

자원을 동원하는 것은 커뮤니티 음악치료 실제에 중요한 역할을 한다. 자원은 개인의 장점(음악성, 능력, 취미 등), 관계적 자원(믿음, 희망, 정서적 지원 등) 및 커뮤니티의 자원(공연장, 산물, 전통, 단체, 기관 등)과 같이 여러 가지 수준으로 존재한다. 커뮤니티의 일원들은 자원을 책정할 수 있지만, 종종 접근의 분배성에 있어 불평등한 부분이 나타나기도 한다.

커뮤니티 음악치료의 자원 지향적 특질은 특히 **복지**나 **평등**과 같은 쟁점과 연관되어 있는데, 이는 박탈, 가난, 불평등의 부정적인 상대적 의미도 포함한다. 이것은 유형 및 무형 자원과 관련되어 있다고 볼 수 있다. 예를 들어, 물질적 빈곤은 많은 개발도상국에서 나타나는 주요 문제이며, 이는 음악치료사와도 연관이 있다(Pavlicevic, 2003). 음악치료사들은 자신의 자원을 가장 잘 활용할 수 있는 방법에 대해 고려해야 한다. 음악치료를 가장 필요로 하는 사람이 항상 치료 비용을 지급할 수 있는 것은 아니다. 때로는 반대의 경우가 사실에 더 가까울 때도 있다(Oosthuizen, 2006). 물론 음악치료사는 부유한 나라에서 빈곤에 대한 문제와 맞닥뜨릴 수 있으며(MacDonald & Viega, 2011), 그리하여 일부 음악치료사는 커뮤니티 음악치료가 어느 정도의 활동가적 특질을 가지고 사회 변화 및 자원의 공평한 분배에 기여할 수 있는지를 연구하기 시작하였다.

음악은 주요한 무형자원이다. 이러한 관점에서 볼 때 에이건(Aigen, 2005)과 게어드(Garred, 2006)가 주장한 바와 같이, 자원 지향의 가능성은 일반적으로 음악치료

사진 6-3 │ 미국 필라델피아. '작은 성인들(The Little Saints)'의 두 구성원과 음악치료사인 마이크 비에
가(Mike Viega). 다음 노래를 위한 비트 만들기.

사진 제공: Ryan Brandenberg.

의 중요한 주제다. 슈바베(Schwabe, 2005)는 자원 지향이 음악치료에서 좀 더 병리
학적 접근 방식의 대안으로 고려될 수 있음을 보여 주었다. 롤브쇼르드(Rolvsjord,
2010)는 정신건강기관에서의 음악치료에 대한 이론적 · 실증적 조사에서 비슷한 주
장을 하였으며, 과정에 대한 내담자의 기여 및 맥락적 요인, 역량 강화와 협력에 대
한 관심과 같은 실제의 결과에 대해 상세히 설명하였다. 롤브쇼르드의 연구는 건강
생성론적 사고(salutogenic thinking), 긍정심리학 및 탄력성과 회복에 대한 이론에서
자원 지향과 현재 발달 사이의 관계를 명확하게 보여 주고 있다. 다시 말해, 롤브쇼
르드는 심리사회학 치료에서 자원 지향이 모델 주도형에서 내담자 주도형으로의
변화를 의미한다고 주장하였다.

솔리(Solli, 2006)는 음악치료에서 인간의 원음악성이 참여와 발전을 위한 기본적
인 요소라고 말하고 있다. 제5장에서 살펴보았듯이, 이것은 타인과의 창의적인 상
호작용을 가능하게 해 주므로 사회적 · 문화적으로 생산되는 자원에 접근할 수 있
는 기회를 증가시킨다. 그러므로 이는 다른 자원에 대한 접근성을 높이며, 새로운
맥락에 참여할 수 있는 기회를 열어 준다. 커뮤니티 음악치료에 관련된 보다 자세

한 연구로는 오그래디(O'Grady, 2009)가 교도소에 수감된 여성들과 함께 음악을 만들고 연주하며 치료적 가능성을 알아본 연구를 들 수 있다. 음악 만들기(music-making)와 연주하기는 참여한 여성들에게 내부와 외부 공간 사이, 사생활과 대중의 사이, 자기중심과 타인중심의 사이, 혼자와 함께함의 사이, 주관적 사고와 객관적 사고 과정 사이의 '연결(bridge)'을 제공하였다. 또한 이 연구는 이러한 잠재력을 깨울 필요가 있으며, 그 과정에 도움이 되는 다섯 가지 개인 및 관계 자원이 있음을 밝혔다('글 상자 6-2' 참조).

프록터(Procter, 2001, 2004, 2006)는 **사회적 · 음악적 자본**(social capital and musical capital)이라는 용어를 사용하여 협력적 음악 활동이 신뢰와 지지 같은 자원을 얼마나 필요로 하고 생성하는지를 논의하였다. 일부 음악치료사들은 집단 내에서 참여자들 사이에 얼마나 다양한 자원이 만들어지고 공유되는지를 알아내기 위해 **실천 커뮤니티**(community of practice)의 개념을 사용하였다(Ansdell, 2010a; Krüger, 2004; Ruud, 2011, 출간 예정; Stige, 2002; Storsve, Westby & Ruud, 2010 에 참조).[1]

유형 자원과 마찬가지로 무형 자원에 대한 접근성은 대개 공정하게 분배되지 않았다. 그러므로 커뮤니티 음악치료의 자원 지향적 특질은 이러한 상황을 변화시키기 위해 수행적이고 활동가적인 노력을 포함해야 한다(글상자 6-2 참조).

글 상자 6-2   CREST: 치료적 잠재력 활성을 위한 개인적 · 관계적 자원

루시 오그래디(Lucy O'Grady, 2009)는 호주에 있는 최고 보안 등급의 여성 교도소에서 음악 만들기와 연주하기를 통해 치료적 잠재력에 대해 연구하였다. 이 연구는 일곱 명의 여성이 극단에서 일하는 예술가들과 협력하여 함께 뮤지컬을 만든 창의적 과정에 중점을 두고 있다. 오그래디는 이 과정을 다섯 단계—공연의 기초 만들기, 기초 다지기 및 구체화하기, 하나로 모으기, 관객 앞에서 공연하기, 마무리하기)—의 '집단의 창의적 여정(Collective Creative Journey)'이라고 설명하였다. 다음 설명에서 보듯이 각각의 단계는 주제와 사건에 영향을 받는다.

첫 번째 단계에서 '고난의 길을 향해 나아가기(Moving forward the hard way)'의 주제에 관한 아이디어는 **행위, 변형, 반영, 협의, 협력**의 계속되는 과정을 거쳤다. ······**극**

은 즉흥 드라마, 즉흥연주, 창조적 글쓰기와 구두 논의로 이루어졌다. 음악감독과 참여자들은 이러한 극의 재료들을 노래나 대본 형태로 **변형**시켰고, 다시 집단에 **반영**하였다. 그런 다음 참여자들은 동료 혹은 음악감독과 함께 수정할 부분에 대해 **협의**하였다. 마지막으로, 그들은 가사나 대본을 완성하기 위해 혹은 노래들을 편곡하고 배열하기 위해 하나의 집단으로서 **협력**하였다. 이러한 과정에서 '고난의 길을 향해 나아가기' 주제에 관한 5개의 원곡과 각각의 곡을 소개하는 대본이 탄생하였다(O'Grady, 2009, p. 103).

오그래디는 음악이 본질적으로는 치료적이 아님을 알리기 위해 '치료적 잠재력(therapeutic potentials)'이라는 용어를 사용하였다. 변화를 위한 능력은 활성화되어야 한다. 이 연구의 사례 분석에서 오그래디는 음악 만들기가 이 여성들에게 '연결'로서 역할을 제공하는 잠재성을 가지고 있다고 주장하였다.

음악 만들기와 연주하기…… 이것이 앞으로 나아갈 방향이라는 가정 아래 외부 영역을 향한…… **일방향**의 연결 역할을 하였다. ……각각의 여성이 자신의 개인적인 방식과 어려움에도 불구하고 이렇게 외적 방향으로 움직이면서, 여성은 '함께한다'는 감정을 경험하였다. 또한 집단 내의 많은 여성이 음악을 다시 사랑하게 되는, 마치 '집'으로 돌아오는 것과 같은 경험을 하였다(O'Grady, 2009, pp. 117-118).

오그래디는 치료적 잠재력을 활성화하는 데 필요한 개인적·관계적 자원을 설명하기 위해 두문자어 'CREST'—용기(courage: C), 준비성(readiness: R), 주고받기(exchange: E), 지지(support: S), 신뢰(trust: T)—를 사용하였다. 오그래디는 각각의 자원이 사방으로 퍼져 다른 자원들과 상호작용할 수 있다고 설명하며, '주고받기'에 대해 다음과 같이 말하고 있다.

주고받기는 집단의 일원들 혹은 연주자들과 관객 사이뿐만 아니라 참여 여성들과 그들이 갇혀 있던 공간 사이에서도 일어났다. 예를 들어, 세라(Sarah)는 참여 과정에서 세라가 느낀 기쁨이 동료들과 수용소에 '퍼져 나갔다'라고 전하였다. 또한 세라는 심각한 정신장애를 가진 동료 재소자가 공연 도중 손뼉을 치고 미소를 지으며 자신의 기쁨을 공유한 것에 대해 특히 '황홀하였다'고 하였다. 세라가 말하기를, 이러한 행동은 그 동료 재소자에게 있어 매우 드물게 일어나며, 이는 세라의 기쁨을 한층 더 채워 주었다고 한다(O'Grady, 2009, p.137).

🎧 생태적 쟁점: 관계와 전이

생태적 은유는 이 세계에 개인, 집단, 단체, 지역 및 다양한 거시체계와 같은 여러 가지 상호적 차원의 활동이 있다고 한다. 커뮤니티 음악치료 실제는 다양한 단체의 차원 간 상호 관계에서 일어날 수 있는 사회문화적 환경을 적극적으로 탐구하고 있다. 이러한 차원은 하위 차원이 상위 차원에 속하는 것처럼 중첩되는 것을 알수 있다. 예를 들어, 미시체계는 하나의 설정 안에서 서로 관련된 개인 집단을 말하는 것이며, 단체는 많은 미시체계를 포함하고 있다.

커뮤니티 음악치료의 생태적 특질은 **생태적 관계와 전이** 같은 쟁점을 다루고 있는데, 이는 여러 가지 방식으로 생산적이거나 어려운 도전이 될 수 있다. 어떠한 체계와 생태적 차원이 관련되는지는 각 상황의 필요나 자원에 따라 매우 달라질 수 있다. 우리는 이 두 가지 유형의 쟁점을 다루는 예를 살펴볼 것이다.

커뮤니티 음악치료에서 사회환경적 사고의 결과는 개인 간의 관계뿐 아니라 다양한 체계 간의 관계 역시 고려되어야 한다는 것이다. 클라이브와 스티게(Kleive & Stige, 1988)는 커뮤니티의 통합이 개인의 변화 및 커뮤니티의 변화, 나아가 다양한 미시체계 간 관계 변화에 어떠한 영향을 미치는지 설명하였다. 이는 음악학교, 일부 문화 단체, 지적장애인을 위한 보육원 간에 변화된 태도와 의사소통 형태를 보여 주고 있다. 커뮤니티 음악치료 과정은 음악치료 세션보다 훨씬 더 많은 것을 포함한다. 다양한 미시체계와 단체 간의 공적 의사소통과 협의 역시 이에 포함된다. 비슷한 맥락으로, 엘펀트(Elefant, 2010a)는 특수교육이 필요한 아동들을 일반 학교 환경에 포함해 집단 간의 관계를 알아보는 연구를 진행하였다.

생태적 전이는 일반적으로 개인이나 집단이 익숙한 상황에서 낯선 환경으로 이동할 때 나타나는 변화의 단계를 의미한다. 예를 들어, 어떤 젊은이가 학생의 신분에서 근로자의 신분으로 바뀔 때, 이를 생태적 전이라고 볼 수 있다. 이러한 전이는 새로운 자원이나 관계에 대한 접근과 같은 새로운 가능성을 가지고 있지만, 또한 통제하기 어려울 정도로 힘든 일이 될 수도 있다. 커뮤니티 음악치료에서 생태적 전이에 대한 연구의 예로는 유치원에서 학교로 올라가는 전이기에 대한 스티게(Stige, 2002)의 연구와 아동복지에서 사회적 책임을 가지는 청소년으로의 전이기에 대한 크루거(Krüger, 2007)의 연구, 교도소에서 사회로의 전이기에 대한 투아스타드와 핀사스(Tuastad & Finsås, 2008)의 연구가 있다.

많은 음악치료사가 다양한 생태적 도전을 접하기 위해 이동 가능한 커뮤니티 음악치료 실제를 발전시켰다. 하나의 예로, 남아프리카의 케이프타운 지역에 위치한 음악치료 커뮤니티 클리닉에서는 빈곤 지역에 사는 장애인들에게 이동 서비스를 제공한다(Fouché & Torrance, 2005; Oosthuizen, Fouché, & Torrance, 2007). 이동 서비스의 예로는 독일의 베를린에 위치한 무테지우스(Muthesius)의 '하우스무지크(Hausmusick)'를 들 수 있는데, 여기서는 가족과 함께 지내는 치매 환자들을 위한 재가 서비스와 외래 환자의 간병 서비스를 제공한다. 뮌스터(Muenster) 지역에 있는 '무지크 아우프 레데른(Musik auf Raedern, 바퀴 달린 음악)'도 또 다른 이동 서비스의 예다(Wosch, 2011).

많은 커뮤니티 음악치료 실제의 공개적 혹은 반공개적 특징은 다양한 시스템에서 **파급효과**를 낼 수 있는 가능성을 만든다는 것이다. 이 아이디어는 음악치료의 효과가 고립된 한 개인을 '외부로' 이끌어 커뮤니티로 나올 수 있게 해 주고, 커뮤니티를 그들에게 제공할 수 있다(Pavlicevic & Ansdell, 2004, p. 16). 커뮤니티 음악치료

사진 6-4 │ 레바논에 있는 팔레스타인 난민 캠프에서의 음악 교육. 콘서트.
사진 제공: Vegard Storsve.

실제를 대중에게 공개한다는 제안을 절대적인 규칙으로 이해해서는 안 된다. 중요한 점은 길거리나 무대 위에서 공연하는 것이 아니라 그들이 할 수 있다는 것과 음악치료는 항상 다른 상황과 중첩된 상황에서 일어난다는 것이다(생태적 모델에 대해 논의한 제4장 참조). 참여자들의 음악이나 상황이 요구하는 것에 따라 전후 사정의 선택 및 연계 등에 유연성이 있어야 한다.

글 상자 6-3   노래의 지형

노르웨이 출신의 음악치료사인 트뤼그베 아스가르드(Trygve Aasgaard, 1998, 1999, 2000, 2002, 2004)는 음악치료의 생태적 특질에 관한 관점을 발전시켰다. 병원 현장에서의 음악치료에서 아스가르드는 개인에 중점을 두는 대신 음악치료가 어떠한 방식으로 사회적 환경 및 환경에 영향을 미치는지 알아보았다. 아스가르드는 합창, 즉흥연주, 음악치료사와 아동들이 함께 작곡한 노래 연주하기 등과 같은 활동들이 병동을 대중의 음악 현장으로 변신시킬 수 있었다고 하였다. 아스가르드(Aasgaard, 1998, 1999)는 즐거운 주변 환경을 만드는 작업을 위한 음악치료의 역할에 대해 계속 연구해야 한다고 주장하였다.

현재의 소아암 병동은 입원 기간 생명을 살리기에 가장 효과적인 환경이지만, 매우 불편한 의학적 처치를 제공하는 것과 환자와 가족을 위해 가장 좋은 생활환경을 만드는 것 사이에서 어려움을 겪고 있다. ……만일 의학적 치료의 궁극적인 목적이 환자의 **삶의 질** 개선을 위하는 것이라면, 전문적 서비스를 고립된 실체로 간주하지 않고, 의학적 처치나 치료의 환경적 측면의 현실을 평가하는 것이 현명할 수 있다(Aasgaard, 1999, p. 31).

아스가르드에 따르면, 음악 환경 치료의 목적은 모든 사람이 참여할 수 있도록 아우르는 것이다. 아스가르드가 중점을 둔 치료적 전략을 세 가지 단계로 정리하였다.

첫 번째 전략은 **물리적 환경**과 연관이 있는데, 이는 어떤 사례에서 일부 내담자에게 너무 과한 자극을 야기하는 것이 다른 누군가에게는 감각 상실을 일으킬 수 있다는 것이다. 이것은 관계에 대한 문제인데, 물리적 환경의 특성과 내담자의 감각적 요구 및 능력에 따라 달라진다. 음악치료사의 과제는 이러한 관계를 평가하고 적절한 가능성을 제안하는 것이다.

두 번째 전략은 합창, 집단 즉흥연주 및 콘서트나 연주 등과 같은 활동을 통한 **사회적 환경**(social environment)과 관련되어 있다. 아스가르드는 음악치료가 사회적 상호작용을 위해 열린 모임의 장을 제공할 수 있도록 사회적으로 고무적이면서도 안전한 환경을 확립하는 것의 중요성을 강조하였다.

세 번째 전략은 **상징적(혹은 문화적) 환경**(symbolic or cultural environment)과 연관이 있다. 아스가르드는 내담자를 개인이 아닌 환자로 보이는 것에 대해 우려하고 있으며, 관습적인 사회적 역할을 뒤집을 기회를 찾아야 한다고 제안하고 있다. 예를 들면, 의사들이 자신의 전문적 영역에서 벗어난 역할을 수행하며 음악 즉흥연주에 참여하거나, 젊은 내담자들이 직접 작곡한 노래를 연주함으로써 인정받는 것 등을 들 수 있다.

아스가르드는 아동들이 음악치료사와 함께 작곡한 노래에 특히 관심을 가졌다. 해당 노래들은 그 노래가 만들어진 병원 침대와 같은 친숙한 상황을 넘어서 개방 병동, 가정 및 학교 등과 같은 다른 현장에서도 어울릴 수 있다. 아스가르드(Aasgaard, 2000, 2002)는 '**노래의 지형**(geography of songs)'에 대해 언급하며, 노래가 사용되고 연계가 확립될 수 있는 상황들을 연구하고 있다. 따라서 이러한 연구들은 중간체계의 수준에서 맥락의 생태에 실마리를 제시하는 역할을 한다.

🎧 수행적 쟁점: 건강과 정체성

커뮤니티 음악치료 실제는 수행적이다. 이것은 행동이나 관계의 수행 등을 통한 인간 발달에 중점을 둔다. 그 결과는 성찰이 부수적으로 얻어지는 것이 아니라 자기 자신 및 사회 체계의 수행과 연관된다는 것이다.

수행적 특질은 커뮤니티 음악치료 실제가 기본적으로 건강과 발달에 관련하여 얼마나 선도적인 역할을 하는지를 명확하게 보여 주는데, 일반적으로 치유 및 치료보다도 **건강 증진과 문제 예방**에 중점을 두고 있다. 개인, 집단 또는 커뮤니티가 어떻게 건강 문제들을 안고 살아가며 어떻게 다루는지에 관한 질문은 매우 중요하며, 이것은 건강에 관한 쟁점이 **정체성**의 쟁점과 어떻게 연관이 되는지를 조명한다(Ruud, 1997a, 1997b; McFerran, 출간 예정). 앤즈델(Ansdell)은 이에 대해 수행(performance)으로서 건강에 대한 알드리지(Aldridge)의 연구를 통해 설명하고 있다.

> 알드리지(Aldridge, 1996, 2004)는 '**아르고 에르고 숨**(argo ergo sum, 나는 수행한다, 고로 존재한다)'[데카르트의 '코기토 에르고 숨(cogito ergo sum, 생각한다, 고로 나는 존재한다)'을 차용하여]의 좌우명을 가지고 음악치료의 수행적 개념을 설명하였다(1996, p. 27). '자기를 수행하기(performing the self)'는 단지 심리학적이나 사회학적 개념이 아니라 물리적 개념 역시 포함하고 있다(예를 들어, 우리의 면역체계나 운동 협응을 수행하기 등과 같이). 이러한 점은 위와 같은 수행에 '결함'이 생기거나 급성 혹은 만성적인 질환으로 인해 신체적·인지적·표현적·사회적 수준에서 심각하게 저해되는 경우에 더욱 명확해진다. 보다 실존주의적 차원에서, 우리는 자신의 질환—건강과 우리의 정체성에 얼마나 영향을 미치는지 알 수 있다. 그러므로 내담자들이 우리와 함께 음악치료에 참여하고 있을 때, 내담자들은 "우리보다 앞서 그들의 삶을 수행한다."(p. 27)—현재의 그들(그들의 질환과 건강)과 그들이 될 수 있는 누군가를. 따라서 내담자들의 음악 만들기는 '보건 수행(health performance)'이다. 또한 알드리지는 자기를 수행하는 것을 지속하고 공들일 수 있도록 수행을 위한 공간을 제공하는 음악치료사의 역할을 통해 음악치료가 어떻게 도움 혹은 '보수'의 형태를 제공하는지를 보여 주었다.
>
> (Ansdell, 2010b, p. 171)

글 상자 6-4 동반자적 실제에서의 건강 증진

수전 베인즈(Susan Baines, 2000/2003)는 캐나다에서 수요자 중심의, 동반자적 커뮤니티 정신건강 음악치료 프로그램을 개발 및 연구하였다. 베인즈는 국가 의료체계의 실질적인 변화에 대해 언급하면서 해당 프로그램의 시범사업을 수행하였다.

소비자 주도 및 소비자 정보에 입각한 모델은 오늘날 캐나다의 의료체계 상당 부분에 이미 존재하는 팀 접근법에 소비자의 가치, 기술, 주도권, 우선순위를 통합하였다. 다음으로 가족 및 커뮤니티 활동 보조인의 인식에 대해 탐구하고 통합할 것이다. 이러한 방식에서는 여러 종류의 건강 상태를 지닌 사람들의 전문지식과 가장 직접적인 보살핌을 받는 사람들의 전문지식이 치료와 예방 프로그램을 포함한 커뮤니티의 전반적인 의료 전달 과정에 통합될 것이다(Baines, 2000/2003).

클럽하우스의 사회 프로그램 일환으로 8주간의 음악 집단이 추진되었고, 치료사는 **퍼실리테이터로서의 역할**을 수행하였다. 보다 관습적인 심리치료 집단 모델—이 상황에는 다소 부적절한—을 적용하는 대신, 베인즈는 자신의 역할이 자조집단에 전문적 지원을 제공하는 것이라고 보았다. 이 역할의 발전은 **상호 협조**(mutual help), **도움의 교류** (helping transaction)[1], **커뮤니티 내러티브 강화**(empowering community narratives)와 같은 개념들에 관한 커뮤니티 심리학의 문헌에서 영감을 받았다.

이 프로그램에서 출석은 자발적으로 이루어졌다. 참여자들은 스스로 의뢰하였고, 세션은 개방된 공간에서 열렸으며, 세션 중에 자유롭게 들어오고 나갈 수 있는 규칙이 있었다. 각각의 세션에서 참여자들은 자신들이 개발하고 유지한 커뮤니티 책에서 고른 개인적으로 의미 있는 친숙한 노래들을 선택하고 불러 보았다. 그 노래들은 굉장히 넓은 범주의 주제와 정서적 요구를 다루고 있었다. 치료사는 보통 기타를 연주하는 반면, 참여자들은 노래를 부르면서 다양한 타악기로 스스로 반주를 하기도 하였다. 참여자들은 가끔 커뮤니티와 함께 노래를 하고, 동시에 춤을 추기도 하였으며, 악기로 단순한 즉흥 연주를 하기도 하였다. 시를 짓거나 개인적으로 작곡을 하는 경우도 있었다.

베인즈는 어떻게 새로운 형식이 소비자 주도의 윤리관과 잘 일치하는 역량 강화 접근 방식에 부합한다고 생각했는지 설명하였다. 참여자들은 개인적 목표를 각자 관리하였지만, 이에 대해 세션 안팎에서 다른 집단 구성원이나 치료사와 논의할 수 있었다. 동료 지지는 과정에서 중요한 요소였으며, 치료사의 역할은 경험을 처리하고 관리하며 집단의 목표와 규범을 협상하는 데 있어 집단을 지원하는 것이었다.

---

1) 역자 주: 도움의 교류는 사회복지학에서 나온 개념이다. 도움을 받는 사람과 도움을 주는 사람 간의 자원과 스트레스 등을 교류하는 행동을 거래의 일종으로 보는 개념이다.

이 음악 프로그램의 목표는 '고립 감소, 커뮤니티 발전, 역량 강화, 의사소통 기술 향상, 창의성, 삶의 질 개선, 소비자 주도의 계획 이행'과 같은 일반적 요구에 초점을 두었다(Baines, 2000/2003). 초기 시범사업 프로그램이 완료되었을 때 참여자들은 프로그램의 연장을 요청하였고, 프로그램 제공자는 다른 장소에 새로운 집단을 설립하여 이를 확장하고 증가시켰다.

또한 이것은 조기 중재(Williams & Abad, 2005), 잠재력 활성화(O'Grady, 2009) 및 역량 강화(Procter, 2001; Rolvsjord, 2004)가 매우 중요한 전략임을 보여 준다. 커뮤니티 음악치료 실제의 수행적 특질은, 사회에서 건강과 복지에 영향을 끼치는 대부분의 요소가 건강관리 서비스 외부에 국한되어 있다는 사실을 고려해야 한다. 교육과 문화생활 같은 다른 분야의 활동과 구조들은 중요하다(제3장 참조). 비록 커뮤니티 음악치료가 보건 서비스 분야에서 성장하였지만, 실제는 일상생활의 어려움과도 연관되어 있다. 개인이나 집단, 혹은 커뮤니티가 건강 문제들을 안고 살아가며 다루는 방식에 관한 질문은 뚜렷해졌고, 건강 증진 및 삶의 질의 개선은 중요해졌다(Ruud, 2002). 이것은 특히 만성질환을 가지고 있는 사람(Aasgaard, 2002)이나 구금자들(O'Grady, 2009), AIDS와 같은 의학적 문제는 한 측면일 뿐인 다차원적 문제를 가진 사람과 같은 취약계층의 집단과 특히 관련이 있다.

잠재력을 활성화한다는 것은 협력적인 노력과 의례 같은 것을 요구하는데, 이는 자원을 움직이거나, 지원을 받거나, 어려운 일에 도전하기 위해서다. 관심에 대해 공유하고 참여자들을 감정적으로 움직이게 하는 한 이러한 의례는 즉흥적이고, 비공식적일 수 있다(Stige, 2010a; 출간 예정). 수행적 실제로서의 커뮤니티 음악치료는 자기와 사회 체계를 수행하는 것을 포함하여 보다 넓은 수행의 개념을 제안한다. 할스테드(Halstead, 2010)에 따르면, 커뮤니티 음악 실제에 참여하는 것은 소리 및 자기와 사회의 생산을 가능하게 한다.

커뮤니티 음악치료의 수행적 특질은 언제, 어떻게, 왜 음악적 수행이 음악치료에서 유용한가에 대한 논쟁을 넘어 인간의 삶에 대한 광범위한 관점을 나타낸다. 그럼에도 불구하고, 만일 연주자와 관객을 위하여 준비와 과정에 대해 민감하고 책임 있게 대처한다면, 사회적 상황에서의 음악적 수행은 하나의 자연스러운 결과

사진 6-5 │ 뉴욕의 볼틱 스트리트 클리닉(Baltic Street Clinic). 리허설을 하는 조지(George).

사진 제공: South Beach Psychiatric Center.

가 될 수 있다. 실제에서 요구하는 개인, 장소, 과정에 대한 고찰은 서로 다른 음악 치료 전통을 연구한 저자들에 의해 서로 다른 방식으로 논의되고 있다(Aigen, 2004; Ansdell, 2005b, 2010b; Dahle & Slettebakk, 2006; Jampel, 2006, 2011; Maratos, 2004; McFerran, 2010; O'Grady, 2009; Powell, 2004; Turry, 2005; Zharinova-Sanderson, 2004).

🎧 활동가적 쟁점: 인식과 사회 변화

커뮤니티 음악치료의 수행적 특질이 인간의 행동성(human agency)을 강조하였다면, 활동가적 특질은 한 걸음 더 나아가 억압, 차별, 부당함 및 불평등한 자원 접근성과 같은 사람들이 가진 문제나 도전들이 사회의 구조적 한계와 어떻게 관련되어 있는지를 다루고 있다. 그러므로 사회 변화는 커뮤니티 음악치료 과제에 중요한 부분이다. 이 장에서 아마도 활동가적 특질은 다른 요소들에 비해 좀 더 논란이 되고 적은 분량으로 논의되기는 하겠지만, 논리적으로는 다른 특질과 함께 어우러질 것이다.

커뮤니티 음악치료의 활동가적 특질은 **인식**과 **사회 변화** 같은 쟁점과 연관된다. 사회 변화를 연구한 많은 학자는 내부와 외부의 인식-성장이 개인적·사회적 변화는 동전의 양면이며 해방(liberation)을 '선물'이나 자아 성취가 아닌 상호 과정으로 여기는 '변화된 활동주의(transformational activism)'로 인도한다는 점을 강조한다(Freire, 1970/2000). 사회 변화를 위해 의도된 행동들은 불가피하게 대립을 불러온다. 사회적 논의와 실제적인 공동대응의 가능성까지도 추구해야 한다(Mattern, 1998). 활동주의로서 커뮤니티 음악치료는 상대적으로 불우한 사람과 일하고 있으며, 또한 비유적으로 이야기하자면 들어 보지 않은 목소리에 귀를 기울여야 한다.

다음의 내용에서 커뮤니티 사업과 커뮤니티 참여 분야 및 평화와 갈등의 변화 등에 관한 커뮤니티 음악치료의 예를 제시함으로써, 실제의 결과에 대해 알아보고자 한다.

서부 노르웨이 지역의 문화 통합 프로젝트에서 음악치료사는 이 목표가 커뮤니티 작업과 문화적 개입이 필요하다는 것을 깨달았는데, 그 이유는 참여에 대한 장벽이 개인적 수준에만 있는 것이 아니라 커뮤니티의 태도와 관행에도 있었기 때문이다(Kleive & Stige, 1988). 지역 커뮤니티에 새로운 비판적 인식이 확립되기 전에는 어떠한 변화도 고려될 수 없었다. 차별이 장애인의 권리를 침해한다는 메시지를 바탕으로 한 의사소통은 '행동의 촉구(call for action)'로 표현될 수 있다. 음악 참여와 관련된 장애인의 자원과 염원을 보여 주는 공연과 함께, 국가 정책의 원칙과 국제 인권 선언에 대한 서면 및 구두 준거가 만들어졌다(Stige, 1993, 2002).

미국에서는 음악치료사인 커티스와 머카도(Curtis & Mercado, 2004)가 커뮤니티 참여의 전통에서 비롯된 열정을 가지고 발달장애인의 커뮤니티 통합을 위해 노력하였다('글 상자 6-1' 참조). 저자들이 강조한 것은 변화를 위한 전략은 결코 맥락 의존적인 방식으로는 설명할 수 없다는 것이었다. 일부 전략은 몇 가지 맥락에서 유용하였으나, **소개**(matching), **자기 옹호**(self-advocating), **사회적 관계망**(social networking), **연결**(bridging)도 포함되었다. 소개는 장애가 있는 사람과 없는 사람 간의 연결을 뜻하며, 자기 옹호는 장애인이 다른 커뮤니티 구성원들을 교육할 수 있는 가능성을 말한다. 사회적 관계망은 장애인을 기존에 존재하는 사회적 관계망에 연결해 주는 것이며, 연결은 장애인을 자신들의 커뮤니티에 소개하는 것을 뜻한다(Curtis & Mercado, 2004).

평화적 작업과 갈등 해결은 음악치료 활동을 고무하는 또 다른 분야로서, 박실

사진 6-6 │ 노르웨이 베르겐. 아동의 복지 뮤지컬. 어떻게 생각하십니까?
사진 제공: Astrid Merete Nordhaug.

(Boxill, 1988, 1997a), 케니(Kenny, 1988), 모레노(Moreno, 2003) 외 몇몇 사람이 선구적인 노력을 하였다. 근래에는 평화적 옹호로 보완된 갈등과 폭력의 결과로 고통받는 개인을 위해 치료적 서비스를 더한 양면 접근법을 사용하기도 한다(Amir, 2002; Ng, 2005; Stewart, 2004; Vaillancourt, 2007, 2009).

음악치료 문헌에서 나타난 현대적 공헌의 일부는 비임상적 환경에서의 음악하기를 통해 관용과 상호 존중을 도모하는 것에 집중된다(Dunn, 2008; Krüger, 2007, '글 상자 6-5' 참조). 스미스(Smyth, 2002)는 북아일랜드 지역에서 일어난 분쟁에서 그 예를 들었다. 스미스는 이곳의 상황에는 부정과 침묵의 문화가 있으며, 악기는 정치적 정체성을 나타낸다고 하였다. 예를 들어, 람베그(Lambeg) 드럼은 오렌지즘(Orangeism)[2] 및 노동조합과 관련되어 있는 반면, 보드란(Bodhran) 드럼은 전통적인 아일랜드의 정체성을 나타낸다. 따라서 음악은 갈등의 일부지만, 아직 화해를 위해 기여할 수 있다고 스미스는 말하였다. '서로 다른 드럼들(Different Drums)'과 같은 이니서티브는 앞에 언급한 드럼들을 함께 연주하도록 만드는 것이다. 이것을 근거로 스미스는 음악치료가 좀 더 넓은 범위에서 역할을 수행할 수 있다고 주장하였다.

> 분열된 사회 안에서 통합적 활동의 역할을 하는 음악치료는 우리가 살아온 황폐한 파괴와 분열의 시기 이후 우리 사회의 재건을 위해 이러한 접근을 사용할 수 있다. 북아일랜드 지역이나 다른 분열된 사회에서의 음악치료는 우리의 분열을 창의적으로 탐구하고 이러한 분열을 불협화음이 아닌 조화로운 다양성으로 이해하고 변화시킬 수 있는 능력을 기르는 기회를 제공할 것이다.
>
> (Smyth, 2002, p. 79)

2) 역자 주: 1690년에 발생한 보인강 전투에서 가톨릭 교도인 제임스 2세를 무찌른 윌리엄 오렌지공 3세를 추종하여 18세기에 아일랜드에서 개신교들이 조직한 우익 단체이며, 개신교를 보호하기 위해 조직되었다.

글 상자 6-5　**음악을 통한 갈등 변화**

　　미국의 음악치료사인 바바라 던(Barbara Dunn, 2008)은 성인 간의 갈등을 해결하기 위한 과정에서 어떻게 음악을 사용할 수 있는지에 대해 연구하였다. 이를 위해 선택된 이론적 방향은 **갈등 변화**로, 이는 갈등 해결(conflict resolution)과는 반대의 개념이다. 갈등 변화의 선구자 중 한 명인 존 폴 레더라(John Paul Lederach)를 참고하자면, 저자는 차이에 대해 다음과 같이 설명하였다.

　　만일 확인된 문제만 해결한다면(갈등 해결을 위한 표준적인 실천처럼), 그것이 해결되고 난 후에도 그 문제를 일으키는 조건은 그대로 남아 있을 것이다. 이러한 조건은 문제를 다시 떠오르게 하거나 새로운 문제를 발생시키는 환경을 조성할 수도 있다. 그러므로 처음부터 갈등을 일으키는 환경을 '**변화**'시키는 것이 가장 중요한 점이다(Dunn, 2008, pp. 2-3).

　　던의 연구에서는 갈등을 변화시키기 위한 음악의 효과를 알아보기 위해 18명의 경력 있는 갈등 조정 중재인이 연구자가 설계한 연수에 참여하였다. 추가로 던은 갈등 중재 전략을 위해 음악을 사용한 경험이 있는 세 명의 국제적인 전문가로부터 정보를 수집하였다. 갈등은 이웃 간의 분쟁부터 논쟁거리가 많은 국제 관계에 이르기까지 삶의 여러 분야에 존재한다. 참여자 중 한 사람은 갈등 중재를 위한 음악의 가능한 역할에 대해 다음과 같이 설명하였다.

　　그들은 논쟁을 시작하고 점점 거칠어지며, 그들 자신과 어떻게 부당한 대우를 받았는지에 대해 매우 집중한다. 그 시점에는 '나'에 관한 것이 전부다. ……해결되기 전까지 각자에게는 내부적으로 일어나는 일종의 변화가 있다. 그러한 사람에게 일어나는 몇 가지 사항이 있다. 그들은 부드러워지면서, 스스로에게서 벗어나 타인의 관점에서 볼 수 있게 된다. ……일단 사람이 특정 단계에 들어서면 자기 자신에게 동정심을 가지게 되고, 이는 본인의 감정을 검증함으로써 이루어진다. 동정심을 가지게 되면서 우리는 그 행동을 중재자로서 모델링(modeling)한다. 이러한 일들이 다음 단계로 움직일 수 있게 도와주는 것이다. ……우리가 보다 수용적으로 되거나 유동적인 태도를 취한다면, 갈등의 해결 및 가능한 해결책으로 이어지는 움직임을 볼 수 있게 될 것이다. 나는 음악이 이런 부분에서 매우 효과적이라고 생각하는데, 그 이유는 음악이 뇌의 상태를 바꾼다는 것, 즉 뇌파가 실제로 변화되는 것이 입증되었기 때문이다. 나는 과학이나 전문 기술—베타, 알파, 감마 등—에 대해서는 잘 모르지만, 음악은 실제 뇌파를 변화시켜 사람을 보다 수용적인 태도로 만들어 준다. 이는 당신을 자기 자신에게서 벗어나게 해 준다. 나는 음악이 우리 안에 있는 깊은 무엇을 건드려 우리가 더 크고 보편적인 유대감에 연결되어 있음을 일깨워 줄 수 있다고 생각한다(Dunn, 2008, pp. 62-63 참여자).

갈등 변화는 커뮤니티의 관계, 관심사, 담론 및 구조 등에 참여하는 것을 의미한다. 던은 음악의 가능성에 대한 자신의 요약에서(Dunn, 2008, p. 66), "음악은 공통점을 만들어 주고, 심리적 변화를 이끌어 내며, 감정과 생각을 다루고, 의사소통을 개선함으로써 갈등을 변화시킨다."라고 하였다. 이것은 연구에서 제시된 세 가지 주요 주제 중 하나로 명시되어 있다. 갈등 변화와 관련된 음악의 효과는 개인적, 의사소통적, 사회적일 뿐만 아니라 생리학적이기도 하다. 연구에서 제시된 다른 두 개의 주요 주제에서는 이러한 효과가 특정 조건과 고려 사항에 의존하고 있다고 말한다. 조건의 중요성은 "음악에 대한 선행적 경험은 갈등을 해결하기 위해 이를 사용하는 능력에 영향을 미친다."라는 주제에 설명되어 있다(Dunn, 2008, p. 66). 이 주제는 문화적 맥락의 인식에 대해 말하고 있다.

미국에서는 갈등을 다루는 장소보다는 공연장에서 음악을 찾는 것이 더 일반적이다. 참여자들이 표현한 의구심은 이러한 문화적 맥락 안에서 볼 때 충분히 이해할 수 있다. 다시 말해, 나의 음악치료에서의 경험상 개인적으로 혹은 내담자와 함께 관찰된 중재로서의 음악에 대해 긍정적인 경험을 하기 전까지 내담자나 동료들은 비음악적 목표를 위한 음악의 사용을 충분히 이해하거나 지지하는 것 같지 않았다(Dunn, 2008, p. 77).

세 번째 주제는 "갈등을 다루는 데 있어 음악적 활동은 신중하게 고려해야 한다."라는 것이다(Dunn, 2008, p. 69). 던의 연구 결과에 따르면, 음악이 갈등 변화에 효과적일 가능성이 있는데, 이는 음악이 일반적으로 사용되는 언어 전략보다 인간 기능의 다른 차원들을 건드리는 것을 더 잘 할 수 있기 때문이다. 그러나 던은 음악을 실제에 적용할 때 음악적 운동이나 활동을 어떻게 제시할지, 어떠한 악기나 음악을 선택할지, 선택된 활동이나 음악 및 악기가 참여자들의 문화와 어떤 관련이 있는지를 신중하게 고려해야 한다고 하였다. 따라서 이 연구는 중재자들이 레퍼토리에 따라 음악을 활용하고, 음악치료사들은 비임상적 환경에서 자신들의 기술을 사용하도록 하였다.

🎧 성찰적 쟁점: 인식과 비판

커뮤니티 음악치료 실제는 적극적인 성찰을 요구하는 방식으로 실제 세계의 어려움을 다루고 있다. 그러한 성찰의 과정은 연구에 기반을 두고 있지만, 참여적 에토스의 관점에서는 음악치료사가 유일한 혹은 핵심 전문가는 아니다. 그러므로 성찰은 실제의 맥락에서 봤을 때, 협동적 과정과 마찬가지로 항상 양자적 구성으로 되어 있다.

성찰적 특질은 **인식**(recognition)과 **비판**(critique)의 쟁점과 관련이 있다. 상호 존중과 인정 없이 공유할 수 있는 성찰을 만들어 내는 것은 불가능한 일이다. 이러한 방식으로 이해할 때, 바흐친(Bakhtin)이 제시한 바와 같이 성찰은 다른 사람의 의식을 확인할 수 있는 대화형 행위다(Stige, 2002 참조). 주요 이론으로 호네트(Honneth, 2003)의 연구에서는 개인적 수준과 다양한 집단적 수준에서의 인정을 알아보았다(Ruud, 2010). 동등함과 결속을 제외하고, 모두가 목소리를 내는 분위기는 만들 수

사진 6-7 │ 오클랜드 대학교에 위치한 뇌연구센터에서 열린 뇌의 날(Brain Day) 발표. 내용과 비전에 대한 토의.

사진 제공: Godfrey Boehnke.

는 없었다. 그러므로 이해가 침묵이나 억압의 다른 수단에 의해 왜곡될 때, 성찰적 특질은 특정한 방식으로 관련된다. 커뮤니티 음악치료는 다양한 의견을 낼 수 있는 방식의 발전된 성찰을 조성하는 분위기 속에서 사람들이 협동할 수 있도록 장려한다.

커뮤니티 음악치료에서는 언어의 사용을 넘어 성찰의 포괄적 개념을 아는 것도 매우 중요하다. 성찰의 활동은 인간의 방식과 활동들을 전제적인 시점에서 바라볼 수 있게 만든다. 우리는 종종 언어적 과정을 통해 이를 수행해 왔지만, 이러한 기능을 수행하기 위해 다른 양식을 사용하는 것은 음악 작업을 할 때 매우 적절하다고 할 수 있다(Stige, 1995). 워너(Warner, 2005)와 다른 몇몇 음악치료사들은 참여적 실천 연구를 통해 이에 대해 탐구하였다('글 상자 6-6'과 제9장 참조).

비록 성찰이 언어의 양식을 포함하고 있을 때도, 심리치료 맥락에서 수행되는 언어적 처리의 관습적 접근방식을 따를 필요는 없다. 커뮤니티 음악치료에서 언어적 성찰이 일어날 수 있는 방식에 반드시 두 사람이 마주 보고 앉아 이야기하는 것만 있는 것은 아니다(Krüger, 2007). 맥퍼란(McFerran)은 정서 및 행동 문제를 가진 젊은 남성과의 커뮤니티 음악치료에서 커뮤니티 기반 프로그램에 관한 삽화를 통해 언어적 성찰의 특징에 대해 다음과 같이 설명하였다.

> "주말은 잘 보냈나요, 사이먼?" 급한 과제 때문에 다른 학생들이 방에서 나가자 음악치료사가 물었다. "어…… 몇 군데 전화할 데가 있었어요." 사이먼이 휴대전화를 꺼내 보면서 대답하였다. "괜찮아요." 음악치료사가 장비를 정리하기 위해 일어나면서 대답하였다. 친구들이 주변에 없을 때 곧바로 어색함을 느끼는 이 젊은 남성에게 친밀하게 얼굴을 마주 보며 대화를 나누는 것은 너무 힘들 수 있다. 만약 상황이 좀 더 가벼웠다면 사이먼이 좀 더 이야기를 나눌 수 있을 거라는 것을 맥퍼란은 알고 있었다.
>
> (McFerran, 2010, p. 196)

맥퍼란(2010)은 이야기하는 것이 그것의 내용보다 더 중요할 수 있으며, 예를 들어 가족과 학교 간의 관계에 대해 고민하는 것과 같이 그들의 상황과 관련하여 성찰할 수 있는 참여자들의 능력을 이끌어 내는 방식에 대해 계속하여 설명하였다.[2]

음악치료는 학교 체계에서의 실패를 넘어서기 위해 노력하고 있는 사이먼에게 친구들과의 관계망을 연결해 주는 즐거운 경험을 제공할 수 있을지도 모른다. 다른 사람과의 음악 만들기가 가족과 학교 간에 직접적인 연결고리를 만들 수는 없지만, 사이먼의 의도를 촉진하여 연결의 경험을 제공할 수는 있을 것이다.

(McFerran, 2010, p. 198)

커뮤니티 음악치료에서 공유된 반영의 원천으로서의 연구에 대해 성찰(reflexivity)—본인의 위치와 관점에 대해 비판적으로 살필 수 있는 능력—은 필수적이다(Sitge, 2002). 커뮤니티 내에서 음악치료사가 적극적으로 음악적·사회적 역할을 할 수 있도록 돕는 연구기반의 지식은 필요하지만, 주어진 상황에서 이러한 지식과 다른 관련 지식 사이의 관계 역시 알아 두어야 한다.

글 상자 6-6 　커뮤니티 홈의 집단 음악치료에 대한 실천 연구 조사

　영국의 음악치료사인 캐서린 워너(Catherine Warner, 2005)는 커뮤니티 홈에서의 집단 음악치료를 조사하기 위한 실천연구 프로젝트를 시작하였다. 이 프로젝트는 중증 학습장애 및 행동 문제를 가진 성인 거주자들을 대상으로 일 년 동안 집단음악치료 과정을 진행하는 것이었다. 두 명의 음악치료사와 커뮤니티 홈의 거주자 및 관계자가 함께 참여하였다. 참여적 실천 연구의 기조에 따라 그들은 모두 공동 연구자로 참여하면서 연구 과제, 설계, 결과 해석 등의 과정에 협력하였다.

　워너와 공동 연구자들이 직면하였던 어려움 중의 하나는 참여 대상 중의 몇몇 사람이 언어를 사용할 수 없다는 점이었다. 그렇다면 어떻게 그들을 공동 연구자로 참여시킬 것인가? 해당 집단은 실험 과정의 중심이 된 시각·음향 자료를 혁신적으로 연구하여 경험적 출처와 성찰을 위한 도구로 사용하였다. 관심사를 표현하기 위한 언어적 능력이 부족했음에도 불구하고, 그들은 설계 및 프로젝트의 이행에 몇 가지 변화를 만들어 낼 수 있었다. '행동을 통한 성찰'을 행함으로써 거주자들은 악기나 장비 사용뿐 아니라 음악적 상호작용에서도, 또한 방의 배치에서도 변화를 보이기 시작하였다.

　이 연구에서 한 가지 어려웠던 점은 몇몇 참여자들이 상황을 변화시키기 위해 의도적으로 어떠한 태도를 취하는 것인지, 혹은 그들의 행동이 기본적으로 반응하고 표현하는 것인지를 어떻게 알 수 있느냐는 것이다. 예를 들어, 커뮤니티 홈 연구 과정에서 랄프 (Ralph)라는 한 참여자는 일 년의 과정 동안 비디오카메라를 여러 번 내리쳤다. 카메라가 없을 때 랄프는 평소보다 그 방에 오래 머물렀다. 그 결과 연말쯤에 음악치료사와 주간보호사는 카메라를 사용하지 않기로 하였다. 또한 치료사는 자신의 카메라 사용에 대해 생각해 보고, 일상적인 실제 환경에서 카메라에 대한 의존도를 줄여 나갔다. 참여자로서 우리는 랄프가 의도적으로 카메라를 싫어한 것인지, 아니면 단지 물건을 내리치는 것을 좋아한 것인지 알 수 없었다. 우리는 비록 우리가 항상 알 수는 없지만, 그 의도에 대한 해석은 행동 그 자체만큼이나 중요한 요소였으며, 이러한 해석은 우리의 비판적 성찰의 한 부분이어야 함을 인정해야 하였다(Warner, 2005, p. 18).

모든 참여자는 몇몇 거주자들의 환영하기 어려운 의사소통을 이해하는 것에 대한 어려움을 성찰하였고, 거주자들이 무엇을 할 수 있는지에 대한 기대가 높아졌다. '환영하기 어려운 의사소통'은 공격적인 사건이나 행동을 의미한다. 이 연구 과정을 통해 나타난 몇 가지 어려운 질문 중의 하나는 이러한 행동들을 '의도를 성찰한 행동', 즉 '행위 (actions)'로 해석해야 하는지에 관한 것이었다. 다시 말해, 그러한 행동들을 단지 함께 일할 때 나오는 부정적인 행동으로 간주해야 하는가, 아니면 거주자들의 관심사를 표현한 정당한 표현으로 인정해야 하는가? 프로젝트가 표현에 관한 다양한 방식을 사용하고 성찰하는 것을 반복해 나가면서, 관계자들과 음악치료사는 점점 '환영하기 어려운 의사소통'을 관심사에 대한 정당한 표현으로 인정하려는 경향이 생겼다. 이는 또한 거주자들 간의 개별적인 차이점에 대한 인식의 증가로 이어졌다.

이 연구는 취약계층의 사람과 연구를 진행할 때의 일반적인 어려움을 보여 주었다. 다른 학자들과 더불어 워너는 좋은 실제에 대한 시각과 이러한 연구에서의 순환적 합의 과정을 발전시켰다(Norman, Sellman, & Warner, 2006).

🎧 윤리 주도적 쟁점: 반응과 책임

개인의 병리에 관한 진단 정보를 알리는 전문가의 결정이 커뮤니티 음악치료를 좌지우지하지는 않는다. 그 역할을 하는 것은 음악 및 건강, 커뮤니티의 협의된 시각이다. 우리가 다음 장에서 논의할 내용과 같이, 이러한 시각은 반드시 가치 주지적이어야 한다. 커뮤니티 음악치료의 윤리 주도적 특질은 **반응성**과 **책임**과 같은 쟁점을 가지고 있다. 다음에 에이건(Aigen)이 설명한 바와 같이, 반응성은 음악적 특질이라고 여길 수 있지만, 대인관계 역시 포함하고 있다.

> 생생하고 살아 있는 양질의 음악을 창조하는 것은 음악가들이 완벽한 조율과 정확하게 동시에 일어나는 음악적 사건에서 서로를 밀접하게 연결시켜 자신의 정체성을 완벽하게 통합할 수 있는 능력에서 비롯된 것이 아니다. 대신 음악은 우리의 간격을 유지하면서도 서로를 연결할 수 있는 독특한 방식으로 만들어진다. ……그러므로 그루브(groove)[3]는 마땅히 사회적 행위다. 이것은 현재의 순간과 그 순간에 타인의 음악적 기여에 대한 인식과 반응성을 필요로 한다. 그러므로 그루브가 성립되려면 내담자를 음악치료로 이끄는데 나타나는 장벽, 특히 사회적 고립을 강화하는 그러한 장벽들을 넘어서야 한다.
>
> (Aigen, 2002, p. 35)

음악적 · 사회적 반응성은 연결되어 있다. 이는 음악치료 문헌의 많은 부분에서 인정받고 있는, 의사소통적 음악성과 사람과의 교류에 대한 이론에서 음악적 상호작용을 종종 찾아볼 수 있다(Malloch & Trevarthen, 2009). 커뮤니티 음악치료에서 의사소통적 음악성은 파블리세빅과 앤즈델(Pavlicevic & Ansdell, 2009)이 음악적 · 사회적 발달을 결합하는 모델에 대한 논의에서 설명한 것과 같이 필요 충분한 이론적 기반을 제공하지는 않는다. 커뮤니티 음악치료에서 반응성은 개인과 상호작용 이상의 의미가 있다.

반응성은 필연적으로 책임과 연결되어 있다. 커뮤니티 음악치료는 사람들의 상황과 관련하여 진행되며, 상황에 맞게 도움과 지지를 제공한다. 커뮤니티 음악치료는 구체적으로 병리적 측면에 중점을 두지 않으므로 개인의 부족한 점에 일방적으로 집중하거나 체계의 부적절함을 간과할 가능성이 작다. '피해자를 비난'(Ryan, 1971)할 위험도 상당히 감소한다. 이와 같은 특성이 '체계를 비난하기'로 대체되어

---

3) 역자 주: 본래는 레코드 음반에 있는 얇은 선인 홈(소리골)을 의미하나, 여기서는 주어진 음악의 반복적 패턴 및 흐름에 따른 특유의 리듬감을 의미한다.

서는 안 된다. 비록 체계의 결점이 종종 확연하게 보일지라도 항상 개인적 책임의
쟁점을 알아보는 것과 관련된다.

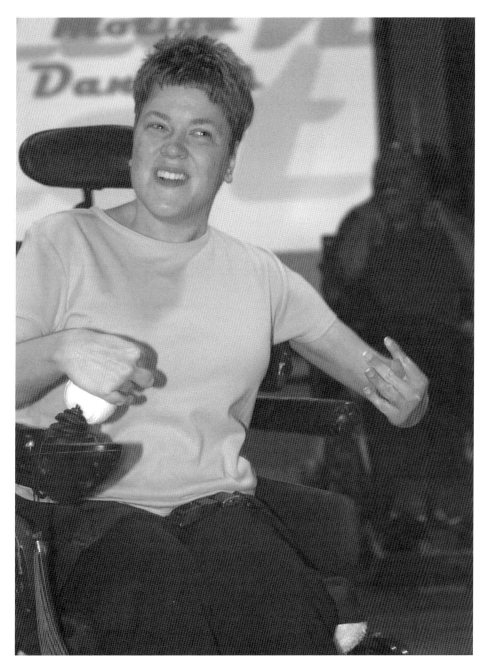

사진 6-8 │ 미국 조지아주 밀리지빌에 위치한 창조적 표현 스튜디오와 갤러리 원 동작 무용가 토리
(Torie).

사진 제공: Scott Kitchens.

리오(Rio, 2005)는 노숙자이거나 최근에 노숙자 쉼터에서 가정으로 돌아간 사람을 대상으로 치료적 과정을 연구하였다. 참여자들은 교회 성가대에 포함되어 노숙생활, 약물 남용, 대인관계, 음악, 창의성 및 영성의 쟁점을 연구하는 음악치료 프로그램과 연구 과정에 참여하는 데 동의하였다. 리오가 주장하는 바에 따르면, 개인적 쟁점에 대한 통찰력의 발전이 참여자들에게 가장 중요한 점이었으며, 이는 중독이나 길거리 생활로부터 그들을 회복시키는 것을 도울 수 있었다.

커뮤니티 음악치료에서 개인적 책임의 탐색이 필요하기는 하지만 충분하지는 않은 이유는, 그것이 성찰의 한 측면만을 다루고 있기 때문이다. 커뮤니티 음악치료의 활동가적 특질은 물질적·사회적 불평등과 개인적·집단적 수준에서의 인식 부족이 사람들이 겪고 있는 문제에 어떻게 기여하는지를 탐색할 필요가 있음을 시사한다(Ruud, 1987/1990; Storsve, Westby, & Ruud, 2010).

커뮤니티 음악치료의 참여적 특질은 반응성과 책임의 관계가 음악치료사뿐만 아니라 모든 참여자에게 있어 주요 쟁점임을 나타낸다. 노인 합창단에 관한 연구에서 스티게(2010b)는 타인의 요구를 포함할 수 있는 반응성이 잠재적으로 방대한 책임의 문제임을 논의하였다. 몇몇 합창단 단원은 이에 대한 우려를 표현하였으나, 사람들이 서로에게 반응적이고 책임이 분산되기 때문에 협력적 가창/노래 부르기가 긍정적으로 기여함을 제안하기도 하였다. 스티게는 이를 **상호 돌봄의 문화**[3]라고 지칭하였다.

> ### 글 상자 6-7 　검은 토요일 산불(The Black Saturday Bush Fires) 이후
>
> 호주의 음악치료사인 카트리나 맥퍼란(Katrina McFerran, 2009)은 커뮤니티의 긴급 사태, 이 경우에는 2009년 2월에 빅토리아(Victoria) 주에서 일어난 대형 화재에 대한 대응으로 시작된 커뮤니티 음악치료 프로젝트의 예에 관해 기술하였다. 이 화재로 인해 거의 200명에 가까운 사람이 목숨을 잃고, 많은 가족이 그들의 주거지를 잃었다.
>
> 나는 이 작은 시골 마을을 7주 동안 여행하면서 이 프로젝트를 주관한 나의 동료, 케이트 테글러브(Kate Teggelove)와 함께 일하였다. 케이트는 그 지역의 수학 선생님으로부터 연락을 받았는데, 학교에서 만난 자신의 학생들을 도울 방법을 간절히 찾고 있었

다. 케이트는 도움을 주고 싶었고, 자신이 아는 음악치료사 중 학생들과 일하는 사람들에게 이메일을 보냈는데, 그들 중 하나가 나였다. 이 일은 9 · 11 테러 이후 뉴욕의 동료들에게서만큼 즉각적이고 독립적인 반응을 불러일으키지는 않았다(Amir, 2002에 서술된 것과 같이). 호주의 여름에 어느 정도의 산불은 흔히 예상할 수 있는 일이기 때문에 그들은 음악치료 커뮤니티의 긴급한 반응을 이끌어 내지는 못하였다. 그러나 이 화재는 매우 심각하였다. ……필연적으로 그렇듯 모든 지원이 줄어들기 시작할 때, 나는 그 상황에 도움이 되고 싶다는 생각을 하였던 것을 상기하였다. 그래서 케이트가 그 프로젝트에 대해 이메일을 보냈을 때 나는 즉각 대답하였으며, 지금까지도 무언가 할 수 있는 기회를 준 것에 감사한다.

화재에서 살아남은 죄책감과 싸우는 이 젊은이들과 함께 일하였던 나의 경험은 많은 수준에서 가슴을 따뜻하게 하는 일이었다. 내게는 이것이 실제에 대한 성찰로서 실제로 이론이 살아나는 것과 같은 종류의 작업이었다. 시작하기 전 나는 음악치료와 외상에 관한 줄리 서튼(Julie Sutton, 2002)의 책에 몰두했었고, 재외상화(re-traumatisation)에 대해 걱정하였다. 나는 커뮤니티 음악치료 이론의 관련성을 생각해 보았고(Pavlicevic & Ansdell, 2004; Stige, 2003), 치료 계획 및 예상되는 결과에 비추어 보았을 때, 이 연구가 기존의 음악치료와 어떻게 다른지를 고려하였다. 나는 내가 가장 좋아하는 어빈 얄롬(Irvin Yalom, 2005)이 집단과 작업할 때의 조언과 앤디 맬리코프(Andy Malekoff, 1997)의 청소년에 관한 조언을 다시 한번 더 살펴보고, 내 자신이 재미를 즐길 줄 아는 어른이면서 동시에 자신의 위치를 지키지만, 희망을 잃지 않는 모습을 보이려 하였다(McFerran, 2009).

음악치료사들은 학생들이 화재 이후에 슬픔이라는 주제에 접근하는 속도를 조절할 수 있도록 하는, 조심스러운 접근법을 취하기로 하였다(이는 집단에 따라 달랐다). 또한 치료사들은 생태적 관점을 취하였으며, 학생으로서, 시골 지역에 사는 구성원으로서, 화재 이후 재건에 힘쓰는 커뮤니티의 일원으로서, 또한 학생들이 만들려고 노력하는 미래의 일부분으로서의 상황에 놓인 젊은이들에게 초점을 두었다. 저자들(McFerran & Teggelove, 2011)은 집단 역동과 집단 발달에 대해 기술하였으며 집단 즉흥연주, 연주 및 노래 만들기와 같은 활동에 참여하였다. 해당 지역의 음악가들과 협력하여 '나는 나(I Am Who I Am)'라는 제목의 CD를 만들어, 지역 식당에서 발표하였다. 집단이 그들의 작품을 공연하고 기념하는 것을 가족과 친구들이 관람하는 공개 행사였다.

🎧 아래에서부터, 바깥으로, 그리고 주변으로

우리가 일상에서 '쟁점'이라고 칭하는 단어는 '관심사'와 '논의할 주제'의 두 가지 의미가 있다. 두 가지 의미 모두 타당하며, 커뮤니티 음악치료의 쟁점은 음악치료사나 다른 전문가에 의해 정의되지 않으므로 후자의 경우가 중요하다. 그 쟁점은 종종 '아래에서부터(from below)' 나타나며, 대개 대화와 협상을 통해 구체화된다. 다음 장에서 우리는 '아래에서부터' 나타난 이 개념을 뒷받침하는 가치에 대해 알아볼 것이다. 이 장에 제시된 예들은 커뮤니티 음악치료의 과정이 또한 '바깥으로 그리고 주변으로(outwards and around)'라고 할 수 있음을 나타내고 있다. 스티게(Stige)와 동료들은 다음과 같이 말하였다.

> 이 책에서 설명하고 있는 연구의 전반적인 방향은 '바깥으로 그리고 주변으로[4)'[기존의 음악치료에서 전형적으로 다루는 관심사인 '아래로 그리고 안으로(down-and-within)'와 반대]다. 우리는 이러한 특성을 그 용어의 넓은 사회학적 의미로서 수행적이라고 부르기로 하였다. 콘서트나 대중 공연이 때때로 중요하기는 하지만, 커뮤니티 음악치료의 수행적 특성은 이보다는 훨씬 더 넓은 의미의 무언가를 제안한다. 이것은 인간 발달의 **관계적 관점**에 기초하고 있으며, 또한 사회적 특징을 강조하는 음악의 개념을 제안하는 방식으로 커뮤니티 음악치료의 음악 중심적 본질을 강조하고 있다.
>
> (Stige et al., 2010b, p. 282)

'아래에서부터, 바깥으로, 그리고 주변으로'는 커뮤니티 음악치료 실제의 참여적ㆍ관계적ㆍ생태적 특징들을 재정리한다. 이러한 특징은 **의료적 모델**과 비교하여 뚜렷하게 부각된다. 의사 결정 과정에서 의료적 모델은 전문의가 개인의 문제를 살피고 진단을 내리며, 중재를 처방하고 처방된 치료의 효과를 평가한다는 것을 의미한다. 좀 더 구체적으로 말하면, 의료적 모델은 몇 가지 상호적으로 연결된 가정을 통해

---

4) 역자 주: 관습적 음악치료에서는 비밀유지, 보안, 개인정보 보호가 우선시되나, 커뮤니티 음악치료에서는 외부에 자신을 노출하고, 주변과 교류하게 하는 것을 우선시함을 의미한다.

정보를 얻는다. 개인은 과학적 설명이 가능한 장애나 상태를 나타내는 데 비해, 중재는 구체적으로 문제 개선을 위한 방법에 따라 정의된다.

의료적 모델의 가정들은 커뮤니티 음악치료의 참여적·관계적·생태적 기초와는 상당히 다르다. 의료적 모델은 의학에서뿐만 아니라 영향력 있는 모델이기 때문에 가치가 없다.[4] 음악치료 문헌에서는 롤브쇼르드(Rolvsjord, 2010)가 정신건강 분야에서의 자원 지향적 음악치료의 접근에 관한 연구에서 의료적 모델이 우세한 것에 대한 우려를 설명하고 있다. 이 접근에서는 병리보다는 자원을 강조하고 있으며, 치료사가 시작한 중재를 통해 증상을 경감하기보다는 협력을 통한 상호적 역량 강화를 목표로 한다. 커뮤니티 음악치료 문헌에서 비슷한 사례들을 흔히 찾아볼 수 있다. 몇 가지 예들이 이를 설명한다. 베인즈(Baines, 2000/2003)와 프록터(Procter, 2001, 2004)는 명확하게 비의료적인 사용자 중심의 정신건강 서비스에 관해 연구하였다. 스티게(Stige, 2002, 2003)는 커뮤니티 음악치료가 민주적인 협력과 시민참여의 방향으로 음악치료의 방향 전환을 주도한다고 주장하였다. 앤즈델(Ansdell, 2002, 2003)은 현대 음악치료의 가정들을 비판적으로 검토하며, 조금 더 공동체적이고 맥락 통합적인 접근 방식을 주장하였다. 루드(Ruud, 2010)는 커뮤니티 음악치료의 출현이 음악치료에서의 새로운 언어를 발전시켰다고 제안하였는데, 실천 참여, 주변화된, 건강과 같은 단어들은 행동, 갈등, 불이익, 질환과 같은 단어들을 대체한다.

이러한 주장들은 일반적인 반의료적 주장에 해당하지는 않는다. 의료적 모델은 그 자체의 강점과 제한점이 있으며, 이는 그것이 설계된 맥락에서 평가되어야 한다. 여기에서 주된 우려는 의료적 모델의 가정이 다른 분야와 부문으로 확장되는 것이다. **의료화**(medicalization)는 주로 질환이나 장애와 같은 측면에서 인간 문제와 과정이 의학적으로 정의되는 과정을 의미한다(Conrad, 2007, p. 49). 의료화된 문제는 관찰, 진단, 치료 및 예방에 있어 의사나 다른 보건 전문가의 관할하에 있다. 의료화가 모든 측면에서 부정적인 발전을 하는 것은 아니다. 대다수의 사람은 점점 더 많은 질병을 효과적으로 치료할 가능성에 박수를 보내고 있다. 어떤 사람은 좀 더 우려를 보이기도 하는데, 예를 들어 경제적·개인적·사회적·문화적 비용이 들 것에 대한 것이다. 경제적 비용은 당연히 전문가의 급여, 의료 장비, 약, 기타 등등에 관한 비용 지출을 포함한다. 개인적·사회적·문화적 비용은 분석하기는 좀 더 어렵지만, 사람들의 강점보다는 취약성을 키우는 확장된 '치료 문화(therapy culture)'(Furedi, 2004)의 지각된 문제를 포함한다. 사람들은 전문가의 도움에 점점 더 의존하게 된다. 그러므로 의료화의 사회학적 문헌은 상당 부분 비판적 문헌들이다.

의료화는 의료 전문가에 의해서만 주도되거나 시작되는 과정은 아니다. 그 역학은 복잡하며, 현대화의 일반적 과정(전문화와 상업화와 같은)이나 의료에 전문화된 과정(보건 전문가, 당국, 산업, 환자 단체들의 관심사나 주도와 연계된)에 의해 형성된다. 그러므로 의료화는 '의료적 제국주의'의 측면에서만 생각할 수는 없다(Conrad, 2007). 몇몇 과정은 다양한 수준에서 상호작용하며, 보건과 관련된 모든 전문가는 의료화와 관련하여 전문가의 역할에 대해 깊이 생각해 볼 필요가 있다. 만약 커뮤니티 음악치료가 진단, 병리, 치료에 중점을 두는 것과 같이 의료적 모델에 의한 가정들을 기초로 하고 있다면, 이러한 실제는 커뮤니티 생활의 의료화에 기여하는 것이다. 커뮤니티 음악치료는 참여자들의 일상생활에 가까운 과정이나 행사들에 관여하며, 결과적으로 의료화로 이어질 위험과 관련하여 높은 수준의 자기비판적 인식을 필요로 한다. 그러므로 우리는 명백한 비의료적 혹은 의료 외적 기반이 커뮤니티 음악치료의 기초가 되어야 한다고 주장한다.[5]

∩ 결론

이 장에서 우리가 언급하였던 특질이나 쟁점은 커뮤니티 음악치료가 어떻게 사람들과 음악적으로 작업하는지를 보여 주었다. 그러므로 커뮤니티 음악치료는 개인적이면서 공적인 쟁점을 동시에 포함하고 있다. 이는 전형적으로 개인적·사회적 변화를 모두 포함하는 변혁(transformation)을 요구한다. 커뮤니티 음악치료의 실제적 쟁점은 개별적 요소를 가질 수는 있지만, 개별적인 수준으로 축소될 수는 없다. 이에 대한 예로는 통합, 사회정의, 평화와 같은 쟁점들이 있다. 커뮤니티 음악치료는 또한 우정, 사회관계망, 음악 창의성, 영성 및 미적 차원과 같은 긍정적이고 성장 지향적인 목표를 포함하는 건강 증진 활동에 대한 관심을 높인다. 이러한 쟁점은 단지 문제로만 표현되는 것이 아니라 자원의 동원을 위한 가능성으로도 표현되며, 또한 개별적 혹은 양자적 수준으로 표현될 뿐 아니라 집단, 시설, 커뮤니티 수준으로도 표현된다. 다양한 수준에서의 요구는 서로 관련되어 나타난다. 개인적 요구는 집단, 단체, 지역에 관련하여 정의된다. 이는 커뮤니티의 문제들을 심각하게 처리할 것을 요구한다. 노숙, 범죄, 폭력, 편견, 배제, 가난, 실업, 약물 및 알코올 남용, 병이나 질환의 유행 등의 문제가 이에 포함된다.

우리는 두문자어 'PREPARE'로 정리한 특질들을 자세하게 설명함으로써 실제적 쟁점들을 확인해 보았다. 커뮤니티 음악치료의 **참여적** 특질은 특히 배제나 주변화를 경험한 사람에게 중요한 문제인 통합과 시민참여의 쟁점을 다루고 있다. 커뮤니티 음악치료의 **자원 지향적** 특질은 유형 및 무형의 자원과 연관되어 박탈, 가난, 불평등을 경험한 사람에게 역시 중요한 문제인 복지와 평등 같은 쟁점과 관련되어 있다. 커뮤니티 음악치료의 **생태적** 특질은 체계 간의 관계 및 하나의 체계에서 다른 체계로 넘어가는 사람들의 전이와 같은 쟁점들을 다루고 있는데, 이 두 가지는 다양한 방식에서 생산적일 수도 파괴적일 수도 있다. **수행적** 특질은 커뮤니티 음악치료가 건강과 발달에 관련하여 기본적으로 얼마나 선도적인 역할을 하는지를 설명하고 있는데, 이는 주로 건강 증진 및 문제 예방에 중점을 두고 있다. 커뮤니티 음악치료의 **활동가적** 특질은 개인적 변화와 사회적 변화가 서로 연관된 '변화된 활동주의'에 주로 초점을 두고, 인식과 사회 변화 같은 쟁점을 다루고 있다. **성찰적** 특질은 인식과 비판의 쟁점을 다루고 있는데, 인식은 개인적 수준과 집단적 수준에서 찾을 수 있으며 비판은 침묵이나 억압의 다른 수단에 의해 이해가 왜곡될 때 중요하게 간주된다. 커뮤니티 음악치료의 **윤리 주도적** 특질은 반응성과 책임의 쟁점을 다루고 있는데, 이는 개인적 · 커뮤니티적 수준에서 어려운 우발적 상황에 대비하여 존엄하고 품위 있는 삶을 위한 협력적 노력으로 표현된다.

주어진 예에서 쟁점과 관련하여 강조된 특질들은 다양한 쟁점이 가지고 있는 도전과 가능성을 보여 주고 설명하는 '손잡이'로 쓰였다. 이 장의 시작 부분에 명시한 바와 같이, 각각의 쟁점이 나타내는 복잡한 상황이나 과정을 다루기 위해서는 서로 관련된 다양한 특질을 나타내는 접근이 필요하다. 예를 들어, 생태적 · 활동가적 · 성찰적 특질을 포함하지 않는 것은 문제를 개별화하거나 '피해자를 비난하기'와 같은 결과를 가져올 수 있다(Ryan, 1971). 윤리 주도적 특질과 관련된 쟁점은 한 가지 중요한 점을 요약하여 설명할 수 있다. 자원을 동원하거나 사회 변화를 일으키기 위해 사람들을 돕는 것과 같이 개인과 커뮤니티 간의 관계와 관련되어 일하는 것은 존엄성과 평등함을 가진 삶에 대한 권리를 인정하는 것으로 간주될 수 있다.

　이 장에서 언급된 쟁점들은 커뮤니티 음악치료가 참여적 · 관계적 · 생태 지향적 실제라는 것을 나타낸다. '아래에서부터, 바깥으로, 그리고 주변으로'라는 구절은 이러한 특징들을 포착하고 있으며, 이는 커뮤니티 음악치료가 의료적 모델과 대조적임을 보여 준다. 만일 커뮤니티 음악치료의 실제가 의학적 가정—진단, 병리, 치료에 중점을 둔—에 기반을 둔다면, 이는 최근 현대사회의 의료화 경향에 보탬이 될 것이다. 그러므로 우리는 커뮤니티 음악치료가 비의료적 혹은 의료 외적 기반을 갖추고 있어야 한다고 주장한다.

　제2장에서는 전통적 실제의 현대적 상황과 관련하여 '다중치유체계'라는 용어를 사용하였다. 아프리카의 여러 예를 언급하면서 우리는 전통적인 치유자들, 커뮤니티의 이니셔티브들, 의료 서비스들이 어떻게 공존하고 서로를 보완하였는지를 알아보았다. 커뮤니티 음악치료의 상황도 아마 비슷할 것이다. 현대사회에는 건강을 증진하기 위한—의식과 근거의 범위에 따라—다수의 실천이 있다. 만일 우리가 건강 증진 및 사람들의 적극적 참여의 중요성을 인정한다면, 우리는 다중보건 실천체계 혹은 보건 실천 분야에 대해 이야기할 수 있다(Stige, 2003, p. 208). 다시 말해서, 현대사회에는 보건 분야의 서비스와 그 외 건강 증진 이니셔티브들의 범위가 공존하고(커뮤니티 음악치료를 포함하여) 서로를 보완하는 **다중보건 실천체계**가 있다(제10장 참조).

∩ 핵심 용어, 논의 주제와 미주

핵심 용어(제시된 순서에 따른 핵심 용어)　　　　　　　　　　　　　

PREPARE
통합(inclusion)
시민참여(citizen participation)
복지(welfare)
평등(equality)

생태적 관계(ecological relationships)

생태적 전이(ecological transitions)

파급효과(ripple effects)

건강 증진(promotion of health)

문제 예방(prevention of problems)

정체성(identity)

인식(awareness)

사회 변화(social change)

인식(recognition)

비판(critique)

반응성(responsiveness)

책임(responsibility)

아래에서부터, 바깥으로, 그리고 주변으로(from below, outwards, and around)

의료적 모델(medical model)

의료화(medicalization)

다중보건 실천체계(multiple health action systems)

논의 주제

다음의 비판적 사고 질문은 수업 혹은 집단에서 논의될 수 있고, 이 장에서 논의된 주제에 대한 비평적 성찰에 대해 학생 개인이 사용할 수 있다.

1. 이 장에서는 커뮤니티 음악치료가 사람들과 그들의 커뮤니티 간 관계에서 그 역할을 수행하고 있다고 설명하였다. 음악치료사가 개인 및 단체 또한 더 넓은 커뮤니티와 작업하는 것이 어떻게 그리고 왜 유익할 수 있는지에 대해 몇 가지 예를 제시하라.
2. 커뮤니티 음악치료에 제시된 쟁점들은 가지고 있는 자원이 해결할 수 있는 문제의 개선 범위를 초월하기도 한다. 자원은 개별적일 뿐만 아니라 대인관계와 제도적 수준으로 존재하기도 한다. 자원 지향적 특질이 생태적 · 활동가적 · 성찰적 특질과 같은 커뮤니티 음악치료의 다른 특질들과 어떻게 연결되어 있는지 논의하라.
3. 사회정의 및 갈등 변화와 같은 쟁점에 관련된 일을 하는 음악치료사들은 음악치료를 공부하는 학생들이 이러한 작업에 대해 준비되어 있어야 할 필요가 있다고 주장한다. 이러한 쟁점들에 대해 준비할 수 있도록 자신을 스스로 어떻게 훈련할 수 있는지 논의하라. 음악

치료사가 발전하기 위해서는 어떠한 역량들이 필수적으로 요구되는가?

미주

1. 이 쟁점들은 제4장과 제5장에서 좀 더 자세하게 논의되었다.

2. 성찰에서 내적-외적 움직임(inward-outward movement)의 역동은 사회비판이 자기 비판을 요구하고, 그 반대도 마찬가지라는 프레이레(Freire, 1970/2000)의 견해를 상기시키고 있다.

3. 분산된 책임과 반응성으로서 상호 돌봄은 커뮤니티 발달의 과정으로 볼 수 있다. 그렇다면 반응성과 책임은 개인적·집단적 수준에서 우발적인 상황에 도전하는 반응으로서, 인간의 권리를 위한 협력적 노력으로 표현된다. 이 주제는 커뮤니티 음악치료의 가치에 대한 다음의 장에서 탐색될 것이다.

4. 의료적 모델은 다른 의료 서비스 직군에 중요한 영향력을 가지고 있다. 심리치료 연구의 논문 비평(critical review)에서 웜폴드(Wampold, 2001)는 심리치료에서의 일반적인 전통이 의료적 모델과 일치하는 가정들에 의해 행해지고 있다고 주장하였다. 웜폴드는 심리치료에서 좀 더 전인적이고 상황적 이해가 있는 것이 더 적절하다고 제안하였다.

5. 커뮤니티 음악치료는 의료 외적인 것이 될 수 있다. 커뮤니티 음악치료가 어떻게 의료적 맥락과 협업하고 또한 의료적 맥락에서 벗어나 성장할 수 있는지를 설명하는 많은 예가 문헌에 나타나 있다(Aasgaard, 2002, 2004; Helle-Valle, 2011; Maratos, 2004; Wood, Verney, & Atkinson, 2004).

제7장

가치

제7장을 공부한 후에 당신은 다음과 같은 질문에 대해서 논의하게 될 것이다.

- 태도와 가치의 공통점과 차이점은 무엇인가?
- 인간의 요구와 인간의 권리 간의 관계는 무엇인가?
- 커뮤니티 음악치료는 권리기반 실제로 발전할 수 있는가?
- 커뮤니티 음악치료 실제의 기반으로서 실행될 수 있는 일련의 가치가 있는가?
- 서로 상충하는 가치를 어떻게 다룰 수 있는가?

🎧 실제에서의 태도와 가치

이전 장에서 우리는 비의료적 혹은 의료 외적 기반이 커뮤니티 음악치료에 필수적이라는 결론을 내렸다. 임상은 개인적이고 공적인 쟁점들을 동시에 포함하며, 개인적 변화와 사회적 변화를 모두 포함하는 전환을 요구한다. 커뮤니티 음악치료는 사회 참여에 대한 사람들의 전망을 증가시키기 위해 **태도**와 가정을 포함하고 있다는 결과가 있다. 루드(Ruud, 1980, 1998)는 행위의 가능성을 증가시키기 위해 음악치료를 연계하였을 때, 이와 비슷한 주장을 하였다. 이 가능성은 개인의 선호도나 수행에 의해서만 정의되는 것이 아니라 일부 사람을 지속적으로 소외시키는 물질적·심리학적·사회문화적 힘을 포함하는 개인과 커뮤니티의 관계에 의해서도 만들어진다.

전통적인 의료적 사고에서 치료는 몇몇 종류의 질병이나 질환과 관련되어 있으며, 서구 의학에서는 종종 우리의 생명 활동과도 관계가 있다. 게다가 서구 문화에서는 질병을 사회나 문화와는 관계없이 개인을 공격하는 것으로 여기는 경향이 있다…….

음악치료사들은 넓은 범위에서 삶의 문제와 장애를 다루는 일을 하므로, 대부분의 경우 치료에 관한 이 사고방식은 당연히 적절하지 않다. 우리는 때때로 사회의 물질적·경제적 구조와 깊이 얽혀 있는 문제를 가진 내담자나, 개인적 혹은 객관적인 생물학적 구성보다는 타인의 태도뿐 아니라 자신의 태도 및 성찰로 인해 생기는 문제들을 가진 내담자들과 함께 일한다.

(Ruud, 1998, p. 51)

커뮤니티 음악치료에서 문제와 가능성에 대한 넓은 방식의 사고는 일반적이며, 통합과 시민참여를 지향하는 임상에서는 아마 더욱 명백할 것이다. 참여에 대한 사회적·문화적 장벽을 낮추는 데 있어 몇몇 저자들은 확립된 관점과 태도에 도전하는 임상에 대해 설명한다(Bowers, 1998; Curtis & Mercado, 2004; Kleive & Stige, 1988; Krüger, 2007; Maratos, 2004; Pavlicevic, 2010b).

태도와 **가치**는 커뮤니티 음악치료 실제에서 중요한 부분이다. 이 장에서는 커뮤니티 음악치료에 대한 몇 가지 주요 가치의 개요를 서술하고자 한다. 첫 번째 단계는 태도와 가치 간의 관계를 명확하게 규정하는 것이다. 사회심리학의 고전 문헌에서는 이 두 가지를 다음과 같이 비교하고 구분하였다.

태도와 가치를 서로 다르게 대하는 것이 전통적인 방식이지만, 그 두 가지는 확실히 공통적인 특질을 가지고 있다. 그 두 가지는 모두 개인이 **기대**와 **욕구**를 정의하는 동기부여적-지각적 상태이며, 그러므로 그것들은 행동에 영향을 미친다. 그 두 가지 모두 타인과의 접촉으로부터 생긴다.

태도는 몇 가지 방식에서 가치와 다르다. 태도는 주어진 목적이나 상황에 대한 일련의 신념을 말한다. 가치는 최종 상태나 목표를 나타낸다. **가치**는 특정 사물과 조건들을 넘어 행위의 기준과 제공할 목적에 대한 장기적인 관심에까지 이른다. 가치의 예로는 진실, 자유, 청렴, 정의 등이 있다. 그뿐만 아니라, 개인은 가치보다 훨씬 더 많은 태도를 가지고 있다. 로키치(Rokeach, 1968)가 언급한 대로, 우리는 수천 가지의 태도를 가지고 있지만, 오직 수십 가지의 가치를 가지고 있을 뿐이다.

(Hollander, 1976, pp. 138-139)

가치는 삶에서 무엇이 중요하고 소중한 것인지에 대한 판단이나 신념을 반영한다. 로키치(1968)는 궁극적 가치와 수단적 가치에 대해 영향력 있는 구분법을 만들었다.[1] 궁극적 가치는 홀랜더(Hollander)가 언급한 최종 상태를 의미한다. 그것은 개인적으로나 사회적으로 얻기 위해 노력할 만한 가치가 있는 목표를 말한다. 이는 문화에 따라 각기 다르다. 미국에서 일할 때 로키치는 우정, 자기존중, 행복, 평등, 자유, 즐거움, 사회적 인정, 지혜, 가족의 안전, 성취감, 세계평화, 편안한 삶과 같은 궁극적 가치에 대해 연구하였다. 수단적 가치는 선호하는 행동 방식을 의미한다. 로키치가 제시한 예로는 쾌활함, 의욕, 사랑, 자기조절, 용기, 정직, 상상, 독립심, 넓은 마음가짐, 유익함, 책임, 용서 등이 있다.

로키치(1968)에 따르면, 믿음, 태도, 가치는 모두 기능적으로 통합된 인지적 체계의 일부이므로, 하나의 체계에서 변화가 생기면 다른 체계에도 영향을 미치고, 이는 결국 행동 변화로 이어지게 된다(p. ix). 우리가 때때로 행동과 표현된 가치 사이에서 뚜렷한 차이를 경험할지라도 그렇게 될 수 있다.

우리는 어떠한 가치도 과소평가할 수 없는데, 그 이유는 그것이 말만 앞세우는 것처럼 보이거나, 지키는 것보다는 위반하는 것을 더 인정하는 것으로 규정되거나, 위선자들에 의해 악용될 수 있기 때문이다. 이러한 활동들은 도구를 제공하거나 기준점을 제공하여 가치를 유지하는 역할을 한다. 따라서 가치는 언제라도 칭찬하거나, 비난하거나, 존경을 표하거나 명예를 훼손하기 위해 사용될 수 있다. 우리는

---

1) 역자 주: 설문지를 통해 직접 그 사회의 가치를 측정하는 가치조사법의 한 종류로, 로키치가 개발한 가치 측정 항목 중에는 궁극적 가치와 이를 달성하기 위한 수단적 가치를 나눠 각각에 해당하는 항목을 18개 항목으로 제시하고 있다.

가치가 사회적 갈등에서 지속적으로 무기로 사용된다는 사실을 절대 잊어서는 안 된다.

(Williams, 1979, p. 29)

태도와는 달리, 가치는 모든 생태적 수준에서 분석될 수 있다. 문화적 커뮤니티는 확실한 가치를(태도보다는) 가진 것처럼 보이는데, 이 가치 체계는 개인의 판단과 행동에 중대한 영향을 미친다. 동시에 가치 체계의 차이점도 집단 내에서나 집단 간에 존재한다. 가치는 모두가 동의하는 좋은 생각은 아니다. 그것은 사람들이 목표나 우선순위를 정할 때 사용하는 도구다. 가치는 개인과 커뮤니티 사이의 교차점, 사회의 다양한 관행 사이의 교차점을 조명하고 활성화한다. 그러므로 커뮤니티 음악치료를 위한 가치기반적 표현은 다양한 주체 간의 관계에 대한 성찰을 포함해야 한다(Stige, 2003).

'아래에서부터, 바깥으로, 그리고 주변으로'라는 구절은 이전 장에서 커뮤니티 음악치료의 특질을 요약하기 위해 사용되었다. 커뮤니티 음악치료는 치료의 구성요소에 대한 구체적인 질문보다는 역량 강화의 가치에 대한 더 넓은 의미의 질문에 의해 주도된다. 두 가지 사고방식의 대조는 심리치료 문헌에서 확립된 '폴(Paul)의 질문'과 '크누트(Knut)의 질문'을 비교함으로써 재미있게 살펴볼 수 있다. 심리치료 연구자인 폴은 1969년에 어떻게 치료를 의도적으로 딱 맞게 맞출 수 있을지에 대해 질문을 던졌다. "어떠한 치료가, 누구에 의해, 그 특정 문제를 가진 개인에게 가장 효과적이고, 어떤 상황에서, 그리고 어떻게 그것이 일어날까?"(Paul, 1969, Wampold에서 인용, 2001, p. 21). 약 14년이 흐른 후, 지적장애를 가진 음악가 집단의 참여자였던 크누트는 매우 다른 질문을 하였다. "우리도 [고적대] 밴드에서 연주할 수 있을까?"(Stige에서 Knut 인용, 2003, p. 4, '글 상자 2-5' 참조). 폴의 질문은 전문적 임상의 맥락에서 제기되었으며, 크누트의 질문은 참여적 과정의 맥락에서 제기되었다. 이것은 커뮤니티의 일부가 되고 싶은 욕구에서 발현되었으며, 커뮤니티의 태도와 통합 및 시민참여와 관련된 가치에 대해 다루었다. 기본적으로 크누트는 인간으로서 자신의 권리에 대해 질문한 것이다.

⌒ 인간의 요구와 인간의 권리

이전 장에서는 개인적 어려움 및 공적 관심사와 연관된 측면에서 인간의 요구를 설명하였다. 커뮤니티 음악치료는 개인적 병리의 진단보다는 인간관계의 가치에 대한 인식에 의해 영향을 받는다. 우리가 살펴볼 내용은 인간의 요구가 인권을 고려하여 검토될 수 있다는 점이다.

요구가 있는 사람은 주로 그들의 품위에 대한 도전을 경험하게 된다. 목소리를 내고 싶은 그들의 자유는 종종 위협받으며, 교육, 보건 서비스, 문화 참여와 같은 자원에 대한 접근은 자주 간섭을 받는다. 즉, 개입을 요구하는 쟁점은 인권을 침해했거나 인권이 실현되지 않은 상황이다. 음악치료사들이 일하는 많은 상황이 권리가 제한된 상황이라는 점도 사실이다. 인권 제한이 관계자에 의해 타당하게 이루어지는 기관의 전형적인 예로는 병원이나 교도소를 들 수 있다. 환자나 제소자는 기본적인 자유를 실행할 기회를 가질 수 없으며, 때때로 교육받을 권리와 같은 문화

사진 7-1 | 노르웨이 베르겐. 아동의 복지 뮤지컬. 바로 그거야!

사진 제공: Astrid Merete Nordhaug.

적 · 사회적 권리들도 거부당한다. 우리는 종종 이러한 권리 제한이 필요하다고 생각하지만, 제한이 논란이 되거나 문제가 되고, 문제를 일으키는 요인으로 인식되기 때문에 이러한 사회적 환경에서 커뮤니티 음악치료가 진화할 수 있다. 또 다른 커뮤니티 음악치료 실제는 빈곤한 커뮤니티에서 부당함이나 다양한 인권 침해 문제를 다룬다. 이러한 관점에서 커뮤니티 음악치료를 뒷받침하는 중요한 가치는 인권의 실현이다.

우리가 주장하는 바는 커뮤니티 음악치료가 인권 문제와 사회적-음악적 가능성의 교차점에서 발전한다는 것이다. 이러한 주장은 문제를 개인의 병리로 국한시키지 않고 개인과 커뮤니티 간 관계에 있는 것으로 정의하고 접근한다. 인권의 측면에서 인간의 요구를 정의하는 것은 커뮤니티 음악치료의 관계적 · 상황적 기반을 발달시키는 데 기여한다. 물론 다른 관점에서 보는 것처럼 이러한 관점을 택하는 것에도 제한점은 있다. 그러나 이것은 음악적 협력을 통해 자원의 동원이 촉진될 수 있다는 변화에 더 많은 초점을 맞추어, 해당 작업에 대한 또 다른 관점을 제공한다.

어떤 사람은 인권이 너무 장대한 뜻을 품은 것이라든지 소규모 직군에게는 너무 무거운 부담이라는 것 때문에 반대할 수도 있다. 인권에 관한 대표적인 직군은 변호사나 정치인이 있으며, 인권의 특징적 도구로는 선언이나 협약 등이 있다. 그렇다면 언제 기타가 인권을 대표하는 악기가 되었으며, 음악치료가 인권을 대표하는 직군이 되었는가? 커뮤니티 음악치료는 행동을 취하며 **권리기반 실제**로서 기여하고, 인권은 협력적 음악 만들기가 잘 이루어지지 않는 것보다는 더 높은 영역에 있다고 생각한다. 변호사나 정치인이 인권을 위해 일하는 노력은 매우 가치 있는 일이지만 제한되어 있다. 예를 들어, 많은 사회적 · 문화적 권리들이 법이나 규칙에 의해서만 얻어지는 것은 아니다. 그 권리들은 적극적으로 제공되어야 한다. 그러므로 다양한 직군에서 인권과 관련된 그들의 의무 사항을 알아 두는 것은 중요한 일이다(Centre for Human Rights, 1994).

전통적으로, 본질적인 자유(시민권 및 참정권)는 인권에 대한 공적 담론에서 중요한 주제다. 이러한 권리들은 법에 의해 보장되며, 이는 법조계를 필수적으로 만드는 역할을 한다. 경제, 사회적 · 문화적 · 환경적 권리들이 인정받는 만큼 적극적 권리 실현에 기여하는 직종들도 매우 중요시하게 되었다(Galtung, 1994). 사회복지 관련 직종이 이에 해당한다(Ife, 2008). 특히 사회적 · 문화적 권리와 관련하여 커뮤니티 음악치료 역시 커다란 기여를 할 수 있다.

권리기반 실제가 처음에는 다소 부담스럽게 보일 수도 있지만, 커뮤니티 음악치료에서 인권 관점의 통합을 피하는 것은 매우 큰 문제가 될 수 있다. 이것은 취약계층을 차별하는 무비판적 지지의 형태로 자주 이어진다. 커뮤니티 음악치료에서 권리기반의 관점을 통합하기 위해서, 우리는 인권을 추상적인 내용의 일부라는 생각을 넘어 일상생활의 일부로 받아들여야 한다.

> 인권을 '행하는 것'은 평범하고 극적인 것을 넘나든다. 그것은 먼 곳에도 있지만, 집에서 가까운 곳에도 있다. 그것은 창의성과 용기를 필요로 한다. 그러나 항상 심각하고 어려운 것은 아니다. 인권에 관한 일은 종종 재미있고, 가끔 유쾌하며, 몇 번이고 가장 대단한 우정을 만들기도 한다.
>
> (Ball & Gready, 2007, pp. 8-9)

커뮤니티 음악치료가 인권 보호로 이해될 수 있다는 제안은 몇 가지 선행조건이 있다. 제2장을 다시 살펴보면, 인권에 대한 관심이 제도적·사회문화적 전환과 안건의 확장에 통합되는 것을 알 수 있으며, 이는 1980년대에 음악치료에 출현하기 시작하였다. 루드(Ruud, 1980, 1992b)의 연구에서 인권에 대한 언급을 찾아볼 수 있는데, 예를 들면 음악적·문화적 참여권에 대한 논의를 말하는 것이다. 클라이브와 스티게(Kleive & Stige, 1988)는 장애인의 사회적·문화적 권리에 초점을 두었다. 케니(Kenny, 1982, 1988, 1989)는 토착민의 권리를 위해 음악과 미술을 사용하였다. 박실(Boxil, 1988, 1997a)은 평화와 정의 같은 인권 문제들과 관련하여 음악치료의 책임을 강조하였다.

인권에 대한 초점은 커뮤니티 음악치료 현대 문헌의 많은 부분에 내포되어 있다. 앤즈델(Ansdell, 2002, 2004, 2010a, 2010b)과 파블리세빅(Pavlicevic, 2004, 2010a, 2010b)은 커뮤니티 음악치료에서의 평등·협동·사회적 변화와 같은 중심 주제들을 강조하였다. 커뮤니티 음악치료가 어떻게 정의나 평등과 같은 가치에 의해 실행되는지에 대한 논의에서 스티게(2003)는 임상이 사회 변화에 대한 초점을 항상 포함해야 한다고 주장하였다. 루드(2010, 2011)가 사회적 차원에서의 인식에 중점을 둔 것이나, 오그래디와 맥퍼란(O'Grady & McFerran, 2006)이 여성주의와 시민권에 연관된 커뮤니티 음악치료에 대해 언급한 것과 같이, 프록터(Procter, 2001)와 롤브쇼르드(Rolvsjord, 2004)의 역량 강화에 대한 논의는 평등과 존엄성과 같은 인권 문제들과 관련이 있다. 커뮤니티 음악치료에서 인권 관련을 조명하여 이바지한 또 다른 연구로는 베인즈(Baines, 2000/2003)와 솔리(Solli, 2010)의 소비자 옹호 및 회복에 관한 연구, 던(Dunn, 2008)과 베일란커트(Vaillancourt, 2009)의 사회정의와 평화에 관한 논의, UN 아동권리협약에서의 크루거(Krüger, 출간 예정)의 연구 등이 있다.

다양한 상황 속에서 사람들은 인권 때문에 정당화될 수 없는 권리를 주장하기 때문에, 이와 같은 논의는 **인권을 기반으로 권리**를 충족하는 기준을 명확하게 할 것을 요구한다. 권리기반 실제로서의 사회복지에 대한 논의에서 짐 이페(Jim Ife)는 커뮤니티 음악치료의 맥락과도 관련이 있는 기준의 목록을 제안하였다.

- 주장되는 권리의 실현은 다른 사람과 마찬가지로 개인이나 단체가 그들의 온전한 인간성을 이룰 수 있도록 필수적인 것이다.
- 요구되는 권리는 모든 인류에게 적용되는 것으로 보이며, 권리를 주장하는 개인이나 집단이 어디에서나 모든 사람에게 적용되기를 바라거나 **또는** 완전한 잠재력을 달성하기 위해 권리의 실현이 필수적으로 필요한 빈곤하고 주변화된 특정 집단의 사람들에게 적용되기를 바라는 것으로 보인다.
- 요구되는 권리의 타당성에 대한 상당히 보편적인 합의점이 있다. 문화적 혹은 다른 구분에 의한 폭넓은 지지가 있지 않는 한 '인권'이라고 부를 수 없다.
- 요구되는 권리는 모든 합법적 청구인을 위해 효과적으로 실현될 가능성이 있다. 이것은 공급이 제한된 권리, 예를 들어 넓은 경치를 가진 주택을 소유할 권리, 자신만의 TV 채널을 소유할 권리 혹은 넓은 땅을 소유할 권리 등을 제외한다.
- 요구되는 권리는 다른 인권들과 모순되지 않는다. 무기를 소지할 권리, 다른 사람을 노예로 만들 권리, 아내와 자녀를 때리는 남자의 권리, 과도한 이익을 챙겨 다른 사람을 가난하게 만드는 결과를 초래할 '권리' 등은 인정하지 않는다 (Ife, 2008, p. 14).

권리는 그냥 발생하는 것이 아니다. 그것은 단지 힘 있고 특권이 있기 때문이 아니라, 사람들이 책임을 가지고 모든 인간의 권리를 지지하는 구조와 관행을 만들 준비가 되어 있을 때 얻어지는 것이다. 다시 말하면, 일부 인간의 권리라기보다는 모든 인간의 권리인 것이다(Ishay, 2004). 이것은 아마도, 특히 앞의 네 번째 항목과 관련하여 명확해진다. 권리의 실현은 자원을 요구하고, 인권 주장처럼 합당한 주장과 모든 사람이 달성할 수 없는 주장을 구별하는 것이 필요하다. 대부분의 사회에서 자원의 불평등한 분배로 인해 적절한 교육과 의료 서비스 같은 정당한 주장조차도 많은 사람에게는 어려운 점이 될 수 있다. 이는 인권이 개인의 인권만을 다루는 것은 아니라는 점을 나타낸다. 그것은 사회정의와 연대에 대한 요구를 대변한다.

⌒ 논쟁이 되는 가치와 검증된 가치

1948년 국제연합 총회에서는 「세계인권선언」이 통과되었다. 이페(2008)가 설명하였듯이, 비록 해당 조항이 임상에서 보편적으로 채택되지는 않았더라도 이것은 인권에 대한 주목할 만한 세계적인 합의를 대표한다. 선언의 내용을 살펴보면, 여러 '세대'의 인권에 대한 내용을 찾아볼 수 있다. 첫 번째 유형은 주로 **시민권과 참정권**으로 분류된다. 이는 시민권에 대한 권리와 법 앞에의 평등, 자유집회의 권리, 자유롭게 종교를 가질 권리, 자기표현의 권리, 투표의 권리, 사회에 자유롭게 참여할 권리를 포함한다. 두 번째 유형은 **경제적 · 사회적 · 문화적 권리**로 불린다. 이것은 고용과 적절한 임금에 대한 권리, 주거와 충분한 음식과 의복에 대한 권리, 교육과 보건에 대한 권리, 사회 안전에 대한 권리, 오락과 여가에 대한 권리, 노인이 존중받을 권리 등을 포함한다.

권리의 첫 번째 유형은 개인의 자유에 중점을 두고 있다. 「세계인권선언」의 22번째 조항까지는 이러한 유형의 권리에 주로 중점을 두고 있다. 현재 조항에서 중심이 되는 지적 기원은 18세기의 계몽주의로 거슬러 올라갈 수 있다. 권리의 두 번째 유형에서는 복지에 중점을 둔다. 「세계인권선언」의 제23조("모든 사람은 일할 권리를 가진다……"로 시작하는)부터 제29조("모든 사람은 커뮤니티에 대하여 의무를 가진다……"로 시작하는)까지는 이러한 권리에 중점을 두고 있다. 이 유형의 시작은 19세기와 20세기의 사회민주주의와 사회주의 또한 모든 주요 종교와 문화적 전통에서 암시하고 있는 돌봄과 정의에 대한 철학을 포함하고 있다. 두 번째 유형의 권리는 주로 적극적 권리라고 불리는데, 이는 모든 사람을 위한 적절한 조건과 서비스의 제공에 있어서 대중을 위해 적극적인 역할을 하기 때문이다. 권리의 첫 번째 유형은 법의 보호가 필요하였다. 그러므로 이러한 권리들은 소극적 권리라고 불렀다. 정부의 역할은 권리가 침해당하지 않도록 지키는 법적 수단을 보장하는 것이다. 1966년 국제 연합 총회에서 채택된 두 개의 국제적 규약을 통해 인권에 대한 국제연합의 접근은 권리의 두 가지 범주를 반영하였다(1976년부터 실행됨). 시민과 정치적 권리에 관한 국제 규약과 경제적ㆍ사회적ㆍ문화적 권리에 관한 국제 규약이 그것이다(Centre for Human Rights, 1994).

이제는 권리의 세 번째 유형에 대해 이야기가 나오고 있다. 「세계인권선언」에는 이 유형에 관한 초석이 존재하였지만, 20세기의 최근 20~30년 동안에 이르러서야 이러한 권리에 대한 강력한 국제적 담론이 나타났다. 다른 두 유형과는 다르게, 세 번째 유형은 상응하는 국제연합 규약이 없다.

이러한 권리에 대한 조항은 인권에 관한 국제연합의 담론을 비판하며 그에 대한 대응으로 발전되었는데, 그것은 조항들이 서구 문화의 개인에게 초점을 두고 만들어졌으며, 따라서 보다 많은 집단적 규범을 가지고 있는 아시아 문화와 같은 문화와는 다소 관련성이 떨어진다는 점을 말하고 있다. 집단적 혹은 **연대 권리**로 대표되는 세 번째 유형은 평화로운 사회에서 살아갈 권리 등을 제안한다. 오염되지 않은 공기, 깨끗한 물, 자연에 접근할 수 있는 권리와 같은 다양한 **환경권** 또한 권리의 세 번째 유형에 속한다.[1]

인권의 두 번째와 세 번째 유형의 조항은 인권에 대한 통찰력 있는 접근이 필요하다는 것을 제안한다. 비용이 많이 드는 권리—모든 사람에게 양질의 보건 서비스를 제공하는 것과 같은—나 권력과 특권의 불균형에 도전하는 권리들을 둘러싼 정치적 논쟁은 이를 명확하게 나타내고 있다. 세계인권선언과 다른 국제연합 조약들은 인권에 대한 국제적 담론에 중요한 기여를 하지만, 비판적으로 검토되고 다양한 상황에서의 현실 세계의 어려움들과 관련된 논의를 해야 할 것이다(Ife, 2008). 이는 인권의 합법성을 바탕으로 정립된 (상대적) 합의가 완전무결한 자격의 목록을 만드는 것은 아니라는 것을 말하고 있다. 인권은 토론을 거쳐 임상에서 검증된 가치를 반영한다. 권리기반 실제를 가능하게 하는 간단한 지침은 존재하지 않는다.

이러한 임상은 항상 협의를 필요로 하며, 권리의 해석과 실행에 대해 완전한 동의는 아마 일어나지 않을 것이다.

고적대 밴드에서의 연주에 관한 크누트의 질문(앞을 참조)에 대한 처음 반응은 이에 대한 대표적인 예가 된다. 노르웨이에서 문화 통합의 정책이 확립되었지만, 원칙과 실천 사이에 상당한 격차가 있었을 때, 크누트의 질문이 대두되었다. 처음에는 도움을 주는 지역 고적대 밴드 단원이 거의 없었다. 그 밴드는 크누트가 살았던 시골 마을의 권위 있는 앙상블이었고, 크누트의 질문은 관습과 완벽의 가치에 도전하였다. 고적대 밴드에 지적장애인을 영입하는 것은 관습에 어긋나는 것이었고, 이는 고적대 밴드 음악의 수준이 어떻게 될까 하는 걱정을 불러일으켰다. 협의하는 시간으로 거의 3년의 시간을 보냈다. 크누트의 집단이 그의 꿈을 부각시키고 집단의 잠재성을 보여 준 음악 공연이 공개되면서, 고적대 밴드뿐 아니라 더 넓은 커뮤니티에서의 태도가 점차적으로 달라지기 시작하였다. 가치들 간에 타협점을 찾는 것이 가능하였던 것이다. 문화적 참여권에 대한 크누트의 주장은 타당하다고 여겨졌고, 고적대 밴드의 음악 수준에 관한 우려는 공개 공연에서 시간을 제한하는 협력 프로젝트를 하는 유연한 접근 방식으로 진행되었다. 크누트는 그 고적대 밴드의 정식 단원은 될 수 없었지만, 집단은 여전히 환영받으며 새로운 방식으로 커뮤니티에 통합되었다(Kleive & Stige, 1988; Stige, 2002, pp. 113-134).

권리기반 실제로서 커뮤니티 음악치료는 지역 상황에서의 보편적인 도전을 인정한다. 커뮤니티에서는 변화에 대한 저항이나 우선순위에 대한 논란이 있을 수 있는데, 이는 가치가 정의에 따라 분란을 일으킬 수 있기 때문이다. 부당함이나 억압된 담론 및 실행은 어려운 일일 것이다. 이러한 주장은 인권이 다양한 맥락에서 서로 다르게 논쟁되고 해석되지만, **인권을 뒷받침하는 중요한 가치**는 보편적 타당성을 가지고 있다는 결론으로 이어진다. 우리가 살펴본 바로는 「세계인권선언」의 첫 번째 조항은 가장 적절한 가치를 나타내는 핵심 문구의 기능을 하고 있다.

모든 인간은 태어날 때부터 자유로우며, 그 존엄과 권리에 있어 동등하다. 인간은 천부적으로 이성과 양심을 부여받았으며, 서로 형제애의 정신으로 행동하여야 한다.

(Universal Declaration of Human Rights, United Nations, 1948)

「세계인권선언」에서 중요한 네 가지 가치가 이 조항에 나타나 있다. 우리는 아마 **자유**와 **평등**의 대조적인 가치인 **존중**과 **연대**의 가치에 의해 만들어진다고 말할 수 있을 것이다. 다음에서 우리는 이러한 가치가 커뮤니티 음악치료 실제와 관련하여 어떻게 표현되었는지 알아볼 것이다. 이 네 가지 가치는 각각 다면적이다. 여기서의 목적은 복잡한 모든 것을 설명하려는 것이 아니라, 커뮤니티 음악치료에서 이러한 가치의 역할에 대한 성찰을 불러일으킬 수 있는 차원과 딜레마를 알아보려고 하는 것이다.

🎧 자유

우리는 자유를 해방, 자율성과 독립성뿐만 아니라 개방성, 창의성, 불복종 등과 연관시킨다. 자유라는 단어는 **무엇으로부터의 자유**(제한이나 규칙이 부족한) 및 **무엇에 대한 자유**(선택이나 기회에 대한 접근)와 같이 부정적으로도, 긍정적으로도 사용할 수 있다. 그것은 대조적인 세계관의 범위에 통합될 수 있는 다면적인 개념이다.

존 스튜어트 밀(John Stuart Mill, 1859/2003)의 『자유론(On Liberty)』은 인간의 자유에 대한 고전 문헌이다. 밀은 시민의, 사회적 자유 및 결과적으로 개인보다 사회에 의해 합법적으로 행사될 수 있는 권력의 본질과 한계에 대해 관심이 있었다. 연구의 주요 내용은 대부분 사고와 토론의 자유, 안녕감의 구성요소로서의 개성, 사회 당국의 제한점 등에 중점을 두고 있다. 밀은 인간의 자유에 대한 적절한 영역을 정의하고 방어하기 위해 노력하였다. 이 영역을 밀은 세 가지 범주로 나누었는데, 우리가 인식·소통, 행동, 협력이라고 부를 수 있는 것들이다. 첫 번째 범주는 어떠한 주제라도 상관없는 의견과 정서의 자유를 말하는데, 이러한 생각과 감정을 표현할 권리를 포함한다. 두 번째 범주는 취향과 추구의 자유를 의미한다. 다른 사람이 우리의 활동이나 선호도를 어리석고, 비뚤어졌고, 잘못된 것이라고 하더라도 만일 타인에게 해가 되지 않는다면, 우리의 자유를 제한할 권리가 그들에게 있는 것은 아니라고 밀은 주장하였다. 세 번째 범주는 개인의 연합에 대한 권리를 말한다. 다시 말하지만 타인에게 해를 끼치는 일이 아니라면, 어떠한 목적을 위해서든 연합할 수 있는 자유를 말한다.

이러한 자유가 전체적으로 존중되지 않는 사회는 어떠한 형태의 정부든 간에 자유롭지 않다. 또한 그것들이 절대적이고 부적격하게 존재하지 않는 사회도 온전히 자유로울 수 없다. 이름을 지을 가치가 있는 유일한 자유는, 우리가 그들의 것을 빼앗으려고 시도하거나 그것을 얻기 위한 그들의 노력을 방해하지 않는 한, 우리의 방식대로 우리의 이익을 추구하는 것을 의미한다.

(Mill, 1859/2003, p. 83)

이러한 주장을 계속하며, 밀은 각각의 사람은 "신체적이든 정신적, 영적이든지 간에 그 자신의 건강에 대한 적절한 보호자"임을 시사하였다. 밀의 글은 폭압과 탄압의 비평에 대해 매우 분명한 견해를 보이지만, 인간관계에 대해서는 다양한 해석이 가능하다(예를 들면, 보수적 · 진보 · 급진적 정치 성향). 커뮤니티 음악치료의 맥락에서 개인주의적 기틀을 강조하는 해석은 제한점을 가지고 있다. 개인-공동 연속

사진 7-2 | 노르웨이 베르겐. 베르겐 적십자 양로원. 움직일 자유.
사진 제공: Thor Brødreskift.

체의 맥락에서 인간의 자유를 성찰하는 것은 여러 종류의 질문을 던진다. 독립성과 상호의존 간의 연결고리는 무엇인가? 행동성과 통제는 타인과의 관계 및 민감성과 어떻게 결합할 수 있는가? 커뮤니티 음악치료 문헌에서는 우리가 관계적 성취로서 자율성을 생각해 볼 수 있다고 하였다.[2]

개방성 및 창의성으로서의 자유는 관습에 따라야 한다는 점과 순응해야 한다는 관계적 압력에 의해 방해를 받는다. 프록터(Procter, 2004)가 처음에는 자신의 연주를 매우 경멸하였던 내담자인 조시(Josie)와의 작업을 설명한 내용에서 볼 수 있듯이, 음악치료가 자각 및 소통의 자유를 되찾기 위해 사람을 성장시킬 수 있는 좋은 위치에 있다는 점을 시사한다. 이는 장난스러운 상호작용의 가능성을 제외하였지만, 시간이 지나면서 점차 변하였다.

> 나는 매주 우리의 지난 세션을 녹음한 것을 들어 볼 때마다, 음악 만들기 활동에서 조시의 자발성이나 표현, 순수한 흥얼거림이 발전하는 것을 적어 두었다. 우리 둘 다 많은 악기를 자유롭게 연주하고 조시는 노래도 부르며 적극적이고 오랜 시간 이어졌던 즉흥연주를 수행한 어느 날, 조시가 자발적으로 "우와. 진짜 멋졌어요!"라고 소리쳤다. 이는 진정한 변화라고 느꼈다. 조시는 우리의 음악 만들기 작업에서 즐거움을 느끼기 시작하였다. 이러한 즐거움은 더 많은 자유를 고무시키고, 결과적으로 더 많은 즐거움을 이끌어 낸다. 조시의 이전 삶에서 자꾸만 실패를 경험하게 만들었던 음악의 역할은 변화하기 시작하였으며, 조시를 좀 더 자기로 만들어 주는 것처럼 보였다. 조시는 자기 자신이 되는 즐거움과 나와 함께 자기가 되는 즐거움을 느끼고 있다.
>
> (Procter, 2004, pp. 223-224)

이 내용은 일대일 세션에서의 작업을 설명하고 있는데, 프록터(2004)는 이 작업을 커뮤니티 음악치료와 연관 지어 생각하였다. 그 이유는 세션의 과정이 조시로 하여금 조시가 더 완전하게 '자신을 연주'하고 다른 사람과 공유할 수 있게 해 주는 방식을 통해 음악과의 건강한 관계를 재발견할 수 있도록 만들어 주었기 때문이다.

커뮤니티 음악치료 문헌들은 참여 여부를 선택할 수 있는 참여자의 자유를 강조하는 몇 가지 임상 사례에 대한 예를 보여 주고 있는데, 예를 들면 들어갈 것인지 나올 것인지를 선택하는 개방형 참여 정책(open in-and-out policy)을 말한다 (Baines, 2000/2003; Warner, 2005). 이것의 변형은 참여자가 집단 세션에 참가할 것인지 집단 내에서 이동할 것인지를 선택할 수 있는 자유를 강조하는 것이다. 참여의 다양한 전략 및 참여 공간과 관용을 허용하는 의례에 대한 스티게(2010a)의 연구는 이에 대한 좋은 예이다('글 상자 7-1' 참조).

일본의 커뮤니티 음악치료에서는 몇몇 저자가 자유 즉흥연주(Wakao, 2002)와 새로운 음악 형태(Numata, 2009)의 행동 유도성에 중점을 두고, 음악과 관련한 자유에 대해 연구하였다. 커뮤니티 참여라는 명목 아래 내담자들을 문화적 순응에 맞게 사회화하며, 음악치료가 '규칙을 정상화'하는 역할을 수행할 수 있다는 위험에 대해 경고한 미야케(Miyake, 2008)의 비판적 시각이 추가되었다.

자유는 여러 수준에서 복잡한 과정을 거친다. 누군가 감옥에 갇힌 것과 같이 제한이 상당히 크다고 해도, 자유의 섬이 나타나 희망과 영감을 줄 수도 있다 (O'Grady, 2009; Tuastad & Finsås, 2008; Tuastad & O'Grady, 출간 예정). 내담자들이 기존에 정립된 관점과 태도에 도전하며 공개 공연을 하는 과정을 설명한 저자들은 커뮤니티 음악치료의 비판적이고 자유로운 잠재성을 연구하였다(Kleive & Stige, 1988; Krüger, 2007; Maratos, 2004; Pavlicevic, 2010b 참조).

글 상자 7-1 실천, 사회적 공간, 표현의 자유

노르웨이의 음악치료사인 브뤼뇰프 스티게(Brynjulf Stige, 2010a)는 참여자들이 어떻게 이런 상황에 참여하기로 결정했는지를 알아보기 위해 지적장애인을 위한 문화 축제를 연구하였다. 이 축제를 조직한 비영리단체의 가치에 따라 어디에 초점을 둘 것인지를 결정하였는데, 이는 참여에 관한 것이어야 하며 모든 참여자를 존중하여 아무도 제외되지 말아야 한다는 생각을 강조한 것이었다. 통합적 공간으로서 이 축제의 비전은 스티게로 하여금 참여자들이 다양한 활동과 상황 속에서 어떠한 자유를 가지는지에 대해 연구하도록 하였다. 스티게는 참여의 개념이 음악치료 문헌에서 거의 고려되지 않았다는 것을 나타내는 이전의 문헌들과 이것을 연관시켰다. 즉, '합류(미리 정해진 활동에 참가하기)'하는 형태의 참여에 중점을 두었다. 상황에 적응하는 방식으로 행동하는 것은 대체로 가치 있는 일이지만, 그것은 매우 제한적인 참여의 개념이었다. 몇몇 사람에게는 능력이나 관심, 가치의 차이로 인해 참여하는 것이 불가능하거나 용인되지 않을 수도 있다(Stige, 2006).

축제에 대한 사례 연구에서 스티게(2010a)는 예상하지 못했거나 모순되는 행동들이 일반적으로 일어날 수 있다는 것을 알아냈다. 대부분의 경우는 '규칙 어기기'나 '실천의 다양성'이라고 구분되었다. 때로는 참여자들이 기존의 방식을 탈피하여 음악치료사가 제안한 방향과는 다른 방향으로 향하는 '파괴 활동'을 하는 경향을 보이기도 하였다. 스티게는 이 축제의 참여에 대한 설명이 이러한 **참여적 다양성**을 설명할 필요가 있다고 주장하면서, **관습적인 참여**의 개념 없이는 이것을 이해하는 것이 불가능할 것이라고 덧붙였다. 비록 상황에 따라 달라지긴 해도, 인간의 상호작용은 항상 기존 관습에 대한 이해에 따라 조정된다.

> 앞에 제시된 바와 같이, 문화 축제는 다양한 형태의 참여가 존재하는 상황이다. 특이하거나 예상치 못한 일들은 흔히 일어난다. 그러나 참여자들이 드럼에서 기본 박자를 연주하려고 노력하거나 노래하기 위해 마이크를 잡는 결정을 할 때와 같이, 이러한 상황에서도 기존의 참여 형태는 심심찮게 일어난다. 참여가 관습적이라는 사실은 그것이 지루하거나 혹은 참여나 열정이 없다는 것을 의미하는 것은 아니다. 참여자들은 가치와 해당 상황의 규칙을 내면화하거나 기존의 관습을 사용하여 표현하는 것을 잘 해낼 수 있을지도 모른다(Stige, 2010a, pp. 129-130).

참여자들은 기존의 참여 형태에서 다양한 형태에 이르기까지 자기표현의 다른 역할과 방식들을 분석하였다. 참여자 관찰, 영상 분석, 관계 문헌들의 참조를 바탕으로 스티게는 이 축제의 맥락에서 다섯 가지의 자기표현 방식—**참여하지 않기**(그곳에 없다), **묵시적 참여**(거기에 있으나 참여하지 않는), **관습적 참여**(참여하나 두드러지지 않는), **모험적 참여**(두드러지나 어긋나지 않는), **중심에서 벗어난(eccentric) 참여**(넘나들기)—에 대해 설명하였다. 스티게는 참여의 다섯 가지 형태가 여러 가지 방식으로 연관되어 있다는 것을 명시하였다.

> 예를 들어, 참여하지 않기는 단계적으로 조용한 참여로 변할 수 있으며, 이는 또다시 기존의 참여 방식으로 이어질 수 있다. 어떤 시점에서 기존의 참여 방식은 대담해질 수 있고, 이것이 좀 더 발전되면 중심에서 벗어난 참여로 바뀔 수 있다. 그러나 이 과정이 항상 차례대로 일어나는 것은 아니다. 우리가 봐 왔던 것처럼 조용한 참여가 때로는 대담

한 참여로 변할 수도 있다. 또한 중심에서 벗어난 참여가 갑자기 참여하지 않기로 될 수
도 있다. 참여 형태는 가능성의 레퍼토리를 나타낸다……(Stige, 2010a, p. 132).

참여에 대한 가능성의 레퍼토리는 통합적·관용적 사회 공간에서의 실천으로 표현된
자유의 형태라고 말할 수 있다.

🎧 평등

평등은 두 명 이상의 사람이나 한 무리의 사람 간 관계다. 이는 공정함이나 정
의뿐만 아니라 동일성이나 유사성으로도 이해할 수 있으며, 이 논의 상황에서 매
우 중요하다. 평등에는 고려해 볼 만한 다양한 형태와 측면이 있다. 평등에 관한 기
존의 연구들을 살펴보면, 베이커와 동료들(Baker et al., 2004)이 평등의 세 가지 개
념—기본적 평등, 자유 평등주의, 조건의 평등—을 설명한 연구를 들 수 있다.

기본적 평등은 모든 인간이 동등한 가치와 중요성을 가지고 있다는 개념이다. 이
것은 모든 평등주의적 사고의 초석이다.

기본적 평등에 관련된 최소한의 기준은 사소한 것과는 거리가 멀다. 여기에는
비인간적이고 모멸적인 행위 금지, 노골적인 폭력에 대한 보호와 사람의 가장 기본
적인 욕구를 충족시키기 위한 최소한의 헌신이 포함된다. ……강간, 고문, 인간성
에 반하는 다른 범죄들이 매일 일어나는 세상, 수많은 사람이 매년 가장 기본적인
필수품의 부족으로 죽어 가는 세상에서, 기본적 욕구에 대한 생각은 행동과 변화를
위한 강력한 원동력이다.

(Baker et al., 2004, p. 23)

자유 평등주의는 기본적 평등을 넘어서는 넓은 범위의 관점이다. 예를 들어, 자원
분배와 관련하여 자유 평등주의적 시각은 단지 생활필수품을 충족시키는 것이 아
니라 빈곤 퇴치에 중점을 둔다. 그럼에도 불구하고 기본 전제는 불평등은 불가피하

다는 것이다. 이 전제에서 평등의 개념은 모든 사람이 받을 수 있는 최소한의 권리를 강화하고 기회의 평등 원칙에 따라 이익을 위한 경쟁을 규제하는 것을 의미한다 (Baker et al., 2004, p. 25).

조건의 평등은 좀 더 원대한 접근 방식으로서 불평등은 사라지거나 적어도 크게 감소시킬 수 있다는 가정을 바탕으로 한다. 베이커와 동료들(2004)의 주장에 따르면, 이 관점의 중점은 사회 구조 때문에 시작된 불평등은 의도적으로 변화시킬 수 있다는 것을 인식하는 것이다. 이와 같은 사회 구조는 억압의 체계를 포함한다. 자유 평등주의와 마찬가지로, 형평성은 넓은 범위의 관점이다. 그리하여 다양한 억압 체계들이 생겨났는데, 가장 확립된 후보 중 세 가지가 자본주의, 가부장제도, 인종 차별주의이다. 장애인과 같은 다양한 집단의 주변화 역시 이러한 방식으로 검토할 수 있다.

불평등을 설명하는 사회 구조에서의 이러한 강조는 형평성을 이해하는 방식에 영향을 미친다. 자유 평등주의에서 개인의 권리와 이점을 강조한 데에 비해, 형평성은 집단의 권리와 이점에 대해 주목한다. 자유 평등주의가 어떻게 분배할 것인가에 집중하는 것과 달리, 형평성은 사람이 특히 권력 관계에 있어서 어떻게 연결되어 있는가에 좀 더 주의를 기울인다. 개인을 그들의 성공과 실패에 대한 책임이 있는 것으로 취급하는 자유 평등주의의 경향과는 대조적으로, 형평성은 사람의 선택과 행동에 대한 사회적 요소들의 영향을 강조한다(Baker et al., 2004, p. 33).

커뮤니티 심리학(지역심리학)의 분야에서 돌턴, 엘리아스, 원더스맨(Dalton, Elias, & Wandersman, 2007, pp. 60-61)은 윌리엄스 라이언(Williams Ryan)의 연구를 언급하면서 평등의 개념을 자세히 설명하였다. 그들은 자유 평등주의와 형평성 사이의 차이점과 비슷한 구분을 지으면서, 이를 **페어플레이**(fair play)와 **페어 셰어**(fair share) 사이의 차이점이라고 불렀다. 평등의 페어플레이 개념에서 기본적 은유는 경주다. 승자와 패자가 있을 수 있지만, 이는 경쟁에서 공정함의 규칙이 보장될 수 있다면 수용될 수 있다. 평등의 페어 셰어 개념에서는 사람이 구성원들을 돌보기 위해 협동하고 공유하는 가족 혹은 커뮤니티가 기본적 은유다. 페어 셰어를 지지하는 사람은 경쟁에서의 공정함은 환상일 뿐이라고 하는 경향이 있다. 계층, 인종, 젠더 등에 따른 불평등은 세대가 거듭될수록 재생산되기 때문에 사람들이 동일 선상에서 시작한다는 것은 어려운 일이다. 페어 셰어를 이루기 위해서는 개인과 집단의 제한과

사진 7-3 | 레바논 팔레스타인 난민 캠프에서의 음악 교육. 집단 연주.
사진 제공: Even Ruud.

차별에 대한 보상이 필수적으로 이루어져야 한다.

제3장에서 제5장까지는 보건과 복지, 사회적 지지, 음악에 대한 접근에서의 불평등이 커뮤니티 음악치료에서 중요한 현실적인 어려움이라는 것을 설명하였다. 제6장에서 논의된 쟁점들도 역시 이를 나타내고 있다. 그러므로 여기서는 이에 대해 좀 더 자세하게 설명할 필요는 없지만, 문헌에 나오는 몇 가지 예를 제시하였다. 음악치료사들은 남아프리카(Oosthuizen, 2006; Pavlicevic, 2004)나 브라질(Barcellos, 2005; Chagas, 2007)과 같은 불평등이 노골적으로 나타나는 국가에서 일하면서 보건과 복지에서의 불평등 문제를 다루게 되었다. 일반적으로 덜 심각한 불평등이 존재하지만, 주변화된 집단과 관련된 더 큰 문제들이 있는 부유한 국가에서 일하는 음악치료사들 역시 이러한 불평등을 다루었다(O'Grady, 2009; Tuastad & Finsås, 2008). 사회적 지지의 불평등은 프록터(Procter, 2004, 2006)의 사회적–음악적 자본에 관한 연구와 커뮤니티 참여에 대한 지지적 궤적에 대한 크루거(Krüger, 2004, 2007)의 연구에서 찾아볼 수 있다. 음악에 대한 접근의 불평등에 대해서는 장애인의 문화적 참여권을 지지하는 다양한 프로젝트(Curtis & Mercado, 2004; Kleive & Stige, 1988) 및

음악에 대한 권리가 무시되는 병원이나 다른 제한적인 장소에서 행해지는 임상들 (Aasgaard, 2002; Maratos, 2004)에서 다루었다. 불평등을 다루는 것은 사회정의의 적극적인 지지로 이어지며, '글 상자 7-2'는 이에 대한 예를 나타낸다.

글 상자 7-2   사회정의와 평화를 위한 멘토링

캐나다의 음악치료사인 가이레인 베일란커트(Guylaine Vaillancourt, 2009)는 커뮤니티 음악치료를 통해 사회정의와 평화를 위한 음악치료 실습생을 멘토링하는 가능성에 대해 조사하였다. 5명의 음악치료 실습생이 5명의 공동연구자 집단 경험(co-researchers' group experiences)을 위해 함께 모여 예술 기반의 연구 및 참여 실천 연구에서 비롯된 접근 방식을 사용하였다.

커뮤니티 음악치료의 음악치료 실습생들은 다음과 같이 평가하였다. "명분을 위해 모인 것이다." "연대가 생겼다." "사람을 자랑스럽게 만들어 준다." "사회적 의식을 고취시킨다." "이것은 창의성, 자유, 민주주의다." 사회정의와 평화와 관련하여 공동연구자들은 이상적이고 유토피아적 비전을 표현하는 것의 위험성에 대해 우려하였다. 그들은 이 두 가지 개념이 연관되어 있다고 생각하였고, 사회정의가 평화에 기여한다고 주장하였다. 또한 그들은 사회정의가 이루어지는 것은 극도로 어렵고, 심지어는 상상하기도 힘든 일이라고 생각하였으나, 그럼에도 불구하고 몇몇 공동 연구자들은 그들의 연구에서 사회정의와 평화에 대한 작업의 가능성에 대해 조사하였다. 음악치료 실습생으로서 그들의 행위에 대한 주요 가능성은 학생들 간의 다툼과 긴장이 존재하는 작은 도시의 학교에서 일하는 것과 같은 지역적 수준이 될 것이라고 주장하였다.

내가 아동들을 각자의 교실에서 데려왔을 때, 그것은 '작은 합창 기차'였다. 우리는 교실을 돌아다녔고…… 20명의 아동이 같은 방에 들어가면서 끝이 났다. 당신도 알다시피 정규학급에서는 문제행동 때문에 학급 인원수 10명을 넘기지 않는다. 그러나 아동들이 나를 따라왔을 때, 그들은 합창단의 목표가 부적절한 행동을 하지 않는 것이 아니라는 것을 매우 잘 알고 있었다. ……그들은 여기가 존중의 장소라는 것을 알고 있으며, 바로 여기에서 '평화의 방울(bubble of peace)'이 생겨난다(Vaillancourt 연구 중 공동 연구자 Anna 인용, 2009, p. 154)는 것을 알고 있었다.

베일란커트(2009)는 개인·집단·커뮤니티의 수준에서 국가 및 국제적 수준에 이르기까지 평화에 대한 다층적 개념의 타당성에 대해 주장하였다. 아동들 간의 왕따와 갈등으로 인한 문제가 빈번히 일어나는 학교와 같은 상황에서, 공동 연구자들은 평화적 문화 발전을 위한 상태로서 존중과 신뢰를 가지고 일하는 것의 중요성을 강조하였다. 또한 그들은 음악치료사들이 평화적 문화 발전의 리더로서, 아동들을 위한 멘토로서의 역할을 해야 한다고 제안하였다. 일부 아동은 지지와 격려를 받으면서 '작은 멘토'나 '작은 리더'로 발전할 수도 있으며, 이는 베일란커트가 사회정의와 평화를 위한 멘토링이 유발할 수 있는 긍정적인 파급효과와 연관시킨 것이다.

∩ 존중

평등과 마찬가지로 존중도 관계다. 일상생활 속에서 우리는 우리가 높이 평가하도록 학습한 기준에 맞는 사람을 존중하게 된다. 몇몇 사람은 그들의 행동이나 성과로 인해 우리가 평가한 존중의 일부를 잃을 수도 있다. 우리가 서로 다른 관점에서 본다면, 모든 사람은 인간으로서 자신들의 능력에 대한 존중을 받을 만한 가치가 있다고 생각할 수 있다(Dillon, 2010). 각 사람에 대한 본질적이고 비교할 수 없는 가치에 중점을 둔 존중의 개념은 초가치(meta-value), 즉 타인의 존엄성과 인권을 존중하는 것으로 생각할 수 있다.[3]

자기존중, 타인에 대한 존중, 상호존중과 같이 존중에는 한 가지 이상의 고려해야 하는 측면이 있다. 또한 자기존중과 상호존중은 깊이 연관되어 있다는 것이 널리 알려진 가정이다(Dillon, 2010). 상호존중―친밀함과 우정을 위한―은 커뮤니티 음악치료와 특히 관련이 있다. 인정은 타인에 대한 존중의 전형적 표현이다. 일부 문화에서는 경외 또는 감탄으로서 존중을 강조한다. 이러한 표현이 상호존중 및 자기존중과 양립될 수 있는 정도는 다양하며, 이는 비판적 검토를 위해 열려 있어야 한다.

음악치료에서는 자기존중과 상호존중을 양성하는 방식 안에서 음악적·대인적 관계와 작업하는 오래된 전통이 있다. 예를 들어, 이러한 태도는 **인간성**(personhood)의 개념과 연관되어 있는데, "우리 각자는 독특하며, 타인과의 관계에서 인정, 존중, 신뢰를 받을 만하다는 생각"(Procter, 2001)이다. 도리트 아미르(Dorit Amir)는 이스라엘 음악치료사인 미갈 질버민츠(Michal Zilbermintz)가 설명한 다문화 환경에서의 커뮤니티 음악치료 수행에 대해 언급하면서, 상호존중과 자기존중 간 관계에 대해 조명하였다.

> 송년 음악회는 모든 관련자에게 확실히 보람된 일이었다. 그 음악회는 학생들 (내담자들)의 내면, 때로는 숨겨진 창의성과 재능을 이끌어 냈다. 관객 앞에서 공연 하는 것은 그들을 '건강한 장소'로 연결해 주었다. 직원들과 부모들은 갑자기 그들 을 좀 더 평범한 사람으로 다르게 보기 시작하였다. 학생들은 자존감을 얻었으며, 친구들을 좀 더 존중하게 되었고, 그들로부터 존중받았다.
>
> (Amir, 2004, p. 263)

커뮤니티 음악치료에서 주최하는 공연에 오는 관객은 연주자의 능력과 노력에 대해 존중을 보일 것이라고 쉽게 추측할 수 있다. 그러나 이것을 당연하게 여겨야 할 기대로 생각해서는 안 된다. 공연에서 연주자에 대해 존중을 보이는 관객의 능 력과 의향은 공연의 성공에 있어 중요한 요소다(Baines, 2000/2003; McFerran, 2010; Turry, 2005). 관객을 신중하게 선택하고 교육하며, 배려할 가치가 있는 참여자로서 관객을 존중하는 것도 중요한 일이다.

커뮤니티 음악치료 문헌에서 존중은 반드시 실행되어야 하며, 개인뿐 아니라 문 화와 커뮤니티 역시 포함해야 한다는 요건들과 같이 존중과 관련된 몇 가지 조건이 제시되어 있다. 앤즈델(Ansdell, 2005b, 2010a)은 세넷(Sennett, 2004)의 연구를 언급 하면서 존중은 감정과 의도, 그 이상이라는 가정에 대해 연구하였다. 이러한 시도 는 또한 반드시 실천되어야만 한다('글 상자 7-1' 참조). 일부 음악치료사들은 문화와 커뮤니티를 포함하는 연장된 존중의 개념을 제안하였다(Brown, 2001/2002; Chase, 2003; Shapiro, 2005; Stige, 2004b; Stige & Kenny, 2002). 존중은 문화에 따라 다른 형태 의 표현과 의미가 있기 때문에, 만약 그 문화에 대해 알지 못한다면 공감과 존중을 보이려는 노력은 실패할 수도 있다. 이는 참여자들에게 중요한 음악적 가치와 표현 방식을 사용하는 것이 필수적인 일이라는 것을 의미한다(MacDonald & Viega, 2011).

사진 7-4 | 독일 베를린의 다문화 자원 지향적 음악치료 집단. 감상하고 창조하기.
사진 제공: Teresa Samulewicz.

그러므로 존중은 서로 다른 문화 간의 민감성과 성찰에 따른 대화로 볼 수 있다. 파블리셰빅(Pavlicevic)은 프리토리아 근처에 있는 이르스테르스트(Eersterust)의 한 지역에서 일하는 남아프리카 음악치료사의 연구에서 이런 예를 들고 있다. 문화를 배우고 '거리의 사람'이 가진 지식에 존중을 보이려는 그 음악치료사의 노력에 대해 다음과 같이 설명하였다.

그(녀)는 음악 행사에 대해 직접적인 경험을 하기 위해, 또한 거리의 사람이 다양한 음악 공연에 대해 하는 이야기를 듣기 위해 주말 동안 지역 예술 축제에 참여하기로 하였다. 그녀는 어디에서든지 사람들과 이야기를 나누었다. 그들의 의견이나 설명이 그녀를 가르쳐 주기를 바랐다. 이러한 경험으로 인해 그녀는 **인 사이투**(in situ)라고 하는 지역 음악에 대한 감각을 익히고, 현지 의견과 태도, 개념들을 배웠다. 이 사회적 행사에 참여하면서 그녀는 음악이 어디에서, 어떻게, 누구와 진행되는지, 직접적이고 경험 기반적인 지식을 가질 수 있었다. 그들은 이르스테르스트의 음악 공연에 대한 전문가였고, 그녀는 그들에게 배우기 위해 그곳에 있었다.

(Pavlicevic, 2010b, pp. 228-229)

존중하는 것은 사회적 · 문화적 영향을 가지고 타인에 대한 인식을 수반한다. 루드(Ruud, 2010)는 이 점에 대해 설명할 때 악셀 호네트(Axel Honneth, 2003)의 '인식에 대한 철학'을 기반으로 하였다. 루드는 우리가 인식에 대한 이해를 넓히고, 대인관계적 수준뿐만 아니라 사회적 수준에서도 실행해야 한다고 주장하였다. 인식은 우리의 기본 관계에 필수적일 뿐만 아니라 사회 통합과 인권이 중요한 역할을 하는 더 넓고 중요한 관점에 포함될 수 있다(Ruud, 2010, p. 35).

글 상자 7-3 **뮤지컬 마인즈와 상호존중**

영국의 음악치료사인 게리 앤즈델(Gary Ansdell, 2005b, 2010b)은 존중이 반드시 수행되어야 하는 것이라고 주장하였다. 당신이 존중을 드러내지 않고는, 존중할 수 없다. 리처드 세넷(Richard Sennett)을 언급하면서, 앤즈델은 어떻게 음악의 수행이 존중의 표현에 대한 협력적 요소를 드러내는지를 반영하였다.

(건강, 돈, 기회에 대한) 불평등을 피할 수 없을 때, 사람들은 어떻게 자존감을 유지하는가? 선의를 가진 사회복지사 및 보건 종사자가 도움, 치료, 조언을 제공할 때, 상호존중은 가능한가? 사회학자이면서 아마추어 음악가인 리처드 세넷(2004)은 이러한 상황에서 음악을 연습하고 연주하는 것은 상호존중에 대해 생각하는 패러다임이 될 수 있다고 말하였다. 존중은 의도하는 것이 아니라, **실행하는 것**이라고 세넷은 주장하였다. 존중은 표현양식이다. 즉, 다른 사람을 존중하는 것은 단지 세상에서 가장 좋은 의지를 갖췄다고 해서 일어나는 것이 아니라는 것이다. 세넷이 제시한 바와 같이, 사람들이 바라는 것은 대개 좀 더 협동적이고 덜 개인적인 것이다. 음악은 협동적인 '존중의 행동', '타인을 진지하게 생각하기'의 본보기다(Ansdell, 2005b, p. 52).

앤즈델은 장기적인 정신건강 문제를 가진 성인들을 돕는 단체에서 지지하는 음악 집단인, 뮤지컬 마인즈(Musical Minds)에 대한 사례연구에서 세넷의 주장을 자료로 사용하였다('글 상자 4-2' 참조). 음악을 배우면서 생기는 기량과 기술적 요소는 뮤지컬 마인즈 구성원들의 자존감을 높여 주었다. 집단의 구성원들은 그들이 공유하는 연주를 수준 높은 공연으로 만들기 위해 음악을 하였으며, 이는 세넷이 말하는 '안전한 자기존중'을 만들어 냈다. 이러한 작업은 존중감과 **자기존중**을 길러 주었다. 또한 앤즈델은 음악적 협업이 **상호존중**을 키워 준다고 주장하였다.

> 앙상블 연주는 협동을 필요로 한다. 음악가들이 모두 동일하게 연주하는 것이 아니라면, 그들은 작게 연주하는 파트를 배경으로 크게 연주하거나, 독주 악기와 반주자가 함께 연주하는 것과 같은 차이점 및 불균형한 문제를 해결해야 할 것이다. [……] 마치 음악가들이 연주하는 것처럼 다른 무언가를 하는 타인을 인정하는 것, 이것이 바로 상호존중이다(Sennett, 2004, Ansdell, 2005b에서 인용).

상호존중의 실현에 대한 이 설명은 뮤지컬 마인즈가 리허설과 공연할 때 앤즈델이 경험하였던 내용과 일치한다. 상호존중은 참여자가 커뮤니티와 자율성의 균형을 유지하게 해 주고, 또한 상황이 변함에 따라 음악치료사가 민감하게 역할을 바꿀 때 상호작용하는 것이 특징이다('글 상자 4-2' 참조).

🎧 연대

연대는 통일, 응집성, 공유하는 도움, 일치된 행동을 위한 준비성과 같은 개념과 연관이 있다. 집단 응집력 및 공유하는 정체성의 경험으로서의 연대는 집단에서 상호작용할 때 나오는 흔한 결과이다(Collins, 2004). 이러한 형태의 연대는 정당하지만, 이것이 배타적이라는 제한점이 있다. 사람들은 다른 사람이 아닌 자신의 집단을 지지하려는 준비가 되어 있다. 사회에서는 좀 더 넓은 형태의 연대가 필수적이다.

사회학적 전통의 개요를 보면, 니스벳(Nisbet, 1966/2002)은 응집과 커뮤니티가 19세기 사회학의 신흥 분야에서 나온 주요 아이디어들 중 하나였다고 설명한다. 이 시기의 사회학자들은 근대사회의 탄생이 전통적인 결합을 분열시키는 효과가 있으리라는 것을 깨달았다. 콩트(Comte)나 퇴니스(Tönnies), 뒤르켐(Durkheim)과 같은 사회학의 선구자들은 결과적으로 이러한 과정을 검토하고, 사회 응집에 관한 (변화하

사진 7-5 │ 독일 쿠블랑크. 통합 여름 연수회에서의 즉흥연주. 다 함께.
사진 제공: Kristin Richter.

는) 기초와 목표를 이론으로 제시하였다. 셰르뇌(Stjernø, 2004)는 유럽의 주요 정치 전통 중 두 가지, 즉 사회민주주의와 기독교 민주주의가 핵심이 될 수 있었는지에 대한 방법을 조사함으로써 연대의 개념을 살펴보았다. 연대의 기원과 전통은 분명히 대륙마다 달랐지만, 앞의 예들은 어떤 전형적인 연관성을 보여 주고 있다. 전통 사회에 뿌리를 두고 현대사회에서 변화된 연대, 혜택받지 못한 집단의 갈등에 뿌리를 내린 연대, 이타주의와 인간애를 강조하는 종교적 · 철학적 전통에 뿌리를 둔 연대가 그것이다.

연대의 개념에는 범위가 있는데, 모든 범위가 모든 점에서 양립할 수 있는 것은 아니다. 셰르뇌(2004)는 연대의 기초, 목표, 통합성, 집단적 지향의 측면에 대해 논의하였다. 일부 전통은 연대의 기초가 되는 공공의 이익에 중점을 둔 반면, 다른 이들은 인간애의 보편적 개념에서의 기반을 알아보았다. 결과적으로 공통의 이익 실현에서부터 좋은 사회 혹은 세상의 실현에 이르기까지 목표의 범위가 세워졌다. 통합성의 개념 역시 다양하였는데, 그 범위는 공통의 관심사를 가진 제한된 숫자의 사람으로부터 모든 인간에 이르렀다. 집단적 지향 역시 또 다른 측면에서 다양하였다. 만일 연대가 공통의 이익에 기반을 두었다면, 집단적 지향은 매우 강한 경향을 가졌다. 개인의 자율성은 여러 사람이 공유하는 대의에 맡겨야 한다는 것이다. 만일 연대가 모든 사람에게 더 나은 사회를 이루기 위한 목적으로 좀 더 넓은 목표를 가졌다면, 개개인이 그들의 자율성을 확보할 공간이 생길 것이다(우리가 '자유'의 부분에서 논의하였던 상호 관련의 의미로).

커뮤니티 음악치료에서 소속감이나 연대감은 주로 집단 간 상호작용에서 시작된다. 이는 개별적 차이 대신 단일화된 집단 반응에 관한 램지(Ramsey, 2002)의 논의, 집단적 음악하기에 대한 파블리셰빅과 앤즈델(2009)의 연구, 실천 커뮤니티의 환대와 소속에 대한 앤즈델(2010a)의 논의, 커뮤니티와 연대에 대한 확고한 생각과 공유할 수 있는 분위기를 조성하는 상호작용 의례에 대한 스티게(2010a)의 연구와 같이 다양한 방식으로 탐구, 서술되었다. 이러한 경험들의 인간적 가치는 개별화된 사회에서 동지애에 대한 사람들의 요구와 관련하여 평가될 수 있을 것이다. 제4장에서 논의하였던 바와 같이, 그러한 가치는 또한 배제 및 고립의 과정과 연관되어 평가될 수도 있는데, 이는 일부 개인 및 집단이 제한적인 사회적 지원을 받게 만든다.

그러므로 커뮤니티 음악치료의 경우에 혜택받지 못한 집단의 갈등에 뿌리를 내린 연대는 분명한 타당성이 있다. 일반적으로 이는 역량 강화로서의 음악치료에 초점을 두게 만든다(Rolvsjord, 2004; Ruud, 1998). 예를 들면, 장애인의 배제를 극복하기 위한 커뮤니티 음악치료 실제(Elefant, 2010a; Kleive, & Stige, 1998), 우정에 관련하여 사람들의 평등을 지지한 실제(Curtis & Mercado, 2004), 혜택받지 못한 커뮤니티에 제공한 실제(Fouché & Torrance, 2005; Oosthuizen, 2006) 등이 있다. 프록터(2004)의 주장대로 혜택받지 못한 집단의 갈등에 뿌리를 내린 연대는 음악치료사가 '자신들의 커뮤니티'이기를 요구한다('글 상자 7-4' 참조).

종합해 보면, 이는 음악치료의 보다 정치적인 역할을 제안한다. 예를 들어, 사회 안에 좀 더 통합적인 음악 실천 및 복지에 대한 일반적인 관심들을 지지하기 위해, 음악치료사들은 억압적인 실제나 사회 구조에서 일하게 될 수도 있다(Stige, 2004a). 이러한 확장된 의제는 성찰 및 비판적 사고를 요구한다. 프로네-하게만(Frohne-Hagemann, 2001)이 주장한 대로 세상의 무지한 '해결사'들은 사회 변화의 과정과 관련하여 잘해야 비효율적이고, 최악의 경우 해로울 수 있다('글 상자 7-4' 참조).

글 상자 7-4 **성장과 건강을 위한 연대 및 다른 길**

독일의 음악치료사인 프로네-하게만(Frohne-Hagemann)은 커뮤니티 음악치료를 이해하는 데 관련된 여러 가지 이론적 아이디어를 발전시켰는데, 거기에는 성장과 건강의 요소로서 연대에 대한 논의도 포함되어 있다. 프로네-하게만의 연구는 심리치료 및 사회치료적인 관점과 관련하여 필수적이다(Frohne, 1986; Frohne-Hagemann, 1998). 이러한 점에서 그녀의 연구는 힐라리온 페졸드(Hilarion Petzold)가 선구자 역할을 하였던 **통합 치료** 분야에서 발달된 게슈탈트 원칙에 의해 영향을 받았다. 프로네-하게만 연구의 기본 바탕은 '리드믹(rhythmic)' 원리(양극성 사이에서의 변증법적 방식)인데, 이는 그녀가 음악과 움직임에 관해, 또한 좀 더 은유적으로는 창조와 통합, 인상과 표현, 접촉과 차단, 공생과 개성 같은 과정의 균형으로서 논의하였던 점이다(Frohne-Hagemann, 2001).

프로네-하게만에 따르면, 음악치료는 사회문화적·정치적 과정과 관련하여 인간의 능력 향상을 위해 관습적인 **치료**를 넘어서야 한다. 이 주장은 인간이 기본적으로 **창조적 존재**라는 개념을 바탕으로 한다(Frohne-Hagemann, 2001, p. 98 ff.). 이 관점에서는 내담자를 단지 치료하고 치유하는 것에 그치는 것이 아니라, 성장하고 발전하도록 도움을 제공해야 한다. 이러한 전제를 바탕으로 프로네-하게만(페졸드를 참조하여)은 성장, 건강, 치유를 위한 네 가지 길—① 의식과 의미 탐구하기, ② 재사회화와 기본적 신뢰 쌓기, ③ 경험의 활성화 및 인성 발달에 힘쓰기, ④ 연대, 메타 관점, 참여의 경험—을 제시하였다.

첫 번째 방법인 의식과 의미 탐구하기는 본래 일반적으로 개념화된 심리치료다. 두 번째 방법인 재사회화와 기본적 신뢰 쌓기는 첫 번째와 세 번째 방법과 연관되어 있다. 세 번째 방법인 긍정적 감정과 경험에 연관된 성장의 잠재력을 바탕으로 하는데, 예를 들면 자조집단 및 자기경험 집단에서 실행된다. 프로네-하게만은 이러한 방식의 작업에서 음악의 중요성은 **공동체적이고 즐거운 활동이자 경험**으로서의 잠재성과 관련되어 있고, 이러한 잠재성은 음악치료사들 사이에서 훨씬 더 적극적으로 사용된다고 하였다(Frohne-Hagemann, 2001, pp. 109-111).

프로네-하게만이 설명한 네 번째 방법은 **연대**, 메타 관점(metaperspective), 참여의 경험이다. 그녀는 타인의 관심에 대해서 연대를 참여 및 책임과 연관시키며, 이것을 자기애적이고 자기몰두적인 전략 및 몰아적(self-effacing) 전략과는 반대의 개념으로 보았다. 그러므로 네 번째 방법은 다른 세 가지 방법들과 전혀 무관하지는 않다. 자각, 인내, 품위, 정체성은 진정한 연대의 선행조건이라고 할 수 있다. 프로네-하게만(2001, pp. 112-113)은 '무지한 사람(ignoranten Weltverbesserer)'이 되어 가는 것에 대한 위험성을 매우 분명하게 강조하였고, 메타 관점을 발전시키기 위한 확고한 시도들은 이에 대응하기 위해 필수적이라고 주장하였다. 이 맥락에서 메타 관점은 개인, 집단, 커뮤니티에서 건강 문제를 일으키는 사회에 관한, 문화적 · 사회적 요소에 관한 이론들을 의미한다. **연대의 경험이자 표현**으로서의 음악에서 프로네-하게만은 **역사적으로 상황화된**(historically situated) 인간으로서 자신을 인정하는 가능성은 존재하며, 그리하여 문화 간 연대의 가능성 역시 존재하는 것이라고 주장하였다.

∩ 상충하는 가치 다루기

자유, 평등, 존중, 연대는 「세계인권선언」에 나온 중심 가치다. 이러한 가치의 인식은 커뮤니티 음악치료가 권리기반 실제인 것을 알려 주지만, 음악치료사에게 윤리적 지침을 위한 구체적인 도구를 제공하지는 않는다. 각각의 가치는 복잡하고 논란이 된다. 또한 구체적인 상황에서 다양한 가치는 서로 모순되기도 한다. 자유와 평등 간 갈등의 가능성이 전형적인 예다. 또한 앞에 언급된 네 가지 가치도 보다 지역적인 가치와 갈등을 일으킬 수 있다. 가치 상충을 다루는 몇 가지 규범은 도움이 될 수 있으며, 우리는 세 가지 규범을 제안하고자 한다. 첫째, 가치는 다양한 분석 수준과 관련하여 설명되어야 한다. 둘째, 가치는 확인되고 균형을 이루어야 한다. 셋째, 가치는 지역적으로 협의되어야 한다.[4]

가치는 다양한 분석 수준과 관련하여 설명되어야 한다. 커뮤니티 음악치료는 생태적 실제이기 때문에 가치는 다양한 분석 수준과 연관되어 고려되어야 한다(개인, 미시체계, 집단, 지역, 거시체계, 제4장 참조). 예를 들어, 자유가 오직 개인의 수준에서만 분석된다면 타인의 자유에 대한 결과, 즉 평등, 존중, 연대에 대한 결과 역시 등한시될 수 있다.

가치는 확인되고 균형을 이루어야 한다. 인간 역사를 살펴보면 평등이라는 명목으로 시행된 억압과 자유라는 이름으로 실행된 부당함의 예를 많이 찾아볼 수 있다. 이와 마찬가지로, 자유, 존중, 평등의 가치와 균형을 이루지 못하는 연대는 다른 이들의 권리를 위태롭게 하는 집단 내 응집으로 전락할 수 있다. 이는 권력 있는 개인이나 이익 집단이 특정 가치를 어떻게 잘못 사용할 수 있는지를 보여 주고 있다. 이는 문제의 가치에 '잘못된' 무엇이 있다는 것을 의미하는 것은 아니지만, 해당 가치가 확인되고 균형을 맞추는 과정이 없었다는 것을 의미한다.

가치는 지역적으로 협의되어야 한다. 일반적인 가치 중심의 시각과 주어진 맥락 내 요구의 현실, 자원, 전통, 가능성 간의 긴장은 언제나 존재한다. 그러므로 각각의 상황에서 자유, 평등, 존중, 연대의 의미를 탐구해 볼 필요가 있다. 음악치료사가 카멜레온이 되어야 한다고 말하는 것은 아니지만, 치료사들이 상황 안에서 가치들을 재고해 볼 필요는 있다. **존중**은 여기서 하나의 예로 사용될 수 있다. 음악치료사는 모든 사람을 자신의 목적으로 대우하고, 그들의 존엄성을 인정하는 것을 도덕적 의무라고 생각할지도 모른다. 그러나 특정 맥락에서는 권력자들의 명예와 존경을 좀 더 존중하는 방향으로 이어질 수 있다. 이러한 존중의 개념은 반드시 양립될 필요가 없으며, 주어진 상황에서 협의되어야 하는 가치 상충이 있을 수 있다. 인권의 보편성과 문화적 전통의 특수성 간의 긴장을 위해 판단을 내려야 할 때가 있다.

여기서 우리가 제안한 세 가지 규범은 협의를 위한 지침이 될 수 있지만, 합리적 의사 결정을 위한 것은 아니라는 점을 알아 두어야 한다. 여기에 가치 상충을 해결하기 위한 논리적 과정이 있는 것은 아니다. 커뮤니티 음악치료의 경우 우리는 수단과 목표가 구별되지 않는 과정 속에서 '아래에서부터' 인권 달성을 위한 노력이 있어야 한다고 주장할 것이다.[5] 다시 말해, 실천적 작업 자체는 인권을 알리는 가치와 일치해야 한다. 이는 규범들이 민주적 협의 맥락에서 해석되어야 함을 시사한다.

민주주의는 관점과 가치의 균형을 위한 검증된 방식이다. 이것은 평등주의 전통으로, 자유를 허용하고 존중과 연대를 요구한다(Baker et al., 2004). 그러므로 우리가 다음 장에서 논의할 것과 같이, 커뮤니티 음악치료 과정은 의사 결정 과정에서 최대한의 참여를 허용해야 한다. 이것의 논거는 평화적 협의의 논거와 비교할 수 있다. 여기에는 복잡한 모순에 대한 해답뿐만 아니라 이러한 복잡성을 인정하는 과정도 필요하다. 모든 목소리와 서로 다른 관점에 대한 타당성이 존중되어야 한다(Galtung, 1999, 2008).

사진 7-6 | 호주 멜버른. 암 환자들과 오브라이언(O'Brien)이 만든 오페라에서. 소프라노 메를린
코이프(Merlyn Quaife)와 인형사 세라 크리글러(Sarah Kriegler)와 제이콥 윌리엄스(Jacob
Williams). 음악 마주하기.

사진 제공: Jeff Busby.

🎧 결론

태도와 가치는 커뮤니티 음악치료의 중심 요소이며, 이 장에서 우리는 커뮤니티 음악치료가 권리기반 실제로 발전되어 왔음을 주장하였다. 참여를 요구하는 쟁점들은 인권이 침해당했거나 실현되지 못한 경우와 같은 상황들이며, 음악치료사들이 일하는 많은 맥락에서 권리가 제한되어 있다.

커뮤니티 음악치료 실제는 인권이 어려움에 처하거나 사회적-음악적 가능성이 만나는 곳에서 진화되었다. 개념화된 실제의 이러한 방식은 개인과 커뮤니티의 관계에 문제가 어떻게 존재하는지에 초점을 맞춘다. 의료적 관점에 따르면, 아마도 개인적 병리 문제일지 모르나 커뮤니티 음악치료에서는 참여, 자원의 동원, 사회 변화에 중점을 둔다.

권리기반 실제는 인권에 대한 지식과 이해를 필요로 한다. 인권을 바탕으로 한 청구를 평가하는 몇 가지 기준은 우리가 「세계인권선언」과 권리의 세 가지 유형에 대해 논의하기 전부터 제안되었다. 실제에서 권리는 논란의 대상이다. 인권을 뒷받침하는 가치에 대한 지식은 이러한 논쟁을 해결하지는 못하지만, 음악치료사에게 권리에 대한 협의 과정에 자격을 갖춘 참여를 위한 도구를 제공한다. 자유, 평등, 존중, 연대의 네 가지 가치는 서로 관련하여 제시되고 논의되었다.

이 가치들에 대한 논의는 각각의 가치가 논쟁적이라는 것을 알게 해 주었고, 이러한 복합성을 인식하여 우리는 가치 상충을 다루기 위한 세 가지 규범을 제안하였다. 이 규범들은 논리적인 의사 결정을 위한 지침은 아니지만, 대신 협의를 위한 기반으로 볼 수 있다. '아래에서부터' 발생한 권리기반의 실제로서 커뮤니티 음악치료는 수단과 목표가 구별되지 않는다고 말한다. 과정(결과뿐 아니라)은 인권을 알리는 가치들과 연관되어야 한다. 이는 커뮤니티 음악치료 과정이 우리가 다음 장에서 자세하게 다룰 내용인 참여 민주주의 형태와 유사함을 시사한다.

🎧 핵심 용어, 논의 주제와 미주

핵심 용어(제시 순서에 따른 핵심 용어)

태도(attitudes)

가치(values)

권리기반 실제(rights-based practice)

시민권과 참정권(civil and political rights)

경제적 · 사회적 · 문화적 권리(economic, social, and cultural rights)

연대 권리(solidarity rights)

환경권(environmental rights)

인권을 뒷받침하는 가치(values that underpin the human rights)

자유(freedom)

평등(equality)

존중(respect)

연대(solidarity)

민주주의(democracy)

논의 주제

다음의 비판적 사고 질문은 수업 혹은 집단에서 논의될 수 있고, 이 장에서 논의된 주제에 대한 비평적 성찰에 대해 학생 개인이 사용할 수 있다.

1. 여러 저자는 커뮤니티 음악치료 과정이 노래 만들기 및 수행, 옹호와 대중적 의사소통 등의 방법을 통해 커뮤니티에서 변화된 태도를 가지게 되었다고 설명하였다. 태도가 참여에 대한 장벽을 만드는 사례를 제시하고, 주어진 맥락에서 변화시킬 수 있는 실현 가능한 전략에 대해 논의하라.
2. 이 장에서 언급된 네 가지 가치는 복잡하고 논란의 대상이다. 그중 하나의 가치를 선택하여 다양한 입장(기본적 평등, 자유 평등주의, 조건의 평등과 같은)을 요약하여 설명하고, 각 입장의 강점과 제한점에 대해 논의하라.

3. 이 장의 결론은 커뮤니티 음악치료의 과정이 참여 민주주의의 형태와 유사하다는 것이다. 참여 민주주의의 과정은 쉽지 않다. 의견 일치를 보는 것은 어려운 일이며, 이는 발전을 저해하고 참여자들 사이의 좌절을 만들어 낼 수도 있다. 만일 다수의 의견이 결정되면, 소수의 의견이나 권리가 무시되는 위험성이 있을 수 있다. 이 장에서 언급된 가치가 어떠한 방식으로 이런 어려움을 다룰 수 있는 참여 민주주의의 발전을 알릴 수 있었는지 논의하라.

미주

1. 3대에 걸친 권리에 대한 개념은 문헌에 잘 정립되어 있지만, 대체로 서구사회에서 다양한 형태의 권리가 인정된 순서를 반영하기 때문에 다소 민족 중심적(서구사회 중심적)이라는 비판을 받을 수 있다(Ife, 2008).

2. 지적장애인의 권리에 중점을 둔, 자기결정을 위한 대화적 체계에 관한 논의를 살펴보려면 타룰리와 살레스(Tarulli & Sales, 2009)를 참조하라. 자유에 관한 일반적, 철학적 논의와 평등과 같은 다른 가치와의 관계를 살펴보려면, 벌린(Berlin, 1969/2002)과 스키너(Skinner, 1998)를 참조하라.

3. 국제연합 총회에서 동의하여 1999년에 채택된 결의안에 나오는 평화의 정의에서 존중은 핵심 가치다. "……일련의 가치, 태도, 전통, 행동 유형, 삶의 방식은 다음과 같은 것들에 기반한다: 삶에 대한 존중, 모든 인권과 자유에 대한 존중, 존재하는 갈등을 해결하는 데 있어 비폭력적인 것에 대한 헌신, 현세대와 다음 세대의 환경적 요구 및 발전을 위한 헌신, 여성과 남성의 평등한 권리 및 기회에 대한 존중, 표현과 의견 및 정보의 자유에 대한 존중 그리고 정의, 민주주의, 관용의 원칙을 고수함"(United Nations as quoted in Vaillancourt, 2009, pp. 34-35).

4. 커뮤니티 심리학과 관련한 비슷한 논의를 살펴보려면, 넬슨과 프릴렌테스키(Nelson & Prilleltensky, 2005)를 참조하라. 이러한 규범들 역시 가치에 의해 영향을 받고 있다는 것을 알아 두어야 한다. 이 가치를 분명히 하도록 요청을 받으면, 이는 제한이 필요한 한정적 진술의 끝없는 순환으로 이어질 것이다(끝없는 퇴보). 일반적으로 수용되며 상황에 관계없이 독립적인 우선순위 규칙은 없다(어떠한 가치도 다른 가치에 비해 우선될 수는 없다).

5. 간디언(Ghandhian)의 관점에 영향을 받아, 이페(Ife, 2010)는 민주적 인권에서 수단과 목표가 구별될 수 없는 이유에 대한 주장을 펼쳤다. "만일 커뮤니티가 그들이 가고자 하는 방향을 결정하고 진정한 참여를 위해 적극적으로 관여하는 자기결정 과정에 착수할 수 있

다면, 미리 정해진 목적, 목표, 대상 또는 결과는 필요 없을 것이다. 이는 과정 속에서 자연스럽게 나타날 것이며, 만일 과정이 타당하다면 결과 역시 믿을 수 있을 것이다"(Ife, 2010, p. 37).

제8장

과정

제8장을 공부한 후에 당신은 다음과 같은 질문에 대해 논의하게 될 것이다.

- 커뮤니티 음악치료가 적절한 때는 언제인가?
- 참여적 지향은 어떻게 보이는가?
- 커뮤니티 음악치료는 어떻게 비판적 인식을 구축하며, 이것을 이루어 내는가?
- 커뮤니티 음악치료의 계획에 어떠한 측면이 수반되는가?
- 음악을 통한 결속과 연결의 과정은 어떻게 자원을 동원하는가?
- 커뮤니티 음악치료 과정에서 어떠한 종류의 고충이 전형적인가?
- 커뮤니티 음악치료 실제의 다양한 평가는 어떠한 형태인가?
- 의사소통과 기념하기는 어떻게, 그리고 왜 실천의 중심 차원이 되는가?
- 커뮤니티 음악치료는 음악치료에서의 시간과 장소에 대한 재고를 어떠한 방식으로 요구하는가?

🎧 사전 고려 사항

건강 증진 및 치료적 실제에서 무엇을 해야 하는가에 대한 질문에 답하는 것은 의외로 어려운 일이 될 수 있다. 모든 이니셔티브는 복합적이고 맥락화되어 있으며, 또한 누구와 어디서, 왜, 무엇을 어떻게 해야 하는가에 대한 여러 가지 질문을 검토할 것을 초대한다. 이러한 질문을 개발하고 적절하게 만드는 것은 중요하지만, 이것이 의사 결정의 어려움을 없앨 수는 없다. 제7장의 초반에 거론된 폴(Paul)의 질문—"어떤 치료가, 누구에 의해, 그 특정 문제를 가진 개인에게 가장 효과적이고, 어떤 상황에서, 어떻게 그것이 일어날 것인가?"—은 연관된 모든 차원에 대해 분명히 다루었다. 그러나 크누트(Knut)의 간단한 질문—"우리도 [고적대] 밴드에서 연주할 수 있을까?"—은 실제에 대해 완전히 다른 방식의 사고를 제시하였다. 폴의 질문은, 문제는 개인 내담자에게 속하고 해결책은 직업전문가에게 속한다는 생각과 같은 특정한 전제에 기반을 둔다. 크누트의 질문은 좀 더 협력적이고 커뮤니티 지향의 방향에 중점을 두는 전제를 바탕으로 한다.

커뮤니티 음악치료가 적절한 때는 언제인가? 이 책에 소개된 이론, 연구, 실천적 예들은 이 질문에 대한 해답을 어느 정도 제시한다. 그러나 아직도 무수히 많은 질문이 해결되지 않았으며, 이 방향으로 더 많은 연구를 활성화하는 것이 중요하다. 우리가 평가한 바로는 실제 맥락에서 적절한 시기에 대한 질문을 다루는 방법을 고려해 보는 것 역시 중요하다. 겉으로 보기에는 모든 특정 사례에 가장 좋은 접근 방법이 무엇인지 평가하는 것이 가장 완벽한 접근법이 될 것이다. 어려운 점은 우리가 이것을 검토할 때 반드시 사회적·문화적·직군적 맥락을 고려해야 한다는 것이다. 만일 우리가 마주하는 모든 사례에서 그 필요성을 평가한다면 이는 차이점을 만들게 되는데, 병원 내 임상적 위치에서 행할 것인지 아니면 커뮤니티 음악학교에서 행하는지와 같은 구별을 예로 들 수 있다. 이와 마찬가지로, 문제에 대한 조사와 자원에 대한 조사 중 무엇을 먼저 시작하는지, 또는 개인 및 커뮤니티 혹은 이 두 가지의 조합 중 누구와 함께 시작하는지에 대해서도 각각 차이를 두게 된다. 우리의 위치와 특정한 관점은 언제나 우리의 평가에 영향을 미친다. 이는 인간 상태의 일부분이다. 우리는 이를 인정할 수 있고, 시도할 수 있으며, 실제에서 여러 관점을 통해 바라보면서 판단력을 향상할 수 있다.

그러므로 커뮤니티 음악치료의 적절한 때에 대한 질문에 대해서는 참여자가 필요한 것이 무엇인가에 대한 조사의 중요성에도 불구하고 이것만으로는 답을 할 수 없다. 또한 음악치료사는 반드시 참여하게 된 이유와 그 질문을 내포하는 사회적·문화적 맥락을 살펴보아야 한다. 이전 장에서는 그 질문을 검토할 때 우리가 취할 수 있는 몇 가지 관점에 대한 개요를 설명하고 있다. 건강과 안녕감에 대한 이론과 연구는 하나의 자료이며, 여기에는 부당함에 대한 연구도 포함된다(제3장). 사회적 자원의 중요성과 협력적 음악하기의 행동지원성에 관한 이론과 연구는 또 다른 문제다(제4장과 제5장). 이러한 지식의 출처는 주변화와 같은 현실적인 사회 쟁점과 관련이 있을 수 있다(제6장). 우리가 범인권적인 생각에 관련된 아이디어와 연계된 가치를 이해하는 방식은 이 모든 정보에 대한 우리의 평가에 영향을 미친다(제7장).

때로 음악치료사는 내담자 이니셔티브에 의한 커뮤니티 음악치료의 가능성을 알게 된다. 앨런 터리(Alan Turry, 2005)의 연구 결과는 이에 대한 전형적인 예다. 내담자 마리아 로지스(Maria Logis)는 타인을 위한 공연과 음악적 결과물을 만드는 것이 자신을 내적인 비판의 목소리에 맞설 수 있도록 도왔다는 것을 깨달았는데, 이러한 내적인 비판의 목소리는 만일 그녀가 도전하지 않았다면 침묵하였을 것이다('글 상자 1-4' 참조). 터리는 음악치료 과정을 조정하는 것에 귀를 기울였고 협력하였다. 이는 경계 넘기(boundary crossing, 경계 침해와는 대조됨, 제10장 참조)라 할 수 있는 것으로 이어졌으며, 치료 과정이 공개되었고 과정과 산물은 좀 더 알려지게 되었다. 이 점에 있어서, 관습적 음악치료와 커뮤니티 음악치료는 이 분야에서 정립된 통찰의 지속적인 관련성을 인정할 뿐만 아니라 음악치료에 관한 원리나 가정에 이의를 제기하는 방식으로 서로를 지지하고 도전할 수 있었다.

치료에서 커뮤니티에 이르기까지 연구의 아이디어만큼이나 가치 있는 것은, 커뮤니티 음악치료가 항상 개별적 치료나 전통적인 집단 치료에서만 성장하는 것이 아니라는 것이다. 사회적 수준의 부당함에 대한 가치 주지적이고 관찰된 평가에서 성장할 수도 있고, 공중보건이나 건강 증진 이니셔티브 외에 음악적·문화적 이니셔티브에서 성장할 수도 있다. 이 장에서 설명할 참여적 과정의 모델에서는, 다양한 분석 수준에서 요구와 권리 침해에 대한 비판적 인식을 형성하는 것은 커뮤니티 음악치료 과정의 중요한 변화 중 하나라고 여겨진다(다음에 나오는 모델에서 과정은 변화의 상호작용으로 인하여 형성되는 움직임으로 기술될 것이다).

커뮤니티 음악치료 과정에 다양한 기원이 있다는 사실은 필연적으로 다른 형태의 실제가 있어야 한다는 것을 시사한다. 문헌을 검토하고, 우리는 최소한 세 가지 방식의 실제에 대해 기술할 수 있다. 첫째 유형은 **특정 노선**(particular routes)이라 부를 것이며, 개인 혹은 단체의 특정한 요구와 이니셔티브에서 생겨난 커뮤니티 지향의 발전을 말한다. 앞서 언급된 마리아의 음악치료 과정에 대한 맥락의 확장은

사진 8-1 │ 캐나다 브리티시 컬럼비아의 음악치료 세션. 벨 연주의 기쁨.
사진 제공: Randolph Parker.

(Logis & Turry, 1999; Turry, 2005) 이것의 한 예다. 둘째 유형은 **프로젝트**(projects)라 부를 것이며, 다양한 주체가 새로운 실제로 정립하고 하나의 지역 또는 집단의 이익을 위해 사회적 변화를 유도하기 위한 목적으로 함께 노력하는(보통 제한된 시간 내에 이루어짐) 협력적 노력을 뜻한다. 크누트의 질문 맥락은 정부 차원에서 시작되어 지역 기관, 지방 자치 단체, 군/구와 협력하여 수행되는 문화적 통합에 관한 프로젝트였다(Kleive & Stige, 1988). 셋째 유형은 **프로그램**(programs)이며, 인식 가능한 구조, 의제, 접근으로 정립된 실제를 말한다. 베인즈(Baines, 2000/2003)가 캐나다 클럽하우스의 사회 프로그램 일환으로 개발한 동반자적 정신건강 음악치료 프로그램은 이러한 유형을 잘 보여 준다('글 상자 6-4' 참조).[1]

　이 세 가지 유형은 결코 상호 배타적이지 않다. 여기서 사용된 용어는 용어 간의 차이점을 부각시킬 뿐, 엄격한 분류를 하기 위해서는 아니다. 특정 노선은 기존 음악치료 외에도 커뮤니티 음악치료 프로젝트나 프로그램에서 성장할 수 있다. 이와 마찬가지로 프로젝트는 프로그램으로 발전할 수 있는 반면, 프로그램 경험은 새로운 프로젝트를 필요로 할 수 있다. 이제 우리가 커뮤니티 음악치료의 과정을 특징 짓는 모델을 제안하는 동안 이 주제의 어떠한 변화도 가치 있는 것으로 여겨질 것이다.

🎧 커뮤니티 음악치료에서 참여적 과정의 모델

여러 가지 방식에서 음악치료는 혁신과 변화에 관한 것임을 나타내고 있고, 변화로 이어지는 발전 과정을 지칭하는 **과정**(process)은 음악치료 문헌에서 중요한 단어다. 이 단어는 '앞으로 나아가다'라는 뜻의 라틴어 processus로부터 유래되었다. 커뮤니티 음악치료 맥락에서 우리는 과정을 건강, 안녕감, 사회적-음악적 변화를 지향하는 움직임으로 생각할 수 있다. 앞서 제5장에서 논의한 바와 같이 이들은 서로 관련된 영역이다.

권리기반의 실제(제7장 참조)로서 커뮤니티 음악치료의 개념과 연결된 자유, 평등, 존중, 연대의 가치는 커뮤니티 음악치료 과정이 민주적이고 참여적이어야 한다는 것을 시사한다. 참여적 지향은 어떻게 보이는가? 청소년을 대상으로 하는 커뮤니티 음악치료 프로젝트에 대한 설명에서 호주의 음악치료사 맥퍼란(McFerran)은 참여로의 초대에는 어떠한 자격 조건도 필요하지 않음을 시사한다.

> 참여적 지향은 참여하고 있는 사람들처럼 보인다. 이 음악치료 집단은 참여한 젊은이들 그 자체의 직접적인 반영이다. 과정의 시작 단계에서 이 집단은 학교와 성인 체계의 책임보다는, 거리 생활과 가정 생활에 훨씬 더 가깝게 연관되어 있다. 이 집단의 특징인 무질서로 인해 젊은이들은 편안함을 느낄 수 있고, 그들과 함께 할 준비가 되어 있는 음악치료사도 마찬가지다. 누구도 방향을 제시하지 않을 것이며, 해야 할 일에 대해서 듣지도 않을 것이다. 웃음과 기쁨의 순간, 혼란과 좌절의 순간은 이 세션의 특징이다. 악기가 주어지고, 따뜻한 환영이 제공된다. 참여하기 위해서는 어떠한 자격도 요구되지 않으며, 그저 초대일 뿐이다.
>
> (McFerran, 2010, p. 203)

　여기서 배울 수 있는 교훈은 무질서가 모든 커뮤니티 음악치료 과정에 필수 요소라 보기는 어렵지만, 그 과정은 참여자들의 삶과의 양립성에 따라 필수 요소가 될 수 있다는 점이다. 어떤 청소년은 자유 형식에 더 편안함을 느끼고 형식화된 활동에 거부감을 가질 수도 있다(McFerran, 2010). 반면에, 스티게(Stige, 2010b)가 연구한 노인 합창단 활동과 같은 커뮤니티 음악치료 실제의 경우 협력적으로 구조화되어 있다. 이 참여자들은 질서에 편안함을 느끼며 음악치료사가 음악 활동을 주도해 나가는 것에 만족하였다. 합창단원이 책임을 지는 관리위원회의 설립을 통해 합창단 과정의 참여적 요소가 처리되었다. 또한 합창단 활동의 발전에서 우선순위와 방향에 관해 무수히 많은 정식 논의가 있었다. 여기서 중요한 점은 구조가 아니라 권력이다.

　그러므로 커뮤니티 음악치료 실제는 참여적 민주주의가 취할 수 있는 다양한 형태에 대한 인식을 필요로 한다. 이는 위원회의 설립과 앞서 말한 노인 합창단이 선호하던 것과 같은 특정한 민주적 절차가 필수적으로 수반되지는 않는다. 그것은 상호존중과 연대의 문화 속에서 참여자들이 가능한 한 자유롭고 평등할 수 있는 방식을 찾는 것을 포함한다(Baker et al., 2004). 따라서 들어 보지 않은 목소리에 귀를 기울이기는 매우 중요하다. 커뮤니티 음악치료 문헌에는 참여 실천 연구가 이 방향에 어떻게 기여할 수 있는지를 보여 주는 몇 가지 중요한 연구 결과가 있는데(예: Elefant, 2010b 참조), 민주적인 협의 시 일반적으로 의존하는 다른 자원이나 참여자들의 언어적 기술이 부족할 때 훨씬 더 극적으로 나타난다(Warner, 2005).

　우리가 커뮤니티 음악치료의 **참여적 과정**의 특징을 위해 제안할 모델은 참여적 실천 연구의 과정 모델로부터 영감을 얻으며, 일련의 협력적 실천-성찰 주기를 통한 사회 변화로의 단계로 흔히 설명된다. 실천 연구의 전통은 실제에 매우 가까우며, 실제 및 지식 개발, 역량 강화와 사회 변화의 통합을 가능하게 하기 때문에 우리는 실천 연구가 커뮤니티 음악치료 과정을 설명하는 데 적절한 영감을 준다는 것을 알게 되었다.

　　과정에서의 구체적인 단계는 진단, 계획, 실천, 평가, 성찰의 되풀이되는 주기로 설명되는 반면, 과정은 연구에 방향을 제시하는 몇몇 조정된 가치와 아이디어로 시작한다. 실천을 위한 목적과 계획은 본래의 가치와 아이디어를 바탕으로 하지만,

상황에 대한 진단을 통해 목표를 위해 이용 가능한 수단을 정하게 된다. 계획을 세우는 것은 본래 아이디어에 필요한 수정을 포함하는 구체적인 실천 계획을 넘어선다. 그러므로 실천은 전체 계획의 첫 번째 단계로 보일 수 있으며, 다음 단계인 평가로 이어지고, 이는 학습하기, 다음 단계의 계획 수립을 위한 정보 얻기, 전체 계획의 향후 수정을 위한 근거 마련하기와 같은 다양한 기능을 제공한다. 이 모든 것은 집단적 논의와 성찰의 다양한 형태를 통해 이루어진다.

(Stige, 2005b, p. 409)

사회 변화를 위한 **실천-성찰 주기**에서 협력은 커뮤니티 음악치료 실제의 발전을 위한 유용한 지침이며, 우리가 제1장과 제6장에서 논의하였던 'PREPARE'의 몇 가지 특질을 반영한다. 이 두문자어는 자원과 생태적 맥락을 향한 지향 및 음악의 수행적 가능성에 대한 인식과 같은, 실제에 대해 알려 주는 다른 원리들을 강조한다. 이러한 원리들은 커뮤니티 음악치료의 과정이 사전에 정의된 단계 순서에 따라서는 설명될 수 없다고 말한다. 상호작용하는 변화의 범위를 가진 유연한 매트릭스는

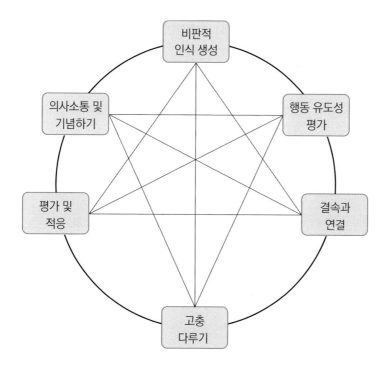

[그림 8-1] 커뮤니티 음악치료의 참여적 과정 모델

실제의 상대적 현실을 더 잘 나타내고 있다(Stige, 1995, pp. 104-147; Wood, 2006). 커뮤니티 음악치료 문헌에 나타난 아이디어와 과정에 대한 설명을 검토하고, 이를 ① 참여적 실천 연구에서 나온 과정의 개념, ② 두문자어 PREPARE로 제시한 커뮤니티 음악치료의 특질, ③ 사회적 자원에 대한 관련 이론과 연결한다. 또, 이를 통해 커뮤니티 음악치료 과정이 여섯 가지 서로 다른 변화의 상호작용—비판적 인식 생성, 행동 유도성 평가, 결속과 연결, 고충 다루기, 평가와 적응, 의사소통과 기념하기—을 통한 건강, 안녕감, 사회적-음악적 변화의 방향을 향한 움직임으로 설명될 수 있음을 제안한다. [그림 8-1]은 다양한 변화 사이의 관계를 나타낸 것이다. 다음에서 우리는 각각의 변화에 대해 알아볼 것이다.

🎧 비판적 인식 생성

비판적 인식의 생성이 중요한 이유는 커뮤니티 음악치료에서의 요구는 개인의 수준을 넘어서는 것이며, 권리 침해와 사회적·문화적 상황과 관련이 있기 때문이다. 이는 커뮤니티 음악치료 실제에서 적어도 두 가지 도전—더 넓은 맥락에 대한 정보의 요구, 이념에 대한 도전—을 만들어 낸다. 더 넓은 상황에 대한 정보의 요구는 주로 방법론적 어려움으로 여겨진다. 치료의 시작과 평가 단계에서 정보를 수집하는 가장 좋은 방법은 무엇인가? 우리가 다음 장에서 살펴볼 내용처럼 민족지학적 현장연구와 조사는 두 가지 유용한 접근 방식이다. 비판적 이론의 전통 내에서 설명하면, 이념에 대한 도전은 복잡하고 중요하다. 우리가 제9장의 실천 연구와 관련된 논의에서 살펴볼 수 있듯이, 이념은 사람들이 현재 상황을 자연스럽게 받아들이도록 유도하는 억압적인 사고의 집합체로서 기능한다. 예를 들어, 만일 우리가 부당함을 피할 수 없는 문제로 여긴다면, 이것은 우리가 상황이나 가능성을 신중하게 분석했기 때문인가, 아니면 우리가 이러한 방식으로 생각하도록 배웠기 때문인가? 만일 후자의 경우라면, 이러한 방식으로 부당함을 생각하는 것은 누구에게 이득이 되는가? 이러한 질문은 어떻게 이념이 어려움이 되고, 커뮤니티 음악치료 실제에서 어려운 문제가 되는지를 보여 주는 예가 된다.

사진 8-2 │ 노르웨이 베르겐. 아동의 복지 뮤지컬. 당신의 관점 공유하기.
사진 제공: Astrid Merete Nordhaug.

　참여자들을 위해 비판적 인식을 생성하는 것은 가능하지도, 유용하지도 않다. 다시 말하지만 우리는 실천 연구의 전통에서 영감을 얻을 수 있고, 이는 비판적 인식의 방향으로 가는 첫 번째 단계가 사람들이 상호작용하고 의제가 진화할 수 있는 장소를 만드는 것이라는 내용이다(Reason & Bradbury, 2006). 음악의 수행적 특질은 장소 및 의제와 관련하여 매우 특별한 가능성을 창출한다. 음악은 흔히 사람들을 하나로 모으고, 그들이 상호작용하도록 도우며, 발전된 의제와 관련하여 언어적 · 비언어적 의사소통이 결합할 수 있도록 만든다.

　우리는 다시 한번 크누트의 질문을 예로 들어 볼 수 있다. 고적대 밴드에서 연주하는 것에 대한 크누트의 질문은 언어적으로는 간단하였지만, 다른 몇몇 행동과 표현의 상호작용을 통해 무게가 실렸다. 그와 다른 구성원들이 고적대 밴드의 참여자가 행진하는 밴드의 사진을 보며 몸짓을 통해 소통한 열정은 이것의 한 부분이었다. 참여할 가능성이 생길 만약의 경우를 대비해서 작은 플루트를 들고 행진하는 밴드 가까이에 있었던 것과 같은, 일부 집단 참여자가 이전에 행하였던 음악적 행동은 또 다른 부분이었다(Stige, 2002, pp. 113-134 참조). 만일 음악치료사와 커뮤니티 구성원들이 커뮤니티 참여에 대한 지적장애인의 권리 문제에 대해 그들을 인정하였다는 사실이 없었다면, 아마 이러한 행동과 표현은 여전히 무시당하였을 것이다. 다시 말해서, 커뮤니티 음악치료에서 비판적 인식은 가치와 시각이 음악, 몸짓,

단어의 사용을 통해 협의가 이루어지는 협력적 과정이다. 이것은 흔히 개인적인 것과 정치적인 것이 상호작용하며 서로를 조명하는 과정이다.

🎧 행동 유도성 평가

비판적 인식 생성이 가치와 시각에 관한 것이며, 어떠한 변화가 이루어져야 하는지에 대한 표현이라면, 행동 유도성 평가는 계획에 관한 것이다. 이 맥락에서 이 커뮤니티와 함께할 수 있는 가능한 일은 무엇인가? 여기서 '행동 유도성 평가'라는 구절이 적절한 이유는 커뮤니티 음악치료에서 계획을 세울 때는 실제의 여러 차원과 다양한 분석 수준에 관련된 자원 및 어려움을 평가하는 것이 포함되기 때문이다.

글 상자 8-1 **작은 성인들의 메시지**

미국의 음악치료사인 스콧 맥도널드와 마이클 비에가(Scott MacDonald & Michael Viega, 2011)는 필라델피아에 소재한 템플 대학교에 소속된 예술과 삶의 질 연구센터의 후원으로, '우리의 목소리를 들어요'라는 프로그램을 진행하였다. '우리의 목소리를 들어요'는 '당신 편의 예술'이라고 불리는 연구센터의 거대 이니셔티브 중 하나의 일환으로, 음악치료 노래 만들기 프로그램이었다. '희망은 변화'라 불린 칼럼에서 조크 브래트 (Joke Bradt, 2009)는 '우리의 목소리를 들어요'에 대해 다음과 같이 설명하였다.

이는 14주 동안의 노래 만들기 프로그램으로, 심각한 가난과 높은 범죄율이 특징인 필라델피아 지역에 사는 위기 청소년을 위한 프로그램이다. 매주 다양한 문화적 배경을 가진 초등학교 연령의 아동들이 함께 모여, 마이클 비에가와 스콧 맥도널드라는 훌륭한 음악치료사 두 명의 지도 아래, 자신들의 생활과 커뮤니티에 관한 노래를 만들었다. 그들의 노래에서는 사랑, 커뮤니티, 희망, 변화에 대한 요구의 중요성을 강조하는 것 외에도 가난, 폭력, 부족한 교육과 같은 쟁점을 다루고 있다. 아동들의 노래는 일상 경험의 복잡함을 포함하고 있는 동시에 세상에 대해 다소 직설적이지만 통찰력 있는 메시지를 표현한다. 불과 몇 주 전, 1학년과 2학년 집단이 오바마 대통령에게 보내는 노래를 만들었다.

대통령님,

우리가 말하고 싶은 것이 있어요.

우리는 이 세상의 변화를 원해요.

우리가 세상을 변화시킬 수 있도록 도와주세요.

우리는 나쁜 것들을 좋은 것들로 바꿀 수 있어요.

그렇기 때문에 모든 나쁜 사람도 좋은 사람으로 변할 수 있어요.

그러면 아무도 더 이상 훔치지 않을 거예요.

······.

이 노래는 느린 템포의 가스펠 양식으로 시작하지만, 나중에는 높은 수준의 타악적인 에너지를 가진 빠른 템포로 변한다. 나는 이 아동들에게서 보았다. ······결의와 희망을······ 그들은 커뮤니티에 어떠한 변화가 필요한지 알고 있었고, 만일 우리가 모두 함께 힘을 합친다면 변화는 가능한 것이라고 믿고 있었다. ······어떤 이들은 이 아동들의 메시지가 이상적이고 순진하다고 할지 모르지만, 나는 이것이 믿음, 희망, 역량 강화에 대한 메시지라고 생각하고 싶다(Bradt, 2009).

해당 프로그램의 연구에 대한 설명에서 맥도널드와 비에가(2011)는 힙합 문화의 관련성과 그들의 연구가 음악치료 과정과 프로그램의 성공에 제공하는 음악적 형태에 대해 논의하였다. 노래 만들기 프로그램은 아동에게 폭력, 조직폭력, 가족의 상황, 약물 사용, 분노 관리, 학교, 또래 압력과 같은 자신의 삶과 관련된 문제의 탐색과 표현을 위한 창의적 출구를 제공한다는 목표를 가지고 주제 중심 접근을 사용한다. 또한 이 프로그램은 개인의 안전과 성공을 위한 전략을 협력적으로 생성하는 기회를 제공한다.

'작은 성인들'은 '우리의 목소리를 들어요' 프로그램의 첫 번째 집단 중 하나였다. 이 집단에는 9~12세의 일곱 명의 여학생과 여섯 명의 남학생이 있었으며, 아프리카계와 라틴계가 대부분이었다. 이 집단의 몇몇 아동은 공식적으로나 비공식적으로 이전에 음악 활동을 경험해 보았으며, 맥도널드와 비에가는 이 집단에서 노래 만들기를 이끌어 나가는 방향을 결정하는 데 중요한 요소가 그들이 무엇을 듣는지 파악하는 것이라고 설명하였다. 그들이 선호하는 음악은 랩이나 힙합, 레게톤[1], 미국 R&B, 팝 등이었다. 음

---

1) 역자 주: 스페인어로 부르는 일렉트로니카, 힙합, 살사, 미국의 여러 음악 장르와 자메이카의 레게가 혼합된 형태를 통칭한다.

악치료사들은 아동들의 음악 취향이 아동에서 청소년으로 넘어가는 시기인 것처럼 보이는데, 이는 아마도 아동들이 처해 있는 발달의 전이적 단계를 보여 주는 것 같다고 설명하였다.

　　비록 어린 아동인 그들은 놀림, 경쟁, 논쟁, 장난 같은 행동을 지속적으로 보였지만, 약물과 폭력이라는 사회적 환경으로 둘러싸였을 때도 그들의 말과 음악에서 나오는 것은 인간성, 사회적 의식과 영성에 관한 믿음이었다(MacDonald & Viega, 2011, p. 156).

　예를 들어, 실제의 차원은 장소, 의제, 주체, 활동, 산물에 대한 지원에 중점을 두고 검토된다(Stige, 2002, pp. 210-230, 제5장에서 '보건 음악하기'에 대한 논의 참조). 장소와 의제 간의 관계는 이전 절에서 논의하였다. 여러 가지 수준의 분석이 어떻게 관련되는지 설명하기 위해서 개인, 집단, 단체, 더 넓은 커뮤니티와 같은 참여하는 주체의 측면에 대해 이 책 전반에 걸쳐 설명하였다. 다음 단락에서 우리는 활동이나 산물에 대한 행동 지원성이 어떻게 평가되고 전유되는지 설명하는 커뮤니티 음악치료 문헌에 제시된 몇 가지 예를 살펴볼 것이다.

　커뮤니티 음악치료 문헌은 자연스럽게 집단 즉흥연주, 커뮤니티 가창, 앙상블 연주와 같은 협력적 음악 만들기의 다양한 형태에 중점을 두고 있다(Kleive & Stige, 1988; Numata, 2009; Scheiby, 2002). 구체적인 형태는 드럼서클(Boxill & Roberts, 2003), 록밴드(Aigen, 2002; Jampel, 2006, 2011; Krüger, 2004; Roer, 2001; Tuastad & Finsås, 2008), 합창단(Knardal, 2007; Zanini & Leao, 2006) 등이 있다. 이러한 몇 가지 활동은 더 많은 관객과의 의사소통 가능성을 가지고 있는데, 이는 노래 만들기(Aasgaard, 2002; McFerran, 2010; O'Grady, 2009)나 연주(Ansdell, 2005b; Jampel, 2006, 2011; Kleive & Stige, 1988)에 관한 문헌에서도 역시 강조되었다. 관객과의 의사소통에서 보통 산물의 행동 지원성은 중요하다. 악기, 노래, 우리가 사용하는 가사가 문화적으로 함축하고 있는 것은 무엇인가, 또한 기존에 정립된 관습에 상응하는 또는 반대되는 행동 가능성은 어떠한가? 제6장에서 이는 연합주의를 상징하는 람베그 드럼(Lambeg drum)과 전통적 아일랜드의 정체성을 나타내는 보드란 드럼(Bodhram

사진 8-3 │ 싱가포르. 장애아동 합창단 공개 공연 리허설.
사진 제공: Beyond Social Services.

drum)을 함께 연주하였던, '서로 다른 드럼들(Different Drums)'의 행동 지원성 연결을 예로 들 수 있다(Smyth, 2002).[2]

우드(Wood, 2006)는 자신이 '커뮤니티 음악치료 매트릭스'라고 부르는 것을 사용하여 행동 유도성을 평가하는 방식을 개발하였다. 매트릭스는 앞에 설명된 실제의 몇 가지 차원을 통합하는 상호 관계된 다양한 형태를 기술하고 있다('글 상자 8-2' 참조).

계획의 절차와 기능은 임상에서 매우 다양할 수 있다. 특정 노선과 관련된 계획은 보통 비형식적이며, 다음에 무엇(언제? 어떻게? 어디서?)을 할 것인가에 대한 평가와 연관되어 있다면, 프로젝트와 관련된 계획은 포괄적인 서면 문서의 발전을 포함하고 있다. 프로그램에서의 계획은 프로그램을 위해 수립된 구조, 의제, 접근에 의해 제한되거나 활성화된다.

글 상자 8-2   **커뮤LIEI 음악치료 매트릭스**

영국 남부에서 음악치료사인 스튜어트 우드(Stuart Wood)와 동료들은 다수의 연속적인 커뮤니티 음악치료 프로젝트를 수행하였는데, 그 시작점은 '치료에서 커뮤니티로'라고 불리는 프로젝트였다(Wood, 2006; Wood, Verney, & Atkinson, 2004). 원래 프로젝트는 영국 남동부의 에일즈베리(Aylesbury)에 있는 신경학적 재활병원에 바탕을 두고, 급성 및 입원환자를 위한 개별 음악치료, 커뮤니티 의료 환경에서의 집단 음악치료 및 그 마을의 예술 및 다른 커뮤니티 장소에서의 연수회로 이루어진 세 단계로 구조화된 음악치료 프로그램을 제공하기 위해 설립되었다. 우드는 이 초기 프로젝트가 자신이 음악치료사로서 일하는 방식과 사고방식을 어떻게 바꾸게 했는지를 설명하였다.

나는 프로그램에서 음악이 각 참여자를 이끌었던 곳을 따라가려는 다짐과 각각의 단계가 안전한지 확인해야 하는 의무를 느꼈다. 나는 넓은 범위의 음악적 경험이 함께 어울려, 참여자의 요구에 유연하고 상응하는 '협력된(joined-up)' 체계를 만들 수 있는 방법을 생각하는 데 어려움을 겪었다. 나는 과정을 진행하기 위해서는 이 작업을 둘러싼 행동주체나 원칙 역시 통합되어야 함을 알게 되었다. 이론도 성찰을 위한 의미 있는 체계를 제공할 필요가 있었다. 각 단계에서 나는 차이와 통합을 가능하게 하고, 비계층적이며, 최적의 유대감을 형성하고, 보장하는 관점을 향해 나아가고 있었다. 이러한 관점의 모델을 찾고 있을 때 나는 '매트릭스' 형태가 새로운 사고방식을 가능하게 한다는 것을 알았다. '매트릭스'는 커뮤니티 음악치료를 계획하고 실천하고 평가하는 어려움에 대한 나의 반응으로서 제안되었다. 비슷한 어려움을 겪고 있는 다른 음악치료사들에게 도움이 되길 바라며 제공하였다(Wood, 2006).

우드가 개발한 커뮤니티 음악치료 매트릭스는 개별 음악치료, 집단 음악치료, 워크숍, 앙상블, 콘서트 여행, 수행 프로젝트, 지도, 특별한 경우를 위한 음악과 같은 실제의 상호 관련된 양식으로 구성되어 있다. 이러한 상호 관련된 양식의 구체적인 매트릭스를 설명한 후에, 우드(2006)는 음악이 어떻게, 왜 개인과 커뮤니티 간의 관계에 영향을 주는지 알아보기 위해 신경음악학 및 음악사회학에서 비롯된 이론적 관점을 제시하였다.

우드(2006)는 커뮤니티 음악치료 실제가 **생태적**이며 상황적(situated)이기 때문에 매트릭스에서의 과정의 한 교차점은 다른 과정의 교차점에 영향을 끼친다고 주장하였다.

우드가 취한 체계적 접근은 개별적 계획이 덜 중요함을 시사하는 것이 아니다. 반대로 우드는 팸(Pam)의 이야기를 하며 해당 모델의 예를 들었는데, 팸은 자신의 신경과 전문의에게 수수께끼로 남은 드문 신경학적 현상을 보인 50대 중반의 여성이다. 자신의 의학적 상태와는 반대로, 팸은 병원의 환자에서 지역 커뮤니티의 창의적인 음악 참여자로 개인적인 변화를 성취하였다.

🎧 결속과 연결

결속과 연결이라는 용어는 제4장에서 사회적 자본의 두 가지 형태를 구별하는 퍼트넘(Putnam, 2000, p. 22)의 방식을 언급하며 소개되었다. 이 모델에서 우리는 커뮤니티 음악치료에서의 다양한 사회적-음악적 과정을 설명하기 위해 이 용어들을 다소 자유롭게 사용할 것이다. 결속은 동질한 커뮤니티 **내에서** 사람들을 연결하는 과정을 의미하며, 연결은 이질적인 커뮤니티 **내에서** 혹은 커뮤니티 **간** 사람들을 연결하는 사회적-음악적 과정을 의미한다(Stige et al., 2010). 결속과 연결 모두 사회 자원을 구축하고 동원한다.

제5장에서 설명한 상호작용 의례와 실천 커뮤니티는 공유할 수 있는 음악 만들기가 어떻게 사회자원을 구축하고 동원할 수 있는지에 대한 예가 된다. **상호작용 의례**는 신체적 공존, 관심의 상호적 초점, 공유된 분위기가 특징이며, 이는 정서적 에너지를 증가시키고 커뮤니티 의식을 구성하는 것으로 이어진다(Collins, 2004). 상호작용 의례는 '상호작용 의례 사슬' 안에서 반복될 수도 있고, 일회성 사건이 될 수도 있다. **실천 커뮤니티**는 사람들이 하나의 목적을 위해 반복적으로 함께 모일 때 생성된다(Wenger, 1998). 상호작용 의례는 흔히 결속을 수반하나 연결의 가능성을 배제하지는 않는다. 실천 커뮤니티 역시 결속을 포함하고 있으며, 만일 연결이 수반 되면 대개 강화된다.

음악치료 문헌에는 결속으로서의 음악 활용에 대한 언급이 많이 있는데, 이는 집단 과정 내에서의 집단 응집과 연대에 중점을 두고 있다. 문헌에는 결속(혹은 관련된 은유 및 과정)에 대한 언급이 동일하게 나타나 있지는 않지만, 커뮤니티 음악치료에서는 중요한 부분이다. 수행(Ansdell, 2005b, 2010b; Jampel, 2006, 2011), 사회에서 주변화된 집단의 통합(Broucek, 1987; Curtis & Mercado, 2004; Elefant, 2010a; Kleive & Stige, 1988), 평화와 갈등의 변화(Dunn, 2008; Katz, 2011; Vaillancourt, 2009) 등에 중점을 둔 음악치료사들의 예가 포함된다.

　　스티게와 동료들(Stige et al., 2010, p. 286)은 커뮤니티 음악치료 실제가 결속과 연결 간 상호작용을 구축한다고 주장한다. 결속은 다양성을 위한 공간을 마련하는데, 이는 잼펠(Jampel)이 커뮤니티 음악치료의 수행에 대한 자신의 논의에서 강조하였던 점이다.

　　인종, 젠더, 연령을 교차할 때 강력한 커뮤니티가 확립된다. 다양성을 반영한 음악 수행은 관객뿐 아니라 수행자들을 하나로 모을 수 있다. 문제를 일으키는 10대들과 부유한 노인들로 구성된 다세대 합창단의 수행 경험에 대한 보워(Bower, 1998)의 이야기에서, 그들이 궁극적으로 형성해 낸 유대는 시작할 때 존재하였던 오해와 적대감의 간격을 좁히는 데 도움이 되었다. 그들은 음악을 연주함으로써 서로에게 감사하는 법을 배웠다. 음악치료사의 중재를 통해 양쪽 세대는 처음에는 서로를

사진 8-4 │ 노르웨이. 베르겐 적십자 양로원 거주자들을 위해 공연하는 유치원 직원의 자녀들. 결속과 연결.

사진 제공: Tove Gulbrandsen.

이방인으로 지각하였던 음악적 표현에 기꺼이 마음을 열게 되었다. 이 세대 간 갈등의 해결은 이해 증진에 있어 중요하였다. 나는 수행으로 비슷한 효과를 경험한 적이 있다. 특정 기간 나는 19세부터 70대 후반에 이르는 사람들과 밴드에서 작업하였다. 특정 음악 양식에 대한 초기의 선호도가 달랐음에도 불구하고, 수행자들은 결국 서로의 음악적 선택을 인정하지는 않더라도 최소한 인내하는 법을 배우게 되었다.

(Jampel, 2006, p. 17)[3]

우리가 파트너십에 대해 언급하게 될 제10장에서 살펴볼 수 있듯이, 연결은 더 폭넓은 연합의 작업도 허용한다. 커뮤니티 음악치료 문헌에는 지역 아마추어 음악가들(Kleive & Stige, 1988)과의, 커뮤니티 음악가들(McFerran & Teggelove, 2011)과의, 경찰과 같은 다른 분야(Fouché & Torrance, 2005)와의 협력과 같은 연구에 대한 언급이 많이 있다. 연결의 또 다른 형태는 음악치료사가 다른 사람(전문가 혹은 커뮤니티 구성원들)에게 건강과 발달을 위해 음악을 하나의 자원으로 사용하도록 권장하는 자문과 같은 협력적 실제를 통해 구축된다(Rickson, 2008, 2010; Stige, 2002, pp. 135-153). 조금 다르기는 하지만 관련된 연구로는, 베일란커트(Vaillancour, 2009)가 학교 환경에서 일하는 음악치료사들이 어떻게 멘토와 리더로서의 역할을 수행하며, 긍정적인 사회 변화를 유도하는 방식으로 일부 아이들을 '작은 멘토'와 '작은 리더'로 발전하도록 격려하고 지지하였는지를 설명하였다. 베일란커트는 이러한 가능성을 커뮤니티 음악치료가 불붙인 파급효과의 인식과 관련지었다.

글 상자 8-3 음악으로 하나 되기

독일 크레펠트(Krefeld)의 게르트 리거(Gerd Rieger)는 사회 교육을 훈련받은 음악치료사이다. 수년간 리거는 동유럽에서 온 이민자들과 함께 일했는데, 창의성, 정체성, 연계성을 위한 수단으로 록밴드를 결성하였다(Rieger, 1992, 2006). 2003년부터 리거는 록 암링(Rock am Ring)이라고 부르는 밴드 프로젝트를 시작하였고, 거기에서 그는 사회적으로 구성된 격차를 넘어 연결로 이끄는 창의적 · 협력적 과정을 실험하였다(Rieger, 2008).

록암링과 함께한 리거의 연구는 지적장애인과 함께한 음악치료사로서의 그의 직업의 일부였다. 일주일에 한 번 다양한 장애를 가진 15명의 음악가들이 연습을 위해 함께 모였다. 그들은 베이스, 기타, 키보드, 드럼과 같은 록밴드 악기뿐 아니라 젬베, 콩가를 비롯한 다양한 타악기도 사용하였다. 리거는 이 밴드의 많은 음악가에게 리허설이 그 주의 가장 좋은 시간(highlight)이라고 설명하였다.

리거는 음악가들이 매주 모여 재즈를 즉흥연주하는 크레펠트 재즈 워크숍의 리더이기도 하였다. 리거는 재즈 음악가들에게 록의 주제를 즉흥연주하는 아이디어를 소개하였고, 음악가들은 자신들이 노래 만들기의 과정에서 만들었던 주제곡들을 록암링에서 실험하는 것에 동의하였다. 재즈 음악가들은 자신들의 연습에서의 이러한 변주를 인정하게 되었다. 그 록 주제들은 화성적으로 간단하며, 멋지고 강력한 사운드의 가능성을 제공하였다.

우연한 기회에 록암링의 두 연주자가 재즈 밴드의 콘서트 중 하나를 감상하게 되었다. 재즈 음악가들이 자신들의 곡 중 하나를 연주하기 시작하자, 그들은 자발적으로 합류하여 재즈밴드와 함께 즉흥연주를 하였다. 그 록 음악가 두 명의 기여는 존중받았다. 연주의 진정성, 에너지, 독창성은 관객에게 많은 박수를 받았다. 록암링과 재즈밴드의 추후 협력에 관한 아이디어가 탄생하였다.

이는 지역 교회의 후원 아래 두 집단이 만나 하루를 같이 보냈던 어느 토요일에 탐구되었다. 제단에 가까이 설치된 임시 무대에 악기들이 옮겨지고 협력적 음악 만들기가 가능한 형태로 배치됨으로써 연습과 수행을 위한 공간이 만들어졌다. 리거는 재즈 음악가들이 초반에는 얼마나 조심스러웠는지, 참여를 거부하기 일보 직전의 상황들에 대해 서술하였다. 이는 새롭고도 다른 경험이었으며, 그렇기 때문에 느슨하게 하는 과정(a process of loosening-up)이 필요하였다. 이를 달성하기 위해 워밍업 활동을 진행하였다. 서먹한 분위기를 깨기 위해 필요한 것은 유머와 진지한 음악성의 결합이었다. 록암링의 음악가들은 이러한 가능성을 사라지게 하고 싶지 않았다. 그들은 연주하고 싶었고, 또한 재즈 음악가들과 협연하고 싶었다.

그들이 함께 연습한 첫 번째 노래는 신중하게 선택되었다. 그것은 강력하였지만, 간단한 음악으로 록암링의 음악가들이 잘 알고 있는 곡이었다. 그들은 안도하였고, 활기와 자신감을 가지고 참여하였다. 이 곡의 첫 번째 부분 이후 재즈밴드의 관악기 연주자들이 그들의 강력한 사운드를 가지고 들어왔고, 처음에는 하나의 성부로, 다음에는 여러 성부로 연주되었다. 일이 벌어지기 시작하였다. 그루브가 만들어졌고, 독주를 위한 음악적 공간이 생성되었다. 록암링의 타악기 연주자인 필립(Philipp)이 첫 번째 독주를 맡았다. 재즈밴드의 비브라폰 연주자가 다음을 연주하였으며, 두 집단의 많은 연주자가 뒤를 이었다.

의미 있는 리허설이 진행되었다. 음악가들이 연습하고 있는 동안 자원봉사자들과 가족들은 큰 점심 식탁을 차리기 시작하였다. 그들은 열심히 노력한 음악가들이 훌륭한 음식과 음료를 받을 자격이 있다고 생각하였다. 그들은 점심을 함께하며 대화를 나누었고, 두 집단의 음악가들은 서로에 대해 좀 더 알아가기 시작하였다.

이 일이 벌어진 날은 마을의 그저 그런 토요일이 아니었다. 그날은 마켓이 열리는 날이었고, 거리는 만원이었다. 음악가들은 교회의 문을 열어 놓은 채 연주를 다시 시작하였다. 바깥의 사람들은 소리에 이끌렸고, 일부 사람은 안으로 들어와 훔쳐보기도 하였다. 그리하여 그들은 오후로 예정된 수행을 공지하였다. 콘서트가 시작되자, 작은 교회는 사람들로 가득 찼다. 가족, 친구, 간호사, 사회복지사들이 있었으며, 음악의 에너지와 음악가들의 열정에 초대되어 온 상당수의 사람 역시 함께하였다(Rieger, 2008).

∩ 고충 다루기

결속과 연결의 과정이 항상 매끄럽고 쉬운 것은 아니며, 우리가 이 장에서 논의한 참여적 과정의 모델에서 나온 모든 다른 변화들 또한 마찬가지라고 말할 수 있다. 음악치료사들은 예상치 못한 사건과 다양한 종류의 갈등들을 다룰 준비가 되어야 한다. 커뮤니티 음악치료에서 고충은 모든 분석 수준에서 마주할 수 있다.

개인적 수준에서 참여자들은 너무 어려운 과정이나 불만족스러운 산물을 경험할지도 모른다. 음악에 대한 참여는 개인적 문제나 힘들었던 기억을 다시 불러일으킬 수도 있다. 던(Dunn, 2008)은 커뮤니티 합창 모임 상황에서의 한 예를 제시하였다.

사진 8-5 | 뉴욕의 볼틱 스트리트 클리닉. 빅터 워싱턴(Victor Washington)의 피아노 반주에 맞춰 노래 부르는 제니(Jennie).
사진 제공: South Beach Psychiatric Center.

음악치료에서 음악적 수행과 커뮤니티 음악이 결합된 나의 경험을 돌이켜 봤을 때, 나는 간단한 노래가 한 개인에게 미칠 수 있는 영향을 보고 겸손해졌다. 내가 커뮤니티 합창을 지휘할 때 한 여성이 '당신은 나의 햇살(You are My Sunshine)' 노래 중에 울음을 터뜨렸던 기억이 떠오른다. 그 노래는 여성의 아버지가 최근에 돌아가신 자신의 어머니에게 불러 주곤 하였던 노래였다. 지휘자는 음악이 사람들에게 강한 영향력을 미칠 수 있다는 사실을 알 필요가 있다.

(Dunn, 2008, p. 89)

던은 음악에 대한 강렬한 반응이 있는 상황에서는 지지 서비스 의뢰를 요청하는 것과 같은 후속 조치가 필요할 수 있다고 주장하였다. 대부분의 경우, 사회적 상황에서의 즉각적 지지나 음악치료사의 후속 조치는 충분할 것이다. 음악치료사들이 통합적(그리고 가끔은 공적인) 음악치료에서 일할 때 사용하는 능력 중 하나는 그들이 정서적으로 어려운 상황을 다루는 훈련을 받았다는 것이다. 제6장에서 우리는 후기 현대사회에서 사람들의 강점보다는 취약성을 육성하는 확장된 '치료 문화(therapy culture)'(Furedi, 2004)의 지각된 문제를 논의하였다. 커뮤니티 음악치료 맥락에서 정서의 어려움을 다루는 것은 또 다른 현상이다. 이는 자유와 연대를 특징으로 하는 정서적인 커뮤니티를 구축하게 되고, 따라서 정서적 표현 범위에 대한 관용이 생기게 된다(Rosenwein, 2006).

집단에서는 참여자들이 다른 가치와 태도, 과정과 결과에 대한 서로 다른 경험들을 가지고 있기 때문에 갈등과 어려운 의사소통이 빈번히 일어난다. 이익에 대한 갈등 역시 흔히 일어난다. 앤즈델(Ansdell, 2010a)은 음악치료사인 세라(Sarah)가 장기적인 정신건강 문제를 가진 성인들을 지지하는 단체에서 후원하는 런던 동부의 집단인 '뮤지컬 마인즈'와 어떻게 함께 작업했는지를 설명하였다('글 상자 4-2'와 '글 상자 7-3' 참조).

음악적인 것과 사회적인 것을 동시에 진행하는 과정이 매주 있었다. 세라(Sarah)가 처음 집단에 나왔을 때, 사람들은 단순히 본인의 것(독주자 되기)만 하기를 원하였고, 서로를 듣기 어려웠으며, 서로를 존중하지 않는 것에 대해 언쟁을 하거나, 실질적으로 그들이 함께하고 싶은 콘서트를 조정할 수가 없었다. 그 집단은 종종 그들의 차이점을 협의할 수 없어 일시적으로 갈라서곤 하였다. 그러나 집단 내에 점진적인 변화가 일어났다. 세라는 정신건강을 옹호하는 사람으로서 집단과 협의하기 위해, 그리고 그들이 서로의 요구를 협의할 수 있도록 자신의 능력을 활용하였다. 점진적으로(음악적으로도 사회적으로도) 더 많은 협력이 일어났다. 세라는 이렇게 이야기하였다.

집단의 많은 구성원이 걱정하였던 것은 자신들의 정체성을 유지하는 것이었다. ……그리고 물론 그것은 바로 정신건강 문제를 가진 사람들에게 가장 어려운 일이었다. 당신은 낙인찍혔고, 그 외상적인 커뮤니티에서 살고 있다. 그러므로 내가 그들을 음악적으로 함께하도록 할 때, 그들이 개개인을 더 잘 느끼게 되는 것은 정말 아이러니한 일이다!

> 나는 세라가 그 집단과 일하는 것을 좀 더 지켜보면서, 여러 가지 상황을 통해 변화하는 역할과 책임에 점차 매료되었다(그것은 확실히 고정적이지는 않았다). 집단에서 세라는 때로 관습적인 치료사 같아 보였다. 집단이 서로의 갈등을 이해하도록 돕고, 매개하며, 협의하도록 돕고, 그들을 지지하였다. 그런 다음, 공연에 대한 준비가 본격적으로 시작되면서 세라는 구성원들이 자신들의 독주나 집단 연주를 가능한 한 잘 해낼 수 있도록 돕는, 좀 더 코치 같은 모습을 보였다. 그 후…… 수행에서 색다른 일이 일어났다. 세라가 반주자가 되었다(이는 드문 요구였다).
>
> (Ansdell, 2010a, p. 36)

갈등은 집단을 넘어 더 높은 수준의 분석에서도 문제가 될 수 있다. 갈등 해결을 자신의 주요 역할로 다루면서, 던(2008)은 음악이 좀 더 관습적이고 배타적인 언어 전략과 비교하였을 때 인간의 다양한 기능을 활용할 수 있기 때문에 갈등을 변화시키기 위해 음악을 사용하는 것이 잠재적으로 유용하다고 주장한다. 엘펀트(Elefant, 2010a)는 집단 간 관계로 작업하는 것이 연합과 통합에 관련하여 얼마나 중요한지를 서술하였다. 클라이브와 스티게(Kleive & Stige, 1988)는 장애인이 시민권을 실현하기 위해 시도하였던 것이 어떻게 더 넓은 커뮤니티에서 두려움과 저항뿐만 아니라 지지와 동조 역시 불러일으킬 수 있었는지에 대해 논의하였다.

커뮤니티 음악치료에서 종종 언급되는 생태적 파급효과 역시 몇 가지 어려운 결과를 수반할 수 있다. 기본적 평등 및 존중과 같은 중심 가치가 집단에서 공유된다면, 상황은 대체로 다루기 쉬울 것이다(예를 들어, 비록 그 상황이 좀 더 넓은 커뮤니티에서 태도의 변화를 위한 체계적이고 장기적인 작업을 요구한다고 할지라도). 만일 중심 가치가 공유되지 못하거나 과정이 옳지 않은 방식으로 권력이나 특권에 도전한다면, 상황은 훨씬 더 어려워지고 심지어 위험해질 수도 있다(노숙 아동을 돕기 위한 노력이 이 아동들을 착취하는 약물 조직을 자극할 수도 있는 것처럼). 이러한 사례의 경우 긍정적인 사회 변화를 위한 폭넓은 동맹이 반드시 필요하다.

글 상자 8-4　무례한 관객을 만났을 때의 회복탄력성

　노르웨이에서 카트리네 달레와 베로니카 슬레트바크(Kathrine Dahle & Veronica Slettebakk, 2006)는 커뮤니티 음악치료 수행(공연)에서의 역할과 관계에 대해 연구하였다. 이 연구의 중심점은 레저 클럽에서의 공연 이벤트였다. 실천과 성찰을 필요로 하는 예상치 못한 상황이 일어났다. 문제의 클럽은 지방의 작은 마을에 위치하고 있었다. 이 클럽은 그 지역의 모든 청소년을 위해 열려 있었는데, 특히 장애인을 통합하기 위해 만들어졌다. 해당 클럽의 몇몇 구성원은 지역 커뮤니티 음악학교의 지원을 받아 밴드를 만들었다. 그 당시 음악치료 석사과정에 재학 중이었던 달레와 슬레트바크는 리허설과 공연에서 그 밴드를 지도하기 위해 참여하였다.

　그것은 작은 밴드였다. 그 특별한 공연에는 두 명의 음악치료 학생 외에 두 명의 참여자만 있을 뿐이었다. 드럼 연주자와 베이스 연주자였다. 그래서 학생들은 피아노와 기타를 연주하였다. 드럼 연주자와 베이스 연주자는 둘 다 지적장애를 가진 음악가였으며, 언어 기능에 제한이 있고, 협응 및 리듬에 관련된 몇 가지 어려움을 지니고 있었다.

　밴드는 공연을 가볍게 여기지 않았다. 공연이 있기 몇 주 전, 밴드는 자신들이 좋아하였던 노래를 신중하게 선택하였으며, 잘 해낼 수 있을 거라고 느꼈다. 각각의 곡을 철저히 연습하였고, 네 명의 참여자는 역할, 배치, 멘트 등을 논의하며 공연을 준비하였다. 드럼 연주자와 베이스 연주자는 모두 공연에 대해 긴장감을 보였으며, 이러한 준비 의례는 무대 공포를 줄이기 위한 하나의 방식이었다.

　마침내 공연의 밤이 도래하였다. 음악가들은 자신의 악기를 준비하고, 관객들이 도착하였으며, 밴드는 레저 클럽의 대표에게 환영받았다. 드럼 연주자가 자랑스럽게 첫 번째 곡을 소개하고, 밴드는 연주를 시작하였다. 모든 것이 상당히 잘 흘러가고 있었다. 시작 부분에서 리듬이 다소 일정하지 못하였지만 드럼 연주자가 곧 긴장을 풀고 음악은 점차 견고해졌다. 음악가들은 즐기기 시작하였다. 관객들도 역시 괜찮은 것처럼 보였으나, 갑자기 다섯 명이 일어나더니 나가 버렸다. 무슨 일이 일어난 걸까? 베이스 연주자와 드럼 연주자는 혼란스러운 눈빛을 주고받았다. 우리가 무엇을 잘못한 걸까? 그들은 음악치료 학생들을 쳐다보았다. '우리가 어떻게 해야 하나요?' 아무 말도 하지는 않았지만, 이는 다른 두 밴드 참여자가 얼굴 표정과 신체 언어를 통해 어떻게 의사소통하였는지 학생들이 해석한 것이다.

이 사례연구에서 달레와 슬레트바크(2006)는 이러한 어려움과 예기치 못한 상황을 다루기 위해 그들이 사용한 전략의 측면들을 탐구하였다. 공연 상황 자체는 감정 조율 및 사회적 참조에 중점을 두고 분석되었다. 그런 다음 어떤 일이 일어났는지를 명확히 하고 그 사건에 대해 이야기를 나누면서 지속적·상호적인 정서적 지지가 전해지도록 노력하였다. 또한 그들은 밴드의 리더로서 공연 후에 참여자들과 함께 그 사건을 어떻게 처리했는지를 분석하였다. 그 후, 달레와 슬레트바크는 이 사건의 중간체계 차원을 살펴보아야 한다고 결정하였다(Bronfenbrenner, 1979). 이 일이 작은 마을에서 일어났기 때문에 공연 도중에 나가 버린 관객을 찾아 그들과 이야기를 나누는 것이 가능하였다. 그들은 누구이며, 왜 나간 것일까? 그들은 장애인을 위한 지원형 아파트에서 일하는 간호사로 밝혀졌다. 그들이 콘서트 중 나간 이유는 자신들의 근무시간이 그때 끝났기 때문이었다. 음악치료 학생들은 간호사들이 수행자(공연자)의 감정에 대한 배려가 부족한 것에 대해 상당히 놀랐고, 또한 근무 중인 간호사들이 관객의 일부가 된다는 점에서 공연 시간이 이상적이지 않았다는 것을 깨달았다.

그래서 이 사건에서 배울 수 있는 점은 무엇인가? 두 명의 음악치료 학생이 더 넓은 맥락을 등한시하고, 밴드의 미시체계 내에서 준비하고 진행하는 과정이 밴드 참여자를 위해 수행을 성공하게 만드는 확실한 방법이라는 가정에만 전적으로 의지한 것이 문제는 아니다. 공연 시간은 레저 클럽의 리더와의 대화를 통해 선택한 것이다. 이 리더는 간호사의 근무시간에 대해 알지 못하였으며, 광범위한 사회적 관계망 내에서 직접적인 의사소통의 가치를 인정하는 것은 중요하다는 것이 밝혀졌다. 달레와 슬레트바크(2006)의 분석에서 위험한 업무(risky business)로서 수행에 대한 인식이 강조되었다. 많은 생태적 층위에서 동시에 진행되고 있는 과정이 존재하며, 모든 진행자는 예상치 못한 일에 준비되어 있어야 한다.

🎧 평가 및 적응

평가는 음악치료사가 경험에서 배우도록 하고, 협력자들이 실제를 발전시킬 수 있도록 돕는 도구로서, 전문적 실제에서 중요한 요소다. 커뮤니티 음악치료에서 평가를 위한 형식적인 요구 사항은 다양한데, 이는 실제가 덜 형식적이고 체계적인 평가 기대를 가진 체계에서 일어나기 때문이다. 사회정의와 평화를 위해 일할 때 음악치료 실습생들에게 어떻게 조언해야 하는지에 대한 연구에서, 한 응답자는 다음의 방식으로 커뮤니티 음악치료와의 만남을 서술한다. "서류, 평가, 중재, 진보 기록 모든 것이 더 적었어요. 이 커뮤니티 음악치료[CoMT]는 전혀 다른 과정이에요"(Vaillancourt, 2009, p. 145). 이 응답자는 몇몇 커뮤니티 음악치료 실제에서 관료 체계가 축소된 것을 분명히 즐기고 있었다. 그럼에도 불구하고 평가가 학습을 허용한다는 주장은 여전히 타당하며, 평가 보고서를 공식적으로 요구하는 체계의 존재 유무를 떠나 평가가 작업 과정에 통합되는 것은 중요하다.

우리가 서술하고 있는 모델의 다른 변화에서처럼 평가도 협력적 과정을 필요로 한다. 집단적 논의와 성찰을 통한 평가, 상호적 역량 강화로서의 평가, 지속적이거나 순환적 과정으로서의 평가, 확장된 인식론에 영향을 받은 평가와 같이, 실천 연구에서 평가의 몇 가지 특징은 커뮤니티 음악치료와 관련이 있다(Stige, 2005b). 평가하고 기록하는 것은 구두 및 서면 기록의 생성을 넘어, 예를 들면 예술적 측면을 포함할 수도 있다. 커뮤니티 음악치료 문헌의 여러 저자는 과정을 기록하고 평가하는 방법으로 CD 생성을 서술하였다(Aasgaard, 2002; MacDonald & Viega, 2011; McFerran & Tegglelove, 2011; Rieger, 2008).

사진 8-6 | 뉴질랜드 오클랜드의 축하 합창단. 쉬는 시간도 과정의 일부이다.
사진 제공: Jeff Brass.

평가에 대해 생각하는 한 가지 유용한 방법은 이것을 각 사례에서 진화하는 특정 변화 및 구체적인 관계에서 강점과 약점을 살펴보기 위한 가능성으로 사용하는 것이다. 평가에서는 어느 정도 비판적 인식이 발달하였는지, 다양한 차원과 수준에서 행동 유도성이 얼마나 잘 조사되었는지, 결속과 연결 간의 균형이 어떻게 다루어지는지, 의사소통과 기념하기는 어떻게 수행되는지에 대한 질문을 살펴보게 된다. 참여자들 간 가치, 위치, 관점의 차이는 판단에 있어 불일치를 만들 수 있으므로, 이러한 평가는 과정과 결과에 중점을 두고 깊은 성찰을 요구한다.

평가의 기능은 실제가 특정 노선, 프로젝트, 프로그램으로 정립된 것에 따라 다르다. 첫 번째 사례에서, 평가는 주로 작업의 발전 및 음악치료사와 참여자들 간 협력을 명확히 해 주는 도구로 쓰인다. 뒤에 두 가지 사례에서는 적어도 평가 결과에 관심 있는 제삼자가 최소한 한 명 이상 포함된다. 프로젝트에 대해 말하자면, 수행된 평가의 질(프로젝트 자체의 질뿐만 아니라)은 프로젝트가 계속되어야 하는지, 중단되어야 하는지 또는 프로그램으로 전환되어야 하는지에 대한 논의에서 결정적 역할을 할 수 있다. 프로그램의 평가에 관해서는, 흔히 형성 평가(프로그램이 어떻게 향상될 수 있는지에 대한 의사 결정을 알려 주는)와 총괄 평가(프로그램이 계속되어야 하는지에 대한 의사 결정을 알려 주는)에 대해 이야기한다(Nelson & Prilleltensky, 2005, p. 261). 서로 다른 평가 방법(양적 및 질적)은 평가의 서로 다른 목적에 적합하다(제9장 참조). 커뮤니티 음악치료에서, 예를 들어 구조화된 면접이나 초점 집단(focus group)을 사용하는 등 이해 당사자와 참여자들을 평가 과정에 포함시키는 것은 중요하다(Baines, 2000/2003; Schwantes, 출간 예정).

글 상자 8-5 **음악치료는 커뮤니티에서 어떤 의미인가**

독일 베를린에서 진행한 자신의 연구에 관하여 옥산나 자리노바-샌더슨(Oksana Zharinova-Sanderson, 2004)은 유럽 국가들이 지난 몇십 년간 어떻게 변화해 왔는지를 설명하였다. 단일문화의 사회는 훨씬 줄어들었으며, 음악치료사들은 다른 문화적 배경을 가진 내담자들을 만나는 횟수가 크게 증가하였다. 그녀는 이러한 점이 기본적인 방식으로 음악치료 이론과 실제를 확립한다고 주장하였다. 자리노바-샌더슨이 생각한 질문 중 하나는 음악치료가 커뮤니티에 어떤 의미인가에 대한 것이었다.

이 질문에 답하기 위해, 자리노바-샌더슨은 베를린의 고문 피해자들을 위한 치료센터(Treatment Center for Torture Victims)에서 일하는 음악치료사로서 자신의 업무 상황을 검토하였다. 그중 한 가지 맥락은 자신이 근무하는 도시에 관한 것이었다. 베를린은 독일의 통합 과정의 중심부에 있지만, 자리노바-샌더슨은 베를린 역시 난민들에게는 어려운 도시라고 주장하였다. 도시의 사회적 구조에는 응집이 부족하였으며, 사회적·법적 체계에는 엄격한 관료체계가 존재하였다. 도시의 일부분에서 외국인들은 환영받지 못한다고 느낄 수 있었다. 또 다른 맥락은 그녀가 일하는 기관에 관한 것이었다. 의료적 모델이 지배적인 것에 기반한 한 외상 치료 기관에 음악치료가 어떻게 적합할 것인가? 자리노바-샌더슨은 이런 맥락에서 음악치료를 의료적 모델에 맞추려고 할 것이 아니라, 커뮤니티와 사회의 자원 이용에 대한 어려움 외에도 전인에 초점을 두고 개인의 문화적 자원과 치유를 고려한 고유의 잠재력을 일깨워야 한다고 결론짓는다. 음악치료에 오는 환자들은[4] 매우 많은 측면에서 서로 달랐지만, 몇 가지는 공유되었다.

모든 내담자는 고문에서 살아남은 사람이거나 정치적 학대 및 전쟁 중 외상 사건의 생존자들이었다. 나는 매우 다양한 배경을 가진 사람들—쿠르드의 정치 활동가부터 남편과 자녀를 잃은 아프리카 여성, 체첸 공화국의 은행 지점장에서 코소보의 고아에 이르기까지—을 만나 보았다. 고문과 외상 경험이 일반적으로 그들의 가장 큰 걱정이 아니라는 점은 놀라운 일이었다. 대신 그들의 불안정한 주거 상태, 돈이 없는 망명 생활에서의 불행한 삶, 이동과 고용의 자유, 동독의 신나치(neo-Nazis)에 대한 두려움과 같은 일들이 모든 환자 사이에서 공유되는 가장 중요한 쟁점들이었다. 그들의 난민 신분 때문에 독일의 보건 및 사회 서비스에서 이용 가능한 도움은 거의 없었기에, 얻을 수 있는 모든 도움을 얻고자 그들은 우리의 사설 운영 센터로 몰려들었다(Zharinova-Sanderson, 2004, p. 236).

불안정한 주거 상태와 새로운 국가에서의 불행한 삶이 난민에게 가장 큰 걱정이라는 사실을 깨달은 자리노바-샌더슨은 자신의 실제를 재평가하고 통합과 커뮤니티를 강조하는 프로젝트를 개발하였다.

고문과 외상을 경험한 개인에게 인간성에 대한 신뢰를 다시 쌓는 것은 어려운 일이다. 커뮤니티가 번창하기 위해 신뢰는 필수조건이다. 자리노바-샌더슨은 피해를 입은 개인이 고립을 회복할 수는 없다고 주장한다. 그들은 소속감을 회복할 필요가 있다. 그리하여 베를린의 고문 피해자들을 위한 치료센터의 치료 모델에서 음악치료가 차지하는 공간은 치료실의 사적인 공간에서 사람들을 연결할 수 있도록 더 넓은 참여를 허용하는 다른 세팅을 포함하기까지 시간이 지날수록 확장되었다. 이는 음악치료사의 역할 확장 역시 필요로 하였다. 이 과정에서 음악치료사는 비서구권 내담자의 음악적 전통이라는 치료적 가치를 이용하기 위해 학습하는 '음악가-민속학자'로서의 역할과 커뮤니티를 변화시키는 힘으로서의 음악을 위한 '운동가'의 역할도 수행한다.

🎧 소통하기 및 기념하기

커뮤니티 음악치료는 일반적으로 더 많은 청중과의 소통 및 과정과 결과에 대한 기념하기 없이는 완전할 수 없는 심미적 과정을 포함하고 있다. 이러한 변화는 결속과 연결의 과정과 명백히 연관이 있으며, 이 모델에서 서술하고 있는 변화를 일련의 연속적인 사건으로 해석하지 않는 방법을 조명한다(예를 들면, 소통하기 후 평가, 연결 후 결속). 더 많은 청중과의 소통은 새로운 표현을 향한 더욱 창의적·음악적 발전을 촉진하는 방식으로 결속과 연결을 자극할 수 있다. 흔히 변화의 상호활동 및 상호작용은 가장 중요한 부분이다.

소통하기 및 기념하기는 커뮤니티 음악치료의 수행적 특질과 연계되며, 심미적·사회적 과정을 통합한다. 반드시 그런 것은 아니지만, 흔히 공연이나 콘서트를 통해 이루어진다. 현대사회에서 수행은 음악을 좀 더 완벽하고 상업적인 방향으로 추동하는 기능을 한다(Keil & Feld, 1994). 그러므로 커뮤니티 음악치료에서 수행의 활용은 인식과 성찰(Ansdell, 2005b, 2010b)을 필요로 하며, 당연히 위험을 수반한다(McFerran, 2010, '글 상자 8-4' 참조).

커뮤니티 음악치료에서 육성된 것은 수행자와 청중 간 상호작용이 과정의 중요한 요소로서 인정받는 수행의 참여적 개념이다. 이것이 효과가 있을 때, 음악적 수행은 개인적 수행뿐 아니라 커뮤니티의 수행도 되는 것이다. 커뮤니티 수행에 대한 칼럼에서 스티게(Stige, 2004b)는 수행이라는 개념의 렌즈를 통해 인간의 삶을 탐구하는 데 있어 고프먼(Goffman, 1959/1990)과 터너(Turner, 1967, 1969)를 따랐던 많은 사회과학자 중의 한 명인 인류학자 애스큐(Askew, 2002)에 대해 언급한다.

> 수행의 이론과 실제가 음악치료와 관련이 있는지 그리고 어떻게 관련되는지 아마 모든 독자에게 명백하지는 않을 것이다. 음악치료에서의 의사소통은 흔히(가급적) 진솔하고 대화체인 것으로 서술되는 반면, 수행은 좀 덜 진솔하며 일방향의 의사소통으로 조망된다. 즉, 사전에 정의된 글이나 구성, 산물의 전승과 같은 것이다. ……수행에 대한 다양하고 풍부한 개념이 가능하며, 음악치료사들은 이를 탐구할 수 있다. ……애스큐(2002, p. 291)는 수행이 발현적·상호적·임시적이라고 주장하였다. 권력과 마찬가지로 수행은 단순히 주어진 산물이 아니다. 그것은 역사와 맥락, 그리고 현장에서의 즉흥연주 변화에 영향을 받는 과정이기도 하다.
>
> (Stige, 2004b)

만일 수행이 상호적 사건으로 여겨진다면, 청중의 역할은 수행의 질이나 수행자들의 유능성을 평가하는 것을 뛰어넘는다. 마찬가지로, 수행자들은 미리 정해진 구조를 전달하는 역할로 축소되지 않는다. 각각의 참여자 및 참여자 집단의 가치, 선택, 권력은 작동하고 교류한다.

> 베르톨트 브레히트(Berthold Brecht)의 말을 바꿔 말하면, 우리는 음악과 미술이 단지 현실을 반영한 거울이 아니라고 주장할 수도 있다. 또한 그것은 현실을 다듬기 위한 망치가 될 수도 있다. 내담자의 역량이 강화된 세션에서 수행은 분명히 우리가 사용하기를 원하는 도구 중 하나일 것이다. 역량 강화는 개인과 커뮤니티 간 관계에 대한 것이기 때문에 이는 어떻게 커뮤니티가 진행 중인 하나의 작품으로 여겨지며, 어떻게 수행에 의해 유지되고 발전될 수 있는지를 조명하기도 한다.
>
> (Stige, 2004b)

실천적 함의는 청중의 선택 및 청중과의 의사소통을 신중하게 하는 것을 수반한다(McFerran, 2010; O'Grady, 2009; Turry, 2005). 보다 광범위한 또 다른 함의는 음악치료사와 협력자들이 사회에서 미학, 심미적 특질, 음악과 수행이라는 개념에 대한

사진 8-7 │ 호주 뉴사우스 웨일스. 음악 만들기, 잘 지내기 프로그램의 영광스러운 MUD 싱어즈 합창단.
　　　　　정말로.
사진 제공: Lily Richardson.

더 많은 논의에 참여하는 것이 중요하다는 것이다(Kleive & Stige, 1988; Ruud, 1980). 어떤 특정한 음악적 표현이 주변화되면 사람도 주변화되고, 따라서 여러 가지 실제를 인정하는 심미적 개념―말하자면, 여러 가지 미학―은 커뮤니티 음악치료와 관련되어 보인다(Stige, 1998, 2008a).[5]

　커뮤니티 음악치료의 수행적 특질은 단지 소통하기만이 아니라 기념하기도 포함하며, 이러한 차원은 커뮤니티의 수행에서 중요한 부분이다. 수행적 사건에 대해 서술한 여러 음악치료사는 이러한 차원을 강조하였다(예: Aasgaard, 2002; Maratos, 2004). 커뮤니티 음악치료에서 유쾌함과 환대에 대한 대화에서 파블리세빅(Pavlicevic)은 이러한 차원에 대한 자신의 시각을 다음과 같이 설명한다.

　　그렇다면 우리는 커뮤니티 음악치료가 증진하는 음악하기의 종류가 어떤 면에서는 (어렵고 예상치 못한 장소에서) 사람들이 함께 모여 노래하고 춤추고 친구를 사귀고 함께 재미있게 놀 수 있게 하는 구실이 된다고 볼 수 있을까? 사회학자인 리처드 세넷(Richard Sennett)이 말한 것처럼, 당신이 그저 "나는 당신을 존중해요."라고 말한다고 해서 사람들을 존중할 수 있는 것은 아니다. 당신은 존중을 **수행**해야 한다. 그런 다음 당신은 존중의 실행을 할 수 있는 어떠한 매체를 가지고 있어야 한다. 환대나 유쾌함에 있어서도 동일할까? 당신은 사람들을 환영하기 위한 장소와 진정한 활동 없이는 그들을 **안으로(into)** 환영할 수 없다. 진심으로 할 일, 하고 싶은 일, 하면 좋은 일 없이는 창의적으로 함께할 수 없다. 음악과 음악하기는 환영과 같은 환대, 집단적 기쁨을 생성하는 것과 같은 유쾌함을 유도한다.

(Stige et al.에서 Pavlicevic 2010b, pp. 307-308)

글 상자 8-6 자부심, 재능, 성취감 회복하기

뉴욕의 음악치료사인 피터 잼펠(Peter Jampel)은 수년 동안 이 도시에 있는 커뮤니티 정신건강센터에서 음악치료 수행으로 작업하였다. 이 실제에 대한 질적 연구에서 잼펠(2006)은 만성적인 정신질환을 가진 열 명의 사람들을 위한 음악 수행의 경험에 중점을 두었다. 주제를 소개하면서 잼펠은 맥스웰(Maxwell)의 이야기를 제시하였다. 맥스웰은 1990년대 초반 치료에 참여하였던 중년의 아프리카계 미국인 남성이었다.

맥스웰이 참여하였던 집단 음악치료에서 나는 음악가로서의 그의 재능을 분명히 느낄 수 있었다. 비록 그는 모노톤으로 이야기하고 중얼거리며, 반향어적으로 문장을 반복하고, 때로는 자신에게 말을 걸기도 하며, 구겨진 옷을 입고 거의 수염을 깎지 않았다. 조현병 진단을 받은 사람들의 특징인 둔마된 감정을 보였으나, 맥스웰이 음악을 연주하는 방식에는 굉장한 활력이 있었다. 맥스웰은 10대 후반에서 20대 초반까지 리듬 앤 블루스 밴드의 음악가였으나, 22세 때 정신건강 문제가 발병하면서 연주를 다시 시작할 수 없었다. 그 이후부터 그는 정신과 시설의 입원과 퇴원을 반복하였다. 맥스웰은 음악에 대한 관심을 계속 가지고 있었지만, 발병한 이후로 연주를 할 기회를 갖지 못하였다(Jampel, 2006, p.1).

몇 달 후, 맥스웰은 병원에서 잼펠이 지도하는 연주 밴드에 참여하기 시작하였다. 맥스웰은 노래하고 피아노를 연주하였으며, 감정을 넣어 노래하며 피아노에서 놀라운 기교를 보여 주었다. 또한 잼펠은 맥스웰이 말할 때보다 노래할 때 목소리가 훨씬 분명하다고 느꼈다. 연주 후에 맥스웰은 자기를 좀 더 치켜세우는 것처럼 보였다. 그의 외모와 옷 입는 방식도 역시 나아지기 시작하였다.

　몇 달이 지난 후 그 밴드는 한 케이블 TV 쇼에서 연주하도록 초대되었고, 해당 방송이 그 정신과 입원 병동에 방송되면서 맥스웰은 6개월 일찍 퇴원할 수 있었다. 방송이 있던 날, 그는 짙은 색 양복과 타이를 매고 깨끗하게 면도를 한 모습으로 등장하였다. 맥스웰은 'Groovin'이라는 노래를 부르며 연주하였고, 나는 그가 얼마나 연주와 노래를 잘했는지를 기억한다. 나는 화면을 올려다보고, 방송에 잡힌 맥스웰의 긴 클로즈업을 보며 그가 얼마나 인상적인지를 생각하였다. 맥스웰은 내가 몇 달 전 처음 만났을 때와는 전혀 다른 사람처럼 보였다.

　약 45분 후 우리가 TV 스튜디오에서 나왔을 때, 우리는 입원 시설의 교정을 가로질러 차량으로 다시 걸어가고 있었다. 맥스웰은 키보드를 옮기고 있었다. 그를 알아본 어떤 젊은이가 맥스웰을 멈춰 세웠고, 둘은 서로를 안아 주었다. 그들은 간단히 이야기를 나누었는데, 6개월 전 같은 정신병동에 있던 사이가 확실하였다. 그 젊은이는 방금 맥스웰이 TV 쇼에서 연주한 것을 듣고, 그의 연주를 칭찬하였다. 맥스웰은 미소 지었고, 젊은이가 사인을 해 줄 수 있겠냐고 묻자 활짝 웃었다. 맥스웰은 기꺼이 사인을 해 주었다. 내가 사인을 할 펜과 해당 쇼의 전단지를 마련해 주자 그는 사인을 하였다. 그들은 악수를 나누었고, 맥스웰은 젊은이의 행운을 빌며, 그 역시 병원을 빨리 떠날 수 있기를 바란다고 이야기하였다. 그들은 헤어지면서 서로에게 손을 흔들었다.

　맥스웰의 TV 공연은 그를 입원환자에서 투어 공연을 하는 연주자로 변화시켜 주었다. 그 공연 이후에도 맥스웰의 병은 5년간 계속되었지만, 그는 밴드와 연주를 지속하며 병원에 다시 입원하지 않았다. 그는 병원에서 떨어진 성인 거주시설로 이사하여 밴드 리허설에 가기에 너무 멀어지자 밴드를 떠나기로 결정하였다. 그러나 맥스웰은 새로운 집에서도 연주를 계속하였다. 그의 변화는 마치 영원한 것처럼 보였다(Jampel, 2006, pp. 1-3).

　맥스웰의 음악적 재능은 놀라운 것이었지만, 잼펠(2006)의 연구는 그가 자신의 능력을 음악치료 수행 집단의 자부심, 재능, 성취감을 회복하는 수단으로 사용한 유일한 사람이 아니었음을 시사한다. 잼펠은 이를 미국 커뮤니티 정신건강의 현재 방향과 연관시켰는데, 그것은 정신건강 문제를 가진 사람을 사회구조 안으로 완전히 복원하는 것을 가리킨다(Jampel, 2011 참조).

🎧 커뮤니티 음악치료 과정의 시간과 장소에 대한 기록

이 책에 제시된 예는 커뮤니티 음악치료가 상당한 유연성을 가진 실제임을 시사한다. 과정의 방향은 음악치료 실제를 위해 일반적으로 제시된 관습적 경계와 틀을 벗어날 수 있다. 음악치료 교과서에는 이러한 관습적 틀이 다음과 같이 제시된다.

> 액자가 미술 작품을 둘러싼 경계를 만들고 그것을 담는 것과 같은 방식으로, 치료적 틀 역시 치료사와 내담자의 작업을 담는다.
> 치료적 틀은 시간과 장소의 일관성뿐 아니라 정기적인 세션을 요구한다. 이러한 규칙성은 치료에 필수적인 리듬을 확립하고, 이는 나아가 내담자가 치료 환경에서 안전감을 경험할 수 있도록 해 준다.
>
> (Darnley-Smith & Patey, 2003, p. 49)

만일 우리가 스스로에게 단리-스미스(Darnley-Smith)와 파테(Patey)가 채택한 은유의 사용을 허용한다면, 우리는 커뮤니티 음악치료가 예술의 개념을 하나의 대상으로 보기보다는 관계적 예술, 개념적 예술, 수행 예술과 더 관련된다고 말할 것이다(음악이 대개 수행 예술의 일부로 간주된다는 것은 말할 것도 없다). 커뮤니티 음악치료에서는 세션의 규칙성에 대한 요구, 시간 경계, 음악치료실의 사생활 보호, 계획된 시작과 과정의 종료가 훨씬 덜 요구된다. 장소의 일관성은 모든 사례에서 필수적인 것이 아니며 유용하지도 않고, 시간의 일관성에 대해서도 마찬가지다. 이는 참여자의 필요에 일치하면 확립되고, 일치하지 않는 경우 폐기된다. 커뮤니티 음악치료 과정에서 틀(frame)과 관련된 요구는 보통 시간이 지나면서 많이 변하고, 유연성이 있으며 진화한다.[6]

문헌의 검토는 커뮤니티 음악치료 과정에서 시간과 장소에 대한 몇 가지 필수적인 특징을 밝힌다.

시간은 보통 비선형적이거나 다중적인 용어로 개념화된다. 커뮤니티 음악치료 과정은 종종 건강 증진의 실제와 연관되는데, 이는 종종 순환적인 용어를 사용하며 지속적인 활동이 중요함을 시사한다. 사람들은 매주 밴드나 합창단에 온다. 그들은 기분이 나아졌기 때문에 떠나지 않는 것이 아니라 기분이 좋아서 머무르는 것이다. 상호작용 의례 사슬과 실천 커뮤니티에서 과정의 결과는 커뮤니티와 사회적 자원의 지속적인 재창조를 포함하는 개별적 변화를 넘어선다(Stige et al., 2010a). 커뮤니티 음악치료는 평소 대규모 협력 콘서트(Katz, 2011)나 즉흥적인 수행적 이벤트(Aasgaard, 2002; Stewart, 2004)와 같은 일회성 이벤트를 포함한다. 일회성 이벤트가 어쩌면 표준적 실제는 아니지만, 참여자들(청중을 포함하여)의 사회적 관계망에서의 파급효과는 그들을 가치 있고 중요하게 만들 수 있었다. 여기서의 요점은 시간 경과에 따른 과정의 선형적 개념이 무관하다는 점이 아니라, 다중적이고 상호작용하는 과정이 중요하다는 것이다. 일부 과정은 선형적 측면(참여자들이 점차 능력을 발전시킬 때와 같이), 일부는 비선형적 변화(참여에 대한 사회적 장벽을 극복할 때), 일부는 순환적(시작과 끝이 확실치 않은 상태로 집단이 함께하는 것을 지속할 때), 또 다른 일부는 나선형의 특질(성찰 과정과 같은 참여적 실천 연구에서 실천)을 가질 수 있다.

장소는 변화의 과정에서 중요한 요소로 고려된다. 관습적 음악치료에서 장소에 대해 고려해야 할 것은 일관성, 규칙성, 보호이며, 장소 그 자체는 문제가 아님을 시사한다. 실제로 음악치료사가 병원에서 침대 옆이나 개방병동 등과 같이 다양한 위치나 상황에 맞게 실제를 조정할 때, 장소는 훨씬 더 중요하다. 커뮤니티 음악치료의 생태적 특질은 실제의 발달에 있어 장소의 중요성을 부각하였다. 가끔은 아트 센터나 교구 교회와 같이 예상치 못한 장소에서 일어나는 세션이나 사건과 함께, 과정은 보통 한 장소에서 다른 장소로 진화한다(Wood, 2006; Wood, Verney, & Atkinson, 2004). 각 분야(그리고 산물, 활동, 관계, 청중)에 대한 행동 지원성의 평가 및 전유는 중요해진다. 커뮤니티 음악치료에서 음악이 어디에 도움이 되는지에 대한 문제와는 별개로 음악이 어떻게 도움이 되는지에 대한 문제를 탐구하는 것은 불가능하다(Stige et al., 2010a).

시간과 장소는 커뮤니티 음악치료 과정을 잘 설명하는 방식으로 밀접하게 관련된다. 커뮤니티 음악치료에서 장소가 중요하다는 사실에 따라 시간과 장소 간의 상호작용도 중요해졌다. 이를 서술하는 한 방법은 과정이 상황적(situated)이라고 말하는 것이다. 커뮤니티 음악치료 문헌에서는 이를 수렴(convergence)이라고 표현한다. 사람들은 특정 장소에 특정 시간에 맞춰 모인다(Oddy, 2001/2005). 평소에는 궤적이라는 은유가 채택된다. 주변적 참여에서부터 커뮤니티에의 완전한 참여에 이르기까지 자신들의 방식을 찾은 사람들을 의미한다(Krüger, 2004). 파급효과의 아이디어 (Pavlicevic & Ansdell, 2004)나 음악의 발현적인 지형(Aasgaard, 2002)도 이러한 측면에 대해 조명한다. 시간과 장소의 밀접한 관련은 각 사례에서 특정한 방식으로 일어난다. 일부 눈에 띄는 패턴이 있을 수 있지만, 각 과정에 따라 독특한 방식도 많이 존재한다. 이것이 민족학 전통의 질적 연구가 커뮤니티 음악치료에서 중요한 이유 중 하나다(제9장 참조).

🎧 결론

커뮤니티 음악치료 과정은 다양한 기원을 가지고 있고, 결과적으로 **특정 노선**(개인 및 집단의 구체적인 요구 및 이니셔티브에서 발현되는 커뮤니티 중심의 발달), **프로젝트**(새로운 실제를 확립하고 사회 변화를 유도하려는 의욕이 깃든 협력적 노력), **프로그램**(잘 알려진 구조, 의제, 접근을 바탕으로 확립된 실제)과 같은 서로 다른 유형의 실제가 생겨나게 되었다.

커뮤니티 음악치료 실제의 맥락에서 우리는 **과정**을 보건, 안녕감, 사회적-음악적 변화를 향한 움직임으로 생각한다. 이는 상호 관련된 영역이다. 권리기반 실제로서 커뮤니티 음악치료의 개념과 연관된 자유, 평등, 존중, 연대의 가치는 커뮤니티 음악치료 과정이 **민주적**이고 **참여적**이어야 함을 시사한다. 서로 다른 집단이 매우 다른 역사, 민주주의에 대한 개념 및 참여 자격을 가진 것처럼, 이것이 수반하는 점은 상당히 다양할 수 있다. 그러므로 이 장에서 우리가 커뮤니티 음악치료의 참여적 과정이라는 특징으로 제안하였던 모델은 실제를 규제하기 위한 표준이 아닌 복잡한 현실을 단순화한 표상으로 해석된다.

우리가 제시한 모델은 커뮤니티 음악치료 문헌에 나온 과정에 대한 서술과 아이디어의 검토 및 이러한 아이디어와의 ① 참여적 실천 연구의 과정이라는 개념, ② 두문자어 'PREPARE'가 시사하는 커뮤니티 음악치료의 특질, ③ 사회적 자원에 대한 관련 이론 · 연결을 통해 발전되었다. 이 모델은 커뮤니티 음악치료 과정이 여섯 가지 서로 다른 변화의 상호작용-**비판적 인식 생성**(더 넓은 맥락에 관한 정보를 발전시키고 이념에 도전하기), **행동 유도성 평가**(다양한 분석 수준 및 실제의 몇 가지 차원과 관련된 문제와 자원 평가를 통해 주어진 맥락에서 무엇을 할 수 있는지 계획하기), **결속과 연결**(동일하고 다양한 커뮤니티 내에서 사람들을 연결하는 사회적–음악적 과정 지지하기), **고충 다루기**(개인에서 집단으로, 더 넓은 커뮤니티로까지 범위의 다양한 분석 수준에서 갈등 변화시키기), **평가 및 적응**(실제의 개선을 목적으로 참여적 과정에서 만들어진 모든 변화에서 강점과 약점 검토하기), **소통하기 및 기념하기**(더 많은 청중을 위한 수행과 집단적 기쁨을 생성하고 환영하기)―을 통한 보건, 안녕감, 사회적–음악적 변화의 방향을 향한 움직임으로 서술될 수 있음을 시사한다.

이 장의 마지막 절에서는 커뮤니티 음악치료 과정에서의 시간과 장소에 대한 세 가지 특징을 서술하였다. 첫째, 시간은 보통 비선형적이거나 다중적인 용어로 개념화된다. 둘째, 장소는 변화의 과정에서 중요한 요소로 고려된다. 셋째, 시간과 장소는 커뮤니티 음악치료 과정을 잘 서술하는 방식으로 밀접하게 관련된다.

이 책의 마지막 두 장에서 우리는 학문과 직군에서의 발달에 대해 논의를 계속할 것이다. 제9장에서는 연구에, 제10장에서는 전문화에 특별한 중점을 둘 것이다. 떠오르는 질문은 다음과 같은 것이다. 연구의 적절한 전제와 목적은 무엇인가? 후기현대사회에서 음악치료 직군에 관한 비판적이고 건설적인 성찰의 발달을 위한 맥락은 어떠한가? 음악치료와 전문적이지 않은 다른 실천과의 관계는 어떠한가? 우리가 제6장부터 제8장까지 논의하였던 쟁점, 가치와 과정은 우리가 이러한 질문에 어떻게 연관되는지에 영향을 미친다.

🎧 핵심 용어, 논의 주제와 미주

핵심 용어(제시 순서에 따른 핵심 용어)

특정 노선(particular routes)

프로젝트(projects)

프로그램(programs)

과정(process)

참여적 과정(participatory processes)

실천-성찰 주기(action-reflection cycles)

비판적 인식 생성(creating critical awareness)

행동 유도성 평가(appraising affordances)

결속과 연결(bonding and bridging)

고충 다루기(dealing with predicaments)

평가 및 적응(evaluating and adjusting)

소통하기 및 기념하기(communicating and celebrating)

시간(time)

장소(place)

논의 주제

다음의 비판적 사고 질문은 수업 혹은 집단에서 논의될 수 있고, 이 장에서 논의된 주제에 대한 비평적 성찰에 대해 학생 개인이 사용할 수 있다.

1. 참여적 과정은 요구, 자원, 참여자의 가치에 따라 매우 다양한 유형으로 일어난다. 이 장에서 우리는 청소년 집단과 노인 합창단의 참여 간 차이에 대해 서술하였다. 한 가지 실제의 맥락을 선택하여 이 맥락에서 어떻게 의견이 제시되며, 협의가 진행되고, 결정이 내려지는지에 대해 논의하라.
2. (협력적) 자문은 다른 사람이 음악을 자원으로 사용하는 것을 수반한다. 음악치료사의 역할 및 요구되는 유능성에 대한 함의와 이러한 형태의 실제가 가지는 이익과 불이익에 대해 논의하라.
3. 음악치료 실제의 한 구성요소로서 수행의 통합은 일부에서는 논란이 되었다. 하나의 참여자 집단을 정의하고 이 구체적 사례에서 수행의 가능성과 위험성이 무엇인지 논의하라.

미주

1. 일부 국가에서 커뮤니티 음악치료 프로그램은 자선단체나 기관에서 후원금을 받지만, 다른 국가에서는 공공복지 체계의 영구적 구성요소로 확립된다. 음악치료사와 음악 교육자들의 전문적 지원을 받는 노르웨이 교도소의 공공 후원 음악 프로그램은 후자의 가능성에 대한 예다. '글 상자 10-1'을 참조하라.

2. 이 단락과 다음 절에 제시된 언급은 실증적이며, 포괄적인 것이 아니다.

3. 제4장에서 논의한 바와 같이, 결속과 연결의 상호작용을 육성하는 관련성은 인간의 사회적 관계망 크기, 통합성, 다중성과 같은 여러 측면의 가치와 관련지어 볼 수 있다.

4. 자리노바-샌더슨(Zharinova-Sanderson, 2004)은 자신이 일하는 의료 지향 기관에서 '환자'라는 용어가 우세하기 때문에 사용하였으나, 자신이 발전시킨 보다 광범위한 실제에서는 그 용어가 어색할 수 있음을 인정한다.

5. 이러한 시각에 대한 비판은 에이건(Aigen, 2008)을 참조하라.

6. 여기서 한 것처럼 실제를 비교할 때는, 현장에서의 경험이 더 다르게 보일 수 있는 위험이 항상 존재한다. 관습적 음악치료의 형태에 어떠한 유연성도 없다고 말하는 것은 아니지만, 이러한 유연성이 커뮤니티 음악치료에서는 보다 특징적이며 대개는 유용한 것으로 고려된다. 제10장에 나오는 경계 침해와 경계 넘기의 차이에 대한 논의를 참조하라.

제4부

학문과 직군발달로서의
커뮤니티 음악치료

제4부에서는 커뮤니티 음악치료가 어떻게 학문과 직군으로서 발달할 수 있었는지와 이것이 보다 일반적으로 음악치료의 발달과 어떠한 관련이 있는지를 살펴본다. 커뮤니티 음악치료는 학문 · 직군 · 실제 간 차이뿐만 아니라 그 관계에 대한 성찰을 불러일으킨다. 우리는 제3부에서 치료라는 용어가 커뮤니티 음악치료의 실제에 대한 설명에서 최소한으로 사용되었다는 것을 기억한다. 이러한 실제에서 일하는 음악치료사들은 일반적으로 자신을 **음악치료사**로 규정하고 있다(예를 들어, 커뮤니티 음악치료사나 음악가가 아니라). 직업적 역할은 축소되기보다는 오히려 확장되었다.

제9장에서는 커뮤니티 음악치료 연구의 구체적인 어려움에 대해 논의한다. 우리의 목적은 네 가지 서로 다른 연구 전통의 관련성에 대한 구체적인 논의와 함께, 커뮤니티 음악치료 연구에서의 몇 가지 주요 전제 · 목적 · 절차의 전반적인 그림을 제공하는 것이다. 제3부에서 논의한 참여적 실제의 가치를 고려해 볼 때, 전문성과 기술을 필요로 하는 연구가 평등과 연대 같은 참여적 가치와 어떻게 결합할 수 있는지 살펴보는 것은 밀접한 관련이 있다.

이 책의 마지막 장인 제10장에서는 현재 음악치료 직군의 몇 가지 어려움을 요약한다. 노동이 차별화되고 특별한 책임이 전문화된 직군으로 위임되는 과정인 전문화는 흔히 대중적 참여에 관해 적대적으로 고려되었다. 우리가 이 책을 통해 주장한 것처럼 만일 대중적 참여를 가치 있게 여긴다면, 이는 음악치료 직군에 어떠한 함의를 지니는가? 커뮤니티 음악치료가 음악치료사라는 직군에게 도전이 되는 것일까? 아니면 재전문화에 대한 초대로 이해할 수 있는가? 만일 그렇다면, 후기 현대사회에서 음악치료 직군에는 어떠한 대안이 존재하는가?

제9장

연구의 목적과 실제

제9장을 공부한 후에 당신은 다음과 같은 질문에 대해 논의하게 될 것이다.

- 연구 효과를 특징짓는 전제와 목적에는 어떠한 것이 있는가?
- 연구의 과정이나 결과는 어떤 방식으로 서술되는가?
- 커뮤니티 음악치료 연구에서 실천 연구가 중심이 되는 방식과 이유는 무엇인가?
- 커뮤니티 음악치료 연구는 민족지학 연구와 어떠한 관련이 있는가?
- 조사 연구는 어떻게 커뮤니티 음악치료 연구에 기여하는가?
- 실험 연구는 커뮤니티 음악치료 연구에 어떠한 방식으로 활용되는가?
- 커뮤니티 음악치료가 실천적, 다원적 연구를 필요로 한다는 주장에 대한 논증은 무엇인가?

🎧 전제와 목적

연구는 전문적 실천의 기초 중 하나이며 전문가, 참여자, 대중 간 관계를 조성하는 데 있어 중요한 역할을 수행한다. 연구의 공헌을 무시하는 것은 최적의 실천에 도달하지 못하는 위험성을 증가시킨다. 성찰의 도구로서 이론은 우리가 연구와 관련될 때 성찰할 수 있는 능력을 강화한다. 결과적으로 경험적 바탕과 이론 발달의 통합은 하나의 학문 분야로서 커뮤니티 음악치료를 강화하는 데 중요하다.

비록 연구가 전문적 실천을 위한 기초를 제공한다고 볼 수 있지만, '연구기반의 실천'이라기보다는 '연구 관련의 실천'이라고 생각하는 것이 더 정확할 것이다. 경험적 바탕과 이론 발달은 커뮤니티 음악치료에 영향을 끼치는 필수적 요소지만, 이것이 전부는 아니다. 실천은 가치, 국지적 지식, 사회적-음악적 과정에 영향을 받아 지역적으로 발달한다. 명백히 실제는 연구자들이 이전에 생성한 지식의 기술적 적용으로 축소될 수 없다. 연구에서 이론, 실천에 이르는 일방적인 정보의 흐름을 상상하는 대신, 우리는 실천, 이론, 연구 간 관계를 상호적인 것으로 생각할 수 있으며, 이러한 관계는 메타 이론에 의해 영향을 받는다는 것도 명심해야 한다(Stige, 2002).

연구는 세계(존재론)와 지식(인식론)에 관한 기본 가정에 영향을 받는다. 이러한 가정을 '**전제**'라고 하는데, 그 이유는 이러한 가정의 타당성을 객관적으로 평가하는 것은 불가능하기 때문이다. 예를 들어, 일부 연구자는 진술과 주어진 현실 간의 **관련성**을 언급하는 '진실' 개념에 동의하는 반면, 다른 연구자들은 행동의 형태로서

사진 9-1 │ 미국 필라델피아. 음악치료사 마이크 비에가(Mike Viega)와 스콧 맥도널드(Scott MacDonald)와 함께하는 '작은 성인들'. 음악의 가능성을 탐색할 준비.

사진 제공: Ryan Brandenberg.

지식의 **결과**나 해석적 **일관성**에 더 초점을 맞춘다. 전제는 후기 실증주의적·구성주의적·참여적·실용주의적 세계관과 같이 종종 **패러다임**이나 **세계관**으로 분류되는 집단으로 명명된다.[1]

기본 가정(전제)의 차이점은 **질적 연구**와 **양적 연구** 간의 차이를 이해하는 것과 관련이 있다. 일부는 양적 연구자들이 사실의 발견에 초점을 둔다면, 질적 연구자들은 과정과 현상에 대한 사람들의 다중적 구조를 서술한다고 주장한다. 이러한 이분법은 우리가 차이를 이해하는 데 몇몇 초기 아이디어를 제공할 수는 있으나, 실제로는 우리를 잘못 인도하고 있다. 예를 들어, 양적 연구에는 사실의 발견보다 더 많은 것이 있다. 양적 연구는 이론을 발전시키거나 복잡한 모델을 검증하는 데 활용될 수 있다.

구체적인 수준에서, 양적 연구와 질적 연구 간 차이는 단순히 절차와 수집된 자료 유형의 선택에 영향을 미친다. 질적 연구자들이 경험이나 상황을 설명하는 경향이 있는 반면, 양적 연구자들은 수로 변환되어 분석되는 자료를 수집하는 경향이 있다. 비록 양적 연구와 질적 연구 간의 유사점이나 차이를 어떻게 개념화할 것인지에 대한 일반적인 합의는 없지만, 대부분의 연구자는 연구자와 참여자의 역할이 다르게 정의되고 연구 과정이 다양한 방식으로 이해된다는 두 가지 전통에서 서로 다른 연구 질문이 제기된다는 것에 동의할 것이다. **객관성** 또는 편향성의 감소는 양적 연구에서 흔히 이상적이다. 연구의 근간을 이루고, 동기를 부여하는 질문을 형성하고, 평가하는 과정인 **성찰성**은 질적 연구에서 흔히 더 이상적이다(Finlay & Gough, 2003). 양적 연구와 질적 연구에서 모두 연구자가 연구 과정에 영향을 줄 수 있음을 인정하는 것은 일반적이다. 만일 객관성이 이상적이라면, 이러한 영향은 가능한 통제되고 축소되어야 한다. 만일 성찰성이 이상적이라면, 이러한 영향(과 그에 대한 반응)은 이해를 돕기 위한 자원으로서 인정될 수도 있다. 이 예는 두 연구 전통 간 차이를 여러 각도에서 어떻게 탐구해야 하는지를 나타낸다. 어떤 면에서는 무엇이 다른지를 생각하는 것이 도움이 된다. 또 다른 면에서는 얼마나 다른지를 생각하는 것이 유익하다. 우리는 왜 연구를 하는가? 우리는 무언가를 기술하고 싶거나(**기술 연구**), 중요한 과정 및 인과적 요인을 살펴보고 검증하고 싶고(**탐색 연구**), 혹은 중재와 정책의 결과 혹은 효과에 관해 학습하고 싶기 때문에(**평가 연구**) 연구를 수행한다. 연구 **목적**을 체계화하는 유사한 방식은 과학과 학문 전반에 걸쳐 관찰될 수 있다.[2] 커뮤니티 음악치료의 참여적·활동가적 특질은 무언가를 기술, 설명하거나 평가하는 것 외에도 우리가 상황을 변화시키기 위해 연구함을 시사한다. 연구는 직군의 책무와 연관되어 있으며, 커뮤니티 음악치료에서는 이것이 참여자와 커뮤니티 구성원에 대한 책무를 포함하고 강조하는 더 넓은 방식으로 해석된다.

∩ 과정과 결과

연구 과정은 대개 하나 혹은 그 이상의 연구 질문을 제기하는 것으로 시작한다. 이러한 질문은 하나의 상황이나 기존 지식의 기초를 바탕으로 한다. 연구자들은 이전 연구들을 검토하고, 연구를 설계하며, 자료를 수집하고, 분석하고 해석하면서 결과를 발표할 수 있도록 여러 과제에 참여한다. [그림 9-1]에는 연구를 하는 과정이 특징적인 과제 혹은 절차로 구성된 순환 도식으로 표현되어 있다.

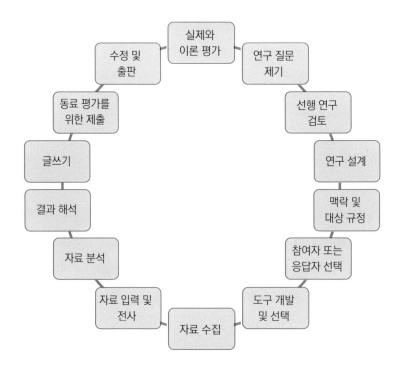

[그림 9-1] 연구 과정의 순환 도식

실천에서 연구 과정은 [그림 9-1]에 제시된 것만큼 잘 정리된 경우가 거의 없다. 이전 연구에 대한 검토가 현재 진행 중인 과정일 수도 있고, 그 과정에서 새로운 연구 질문이 나올 수도 있다. 일부 사례에서는 추가적인 자료 수집이 자료 분석 시기 이후에 발생할 수도 있다. 연구에 대한 모든 접근은 실제 세계의 과정에 맞게 조정될 필요가 있다. 질적 연구에서는 그 과정에 상당한 탄력성이 있다. 롭슨(Robson, 2002)은 이 점을 서술하기 위해 **유연한 설계**라는 용어를 사용하였다. 브루샤(Bruscia, 1995)와 동료들은 질적 연구 과정을 비선형적·개인적·대인관계적으로 특징지었다. 질적 연구 과정에서는 일련의 연속된 단계보다 연구 절차의 순환 도식에 제시된 다양한 절차적 단계 사이를 왔다갔다하는 움직임을 보인다. 이 장의 후반에서 볼 수 있듯이, 실천 연구라는 아이디어는 [그림 9-1]에서 설명한 연구 절차를 훨씬 더 벗어나 있는데, 이는 시간이 지나면서 과정이 좀 더 참여적으로 변하기 때문이다. 게다가 연구의 **결과**가 반드시 출판되거나 발표될 필요는 없다. 연구에 대한 이해는 역량 강화 및 사회 변화를 포함하도록 확장되었다.

다양한 연구 방법 간 차이에도 불구하고, 연구자들의 선택에 영향을 미치고 공유되는 특정 **가치**가 있다.[3] 그 두 가지 가치는 **커뮤널리즘**과 **회의주의다**(Ziman, 2000). 연구에서 이러한 가치의 역할을 이해하기 위해서는 [그림 9-1]에 나온 순환 도식의 마지막 단계—동료 평가[1)]를 위한 제출, 수정, 출판—를 알아 두는 것이 유용하다. 이러한 단계들은 커뮤널리즘과 회의주의 양쪽 모두의 가치를 반영한다. 커뮤널리즘은 더 넓은 커뮤니티를 위해 지식이 생산되는 것이라고 한다. 그 과정에 어떠한 노력을 기울였든지 출판이나 공유의 다른 형태 없이는 연구도 없는 것이다. 회의주의는 새로운 발견이나 통찰이 액면 그대로 받아들여지지 않는다. 그것은 만족스러운 연구 과정 및 결과를 확인하기 위해 비평적으로 검토된다. 연구자와 검토자의 전제 간 적합도에 따라 이러한 과정은 간단할 수도 복잡할 수도 있다(Stige, Malterud, & Midtgarden, 2009).

연구에서 중요한 두 가지 다른 가치는 **무관심성**(disinterestedness)과 **독창성**(originality)이다(Ziman, 2000). 무관심성의 가치는 참여나 헌신을 배제하는 것이 아니지만, 우리가 앞에서 논의하였던 객관성(편향성의 감소)이나 성찰성(전제의 형성)

---

1) 역자 주: 해당 분야 전문가의 의견을 듣기 위한 과정이다.

이라는 아이디어와 관련되어 있다. 독창성의 가치는 연구자들이 이미 알고 있는 것을 단순히 확인하는 것이 아니라, 사물을 기술하고 이해하는 새로운 방식을 찾아야 한다는 것을 의미한다. 그러므로 창의성은 대부분, 아마 거의 모든 형태의 연구에서 높이 평가된다. 그러나 독창성은 창의성의 결과만은 아니다. 연구에서 독창성은 이미 알고 있던 것을 바탕으로 할 필요가 있다. 그러므로 주제에 관련된 이전 연구들을 검토하는 것은 연구 과정의 필수적 단계 중 하나이며, 이는 연구자들이 '이미 있는 것을 다시 만드느라 쓸데없는 시간을 낭비'하는 것을 막아 준다. 더 중요한 점은 이것이 또한 다른 사람들로부터 배울 수 있는 하나의 방식이기도 하다는 것이다. 그러므로 연구는 전통 안에서의 혁신으로 생각될 수 있다.

다음의 절에서 우리는 연구 실천의 네 가지 전통—실천 연구, 민족지학 연구, 조사 연구, 실험 연구—에 대해 알아볼 것이다. 물론 이것이 포괄적인 목록은 아니지만, 커뮤니티 음악치료와 연관된 넓은 범위의 접근을 대표한다. 절차에 대한 세부 사항을 논의하지 않은 것은 연구 시행 방법을 설명하기 위해서가 아니라, 오히려 그 발전 역사에 따라 고유한 영향을 받는 각 전통의 특징을 알아보기 위해서다. 시간이 흐르면서 새롭고 개선된 절차들이 나오고 각 전통에 주어진 전제와 목적도 진화되었다. 따라서 역사적인 관점은 커뮤니티 음악치료 연구의 전제와 목적이 무엇이고, 함의가 무엇인지에 대해 숙고하는 자원이다.

커뮤니티 음악치료 맥락에는 우리가 서술할 연구의 네 가지 전통 간 관계를 이해하는 서로 다른 방식이 존재한다. 그 전통들을 서로 분리하여 생각하는 것은 흔한 일이다. 연구자들은 연구의 목적에 따라 네 가지 중 하나를 선택한다. 대안적으로 커뮤니티 음악치료에서 실천 연구를 기본으로 두고, 다른 세 가지 전통을 '도구의 저장고(reservoirs of tools)'로 생각하는 것도 가능하다. 이러한 해석은 혼합방법 연구에 대해 개방되어 있으나(Creswell & Clark, 2011), 연구의 발달에서 다양한 수준의 관념(세계관에서 방법에 이르기까지) 간 관계에 대한 우리의 평가 인식을 필요로 한다. 우리는 먼저 네 가지 연구 전통을 따로 소개하고, 이러한 관계에 대해 좀 더 상세히 논의할 것이다.[4]

∩ 실천 연구

실천 연구는 실질적인 문제 해결부터 사회에 관한(societal) 변화에 이르는 목적을 가지고 협력적 연구 실제의 연속체를 다루는 상위 용어다. 이 연구 전통의 기원은 여러 가지인데, 20세기 초반 존 듀이(John Dewey)의 실용주의적 철학, 1930년대와 1940년대 쿠르트 레빈(Kurt Lewin)의 사회심리학, 1960년대에 시작한 위르겐 하버마스(Jürgen Habermas)의 비판론, 1960년대와 1970년대 파울로 프레이리(Paulo Freire)와 동료들이 시작한 해방주의적 연구 실천(emancipatory research practices)이 있다(Reason & Bradbury, 2006).

참여적 실천 연구는 커뮤니티 음악치료와 특별한 관련이 있는 광범위한 실천 연구의 일부이다. 참여적 실천 연구는 협력적 연구를 포함하기 위해 다른 사람을 연구하는 실천을 넘어, 기존의 집단이나 커뮤니티가 경험하는 문제를 해결하는 것을 목표로 한다. 이 연구 전통의 중심이 되는 네 가지 요소로는, "① 연구 과정에 연구자가 연구 참여자로 적극적으로 참여, ② 연구 의제의 일부분으로서 참여자의 역량 강화 및 사회문화적 변화, ③ 이론, 실천, 연구의 연관성, ④ 연구 과정 및 결과를 평가할 때 지식의 넓은 개념 적용"(Stige, 2005b, p. 405)이 있다.

많은 참여적 실천 연구자는 앎(knowing)에 대한 다른 방식을 분명하게 상술한다. 지식은 인지적 · 이론적 용어로만 고려되는 것이 아니라, 맥락 내에서 발현되고, 구체화된 과정과 실천으로도 나타난다. 프랑크푸르트학파(Frankfurt School)의 비판이론에서 논의되었듯이(Habermas, 1968/1971), 지역적 지식과 사회적 비평 및 사회적 변화에 대한 흥미로운 점이 있다(Geertz, 1983). 비판론자들은 인간의 행동성에 대한 가치를 강조하지만, 자연적 혹은 사회문화적 세계의 제약에 의해 조건화된 것으로 고려되기도 한다. **이념**에 의해 만들어진 제약은 비판론에 대한 특정한 중요성을 만든다. 이러한 사고의 전통에서 이념은 종속된 위치의 사람들이 자신들의 상황을 자연스럽게 받아들이도록 유도하는 억압적 사고의 연속으로서 기능한다. 만일 그들이 이념을 수용한다면, 그들은 특권층의 세계관을 수용한 것이다. 지배적인 역할을 하는 사람들이 불평등은 필요하고 정상적인 것이라고 이야기하는 한, 이념은 지속적으로 생산되고 재생산된다. 게으르기 때문에 가난하다고 말하는 것은 이념적 기원과 기능을 가진 진술의 예다. '피해자 비난하기'(Ryan, 1971)로 인해 그 진술은 과잉 단순화되었을 뿐만 아니라 현재 상황의 구성에 권력과 특권을 가진 이들이 어떻게 관여되었는지를 감춘다. 비판론자들은 사회 연구에서 이념의 비평과 분석이 중요함을 옹호한다.

참여적 실천 연구에서 특정 연구 방법의 사용은 협력과 의사소통의 발현적 과정에 대한 이차적인 고려 사항이다. 참여적 실천 연구 프로젝트는 각 상황의 필요에 따라 다양하고 혼합된 방법의 사용을 수반할 수 있다. 연구 방법은 보통 질적 연구지만 양적 연구 방법도 밀접한 관련이 있는데, 예를 들어 커뮤니티 내에서 요구 및 태도를 진단 평가할 때 사용될 수 있다. 다시 말해서, 참여적 실천 연구는 특정한 방법론 혹은 방법들의 합으로 서술될 수 없다. 특정 방법을 선택하는 것은 중심 요소로 기능하는 집단적 실천-성찰 주기와 함께 협력적 과정에서 발전한 것이다. 참여적 실천 연구 과정에서 주변화된 사람에게 목소리를 낼 수 있도록 하고, 다른 이들의 목소리를 듣는 것은 중요한 부분이다. 따라서 그 과정은 창의적 · 자기비평적 커뮤니티 구축을 통한 자기 성찰적 순환으로 서술될 것이다(Stige, 2005b).

참여적 실천 연구는 연구에서 그리고 연구를 통한 참여 및 사회적 변화의 가치를 강조한다. 이러한 가치는 암묵적이고 예술적인 형태를 포함한 지식의 다양한 형태가 연구 과정에 내재함을 시사한다. 전통적 연구에서 동료 평가와 출판은 대개 연구 과정의 마지막 단계로 고려되며, 결과는 새로운 정보와 언어, 수, 도표로 표현되어 이해를 알리는 서면 형태의 글이다([그림 9-1] 참조). 참여적 실천 연구에서 결과라는 개념은 참여자들의 역량 강화 및 주어진 맥락에서 사회적 변화를 증진하는 행동을 포함하기 위해 출판된 글 이상으로 확장된다. 이는 인지적 지식 생산의 무시를 의미하는 것이 아니라, 다른 형태의 지식과의 직접적인 관련이 있는 것으로 보인다.

실천 연구는 협력을 포함하므로 참여자들의 상황에 대한 협의된 평가는 연구 과정을 안내한다. 이는 어떠한 연구 전통과 방법들의 관련성에 대해 폭넓은 개방성을 대단히 필요로 한다. 연구 문제는 실천적 상황에서 제기되고, 연구의 중요성은 연구 출판물의 타당성과 정교함뿐만 아니라 관련 연구 결과의 관련성 및 유용성에도 달려 있다. 그러므로 참여적 관점을 포용하는 실천은 실용적 결과에 관심을 보이는 연구를 초대한다. 사실 실천 연구는 연구의 기원과 결과가 실천적이라는 것을 의미할 뿐만 아니라 서로를 이해하기 위한 참여자들의 상호적 노력 주변에서 발전하는 과정도 실천적이라는 것을 시사한다(Gustavsen, 2006). 이러한 실천적 에토스는 확장된 인식론이 필요하며, 다양한 인식의 지식이 인정된다.

전통적으로 연구에서는 명제적이고 표상적인 지식에 초점을 맞춘다. 실천 연구에서는 다른 형태의 지식들이 동등하게 중요하다. 이러한 형태의 대부분은 '앎'—어떻게 해야 하는지를 아는 실천적 앎, 면대면 만남의 경험적 앎, 음악이나 다른 예술 형태로 표현되는 제시적 앎—을 통해 행동으로 스스로를 표현한다(Heron, 1992). 확장된 인식론은 음악이 지식의 한 형태로서 수용되고 채택되는 예술기반 연구와 같은 방법론들을 포함한다(Vaillancourt, 2009).

문제를 찾는 해결로 실천 연구를 취급해서는 안 된다. 일부 참여자들은 사회적 변화에 대한 초점에 관심을 덜 가질 수 있으며, 참여자가 묻지 않은 질문에 대한 답을 찾는 위험에 실천 연구자는 처하게 된다(McFerran & Hunt, 2008). 참여적 과정으로서 실천 연구는 결과뿐만 아니라 목표의 정의에 있어 개방성과 유연성을 필요로 한다.

글 상자 9-1 누구의 목소리가 들리는가? 현장에서의 참여적 실천 연구

커뮤니티 음악치료 연구에 대한 국제적 협력의 일부로 코채비트 엘펀트(Cochavit Elefant, 2010b)는 두 이스라엘 합창단, 이더드(Idud)와 레나님(Renanim)과 협력하여 질적 사례 연구를 진행하기로 하였다. 이더드 집단은 경도에서 중도 수준의 지적 및 발달장애를 가진 45명의 성인으로 구성되었고, 레나님 집단은 사지마비를 가진 약 20명의 단원으로 구성되었다. 모든 구성원은 30세에서 50세 사이였다. 합창단원들은 같은 마을에 살고 있으며 같은 음악치료사와 함께하였다. '협력을 통한 목소리 내기'를 주요 아이디어로, 음악치료사는 두 합창단이 협력할 수 있는 수행을 시작하였다. 이는 정반대의 결과를 가져왔다. 레나님의 구성원은 자신들의 수행이 더 큰 규모의 합창단인 이더드의 그늘에 가려진다고 느꼈다. 음악치료사의 좋은 의도에도 불구하고, 레나님의 단원들이 경험한 것은 자신들이 들리지 않는다는 것이었다. 이 과정을 연구하면서 엘펀트는 실천 연구가 긍정적 변화에 기여할 수도 있다는 것을 깨달았다.

나의 원래 생각은 커뮤니티 내에서 음악과 수행을 향한 두 합창단의 관심과 지각을 이해하는 것과 두 합창단 간 집단관계를 관찰하는 것이 흥미로울 것 같았다. 합창단원들은 자신들도 추구하는 질문, 관심, 목적이 있었다. 이것은 참여적 실천 연구의 전통에서 비롯된 우리의 협력에 발전을 가져왔다(Elefant, 2010b, p. 189).

레나님 집단과 음악치료사, 엘펀트는 변화의 과정이 이루어질 수 있는지를 알아보기 위해 협력하기로 하였다. 연구 문제와 적용된 접근은 참여자들 간 논의를 통해 결정되었다. 점차적으로 "누구의 목소리가 들리는가(사회적으로 그리고 음악적으로)?"의 주제는 연구의 주요 초점으로 발전하였다. 과정은 쉽지 않았다. 긴장과 실망이 생겼고, 다루어야 할 이해관계가 엇갈렸다. 그 기간 레나님은 이더드와 협력하지 않기로 하였으나, 단계적으로 발전된 형태의 협력에 대한 새롭고 더 역량 강화적인 접근을 만들어 냈다.

서로 다른 많은 목소리가 표현되었으며, 논의는 때때로 격해지고 시끄러웠다. ……나의 역할은 이러한 과정 동안 집단의 퍼실리테이터가 되는 것이었다. 사람들은 다른 이들이 이야기하는 동안 듣는 것을 배웠다. 집단은 협의하는 것을 배우고 타협을 만들었다. …… "이더드는 우리의 목소리를 증폭할 수 있다."라고 도리트(Dorit, 합창 단원)는 말하였다. 이것은 리나(Rina, 음악치료사)가 2년 전 처음으로 수행에서 두 집단을 융합해 보려고 하였을 때 한 말과 똑같았다. 그래서 차이가 무엇인가? 이때는 평가하고, 성찰하고, 행동하고, 다시 성찰하는 긴 과정 끝에 레나님 쪽에서 말이 나왔다. 그 후 두 집단을 서로 융합하려는 리나의 시도는 그들 자신에게 새로운 무언가를 구축할 수 있는 기회를 주었다. "우리가 들렸어요!" 두 번째 수행에서 그들이 외쳤다(Elefant, 2010b, p. 197).

∩ 민족지학 연구

민족지학은 사람들이 집단이나 커뮤니티에서 소통하고 협력하는 맥락과 문화에 대한 연구다. 민족지학의 역사는 유럽 식민지 열강이 식민지의 원주민을 이해하고 묘사하려는 시도로 거슬러 올라간다. 결과적으로 그 당시의 민족지학자들은 식민지 열강을 위해 봉사한 것으로 비판받았다. 19세기 말과 20세기 초반 현대 민족지학의 선구자들은 초기 민족지학의 비굴한 전통을 깨기 위해 브로니슬라브 말리

노프스키(Bronislaw Malinowski)와 같은 선구자들과 함께, 민족지학자의 주요 과제
는 지역 사람이 보는 세계를 이해하는 것임을 옹호하였다. 이러한 관점에 따르면,
민족지학의 목적은 원주민들의 관점을 포착하는 것이다(Eriksen, 2010). 그러나 이
러한 내부자 관점에 우선권을 제공하는 것이 문제없는 것은 아니다. 해석학과 같
이(Gadamer, 1960/1999), 지식과 해석에 대한 이론은 사전 이해가 필히 이해에 영
향을 미친다고 제의한다. 그렇다면 민족지학자들이 원주민의 관점을 포착하는 것
은 완전히 이룰 수 있는 일이 아닌 것이다. 그러므로 성찰성—자신의 역할에 대한
성찰 및 타인과의 상호작용에 대한 기여—은 민족지학 연구에서 중요하다(Finlay
& Gough, 2003; Hammersley & Atkinson, 2007). 현대의 민족지학자들 사이에서 민
족 중심적 관점에 대한 비판이 무성해졌으며, 특히 페미니스트들과 제3세계의 민
족지학자들은 내부자 관점과 외부자 관점 간 관계를 신중하게 살펴보았다(Naples,
2003).

　민족지학은 사람들이 상호작용하고 문화 안에 내재되어 있는 환경에 대한 연구
와 관련된 간학제적 연구 전통으로 진화되었다. 민족지학자들은 주어진 맥락 내에
서 지식, 산물, 가치, 아이디어가 어떻게 구성되고 소통되는지에 초점을 두었으며,
이러한 습관이나 실천을 지지하는 역할, 의례, 논거, 관계들을 탐구하였다. 연구자
들은 흔히 특정한 사회적·문화적 맥락에서 인간이 된다는 것은 무엇을 의미하는
가에 집중하였으나, 민족지학 연구는 그럼에도 불구하고 보통 상대적이었다. 결과
와 통찰을 다른 맥락으로 전이할 수 있는 가능성이 고려되었다. 한 인류학자가 설
명한 것처럼 "만일 어떤 사람이 뉴기니 고원의 사람들에 대한 모노그래프[2]를 쓰기
로 한다면, 그 사람은 항상 그것을 다른 사회의 측면과 비교할 수 있게 만드는, 적
어도 몇 가지 개념(친족관계, 젠더, 권력과 같은)으로 그것을 서술하는 것을 선택할
것이다"(Eriksen, 2010, p. 4).

　현장 연구(Fieldwork), 즉 현장에 장기간 머무르며 경험적 자료를 수집하는 것은
민족지학 연구 과정에 중요한 부분이다. 고정된 절차는 좋은 민족지학이 요구하는
맥락에 대한 민감성에 역효과를 낳을 수 있으므로 현장 연구의 기법들은 유동적으
로 사용된다(Atkinson et al., 2001). 참여자 관찰, 면접, 글이나 산물에 대한 해석 등

---

2) 역자 주: 단행본 형태의 논문.

이 중요한 기법이다.

관심 있는 환경에 장기간 반복적으로 출현하여 **참여자를 관찰**하는 것은 민족지학을 행하는 데 있어 주요한 접근이다. 장기간 머무르는 것에는 '어울리기' 및 '합류하기'와 같은 활동을 수반한다. 해당 환경에서 부분 참여와 전체 참여 간 교대는 보통 그 문화를 이해하려는 시도로 유용하다. 민족지학적 해석은 관련된 상황에서 자발적 대화의 적절한 인용뿐 아니라 구체적인 관찰도 포함한다. 커뮤니티 음악치료 연구자는 시간 경과에 따른 음악 활동을 연구하기 위해, 또 일상생활 활동과 같은 다른 상황에서의 참여자들을 따라가기 위해 참여자 관찰을 활용할 수 있다. 각 환경은 구분되며, 연구자가 서로 다른 방식으로 취할 수 있는 가능한 역할을 조정한다. 특정한 활동과 문화적 전통에 의해 정해진 한계에 따라 보통 연구자들은 이를 해당 환경의 지역 사람과 협의할 필요가 있다.

사진 9-2 | 케냐 캄바(Kamba) 전통의 응고마(Ngoma). 사회적-음악적 상황.
사진 제공: Kigunda Mulundi.

면접은 참여자들의 설명을 구하는 데 유용하다. 어떤 면접은 분리되고 보호받는 환경에서 만들어지는 반면, 어떤 면접은 자발적 대화와 별로 다르지 않아서 참여자 관찰과 매우 비슷하다. 면접은 철저한 검토 아래 현상에 대한 정보나, 설명하는 사람에 관한 정보를 제공한다. 커뮤니티 음악치료 연구자들은 음악 활동 참여자들의 설명에서뿐만 아니라 커뮤니티 내에서 혹은 커뮤니티와 함께 일하는 동료, 커뮤니티 구성원 및 다른 전문가들로부터 배우는 것에 관심을 가진다.

글이나 산물에 대한 해석은 활동이나 연구 맥락에 대한 이해를 위해 중요한 대상에 초점을 둔다. 글이나 산물은 자신들의 사회적 활용 맥락이나 연구자의 고유한 사전 이해에 비추어 이해되어야 한다. 이러한 쟁점은 다양한 방식의 민족지학적 해석이 해석학의 전통과 어떻게 관련되어 있는지를 조명한다(Alvesson & Sköldberg, 2009; Geertz, 1973/1993). 커뮤니티 음악치료 연구에서 글이나 산물에 대한 해석은, 예를 들어 가사, 음반, 음악 활동에서 활용되거나 만들어진 다른 산물에 대한 연구를 포함한다.

여기에 서술된 기법의 활용은 대개 연구자들의 인상, 아이디어, 임시적 해석이 개관된 **현장 노트**에 의해 보완된다. 현장 노트는 네 번째 주요 기법이자 정보의 통합 및 해석을 위한 주요 전략으로 볼 수 있다. 앞에 언급된 기법들은 민족지학에서 가장 흔한 것이다. 설문지나 여론조사와 같은 다른 기법들은 덜 전형적이지만, 가끔 관련이 있기도 하다.

민족지학을 수행할 때 여러 기법을 활용하는 것은 연구자들이 경험적 자료에 대한 다중적 관점을 발달시키는 것을 장려한다(Hammersley & Atkinson, 2007, pp. 230-232). 연구 과정은 대개 매우 정돈되지 않은 경험 자료의 '무더기(heap)'로 이어진다. 자료들은 정돈된 상태로 그 자체의 개념을 나타내지 않는다. 그래서 현장 노트, 면접 전사본, 편집된 녹음본에서 어떤 종류의 질서가 나타나기도 한다. 기어츠(Geertz, 1973/1993)가 소개한 개념인 **심층 기술**(thick description)은 민족지학 연구에서 기술과 해석 간 관계를 조명한다. 당신이 음악 활동에서 다른 참여자들과 같은 템포로 연주하지 않는 한 남성 참여자를 관찰한다고 상상하자. 이를 어떻게 해석해야 하는가? 남성은 최소한의 음악적 경험을 하고 있고, (템포의) 불일치를 인식하지 못할 수 있다. 그는 다른 것에 주의를 뺏겼을 수 있다. 혹은 그가 다른 사람을 놀리거나 주의를 산만하게 하는 것일 수도 있다. 가능성은 무수하다. 민족지학을 수행할 때 무엇을 보고 들었는지 기술하는 것은 충분하지 않다. 당신은 그것을 다른 관찰 내용과 사람, 활동, 문화적 규범 및 사회적 구조에 대해 당신이 얻을 수 있는 지식을 포함함으로써 그 기술을 심층적으로 다룰 필요가 있다. 이 사람이 비슷한 혹은 연관된 음악적·비음악적 상황에서는 어떻게 행동하는가? 다른 참여자들은 그에게 어떻게 반응하는가? 이러한 행동을 안내하는 가치와 태도는 무엇인가? 심층 기술은 의미의 해석에 대한 접근이다.

글 상자 9-2 **계획에 없던 사건에 관한 민족지학 연구**

메르세데스 파블리셰빅(Mercédès Pavlicevic, 2010a)은 남아프리카의 케이프타운 외곽에 위치한 헤이트벨트에서 음악치료 커뮤니티 클리닉에 대한 민족지학 사례연구를 수행하였다. 이 지역은 갱들의 다툼, 약물 연합 조직, 알코올중독과 다른 문제들의 발생률이 높은 곳이었다('글 상자 1-2' 참조). 파블리셰빅이 수행한 프로젝트 중 하나는 '삶을 위한 음악'이라고 불리며 합창단, 마림바 밴드, 드럼 집단, 랩 집단이 속해 있었다. 또한 헤이트벨트 커뮤니티 콘서트 준비를 위해 매년 주말 음악 캠프를 열기도 하였다.

참여적 관찰을 바탕으로 현장 노트를 기록하고, 면접을 전사하였으며 음악 활동을 비디오에 담았다. 녹화된 영상을 살펴보면서, 연구자는 다양한 사건에서 '음악의 힘'은 '주어지지' 않았지만, 특별한 방식으로 적용되고, 공유되며, 작업될 필요가 있다고 기록하였다. 파블리셰빅은 이에 대해 큰 관심을 가지게 되었으며, 자신이 '마법 같은 순간'이라고 칭한 협력적 음악하기의 세부 연구를 선택하였다.

그 당시에, 각 집단은 최적의 흐름을 타고 있었다. 다시 말해, 집단이 매우 유동적인 음악적 그루브를 추진하는 것처럼 보였던 그때 그들은 '절정'의 순간에 있었다. 솔직히 그 순간은 나를 짜릿하게 만들었다. 그 순간에 가장 가까운 비유는 라이브 재즈 콘서트에서 청중의 응원, 환호, 휘파람, 박수에 상응하며 즉흥연주가 '시작'될 때와 같은 순간이다. 집단 음악치료에서 이러한 순간에 (사회적으로 할당된) 치료사와 내담자의 정체성과 역할은 서로 섞이는 것으로 보인다. 모두가 '마법 같은' 음악을 하는 사람이 된다(Pavlicevic, 2010a, pp. 99-100).

자신의 연구가 이러한 마법 같은 순간에 대해 초점을 두었을 때(유용한 배경으로서 낮은 수준의 협력과 음악적 산만함의 순간을 활용) 파블리셰빅은 음악사회학자인 티아 데노라(Tia DeNora)의 민족지학적 접근에서 영감을 받았다. 자신의 연구에서 파블리셰빅은 더 넓은 현장 연구 맥락에서 보인 한 비디오 영상을 발췌하여 세부적인 분석을 진행하였다. 연구자가 선택한 순간은 헤이트벨트 커뮤니티 콘서트를 위한 헤이트벨트 아동 합창단의 준비를 녹화하였을 때였다. 합창단은 노래를 리허설하고 있었고, 두 명의 음악치료사들이 잠시 상의하고 있었으며, 방에는 일반적인 잡담과 혼란스러움이 있었다. 파블리셰빅이 카메라를 끄려고 할 때, 그녀는 뒷줄에서 계획에 없던 일이 생긴 것을 발견하였다. 그녀는 확대해 보았다.

> 일곱 명의 아동이 테이블을 둘러싸고 모여 서로 마주 보며 머리를 숙이고, 자발적으로 '칸난 만단니(Kan'n man dan nie)'의 마지막 줄을 노래하면서 엉덩이를 흔들고 있었다. 그 집단의 절반은 노래의 리듬에 맞춰 테이블을 두드렸는데, "야-야-야!"라는 감탄사가 나오며 목소리와 신체적 에너지에 갑작스러운 스포르잔도[3]가 나오는 부분을 향해, 그 두드림이 지속되면서 점점 커지고 노래를 긴장되게 만들었다. 동시에 모두가 테이블에서 뒤로 점프하며 웃었고, 거의 즉각적으로 자유로운 형태의 여러 짝이 형성되었다(Pavlicevic, 2010a, p. 101).[5]

이 사건에 대한 일반적인 언급에서 파블리셰빅은 다음과 같이 이야기한다.

> 이것(과 다른 발췌 영상)에 대한 미시 분석적 연구에서 발현된 것은 각각의 젊은이들 내에서 혹은 사이에서 쉽게 동기화되는 음악이었다. 많은 젊은이가 '함께 하나 되어' 노래하고 춤추는 것을 생각하는 것은 개인 특유의 연출된 우아함을 설명하기에는 질적으로 부족하다. 그것은 마치, 최적의 순간에 집단의 음악 소리, 움직임, 공간의 사용 간에 현상학적 구분이 되지 않는 것이다(Pavlicevic, 2010a, p. 102).

이러한 구체적 관찰에 기반하여 몇몇 연구 문제가 제기되었고, 파블리셰빅은 집단적이며 복잡한 집단 음악 활동, 참여자들에 의해 협력적인 음악하기가 어떻게 조정되는지, 그리고 음악치료사들이 최적의 협력적 음악하기를 만들기 위해 어떤 전략을 사용하는지에 초점을 둔 연구를 시행하였다(Pavlicevic, 2010a, p. 103).

---

3) 역자 주: 그 부분에 특히 힘을 주어 세게 연주하라는 뜻을 가지고 있는 음악 용어이다.

🎧 조사 연구

조사 연구에서 정보는 주어진 순서에 따라 사전에 만들어진 여러 문제를(구두로 혹은 서면으로) 질문함으로써 엄선된 개인들로부터 수집된다. 조사의 가장 초기 유형은 대부분 정부가 시행하는 인구조사다. 전체 모집단 대신 대표 표본을 연구하는 아이디어는 노르웨이의 통계학자인 안데르스 니콜라이 셰르(Anders Nikolai Kiær)에 의해 처음으로 만들어졌다. 1895년에 셰르는 "대표성이라는 방법(the method of representativity)"이라고 부르는 것에 대한 보고서를 발표하였다. 셰르의 요점은, 핵심 변수에 대한 분포가 모집단 전체의 분포와 일치하도록 표본을 선택할 수 있다면, 표본을 기반으로 한 통계가 모집단을 상당히 잘 서술할 것이라고 가정할 수 있다는 것이다. 1903년까지 셰르의 접근은 통계학자들의 국제적 커뮤니티에서 다소 수용되었다. 그러나 셰르는 무작위 선택으로 대표 표본을 얻을 수 있음을 시사하지는 않았다. 이는 1906년 아서 리온 보울리(Arthur Lyon Bowley)가 제안하였다(Bethlehem, 1999). 현대 표집 기술은 그보다 훨씬 후인 거의 1950년 이후에 발전되었다.

조사를 행하는 중요한 이유는 사회적 문제에 대한 이해를 얻는 것이다. 이는 1886년과 1903년 사이에 「런던 사람의 삶과 노동에 관한 연구」라는 제목의 선구적인 연구를 수행한 찰스 부스(Charles Booth, 1840-1916)로 거슬러 올라간다. 부스는 우리가 오늘날 알고 있는 잘 정의된 표집 기법이나 표준화된 질문이 있는 표준 조사 방법을 활용하지 않았다. 그러나 부스는 중요한 사회에 관한(societal) 문제를 기술하고 분석할 수 있는 체계적 측정에서의 양적 요약을 활용하였다(Groves et al., 2004). 부스는 **사회조사**라고 명명된 전통을 시작하였으며, 여기서의 초점은 다양한 불이익 집단들 간 물질적 문제와 건강의 어려움을 문서화하는 것이다. 영국의 맥락에서 이와 같은 조사에는 종종 관련된 사람의 생활 조건을 개선하기 위한 정치적 이니셔티브가 뒤따랐으며, 이는 실천지향 연구의 초기 예로 고려될 수 있다. 그러나 사회 조사가 항상 불이익 집단의 삶을 향상하는 행동을 이끌어 내는 것은 아니다. 에이브럼스(Abrams, 1951)는 미국에서 유사한 조사를 수행하여, 그 결과가 영국 조사의 결과만큼이나 충격적이었다고 기록하였지만, 개선을 위한 실천은 없었다.

피츠버그 조사를 간략히 서술한 후, 에이브럼스는 "그 조사의 주요 결과는 단지 사실에 대한 학문적 욕구를 다소 충족시켜 더 넓은 연구의 흐름을 자극하기 위한 것이었다."(p. 115)라고 말한다.

조사 연구의 분리된 전통은 저널리즘과 마케팅에서 성장하였는데, 이 분야에서 조사는 정치적 선호의 변화 및 일반 대중 사이의 태도를 서술하고, 상업 제품의 마케팅 성공을 평가하기 위해 활용된다. 이 전통에서 조사를 수행하는 목적은 앞에 언급된 실천지향 사회 조사와는 꽤 다르다. 그 목적은 대중에게 정치적으로 영향을 미치거나 단순히 상품의 구매를 장려하는 것이다. 어떤 이들은 여론 조사가 서비스나 제품 개선을 위해서, 그리고 정치인이 자신들의 정책을 모집단의 관점에 맞게 적용하도록 돕기 위해 수행한다고 말할 수 있으나, 이러한 조사 또한 권력과 특권을 가진 사람들의 손에 있는 도구인 것이다.

연구자들은 조사의 다양한 유형을 개별적으로, 혹은 조합하여 활용한다. 이러한 유형은 **단일횡단조사**, **반복횡단조사**(동일한 연구 집단, 그러나 동일한 연령의 집단을 반복적으로 포함하는 새로운 표본), **패널 연구**(조사에 두 번 혹은 그 이상 참여한 응답자의 동일한 표본), **한 집단 이상을 포함하는 연구**(예를 들어, 두 개의 다른 국가에서 온 커뮤니티 음악치료 참여자)가 있다.

조사의 목적은 기술적(유병률, 평균과 오차 범위)이거나 분석적(종속변수 또는 종속변수의 집합을 예측할 수 있는 요인을 확인하는 것)이다. 또한 조사는 중재를 평가하는 목적으로 활용되기도 한다. 예를 들어, 중재 집단과 통제 집단의 대규모 현장 실험에서 조사는 심리사회적 중재의 효과를 평가하거나 이러한 중재의 중요한 요소를 확인하기 위해 채택될 수 있다. 자료를 처리하거나 분석하기 위한 통계적 절차는 매우 정교하고 복잡해졌으며, 적절히 이용되는 높은 수준의 통계적 기술을 요구한다(Bijleveld, van der Kamp & Mooijaart, 1998; Harkness, van de Vijver & Mohler, 2003).

전형적 조사는 자료를 수집하는 방법으로 자기 작성 설문지나 구조화된 면접에 기반한다. 질문은 보통 인구학적 정보(예를 들어, 젠더, 연령, 교육), 행동, 의견과 태도, 주관적인 건강 경험 혹은 사회적이거나 문화적인 맥락의 측면 등에 대해 정보를 구하려고 한다. 답변은 대개 수로 코딩되며, 응답자(대상)당 하나의 행과 설문지 면접 혹은 항목(변수)당 하나의 열이 있는 큰 행렬에 입력된다. 모든 질문이 반드시 모든 응답자와 관련되는 것은 아니다. 따라서 자료 행렬에는 빈칸이 있을 수도 있다. 자료 분석을 위해 통계 소프트웨어가 활용된다.

설문지 문항은 건전한 원칙에 따라 구성되어야 하며, 연구 목적으로 사용하기 전에 예비적으로 시행되어야 한다(Presser et al., 2004). 좋은 질문은 응답자와 연관이 있으며, 분명하고, 이해하기 쉬운 것이다. 질문은 사회적 바람직성[4]이 방지되도록 표현해야 한다. 응답 범주는 상호 배타적이어야 하며, 모든 관련 대안을 포함해야 한다. 서로 다른 문화적 · 사회적 집단에 대한 조사에서 중요한 점은 이 범주들 간 질문의 비교 가능성이다. 각 항목과 응답 범주가 모든 응답자에게 같은 의미를 가진다면 이상적이다. 만일 같은 설문지가 다른 언어로 사용된다면, 번역에 이어 재번역을 실시하고 불일치한 점을 주의 깊게 살펴야 한다. 집단 간 차이를 분석하기 위해서 척도를 동등하게 맞추는 것이 선행되어야 한다. **문항반응이론 분석**은 도구를 검증하는 데 있어 중요한 혁신이다(Embretson & Reise, 2000).

대표 표본(representative samples)은 특정 규칙에 따라 응답자를 선택하여 얻는다. 표집 틀은 연구 모집단의 구성원 목록이다. 이러한 목록은 가능한 한 완전한 것이 이상적이다. 음악치료사들 간에 조사를 한다면, 가능한 표집 틀은 음악치료협회의 모든 협회원이 될 것이다. 구성원 비율이 높을수록, 이 목록은 표집 틀로 더 잘 기능할 것이다. 대표 표본은 모든 사람이 가능성은 있지만, 선택되는 것이 확실하지는 않은 방식으로 추출된다. 개인의 표집에 대한 대안으로, 개인의 군집을 표집하는 것도 가능하다. 이를 **군집 표집**(cluster sampling)이라고 한다. 군집 표집이나 단순 무선 표집에서 벗어나는 다른 절차에 근거한 자료를 분석할 때는 이러한 설계를 위해 특별히 개발된 통계적 기법을 적용해야 한다.

개인 컴퓨터의 도입 이후, **자료의 통계분석**을 위해 이용가능한 도구의 다양성이 엄청나게 커졌다. 일변량 통계는 단일 변수의 속성을 기술하고, 두 변수 간 연관성을 기술하기 위한 이변량 통계량 및 세 개 이상의 변수 간 연관성을 설명하기 위해서는 다변량 통계가 사용된다. 일부 연구자들은 다변량 통계 기법을 두 개 이상의 종속 변수에 대한 분석으로 정의하기도 한다. 통계 기법의 선택은 각 변수의 측정 수준, 분포, 변수의 수와 특성, 그리고 이들 간 연관성의 특성에 따라 달라진다. **기술 통계**는 모집단의 추정된 속성(백분율, 중심 경향성 또는 분산의 측정 등)을 설명하기

---

4) 역자 주: 실험심리학의 용어로, 각 개인에게 사회에서 바람직하다고 규정지어진 생각이나 행동을 권장하는 것을 의미한다.

사진 9-3 │ 노르웨이 송노브 피오르다네. 음악치료센터 소속 폰데(Førde) 노인 합창단. 흐름과 빛의 합
창단원들.
사진 제공: Bent Are Iversen.

위해 사용되는 반면, **추리 통계**는 표본에서 모집단으로 추론을 할 때 사용된다(예를 들어, 유의성 검증 및 신뢰구간).

조사 연구는 간단한 통계 기법으로 표본을 분석하여 모집단을 설명하는 방법에서 복잡한 인과 모델을 검증할 수 있는 연구 영역으로 발전하였다. 통계 기법의 개발은 여전히 진행 중이다. 커뮤니티 음악치료와 관련된 영역에는 **다층분석**(multilevel analysis)과 **잠재변수 분석**(analysis of latent variables)이 포함된다. 다층분석은 동일한 통계 모델에서 개인 수준과 집단 수준의 자료 조합을 포함한다(Heck & Thomas, 2008). 잠재변수는 직접 관찰할 수 없지만, 일련의 명백한 변수에서 추론할 수 있는 요인(예를 들어, 태도 혹은 성격 특질)이다(Brown, 2006). **구조방정식 모형**(Structural equation modeling)은 잠재변수와 측정변수 간 연관 패턴을 분석하는 데 사용할 수 있다(Hancock & Mueller, 2006).

글 상자 9-3 **노래로 살아남기? 문화적 참여의 이점에 대한 조사**

스웨덴에서 라르스 올로브 비그렌(Lars Olov Bygren, 1996)과 동료들은 생존의 결정 요인으로서 책이나 정기 간행물 읽기, 음악 만들기, 합창단에서 노래하기와 같은 문화행사 참석 활동의 효과를 알아보고 싶었다. 연구자들은 12,982명의 스웨덴인(16세부터 74세까지)과 문화 활동 참여에 대한 면접을 시행하였다. 면접은 1982년과 1983년에 진행되었다. 생존 여부는 1991년 말까지 기록하였다. 이 기간에 847명이 사망하였다.

생존을 종속변수로, 다양한 문화 활동에 대한 참여(거의 없다, 보통이다, 자주 한다)를 예측 변수로 두고 통계 분석을 수행하였다. 연령, 성별, 교육 수준, 소득, 건강 상황과 같은 여러 외생 변수를 통제한 후, 문화 행사에 자주 참석하는 사람들의 생존 확률을 문화 행사에 전혀 참석하지 않은 사람들에 비교하여 얻은 보정된 승산비(the adjusted odds ratio)는 1.57(95% 신뢰구간: 1.18에서 2.09)이었다. 1.00의 승산비는 연관이 없다는 것을 의미한다. 1.00보다 높은 승산비는 문화 행사에 자주 참석하는 사람의 생존률이 높다는 것을 가리킨다. 1.00의 값을 포함하지 않는 신뢰구간은 결과가 통계적으로 유의하다는 것을 의미한다. 연구자들은 문화 행사 참석이 생존에 긍정적인 효과를 가질 **수도** 있다고 결론 내렸다. 연구자들이 겸손한 이유는 아마도 가능한 모든 외생 변수에 대해 완전한 통제를 수행했는지 확신할 수 없기 때문일 것이다. 그러나 이러한 대규모의 잘 설계된 연구는 '문화 활동 참여가 건강에 좋다.'는 가정에 유리한 근거를 제공한다. 저자들은 '문화 활동 참여가 생존에 긍정적인 효과를 가진다.'는 것을 설명할 수 있는 가능한 몇 가지 생리학적 기제를 시사한다.

물론 설문조사는 생존을 예측하는 것 외에 여러 다른 이유로 수행될 수 있는데, 예를 들어 마을 사람이 새로운 합창단에 가입하는 것에 어느 정도 관심이 있는지 알아보거나, 젠더나 다른 인구학적 변수 간 음악적 선호도의 변화를 살펴보거나, 시간 경과에 따른 음악 활동 참여의 변화를 알아보거나, 음악에 대한 참여와 삶의 질 간 향후 연관성을 연구하는 것 등이다.

🎧 실험 연구

실험에서는 가능한 영향력(독립 변수)과 외생 변수를 통제하면서 가설을 체계적으로 검증한다. 실험 연구의 발달과 개량은 16세기에서 18세기까지의 자연과학 분야에서 과학적 혁명의 중심이었다. 그 유용성은 이후 의학, 심리학, 사회과학과 같은 분야로 확장되었다. 인간에 대한 실험 연구에서 요점은 그러한 영향력의 가능한 효과를 살펴보기 위해 일부 연구 참여자들에게 체계적인 영향을 미친다는 것이다. 실험 연구는 몇 가지 다른 형태를 가지고 있다. **실험실 실험**은 환경적 영향(물질적·사회적)에 대한 엄격한 통제가 특징이다. 사회심리학에서 규준 형성에 대한 고전적 실험 중 하나가 실험실 환경에서 수행되었다. 연구 참여자들은 완전히 어두운 방의 의자에 앉았다. 일정한 간격으로 작은 빛이 그들 바로 앞에 보이도록 하였고, 과제는 빛이 보이는 짧은 시간 안에 얼마나 멀리 움직이는지를 추정하는 것이었다. 사실 빛은 움직이지 않았으나, 그들은 시각적 참조점이 없는 완전히 어두운 방에 앉아 있었기 때문에 빛이 움직이는 것으로 지각하는 경향을 보였다. 참여자들이 다른 참여자의 대답을 들을 수 있을 때 스스로의 대답에 영향을 미쳤고, 그들의 지각은 수렴되는 경향이 있는 것으로 밝혀졌다. 빛의 움직임에 대한 지각의 '규범'이 나타났다(Sherif, 1935).

맥락이나 영향이 잘 통제되지 않는 환경에서 실험 연구가 수행될 때, 보통 이것을 **현장 실험**이라고 부른다. 한 예로, 노인들을 위한 다수의 클럽을 중재 집단 및 비교 집단인 두 집단에 무선 할당한 연구를 들 수 있다. 자료 수집이 수행되었고, 사용된 도구 중 삶의 질을 측정하기 위한 척도가 있었다. 중재 집단에서는 음악치료사들이 일련의 오후 음악 활동을 진행하였다. 이러한 활동의 특정(회기) 수를 진행한 후, 중재 집단과 비교 집단 모두의 구성원 간에 새로운 자료 수집이 수행되었다. 연구자들은 음악 활동의 참여가 어느 정도로 중재 집단에 속한 사람의 삶의 질을 높였는지 알고 싶었을 것이다. 현장 실험에서 참여자의 삶의 질에 영향을 미치는 다수의 요인을 통제하는 것은 어려운 일이다. 이러한 실험에서 한 가지 명확한 문제는 비교 집단에서 일어나는 음악 활동을 중단하는 것이 어렵다(아마도 바람직하지 않다)는 것이다.

실험 연구에서는 **내적 타당도**와 **외적 타당도**를 구분한다. 특정한 결과를 초래한 것이 중재라고 믿을 만한 이유가 있다면, 실험의 내적 타당도는 높은 것이다. 만일 우리가 연구 결과를 전체 지역 및 국가의 다른 유사한 환경에 일반화할 수 있다는 결론을 내리는 것이 안전하다고 믿는다면, 외적 타당도는 높다고 할 수 있다. 내적 타당도는 중재와 결과 간의 인과관계에 관한 것이다. 외적 타당도는 그러한 환경과 연구에 참여한 사람을 넘어 결과를 일반화하는 것에 관한 것이다.

실험의 내적 타당도를 높이기 위한 중요한 예방책은 **무선화**(randomization)이다. 무선 할당은 중재 집단과 비교 집단 간의 체계적 차이를 제거해야 한다. 무선 할당이 집단 간 가능한 모든 차이를 제거하는 것은 아니며, 차이는 체계적이 아닌 임의적이다. 이는 그 차이가 통계적 통제하에 있다는 것을 의미한다. 할당된 단위의 수가 그렇게 적지 않은 경우에 집단 간 차이는 대개 무시할 수 있다. 현장 실험을 개선할 수 있는 한 가지 방법은 **매칭**(matching)의 활용이다. 노인들을 위한 클럽의 예에서 이는 구성원의 지역(예를 들어, 도시인지 시골인지), 규모, 연령, 배경 면에서 유사한 클럽들이 짝이 되어 배열될 수 있다는 것을 의미한다. 그러한 짝짓기는 자료의 통계적 분석에 영향을 미친다.

치료적 중재의 효과를 알아보기 위한 연구에서 주된 어려움 중 하나는 **평균 효과 회귀**(regression towards the mean effect)다. 회귀 효과는, 예를 들어 심리적 불평을 측정하는 척도에서 특히 점수가 낮거나 높기 때문에 한 집단의 사람이 선택되었을 때 발생한다. 만일 다시 측정한다면, 이 집단은 덜 극단적인 점수를 얻는 경향을 보일 것이다. 음악치료에 참여한 내담자들은 심리적 불평에 대한 척도에서 오히려 높은 점수를 얻을 가능성이 있다. 만일 다시 시험한다면, 그들의 평균 수준은 더 낮은 경향을 보일 것이다. 통제 집단이 없다면, 얼마나 많은 감소가 회귀 효과로 인한 것인지, 또 음악치료로 인한 것은 얼마나 되는지 알아내기는 다소 어려울 것이다. 회귀 효과는 음악치료사가 자신의 실제를 이해하는 데 있어 편향적이 되기 쉽다. 만일 내담자들이 나아지는 것을 치료사가 정기적으로 관찰한다면, 어쨌든 긍정적인 변화의 많은 부분(전부는 아닐지라도)이 일어났을지 모른다는 것은 고려하지 않고, 이를 자신의 치료 활동의 결과로 모든 공을 돌리기 쉽다(Barnett, van der Pols & Dobson, 2005).

무선통제실험(randomized controlled trials: RCTs)은 보통 치료적 중재의 효과에 대한 연구에서 '황금 표준(gold standard)'으로 간주된다. 할당 단위가 개인이 아닌 군집인 커뮤니티 음악치료 분야에서는 이러한 연구가 대규모이면서 비용이 상당히 많이 들어, 실제로 무선 단위의 가능성이 제한될 수 있다. 이러한 상황에서 적어도 중재의 효과성에 대한 근거를 제공할 수 있는 다른 연구 설계를 찾을 필요가 있다.[6] 단일 사례 실험설계를 탐구하는 것은 하나의 대안이 될 수 있다. 이는 적어도 하나의 독립 변수 영향하에 한 집단이 특정 기간 반복적으로 관찰되는 실험이다(Onghena, 2005).

독립 변수는 보통 조작되는 조건이다(예를 들어, 커뮤니티 음악치료 활동에 대한 참여). 여기에는 하나의 단일 사례만 관련되므로 이 사례는 독립 변수의 다양한 수준에 노출된다(영향력이 없음 대 있음). 연구 대상이 반드시 개인일 필요는 없지만, 커뮤니티 합창단과 같은 개인의 집합체일 수도 있다. 단일 사례 실험에는 여러 가능한 설계가 있다(Bordens & Abbott, 2008). 예를 들어, 기저선 관찰(A라고 칭함)과 중재나 노출 이후의 관찰(B라고 칭함)을 ABAB와 같은 설계 수준으로 만들 수 있다. 다수의 중재나 노출(C, D 등으로 칭함)과 노출의 동시적 조합(BC, BD 등으로 칭함)도 있을 수 있다. 시간 경과에 따른 다중 측정도 가능하다.

단일 사례 실험설계의 주된 어려움은 일반화이다. 만일 당신이 단 하나의 대상(예를 들어, 음악치료사의 슈퍼비전하에 밴드에서 합주하는 하나의 청소년 집단)만을 포함한 연구를 수행한다면, 그 결과가 다른 대상과 관련되는지를 어떻게 확신할 것인가? 집단 간 변량을 무시할 수 있다면, 일반화는 큰 문제가 아니다. 또는 단일 사례

사진 9-4 │ 뉴질랜드 오클랜드. 축하 합창단. 리허설 중 활기차게 노래하기.
사진 제공: Neil Shepherd.

에서의 입증만으로 현상의 존재를 타당화할 수 있다면, 일반화 또한 중요한 쟁점이
아니다. 그러나 예를 들어, 당신이 젊은이들로 구성된 집단과 함께 일하면서 다른
집단의 젊은이에게도 적용될 수 있는 실제를 개발하고자 한다면, 당신의 결과가 다
른 집단과 어느 정도 관련이 있는지 알아야 한다. 일반화의 문제에 대한 분명한 답
은 **복제**[5]이다. 만일 당신이 새로운 맥락에서 연구를 반복할 때 결과를 재현하는 데
성공한다면, 그 결과가 여러 집단과 맥락에 걸친 커뮤니티 음악 실제와 관련되었다
는 주장을 입증한 것이다.

---

5) 역자 주: 다수의 집단이 동일한 연구를 반복하여 연구 신뢰도, 통계적 유의성 등을 확보하는 유형의 연구
   이다.

| 글 상자 9-4 | 정신건강 문제를 가진 내담자를 위한 자원 지향적 음악치료에서의 무선 통제실험 |

노르웨이의 크리스티안 골드(Christian Gold)와 동료들은 체계적 문헌 검토를 포함하여 정신건강 관리에서 음악치료의 효과에 대한 다수의 연구를 수행하였다(Gold, Heldal et al., 2005; Gold et al., 2009). 2004년부터 2011년까지 골드는 정신건강 문제를 지니고 있으며, 치료에 대한 동기부여가 낮은 내담자들을 위한 자원 지향적 음악치료에서의 무선통제실험(RCT)의 책임 연구자였다. 해당 연구는 노르웨이의 맥락에 맞게 개발되었으며(Gold, Rolvsjord et al., 2005), 2008년 이후부터는 오스트리아와 호주의 연구자들을 포함한 다기관 연구로 확장되었다.

이 연구의 목적은 여러 정신건강 문제를 지닌 내담자들을 위한 자원 지향적 음악치료의 효과를 알아보기 위한 것이었다. 논거는 약물과 언어적 심리치료 같은 전통적인 치료가 심각한 정신건강 문제를 지닌 일부 내담자들에게 제한적인 효과를 나타낸다는 사실에 기반하였다. 임상적 경험에 따르면 음악치료는 이러한 주변화된 집단이 드러나지 않은 자원을 개발하고 사회적 역량을 형성하는 데 도움을 줄 수 있으며, 역량 강화, 협력, 개인적 · 사회적 자원으로서의 음악을 강조하는 이론적 토대가 마련되었다(Rolvsjord, 2004, 2007, 2010).

무선통제실험(RCTs)은 이 사례의 경우에서 복잡한 중재인 이니셔티브의 효과를 알아보기 위해 설계되었다. 연구된 것은 음악적 자극의 효과가 아니라 대인관계적 · 음악적 관계, 활동, 의례, 논거, 성찰로 이루어진 전체적인 '음악치료 패키지'의 효과였다. 따라서 그 연구는 치료의 의료적 모델보다는 맥락적 모델과 관련되어 있었다(Frank & Frank, 1991; Wampold, 2001). 이러한 선택은 연구의 엄격함과 치료적 유연성 간에 긴장을 생성하였는데, 예를 들어 치료적 중재의 정의에 관한 것을 들 수 있다. 의료적 전통에서 무선통제실험은 중재를 세부적으로 구체화해야 하는데, 이는 연구의 타당도와 복제를 보장하기 위해서다. 보통 치료 매뉴얼도 이를 보장하기 위해 사용되지만, 고정된 기법의 순서를 가진 매뉴얼은 개인 내담자를 이해하고 관계를 맺으려는 치료적 노력의 가장 기본적 원칙과 명백히 상충된다. 자원 지향적 음악치료에서 무선통제실험을 위해 개발된 해결책은 구체적 기법보다 치료적 원리의 지침을 정립하는 것이었다. 제안된 핵심 원리 중 일부는 내담자의 강점과 잠재력에 집중하기, 치료적 과정과 연관된 내담자의 유능성을 인지하기, 긍정적인 정서 기르기, 음악적 기술과 잠재력을 인정하고 격려하기다. 금지된 원리에는 내담자의 강점과 잠재력 무시하기, 병리에 주력하기, 발현된 문제 및 부정적 정서 회피하기, 비협력적 양식으로 지시하기 등이 있다(Rolvsjord, Gold, & Stige, 2005).

치료적 유연성을 허용하는 방식으로 중재를 정의한 골드와 협력자들은 효과 크기의 사용을 포함하여 확실한 성과 연구 준거를 가진 연구를 설계할 수 있었다(Gold, 2004). 효과 크기의 계산에 기반하여 이 RCT는 무작위로 선택된 144명의 참여자가 중재 집단이나 비교 집단에 포함되도록 설계되었다. 중재는 무선화 이후 3개월 동안 제공되고 추적 관찰되었다. 결과는 사전검사(무선 배정 이전), 초기 중간 시점(무선 배정 1개월 이후), 사후검사(무선 배정 3개월 이후) 및 6개월 후 추적 조치(무선 배정 9개월 이후) 시점에서 평가되었다. 이전의 체계적 문헌 검토를 통해 핵심적인 목표는 자원 지향적 음악치료가 심각한 정신건강 문제를 지닌 내담자들이 가진 부정적인 증상(감정적 둔마, 저조한 사회적 관계, 흥미나 동기부여의 상실)의 수준을 감소시키는 데 도움을 주는지 알아보는 것이었다. 일반적 기능, 음악에 대한 관심, 변화에 대한 동기, 정서 조절, 관계적 유능성 및 실제 사회적 관계와 같은 이차적 결과도 조사되었다. 이 연구의 또 다른 목표는 유의한 효과가 밝혀질 경우, 일반적인 결과가 특정 결과에 의해 매개되는지 알아보는 것이었다(Gold, Rolvsjord et al., 2005).

이 글을 쓸 때, 해당 RCT의 결과는 몇 가지 가능성 있는 결과를 가지고 분석 단계에 있었다. 예비 결과는 참여자의 연령, 성별, 진단 유형(정신병적 대 비정신병적 장애) 또는 음악치료가 제공된 특정 병원과 관계없이 음악치료가 통상적 치료보다 효과적이라는 것을 시사한다. 중도 탈락 비율은 음악치료에서 더 낮게 나타났는데, 이는 음악치료가 지속적인 참여를 장려한다는 것을 의미한다. 음악치료의 효과를 기록하는 것 외에도, 연구 결과는 자원 지향적 음악치료의 가정된 기제와 연계된 새로운 측정 도구, 즉 '음악 척도에 대한 관심'이라는 도구의 개발을 포함한다(Gold et al., 출간 예정).

이 연구는 정신건강 관리기관에서 수행되었으나, 커뮤니티 음악치료에서 앞으로의 RCTs 개발을 위해 고려할 필요가 있는 일부 쟁점을 조명한다. 실제에서 유연성을 허용하는 방식으로 중재를 정의하는 것이 하나의 쟁점이며, 측정을 위한 관련 도구의 개발 및 선택은 또 다른 쟁점이다(개인뿐 아니라 커뮤니티를 위한 결과 측정에 관하여). 또한 RCTs와 참여적 설계의 통합 및 군집 표집과 무선화와 관련된 어려움과 같은 쟁점 역시 존재할 것이다.

⌂ 실천적 · 다원적 연구에서 요구하는 전제와 목적

여러 저자는 실천 연구가 참여적 특성과 가치의 관련성 때문에, 특히 커뮤니티 음악치료에 적절하다고 주장하였다(예: Elefant, 2010b; Hunt, 2005; Kleive & Stige, 1988; McFerran & Hunt, 2008; Stige, 2002, 2005; Vaillancourt, 2009; Warner, 2005). 민족지학 현장연구 또한 커뮤니티 음악치료 연구와 관련된 접근으로 정립되었다(Stige et al., 2010a 참조). 우리가 '글 상자 9-3'과 '글 상자 9-4'의 예에서 명백히 볼 수 있듯이 조사 연구와 실험 연구에 대한 기록은 거의 없다. 이러한 상황은 커뮤니티 음악치료 연구의 전제와 목적을 반영하는 것인가? 아니면 연구의 범위를 넓힐 필요가 있는가? 우리의 판단으로 이것은 신중하게 고려할 필요가 있는 질문이다. 추가적 숙고를 위해 몇 가지 시사점을 다음에 제시한다.

제1장과 제6장에서 논의된 'PREPARE'에 따른 특질과 제7장에서 논의된 가치는 커뮤니티 음악치료가 참여적이고, 관계적이며, 생태적 전제들과 양립될 수 있다고 이야기한다. 이는 확실히 실천 연구의 전통이 커뮤니티 음악치료의 중심이라는 것을 시사한다. 우리는 이를 특정 연구 방법이나 방법론의 관련성에 대한 일반화된 주장으로 격상하려는 유혹에 반해 경고하고 있다. 실천 연구의 두 가지 특징은 그것이 **실천적**이고 **다원적**이라는 것이다(Reason & Bradbury, 2006). 우리의 관점에서 볼 때 이는 조사 연구와 실험 연구의 관련성과 유용성이 인식되어야 함을 시사한다. 이 주장은 불가피하게 커뮤니티 음악치료에서의 혼합된 방법에 대한 인정으로 이어진다. 이 장의 시작 부분에서 우리는 연구의 양적 연구와 질적 연구 방법 간 긴장과 모순이 어떻게 존재하는지를 설명하였다. 그렇다면 혼합된 방법에 대한 아이디어는 어떻게 유용할 수 있는가?

크레스웰과 클라크(Creswell & Clark, 2011, pp. 38-51)는 크로티(Crotty)가 제안한 기틀을 전유하면서 연구를 설계할 때 세계관, 이론적 렌즈, 방법론적 접근, 자료 수집과 분석의 방법을 구별하는 것이 유용함을 시사한다. 지식에 대한 주장에 관해서 세계관은 다르다. 후기 실증주의적 세계관은 원인과 결과, 구성주의는 의미, 참여적 세계관은 정치적 관심사, 실용주의는 실천의 결과에 초점을 둔다. 이러한 세계관은 일부 측면에서는 상호 배타적일 수 있지만, 전체적으로 그렇지는 않다. 예를 들어, 원인과 결과에 대한 연구를 무시하는 정치적 현실에 대해 지지하는 사람은 거의 없을 것이다. 마찬가지로 정치적 현실을 무시하는 이니셔티브의 결과에 대한 연구도 잠재적으로 문제가 될 수 있으며, 권력이나 특권에 관한 한 현상 유지로 끝날 수도 있다.

연구자로서 우리는 하나 이상의 세계관과 연관될 필요가 있다. 의존할 만한 전체적 혹은 완전한 해석은 존재하지 않는다. 서로를 보완하는 앎의 다른 방식이 서로를 대체하지 않는다. 우리의 시각에서 이는 민족지학, 조사 연구, 실험 연구를 포함하는 방식으로, 커뮤니티 음악치료에서 중요한 실천 연구를 인정하는 다원적 입장으로 이어진다. 민족지학 연구와 조사 연구는 다양한 집단의 사람 사이에서 음악의 일상적 활용에 관한 정보를 모으기 위해 서로 결합되어 사용될 수 있다. 마찬가지로 확실한 현장 실험은 커뮤니티 음악치료 활동의 결과와 이점에 대한 필수 정보를 제공할 수 있다.

결과가 하나의 맥락에서 다른 맥락으로 일반화될 수 있다는 전제에 기반한 실험 연구는 생태지향적 실제와 결합되기 어렵다는 사실을 반박할 수 있다(DeNora, 2006). RCTs에서 요구되는 전문성이나 엄격함 등도 참여적 · 협력적 접근 개발의 어려움으로 여겨진다. 이러한 어려움들은 상당히 크지만, 임상적 관심사의 맥락에서 검토되어야 한다. 많은 맥락에서 실험 연구는 비전문인과 전문가 참여자들에 의해 실제의 상황을 기술하고 분석하는 하나의 방식으로 평가될 것이다. 예를 들어, 실험 연구에 대한 생태적 비판의 가중치는 해당 실제에 달려 있다. 제8장에서 우리는 특정 노선, 프로젝트, 프로그램을 구분하였다. RCTs는 보통 특정한 과정 및 프로젝트보다는 프로그램의 평가와 더 관련되어 있다. 슈완테스(Schwantes, 출간 예정)는 초점 집단을 사용하여 연구와 프로그램 개발에 참여자들을 관여시킨 사람으로, 프로그램의 맥락에서 실험 연구와 참여적 과정을 결합하려는 도전을 탐구하였다.

때로는 양적 연구가 필요한 경우도 있고, 질적 연구 또는 혼합적 방법 연구가 필요할 때도 있다. 다시 말해서, 연구 방법의 적절성은 이론적 · 철학적 비판을 참조하여 한 번에 정의될 수 없다.

주어진 사회적 · 역사적 맥락에서 적절성과 유용성에 대한 협의는 항상 유용하다(Nerheim, 1995; Ziman, 2000 참조). 실천 연구를 특정한 연구 접근으로 다루는 대신,

사진 9-5 │ 호주 멜버른. 오브라이언(O'Brien)과 암 환자들이 만든 오페라. 연기자는 엠마 오브라이언 (Emma O'Brien), 멀린 콰이페(Merlyn Quaife), 마이클 비숍(Michael Bishop)과 주디스 도즈 워스(Judith Dodsworth). 지식을 수행하다.

사진 제공: Jeff Busby.

각 상황의 필요에 따라 연구에 대한 다양한 접근을 포용하는 넓은 상위(umbrella) 개념으로 생각하는 것이 더 유용할 것이다. 그것은 이 '상위 개념'을 특정 방법론에 따라 정의하거나 근거를 두는 분야의 유연한 발전을 저해할 수 있다. 전제와 목적 은 사회적 맥락에서 탐구하고 협의해야 한다. 민주적 실천에 영향을 미치는 가치 (제7장 참조)는 어떠한 기존의 연구 방법론보다 연구자와 참여자에게 더 도움이 될 것이다.

🎧 결론

연구에서 배우는 것은 음악치료와 같은 직군에 중요한 일이다. 그러나 연구는 커 뮤니티 음악치료 실제를 조성하는 유일한 요인은 아니다. 실천은 사회적 맥락에서 진화하고, 따라서 가치와 지역적 지식 및 다양한 음악적 · 대인관계적 사건과 과정으로부터 영향을 받는다.

하나 혹은 그 이상의 연구 문제 제기는 대개 초기 연구 과정에서 핵심적이다. 연구 문제는 보통 실천의 맥락이나 전통에서 비롯된 관심에 영향을 받는다. 그리하여 이는 현재의 지식 상태에 관해 학습하기 위해서 초기 연구 문제를 개량하기 위해, 또한 연구를 진행하는 데 사용될 수 있는 방법과 설계를 개발하기 위해 기존 문헌들을 검토하게 한다. 자료를 수집하기 전에, 모집단과 현장을 정의하고 응답자와 연구의 다른 요소를 선택하며, 예비 도구들을 개발하는 것이 필요하다. 자료를 수집한 이후에는 전사와 분석을 할 시간인데, 이는 대개 결과를 해석하고 이를 기존 이론 및 지식과 연관 지어 논의하는 단계로 직접 이어진다. 이에 기반하여 연구 논문을 신중하게 작성하면 학술지나 출판사에 제출할 때가 되며, 출판 전에 동료 평가 수정의 과정을 거친다. 이 서술은 연구 프로젝트의 일부 단계를 조명하나, 그 과정이 완전히 선형적이지는 않다. 질적 연구에서는 특히 다양한 절차적 단계 사이에서 순서가 왔다갔다하는 여지가 있다. 실천 연구에서 연구 과정과 결과는 참여적 차원과 실천적 차원을 포함하도록 확장된다.

연구 전통 간에 차이를 개념화하는 한 가지 방식은 다양한 패러다임이나 세계관에 초점을 두는 것이다. 이러한 차이 일부는 양적 연구와 질적 연구의 전통 간 논쟁에서 표현된다. 전통 간의 차이에도 불구하고, 연구자들은 커뮤널리즘 및 회의주의와 같은 많은 가치를 공유한다. 커뮤널리즘은 대중과 지식을 공유한다는 것을 의미하는 반면, 회의주의는 모든 새로운 아이디어와 제안을 비판적으로 살펴보고 평가한다는 것을 의미한다.

또한 연구 전통 사이의 차이는 무언가를 기술하거나 설명하거나 혹은 평가하려는 의도와 같이 서로 다른 목적과 관련되어 형성된다. 실천 연구자들은 연구가 사회적 변화에 기여해야 한다고 강조하며, 우리는 이것이 커뮤니티 음악치료에서 적절한 관점이라고 주장한다.

커뮤니티 음악치료의 잠재적 적절성에 대한 몇 가지 연구 전통이 있다. 우리는 네 가지 접근, 즉 실천 연구, 민속지학 연구, 조사 연구, 실험 연구에 대해 논의하였다. 실천 연구는 연구 활동, 사회적 변화, 이론 발달의 통합에 초점을 맞춘다. 민족지학 연구는 주어진 맥락에서 문화적 실제로서 커뮤니티 음악치료의 탐구를 가능하게 한다. 조사 연구는 보통 자기보고 설문지나 구조화된 면접을 사용하며, 문제나 자원, 태도 등이 어떻게 더 큰 모집단에 분포되는지 알아보는 데 유용하다. 실험연구는 이러한 영향력의 가능한 효과를 조사하기 위해 일부 연구 참여자들(혹은 집단)에게 체계적으로 영향을 미치는 것을 포함한다.

커뮤니티 음악치료 연구에 대한 현재의 문헌들은 기본적으로 실천 연구와 민족지학 연구로 구성된다. 커뮤니티 음악치료의 참여적·관계적·생태적·활동가적 특질은 특히 실천 연구의 전통과 공명하지만, 이것이 다른 연구 전통의 발전을 저해하는 방식으로 주도해서는 안 된다. 조사 연구와 실험 연구는 커뮤니티 음악치료 내에서 입지를 가지고 있다. 체계적 문헌 검토와 RCTs가 위에 있고 질적 연구가 아래에 있는 연구 방법론의 일반적인 위계(Kristiansen & Mooney, 2004 참조)가 아니다. 참여적 관점은 단일한 세계관이나 지시적인 방법론적 신념이 아닌, 실천적이고 다원적인 연구를 초대한다.

커뮤니티 음악치료 연구자들은 철저하지만 신중한 방식으로 확장된 인식론에 관심을 가져야 한다. 연구의 정립된 가치(커뮤널리즘 및 회의주의와 같은)가 침해되지 않도록 신중하면서도 앎의 다른 방식(경험적·표현적 지식 포함)을 수용하려는 의지에는 철저하다. 미래의 커뮤니티 음악치료 발전은 높은 수준의 연구 생성에 달려 있다. 그러나 평가의 고정된 준거는 커뮤니티 음악치료 연구의 사회적·상황적 특징을 평가하는 데 성공할 수 없을 것이다. 연구 평가에 대한 문답적 접근 및 실천적·다원적 자원을 포용하는 것이 더 유용할 수 있다(Stige, Malterud, & Midtgarden, 2009).[8]

∩ 핵심 용어, 논의 주제와 미주

핵심 용어(제시 순서에 따른 핵심 용어)

전제(premises)

질적 연구(qualitative research)

양적 연구(quantitative research)

객관성(objectivity)

성찰성(reflexivity)

목적(purposes)

연구 과정(research processes)

연구 결과(research products)

연구 가치(research values)

실천 연구(action research)

민족지학 연구(ethnographic research)

조사 연구(survey research)

실험 연구(experimental research)

참여적 세계관(participatory worldview)

다원주의(pluralism)

논의 주제

다음의 비판적 사고 질문은 수업 혹은 집단에서 논의될 수 있고, 이 장에서 논의된 주제에 대한 비평적 성찰에 대해 학생 개인이 사용할 수 있다.

1. 연구의 필요는 지식의 상태와 주변의 사회적 맥락에 따라 달라질 수 있다. 당신이 알고 있는 커뮤니티 음악치료 맥락의 적절성을 생각해 보고, 몇 가지 가능한 연구 문제를 시사하라. 어떠한 연구 전통과 방법이 해당 문제의 탐구와 연관될 수 있는가?

2. 참여적 실천 연구는 사람들의 생활이나 작업 맥락과 연관된 관심사나 시각에서 비롯되어 발전되었다. 일부 연구자는 참여자들이 관심사나 시각을 표현하지 않는 상황에 대한 어려움을 토로하였다. 이러한 상황을 다룰 수 있는 다른 방식에 대해 논의하라.

3. 모든 연구자가 실험 연구가 커뮤니티 음악치료 실제와 양립할 수 있다는 것에 동의하는 것은 아니다. 이 장에서 우리는 적절성이 추상적 용어로 평가될 수는 없지만, 맥락에 따라 협의될 필요가 있다고 주장하였다. 이러한 적절성이 협의되는 상황을 상상해 보고, 이러한 상황에 대한 적절성의 찬반양론적인 주장을 전개하라.

미주

1. 쿤(Kuhn, 1962/1996)의 잘 알려진 과학의 사회학(그러나 훨씬 더 철학적 해석을 가진)에서 영감을 얻은 패러다임에 대한 논의는 질적 연구에 대한 문헌에서 쉽게 찾아볼 수 있다(Guba & Lincoln, 2005 참조). 이 논의는 철학적 가정이 우리의 연구 개념에 영향을 미친다는 것을 명확히 하는 데 도움이 되었으나, 현실에서 연구의 필요에 대한 실용적 조정에 항상 유용하지는 않은 방식으로 추상적 구분을 강조하였다.

2. 역학자(질병 및 사망의 발생과 원인을 연구하는 사람)들은 기술 역학, 분석 역학, 실험 역학을 구별한다. 사회과학에서는 정보의 세 가지 종류―**문제 정보**(문제가 얼마나 크고 넓게 퍼졌는지), **인과 정보**(문제 뒤에 어떠한 요인이나 과정이 있는지), **실천 정보**(문제를 감소시키거나 제거하기 위해서는 어떻게 해야 하는지)―에 대한 연구들 간에 비슷한 구분이 확립되었다.

3. 연구의 두 가지 문화에 대해 이야기하는 것은 드문 일이 아니지만(Snow, 1959/1998), 지만(Ziman, 2000)은 그들이 공유되는 일련의 가치에 의해 영향을 받는다는 것을 시사할 만큼 연구 실제 전반에 걸쳐 충분한 유사성이 있다고 주장한다. 그러나 지만의 주장은 이 주제에 대한 머튼(Merton, 1942/1973)의 유명한 연구에서 비롯된 것이다.

4. 이 장의 실천 연구와 민족지학은 『음악치료연구(Music Therapy Research)』의 이전에 출판된 두 개의 장에서 소개된 설명들을 재고한 것에 기반하였다(Stige, 2005a, 2005b 참조).

5. 파블리세빅(Pavlicevic)은 이 사건의 일곱 가지 순서를 자세히 기술하였는데, 그중 우리는 첫 번째 순서를 포함하였다.

6. 이 문헌에서는 현장 실험에 대한 서로 다른 설계의 강점과 약점을 신중하게 서술하고 논의하였다(Shadish, Cook, & Campbell, 2002).

7. 단일 사례 실험설계는 단일 사례 연구라는 더 넓은 분야에 속한 하나의 하위 범주다(Yin, 2008).

8. 스티게, 말테루드, 미트가르덴(Stige, Malterud, & Midtgarden, 2009)이 주장하는 바에 따르면, 질적 연구를 특징짓는 전통의 다양성은 평가를 위해 공유된 준거가 문제가 될 수 있음을 시사한다. 그러므로 저자들은 평가 의제의 사용을 통해 성찰적 대화를 장려하는 연구 평가에 대한 접근을 제안한다. 준거와 달리, 의제는 다원주의를 포용할 수 있다. 이는 철학적 또는 방법론적 쟁점에 대한 동의를 요구하지 않으며, 오직 어떠한 주제가 논의를 타당하게 만드는지에 대한 합의를 요구한다. 저자들이 제안한 구체적인 평가 의제―EPICURE―는 두 종류의 두문자어를 사용한 두 가지 차원으로 구성되어 있다. 첫째, EPIC은 풍부하고 실질적인 설명을 하는 것에 대한 어려움을 의미한다[Engagement: 참여,

Processing: 전개, Interpretation: 해석, (Self)Critique: 비평을 바탕으로 함]. 둘째, CURE는 연구의 전제 조건 및 결과를 다루는 것에 대한 어려움을 의미한다[(Social)Critique: 비평, Usefulness: 유용성, Relevance: 적절성, Ethics: 윤리]. 다원주의 및 실천적 적절성에 대한 요구가 유사하기 때문에 EPICURE 의제에 대한 주장은 아마도 커뮤니티 음악치료 연구 평가에 좀 더 일반적으로 확장될 수 있을 것이다.

제10장

참여적 실제를 위한 전문화

제10장을 공부한 후에 당신은 다음과 같은 질문에 대해 논의하게 될 것이다.

- 커뮤니티 음악치료는 음악치료 직군에 어떠한 영향을 끼치는가?
- 후기 현대성에서의 직군 전망을 특징짓는 것은 무엇인가?
- 강한 전문적 정체성은 적응적인 임상의 발전에 방해가 되는가?
- 파트너십과 리더십에 대한 아이디어는 커뮤니티 음악치료와 어떠한 관련이 있는가?
- 커뮤니티 음악치료는 음악치료의 훈련과 슈퍼비전에 어떠한 영향을 끼치는가?
- 윤리 주도적 실제의 윤리를 구별하는 것은 무엇인가?

🎧 전문화의 정치

음악치료의 과거와 현재에 관한 논문에서 역사학자 페레그린 호든(Peregrine Horden, 2000)은 현대의 전문 음악치료는 명시하기가 상당히 어렵다고 주장한다. 호든은 이 분야의 공식적인 정의가 무한에 가깝다는 것을 발견하고, 성공의 준거는 정의만큼이나 규정하기 어려울 것임을 시사한다. 비슷한 맥락에서 루드(Ruud, 2010)는 현대 음악치료의 다양성이 내담자, 작업 장소 및 이 직군과 관련된 대중이 음악치료를 이해하기 어렵게 한다고 설명하였다. 이러한 우려의 측면에서, 커뮤니

사진 10-1 │ 레바논 팔레스타인 난민 캠프에서의 음악 교육. 키보드 위 세 개의 손.

사진 제공: Even Ruud.

티 음악치료는 그 발전이 현대 음악치료의 확장과 다양화로 이어지면서, 좋지 않은 상황을 더욱 나쁘게 만든다. 이는 아마도 2000년 이후에 커뮤니티 음악치료에 대한 국제 담론의 발현이 관심과 열정뿐만 아니라 커뮤니티 음악치료는 불필요하다는 제안(Edwards, 2002)에서부터 비의료적 측면은 직군의 자살행위나 다름없다는 평가(Erkkilä, 2003)에 이르기까지 비난과 비판 역시 불러일으킨 이유에 대한 설명의 일부일 것이다. 2008년 『영국 음악치료 학회지(British Journal of Music Therapy)』는 커뮤니티 음악치료가 직군을 어렵게 만드는지, 아니면 그것을 보다 적극적으로 확장하는지에 대한 질문의 특별호를 발간하였다(Ansdell & Pavlicevic, 2008; Barrington, 2008; Procter, 2008). 이 장에서 탐구할 주제 중 하나는 이 직군의 정체성을 기르기에 최상의 방법이 특정 영역 내에서의 전문화 과정을 거쳐서인지, 아니면 성공적이고 협력적인 관계에서의 개입을 통한 것인지에 관한 것이다.

　직군과 **전문화**의 정도에 대해 기술하는 여러 방식이 있다. 에르네스(Hernes, 2002)는 세 가지 기준에 초점을 맞추어 문헌을 요약한다. 첫 번째 기준은 수행된 작업의 인정된 가치와 필요한 지식의 유형이다. 이러한 틀에 따르면, 인간의 생사가 달린 일을 하며 그의 업무가 의학에 근거를 두고 있는 (내과) 의사는 상당히 정도가 높은 전문화 집단에 속한다. 두 번째 준거는 전문적 교육 및 훈련과 연결된다. 높은 수준의 전문화는 그 훈련 과정이 길고 까다로우며, 이 훈련 없이는 그 소명을 가질 수 없다는 것을 뜻한다. 세 번째 준거는 임상가의 권한, 자율성, 책임과 관련되어 있다. 고도의 전문화란 사례를 진단평가하고, 작업 및 평가하는 과정에서의 권한과 자율성을 뜻하며, 이는 결과에 대한 윤리적·법적 책임을 동반한다.

　직군을 특징짓는 이러한 '체크리스트'는 너무 단순하다는 지적을 받았지만, 앞의 내용은 중요한 딜레마를 조명하기에 충분하다. 직군은 내담자에게 제공하는 서비스를 언급함으로써 또 자신의 임상이 전문적 도움이라는 안전성을 제공한다고 주장함으로써 자신을 정당화한다. 이러한 주장이 딱히 틀린 말은 아니지만, 그들은 단지 동전의 단면만 드러낸 것이다. 자신의 직군을 위해 일하는 것은 자기 홍보이기도 하며, 높아진 위상과 고용 보호로 이어진다. 이는 심지어 내담자의 영향력을 앗아갈 수도 있다. 전문화는 현대사회에서 증가하는 노동의 분업에 필수적이며, 현대화의 특징인 모호성 또한 전문화의 전형이라고 말하는 것은 타당하다. 이 과정은 몇 가지 문제를 해결하고 새로운 문제를 만든다(Fornäs, 1995).

우리가 『영국 음악치료 학회지』에서 인용한 논쟁은 이러한 딜레마를 밝히는 데 도움이 된다. 배링턴(Barrington, 2008)은 법적으로 등록된(1997년) 영국 음악치료의 성공이 직군을 성장하게 하였을 뿐만 아니라 내담자에게도 도움이 되었다고 주장한다. 배링턴은 보건청(the Health Protection Council: HPC)을 영국의 규제 기관이며 주요 역할이 내담자와 대중을 보호하는 것이라고 설명한다. 그러므로 HPC의 슈퍼비전을 받는 직군에 의해 정립된 기준은 전문가의 조언을 나타내며, 이를 소홀히 하는 것은 무책임한 것일 수 있다. 따라서 음악치료가 학문이자 직군으로서 성장한 방법에 대한 영국 커뮤니티 음악치료 문헌 내의 비평은 잠재적으로 해를 끼친다는 것이 배링턴의 생각이다. 그러나 이 상황에 대한 프록터(Procter)의 해석은 상당히 다르다.

> HPC가 시행하는 것과 같은 규제 기준은 내담자가 작성한 것이 아니다. 등록된 전문가를 '전문가'처럼 행동하게 함으로써 '전문성'을 보장하는 수단이다. '내담자를 보호하는 것'은 의심할 여지 없이 중요하지만, 여기서는 엘리트주의를 위한 하나의 표제 기사에 불과하다고 주장할 수 있다. 음악치료사로서 나는 배링턴의 생각이 사실이라고 믿고 싶으며, 사회학자로서 나는 배링턴의 생각이 옳다고 생각한다.
>
> (Procter, 2008, p. 80)

배링턴의 견해에 대한 반응으로 앤즈델과 파블리세빅(Ansdell & Pavlicevic, 2008, p. 73)은 자신의 분석이 어쩌면 '커뮤니티 음악치료'라는 단어를 "음악치료의 전문화 과정에서 최근 예기치 않은 전개에 대한 전반적인 불안에 대응하는 허수아비[1]" 같은 단어로 사용하는 것이라고 말하였다. 이 저자들은 커뮤니티 음악치료가 부정적인 방식으로 직군에 도전하지 않는다고 주장하며, 그 대신 사회 전반의 사회적·문화적 부흥이 부추긴 조금 더 일반적인 변화의 징후로 이해될 수 있다고 하였다. "시대가 변하고, 요구도 변하며, 직군도 변한다!" 앤즈델과 파블리세빅(2008, p. 74)은 의료 직군에 관한 프라이드슨(Freidson, 1970/1988)의 연구에서 매우 분명히 밝힌 점을 반복하는 주장에서 이렇게 단언한다. 프라이드슨은 **직군**(profession)이 포괄적

---

1) 역자 주: '커뮤니티 음악치료'라는 용어를 전통적인 방식이 아닌 음악치료를 대체할 수 있는 허상과 같은 의미로 생각하는 것을 말한다.

개념은 아니며, 각국의 맥락에서 특정한 뿌리를 가지고 변화하는 역사적인 개념임을 강조하였다. 또한 프라이드슨은 전문직의 지위와 자율성 강화를 위한 투쟁으로 이해되는 전문성은 영미권의 문화에 영향을 받은 국가에서 특히 두드러진다고 주장하였다. 프라이드슨은 이를 '영미권 질병(Anglo-American disease)'이라고 부르기까지 하였다. 만일 이것이 정확하다면, 영국 음악치료 논쟁의 가열된 모든 측면이 다른 국가에서 인식되지 않을 가능성이 있다. 다양한 방향으로 직군이 발전하는 방법과 이유에 대한 좀 더 일반적인 주제를 확인할 수 있다.

이는 이 장의 주제이며 우리는 커뮤니티 음악치료의 발현이 전체적으로 음악치료 직군에 어떠한 방식으로 영향을 미칠 수 있는지 살펴볼 것이다. 커뮤니티 음악치료는 관련 문헌에서 '커뮤니티 음악치료사'라는 호칭을 쓰지 않기 때문에 후자의 초점은 적절하다. '커뮤니티 음악치료'라는 용어가 학문과 실제의 발달을 기술하는 데 사용되는 동안, '음악치료사'라는 직함은 유지되고 있다. 어떠한 새로운 전문적 집단군도 확립되지 않았다. 직군에 대한 다수의 논란은 전문적 역할이 내담자에게 해를 가하는가에 대한 여부(또한 그러한 시기와 방법)와 관련되어 있으므로, 이 장에서 상술하는 질문은 앞서 제6장부터 제8장까지에 개관된 참여적 실제의 원리 및 가치가 전문화 과정과 어떻게 양립할 수 있는지에 대한 것이다.

글 상자 10-1 노르웨이 교도소의 음악치료 전문화

노르웨이 교도소의 음악치료는 1990년대 이상적인 선구적 작업을 거친 후 전문적 실제로 자리 잡았다. 소규모의 비관습적인 직군과 정립되고 규정된 기관의 만남은 어떤 결과를 가져왔는가? 기관과 직군은 서로에게 어떻게 영향을 미쳤는가? 노르웨이 교도소의 음악치료 직군에 관한 연구에서는 이러한 질문이 제기되었다(Pettersen, 2008).

연구에 사용된 기틀은 애벗(Abbott, 1988)의 '직군 체계'이론을 활용하였다. 애벗은 직군과 실제 간 연결 고리를 설명하기 위해 **관할권**이라는 용어를 사용하였다. 관할권은 각 직군의 권위하에 있는 '영역'을 일컫는다. 전통적으로 전문화는 독점을 위한 싸움으로 이해되어 왔으나, 애벗은 여러 유형의 관할권이 있음을 강조하였다. 제한이 없는 관할권은 영역 전반을 통제하는 것을 포함하지만, 종속, 노동 분업(특정한 유능성에 따라)

및 지적 관할권(경쟁 분야에서의 우수한 지식)과 같은 보완 전략이 있다.

페테르센(Pettersen, 2008)은 직군과 기관이 서로 어떻게 영향을 주었는지 조사하면서, 이 맥락상 노르웨이 음악치료사들이 어떤 종류의 '관할권역 실제'를 특징으로 하는지 알아내고자 하였다. 페테르센은 재소자에게 제공되는 재활 프로그램의 일환으로 음악 활동을 소개한 세 곳의 교도소에 대한 사례연구를 진행하였다. 두 곳은 이 활동을 위해 음악치료사를 고용하였고, 한 곳은 대신에 음악 교사를 고용하였다. 페테르센의 결론 중 하나는 이들 교도소에서 일한 노르웨이 음악치료사들이 허가나 다른 공식적인 규정에 대한 요구와 같은 형식적인 관할권 확립에 우선순위를 두지 않았다는 것이다. 이는 아무런 난관이 없었다고 말하는 것이 아니라, 음악치료사에 대한 인식에 대한 호소가 좀 더 비공식적인 방식으로 수행되었다는 것을 의미한다. 음악치료에 대한 관심과 수요는 높은 수준의 작업, 연구 및 언론 매체를 통해 충족되었다.

1990년대 말 이전에는 노르웨이의 교도소 중 한 곳에서만 음악을 체계적으로 사용하였다. 이곳은 음악치료사를 고용하였다(Nilsen, 2007). 새로운 밀레니엄의 초반에 이런 선구적 사례는 국가적 수준으로 인식되었고, 국회는 모든 노르웨이 교도소에서 음악 활동을 확립하려는 의지를 지지하였다. 이렇듯 관심과 지지가 괄목할 만하게 증가하였으나 이것이 저절로 음악치료의 전문화로 이어진 것은 아니다. 음악 활동은 교도소에 설립된 학교 체계와 연계되었고, 음악치료사를 포함한 모든 음악 종사자는 그들의 공식 직함이 음악 교사임을 받아들여야 했다. 이 상황이 음악치료사의 정체성에 대한 어려움을 설명하였다. 응답자 중 한 사람은 교사로 고용되어 음악치료사로 일하였지만, 치료를 하지는 않았다고 그 상황을 요약하였다(Pettersen, 2008, p. 74). 다시 말해서, 전문적 정체성은 음악치료사였고, 학문과 실제에 대한 이해는 커뮤니티 음악치료의 영향을 받았으므로, 실제는 개별적 처치라기보다는 커뮤니티 참여로 이어지는 역량 강화로 규정되었다.

페테르센(2008)은 음악치료사와 음악 교사가 교도소에서의 작업을 설명한 방법을 살펴보면서, 음악치료사가 개인적 자원, 대인관계 및 사회적 참여에 대해 더 집중한 반면, 음악 교사는 높은 수준의 음악적 산물과 교육과정에 따른 학습을 강조한 것을 발견하였다. 그다음으로 페테르센은 관리자가 두 직군 간 차이를 인식할 수 있는지를 조사하였다. 결과는 여기에서 극명하게 갈렸다. 교도소 학교 체계의 수석 관리자는 음악치료사가 교사로 참여하였다는 공식적인 사실을 주장하였지만, 교도소 관리자 중 두 명은 음악치료사가 음악가, 교사, 의료 종사자 및 사회복지사 등의 역할이 어느 정도 복합된 새로운 혼종적(hybrid) 정체성을 지닌 직군으로의 가능성에 여지를 남겼다.

페테르센(2008)의 결론은 노르웨이 교도소에서 음악치료의 지속적인 전문화가 중요하다는 것이며, 이는 이 과정이 단지 음악치료사의 안전과 전문적 정체성을 강화하기 때문이 아니라 교도소에서 참여와 역량 강화를 위한 재활 활동의 가치에 영향을 줄 잠재력이 있기 때문이다.

∩ 후기 현대성에서의 직군 전망

프라이드슨(Freidson, 1970/1988)이 주장한 대로, 우리가 직군의 발달을 검토할 때는 각국의 사회적 구조와 문화적 전통의 세부사항을 고려해야 한다. 또한 모든 현대사회의 특징인 것으로 보이는 발전들도 있다. 이 절에서는 **현대성**(modernity)과 **후기 현대성**(late modernity)이라는 개념이 어떠한 방식으로 전문화의 과정을 조명할 수 있는지 살펴볼 것이다. 사회학에서 현대성은 현대사회의 특정한 속성을 언급하는 반면, **현대화**(modernization)는 전통 사회가 현대성을 성취하는 과정을 나타낸다. 현대화의 개념은 때로 원시사회를 '업그레이드'하는 과정의 일부로서 이해되는 편향된 방식으로 사용된다. 따라서 이는 전통 사회의 긍정적 가치와 현대사회의 부정적 효과를 무시하는 방식으로 활용된다. 우리는 과정과 결과에 양면적 특질을 가진 산업화 사회와 후기 산업화 사회의 지속적인 부흥을 나타내기 위해 이 용어를 보다 광범위하게 사용하였다.[1]

사회학 이론에 깊이 파고드는 것은 이 장의 범위를 넘어서는 것이나, 일부 성찰은 유용할 것이다. 현대성은 대개 여러 차원으로 분석된다. **경제적 현대화**는 기술 발달 및 증가된 노동 분업과 연관되어 있고, **정치적 현대화**는 우리의 당면한 삶의 맥락과 사회와 관련된 권력 관계에 어느 정도 분리가 있다는 것을 의미하면서 정치 기관의 발전과 연계되었다. **사회적 현대화**는 문해와 교육 및 전통적 관계망의 감소와 권한 구조의 감소를 가져왔다. **문화적 현대화**는 세속화와 합리화가 특징이다. 이는 합리적 확실성이 정립되었다고 말하는 것은 아니다.

현대성은 후기 전통적 질서이지만, 전통과 습관이라는 확실성이 합리적인 지식의 증명으로 대체된 것은 아니다. 현대 비평적 근거의 만연한 특징인 의심은 철학적 의식에는 물론 일상생활에 스며들어 현대사회적 세계의 일반적인 실존적 차원을 형성한다. 현대성은 근본적 의심의 원리를 제도화하며, 모든 지식은 가설의 형태를 취한다고 주장한다. 그것이 사실일지도 모르나, 원칙적으로 항상 개정될 수 있고, 어느 시점에는 폐기될 수 있다.

(Giddens, 1991, pp. 2-3)

현대사회는 전문화와 분화로 특징되는 노동의 분업으로 매우 복잡해졌다. 현대사회에 스며든 근본적 의심은 현대성이 직군의 성장을 이끈 이유를 어느 정도 설명한다. 전문화된 분야에서 전문 지식을 요하는 직군의 집단들은 그들이 특정 전문성을 필요로 하는 내담자 집단을 도울 수 있다고 주장할 것이다. 그러나 이를 심리적 과정으로만 생각하지 않는 것이 중요하다. 복잡하고 불확실한 세상에서 우리 모두는 전문가의 도움이 필요하다고 느끼지만, 이러한 느낌은 전문가가 대중에게 스스로를 어떻게 나타냈는지와 무관하지 않다. 자신들의 시장 경쟁의 일환으로서, 직군은 그들의 이타적 의도를 강조하는 경향이 있고, 이 미사여구는 문화 속으로 스며들었다.

애벗(1988)은 19세기와 20세기 영국, 프랑스, 미국에서의 직군에 대한 비교적·역사적 연구를 통해 직군 체계를 전체적으로 살펴봄으로써, 현대사회에서의 전문화를 연구하였다. 애벗의 이론에서 중요한 것은, 한 직군의 방향이 다른 직군의 기회에 영향을 미치는 체계 속에서 직군들이 시장 경쟁을 한다는 개념이다. 만일 한 직군이 그 수를 상대적으로 낮게 유지함으로써 시장 가치를 높이려고 할 정도로 충분히 강하다고 느낀다면, 이는 해당 직군에서 도외시되는 부문으로 새로운 직군들이 진입할 기회를 만들 것이다. 그러나 애벗에 따르면, 이러한 경쟁을 힘의 역동에 의해서만 이해해서는 안 된다. 복잡한 범위의 사회적·문화적 과정이 연관되어 있으므로 애벗은 직군이 내담자와 사회의 이상주의적 고용인이라는 순진한 가정은, 그들이 돈과 권력만을 찾는다는 냉소적 비난으로 대체될 수 있음을 시사하지는 않는다.

사진 10-2 │ 브라질의 고이아스 대학병원. 고혈압 환자와의 음악치료. 야외에서.
사진 제공: Lara Silva.

　지난 수십 년 동안 사회가 '변혁'의 과정을 거치면서, 복잡성이 증가한 것을 일부 학자는 후기 현대성이라고 명명하였다. 이러한 변화를 설명하는 방식이 완전히 중복되지 않는다면, 여러 가지 관련성이 존재한다. 그것은 현대성의 급진화, 위험 사회의 발현, 성찰적 현대성 또는 유동적 현대성으로 이해될 수 있다.[2] 스티게(2003)는 커뮤니티 음악치료의 발현과 후기 현대 발달을 연관시켰으며, 이 점은 이 책의 여러 장에서 조명되었다. 세 가지 예가 제시될 수 있다. 첫째, 우리는 제3장에서 건강이 질병의 부재 이상이라는 것을 강조하였다. 점점 더 많은 사람에게 그것은 또한 건강과 안녕감에 대한 개인적 프로젝트이며, 이는 성찰적 정체성과 위험에 대한 우려와 연계된 발전이다. 둘째, 우리가 제4장에서 살펴보았듯이 개인과 커뮤니티 간 관계는 현대사회에서 점점 더 '유동적'이다. 셋째, 제5장에서 논의한 보건 음악하기의 개념은 현대성의 급진화에 대한 예이다. 음악과 건강에 대한 현대의 큰 관심은 현대성의 특징인 분화의 급진적 변혁을 구현할 수 있다. 급진화는 결국 의료적 민족음악학, 커뮤니티 음악치료, 음악의 보건심리학, 예술과 보건 운동 같은 새로운 혼종을 도입하는 방식에서 음악과 건강의 두 영역을 지나치게 구분하는 것으로 이어졌다.

후기 현대성은 직군의 전망을 바꾸어 놓았다. 전문지식이라는 아이디어는 어려워졌고, 직군 간 관계는 불안정해졌으며, 유연하고 성찰적인 실제에 대한 요구는 증가하였다. 그 영향에는 작업 장소와 규제 기관뿐만 아니라 내담자와 대중의 관계도 포함된다(Pettersen, 2008). 이러한 발달이 개인의 무력함이나 역량 강화로 이어지는 정도는 이론적으로나 실증적으로 영원히 결정할 수 없다. 그것은 구체적인 맥락에서의 투쟁 문제다. 그러므로 전문화가 내담자의 권리 및 가치 있는 참여와 언제, 어떻게 공존할 수 있는지에 대한 문제들을 탐구하는 것이 중요하다(Knorth, Van Den Bergh, & Verheij, 2002).

전문적 정체성과 성찰적 적응력

히포크라테스는 고대 그리스 의학의 선구자로 알려져 있다. 히포크라테스는 의사의 권리와 의무에 대해 설명한 선구자이기도 하며, 의술을 실천하는 것은 곧 지식이 개발되고 시험되는 커뮤니티에 속하는 것을 의미한다고 주장하였다(Leer-Salvesen, 2002, p. 13). 음악치료를 포함한 현대 직군들 또한 학자-임상가들의 커뮤니티에 포함한다. 제4장에서 우리는 커뮤니티를 공간과 실천을 공유하고 헌신의 문화를 발전시키는 한 집단의 사람들로 정의하였다. 직군이라는 커뮤니티에서 공유하는 공간에 대한 아이디어가 국제콘퍼런스, 연구 학술지, 전자 포럼과 같은 일련의 상호작용을 위한 장소를 포함하도록 수정되어야 한다. 이와 같이 직군에는 '상상의 커뮤니티'라는 요소가 있으나, 대개 강한 헌신과 **전문적 정체성** 문화가 발달된다.

커뮤니티로서 직군은 자신들이 속한 사회와 연관되어 있다. 의료사회학에서의 연구는 의학과 같은 강력한 직군이 현대사회의 발전에 영향을 미치는 요인이라는 것도 밝혀냈다(Turner, 2004). 터너(Turner)에 따르면, 의학에서 지위와 권한의 '황금기'는 1910년에서 1970년 사이라고 할 수 있다. 권력을 가진 어느 기관이나 마찬가지로, 의학은 고유한 공식적 역사를 만드는 의지가 강하였다. 의학의 지배적인 역사는 해로운 무지에서 이성 과학의 온화한 승리에 이르기까지 진보적인 발전의 역사였다. 이 내러티브는 푸코(Foucault, 1961/1991)의 작품, 『광기와 문명(Madness and Civilization)』에서 한 번 이상, 어쩌면 가장 영향력 있는 도전을 겪었다. 비록 많은 정신과 의사 개인의 의도가 정신이 온전하지 못한 이들을 도우려는 것이었지만, 푸코의 주장에 따르면 정신의학적 실제는 대상군을 보다 적응적이고 생산적으로 만들기 위해 지배하는 방식으로 이해될 수 있다.

푸코의 주장에 나타난 세부적인 사항은 논란이 되었지만, 푸코의 업적은 권력을 가진 직군에 의해 개발된 자기 홍보와 관련하여 비판적으로 생각할 필요성을 일깨우는 획기적인 공헌이라는 인정을 받았다. 터너(2004)의 평가에서 의학 직군의 공식적 역사는 한 사회의 경쟁적인 의료 체계들 사이의 지속되는 투쟁을 무시하는 경향이 있고, 현대 보건관리의 복잡성과 다원성이 증가하는 것도 알아차리지 못하였다. 세계화와 경제 규제 완화와 함께 후기 현대성의 발전은 이러한 쟁점들을 극심

사진 10-3 | 미국 조지아주 밀리지빌. 창의적 표현 스튜디오와 갤러리. 움직임 안의 음악.
사진 제공: Field Whipple.

하게 만든다. 그러므로 터너는 우리가 선형적 진보라는 아이디어를 전문가와 비전문가 간 자율성, 개인화·사회화된 보건 전략, 기술적·정치적 해결, 위험과 권리에 대한 우려 등 끝없는 순환적 투쟁으로 대체할 필요가 있음을 제안한다.

음악치료는 의학과 비교하여 매우 강력한 직군은 아니지만, 음악치료사들은 보건 관리 부문 안팎에서 현대 보건 실천의 복잡성과 다원성이 증가하는 것을 무시하는 위험을 무릅쓴다. 이 책을 통해 개관한 바와 같이, 현대사회와 연관된 커뮤니티 음악치료를 만든 일부 투쟁은 일상적 맥락에서 사람들의 자원에 초점을 둔 좀 더 참여적이고 역량 강화적인 실제에 대한 요구와 관련되어 있다. 커뮤니티 음악치료의 발현은 음악의 사회적·공동체적 가능성에 특히 초점을 둔, 이에 대한 한 가지 가능한 반응이다. 이는 음악치료의 맥락화된 변화를 의미하며, 커뮤니티 음악치료 실제에 필수적이라고 할 수 있는 하나의 특정한 전문적 정체성을 식별하는 것은 불가능하다. 공유할 수 있는 부분은 역할과 정체성을 협의할 준비성으로 보인다. 프록터(2008)는 자신이 생각하기에 필수적이고, 이상적으로 고려되는 것을 서술하기 위해 **성찰적 적응성**(reflexive adaptability)—변화하는 상황의 요구에 관련된 우리의 전문적 역할을 재고하려는 의지—이라는 용어를 사용하였다. 제7장에서 우리는 관계적 성취로서의 자율성이라는 개념을 논의하였다. 만일 우리가 커뮤니티 음악치료 과정을 서술하기 위해 제8장에서 소개하였던 두 가지 개념을 활용한다면, 우리는 음악치료 직군의 커뮤니티 내 결속이 다른 일반 커뮤니티 및 전문가 커뮤니티와의 연결을 통해 보완될 수 있다고 말할 수 있다.

후기 현대사회에서 음악과 건강에 대한 관심은 극적으로 증가하였다. 이전에는 음악을 소개하는 이가 음악치료사뿐이었던 다수의 맥락에서, 이제는 커뮤니티 음악가, 음악 교육자, 다른 전문가 집단이 그들의 경험과 유능성을 펼쳐 보이고 있다(Edwards, 2007; Hartley, 2008; MacDonald, Kreutz, & Mitchell, 출간 예정). 커뮤니티 음악치료의 발현은 정반대의 상황이 일어나는 것을 나타내기도 한다. 커뮤니티 음악가의 영역이었던 분야에 음악치료사가 자신의 경험과 유능성을 가져온다(Aigen, 출간 예정). 그러므로 음악 교육, 커뮤니티 음악, 커뮤니티 음악치료 간 관계를 살펴보는 것은 중요하다(Veblen, 2007). 다수의 맥락에서 다른 직군과의 관계(의료계를 포함하여)도 동등하게 중요하다.[3] 이 복잡한 교차 관계와 책임의 전망에 있어 협력의 문화를 육성할 수 있는 구조를 어떻게 구축할 것인가 하는 문제는, **다중치유체계**

(multiple healing systems, 제2장)와 **다중보건 실천체계**(multiple health action systems, 제 6장)라는 용어에서 나타난다.

글 상자 10-2 **치료적 경험과 실천의 연대로서 아마추어 집단의 가창**

아마추어의 음악적 기술을 가치 있게 여기는 것은 커뮤니티 음악 운동의 한 요소다. 캐나다의 노숙자 합창단에 대한 베티 베일리와 제인 데이비슨(Betty Bailey & Jane Davidson, 2003)의 논문은 일상생활에서 음악의 치료적 가치와 이에 대한 사회의 관심이 증가하는 것을 보여 준다.

노숙자 합창단은 음악 전문가나 치료사로 훈련받지 않은 무료급식소의 자원봉사자가 시작하였고 지도하였다. 노숙자들에게 음식을 나눠 주는 서비스를 수년 동안 해 온 한 젊은이는 자신의 노력이 팔목할 수 있는 장기적인 변화를 이끌어 낼 수 없다는 것을 깨달았다. 그는 노숙자들의 의존적 순환을 깰 수 있는 수단을 찾기 시작하였다. 합창단원으로서 긍정적인 경험을 하였던 그는 일부 노숙자들이 더 큰 커뮤니티와 더불어 가창과 목소리를 공유하는 것을 통해 고무될 수 있다고 믿었다(Bailey & Davidson, 2003, p. 20).

처음에는 단지 몇 명의 참여자뿐이었던 빈약한 시작 이후, 합창단의 규모는 점차 안정화되며 약 20명의 단원을 가지게 되었다. 많은 노숙자는 정서적 문제, 알코올 문제, 약물 중독과 같은 문제와 싸우고 있었으며, 성공적이지 않은 관계와 불행한 생활환경은 이 집단에서 예외라기보다는 규칙에 가까웠다. 합창단의 과정은 순탄하지 않았으나, 계속 진행될 수 있었으며 대중 앞에서 수행(공연)하기 시작하였다. 점차 변화가 일어나기 시작하였다. 합창단이 설립되고 몇 년이 지난 후, 앞서 언급된 두 명의 연구자가 합창단의 구성원들을 면접하였으며, 몇 가지 주목할 만한 변화를 서술하였다.

단원들의 현재 상황은 이전의 상황과 상당히 대조적으로 나타난다. 면접 당시 모든 합창단원은 장기 체류 시설에서 살고 있었고, 그중 몇몇은 시간제로 고용되어 있었다. 지난 5년 동안 합창단은 1,000회 이상의 콘서트를 수행하였고, 때때로 유명한 연주자들과 함께, 처음으로 대중 앞에서 노래를 불렀던 지하철 터미널에서 종종 공연하였다. 그들은 TV 방송에 출연하였으며, 공연장에서 판매하는 CD 여러 장을 만들어 재소자들이나 어려운 상황에 처한 다른 사람에게 판매하였다(Bailey & Davidson, 2003, pp. 20-21).

다시 말해서, 이 변화는 급진적인 개인적 변화뿐 아니라 연대 및 사회적 행동의 요소 역시 포함하고 있다. 노숙자 합창단은 사실 캐나다의 노숙자들에게 투표권을 준 최초의 연방 선거에서 노숙자를 대표로 하는 정당—아무것도 없는 정당(party of nothing)—활동을 시작하였다(Bailey & Davidson, 2003, p. 21). 그러나 이 놀라운 변화의 이야기는 연구자가 참여의 문제로 고려된 것을 언급한 다음의 노트에 의해서 균형을 이룬다.

비록 매일 수백 명의 사람이 무료급식소에서 식사하지만, 이들 중 약 20여 명만이 합창단의 일원이었다는 것을 언급해야 한다. 그러므로 혜택받지 못한 다수에게는 그 활동이 커뮤니티의 독특한 문화적 기틀 안에 위치할 때조차 자신이 집단 가창 활동에 참여하는 것을 단념시키는 장애물이 있다는 사실이 명백한 것이다. 일반적으로 참여를 꺼리는 것이 음악적 능력과 관련된 개념, 약물이나 알코올의 사용을 중단해야 한다는 두려움, 정신질환의 영향 또는 기타 알려지지 않은 요인을 바탕으로 하는 것인지에 대한 여부는 주변화된 집단들과의 지속적인 연구를 통해서만 결정될 수 있다(Bailey & Davidson, 2003, pp. 30-31).

참여자들에 대한 결과는 커뮤니티 환경에서 한 자원봉사자가 지도하였던 아마추어 합창단원들이 치료적 효과를 경험하였음을 시사한다. 베일리와 데이비슨(2003, p. 31)은 이러한 효과를 루드의 음악과 삶의 질에 관한 음악치료 이론과 연관지었다(Ruud, 1997a, 1997b; '글 상자 4-3' 참조).

∩ 에토스[2] 및 조직으로서의 파트너십

전문화에 대한 문헌에서는 지배, 종속, 경쟁이 특징인 직군 간 관계를 전형적으로 서술하며, 이러한 관계 형성은 협의가 이루어진 책임 분담에 의해 수정된다(Abbott, 1988). 아마도 이러한 형태는 특히 보건관리 부문의 위계 구조에서 명백하다. 많은 사람이 병원과 같은 복잡한 조직에서 위계와 명확한 노동 분담이 필요하다고 주장한다. 그러나 이를 비판하는 사람들은 이러한 구조 내에서 내담자에게 참

---

2) 역자 주: 아리스토텔레스가 제안한 개념으로, 사람에게 도덕적 감정을 갖게 하는 보편적인 도덕적 · 이성적 요소를 말한다. 이후 윤리학으로 발전하였으며, 현대의 사전적 의미에서는 '사회 집단이나 민족 등을 특징짓는 기풍이나 관습'을 의미한다.

여적·역량 강화적 실제를 발전시키는 것은 어렵다고 주장한다(Rolvsjord, 2010). 따라서 '정상적인 전문성'이 권력 관계를 생성하고 또한 재생산한다고 볼 수 있으며, 직군이 서로 간의 영역 다툼에서 어느 정도 분리될 수 있다면 이는 아마도 내담자에게 이점이 된다고 할 수 있다. 다른 한편으로는 점차 증가하는 이용자의 기대와 확대되는 중앙 정부의 규제 및 관료적인 관리 (체계) 사이에서 직군이 압박을 받는 경우가 늘어나고 있다고 주장한다.

이 점에서 커뮤니티 음악치료 및 전문화에 관한 연구는 부족하다. 배링턴(2005)은 영국의 음악치료 전문화에 관한 자신의 박사 논문에서 커뮤니티 음악치료 문헌에 대한 비평과 확립된 전문적 표준을 지켜야 할 필요에 대한 인식 부족을 나타냈다. 노르웨이 교도소의 음악치료 전문화에 관한 페테르센(2008)의 연구에서는 커뮤니티 음악치료 용어로 자신의 사례를 정의한 음악치료사가 공식적인 권리와 책임(관할권)에 대한 인식을 정립하는 전략을 우선적으로 처리하지 않음을 알 수 있다. 이 결과는 애벗(1988)의 전문성 이론에 따라 예상 가능한 부분과 상충하였다. 두 개의 다양한 연구가 폭넓은 결론을 위한 매우 견고한 플랫폼을 구성하지는 않으나, 이 장의 앞에서 전개된 후기 현대성이 직군의 전망을 어떻게 변화시키는지에 대한 성찰과 함께 다뤄 보면, 우리의 해석은 커뮤니티 음악치료가 기존의 보건 관리직군이 사용한 전문화 전략과는 다른 전략을 가져온다. 이 장의 나머지 부분에서는 **파트너십** 내에서 전문적 커뮤니티 음악치료 실제를 발전시킬 수 있다는 제안을 시작으로 이를 살펴볼 것이다.

이상적으로 파트너십은 제7장에서 논의한 가치와 양립할 수 있는 제휴 및 상호 지지의 특질과 경험에 기반을 둔다. 일부 음악치료사들은 적어도 어느 정도는(그리고 어느 순간에는) 평등과 상호성이라는 **파트너십 에토스**(partnership ethos)로 불릴 만한 것을 위계적인 병원의 벽 안에서도 육성할 수 있음을 나타냈다(Aasgaard, 2002, 2004; '글 상자 6-3' 참조). 파트너십은 조직의 가능성을 포함하며, 우리는 성찰적 적응성의 아이디어와 일치하는 전문화의 맥락을 생성하는 하나의 전략으로서 이 가능성을 상술할 것이다.

건강 문제가 개인의 유기체 수준에 국한되는 것이 아니라는 가정을 받아들인다면, 건강은 전문가의 분야가 아닌 협력의 영역으로 고려되어야 한다. 공중 보건의 측면에서 커뮤니티 음악치료를 논의하면서, 스티게(1996)는 전문가와 도움이 필요한 사람을 파트너로 고려하는 것이 적절하다고 주장하였다. 파트너십의 개념은 전문적 역할의 변화를 포함하는데, 협력적 과정 중에 종종 전문가의 역할에서 자원 담당자의 역할로 바뀌기도 한다. 이 아이디어는 치료 관계의 범위 내에서 잘 정립되었으나, 스티게의 요점은 보다 폭넓은 파트너십을 제안하는 것이었다. 이에 대한 예는 커뮤니티 맥락에서의 참여에 초점을 둠으로써 전문적 실제의 전통적 경계와 모델에 도전하는 커뮤니티 음악치료 프로젝트의 발표이다.[4]

파트너십은 전문성과 반대되는 것이 아니다. 사실 파트너십의 한 전통은 전문성과 밀접하게 연계되는데, 즉 전문적 서비스 회사 간 파트너십의 전통이 이에 해당한다(Empson, 2007). 이 전통은 일반인들도 함께하는 협력적 작업이 아닌 전문가 간 파트너십에 집중하기에 우리가 여기에서 상술할 전통과 다르다. 그러나 신뢰, 집단적 의사 결정, 공유된 목적에 대한 헌신과 관련해서는 같은 특성을 가진다. 엠프선(Empson)은 이러한 특질이 이상주의적인 개인에 의해서가 아니라 일을 조직하는 방식에 의해 만들어지며, 파트너는 해당 회사 경영에 관한 소유권 및 발언권을 공유한다. 파트너십은 개인주의와 집단주의 사이의 긴장을 완화하는 한 방법이다.

사진 10-4 | 남아프리카 케이프타운 지역에 있는 음악치료 커뮤니티 클리닉. 드럼 서클.
사진 제공: India Baird.

파트너십은 공중 보건 분야 내에서 작업의 협력적·통합적 방식을 의미하는 개념으로 정립되었다. 이는 우리가 커뮤니티 음악치료에서 앞으로 탐구할 전문적 역할과 관련이 있다는 것을 알게 되는 개념이다. 파트너십은 **상호의존적**이라는 것을 인정하는 **독립된** 파트너 간 헌신적인 협력으로도 이해될 수 있다. 중개자와 파트너십을 맺는 원인은 종종 복잡하고 다면적이며 전통적인 경계나 차별화된 입장에 걸친 협력이 필요하다. 예를 들어, 전문가와 대중, 지방 정부와 다양한 자원봉사 조직은 사람들의 건강에 영향을 끼치는 커뮤니티 문제와 관련하여 협력할 수 있다 (Amdam, 2010).

파트너십 접근은 건강이 사회의 모든 부문 및 수준과 관련되어 있음을 고려한다. 그러므로 건강을 위한 파트너십은 다양한 부문, 수준, 목적, 합의를 포함한다. 끝없는 다양성을 상상할 수 있는 것이다. 커뮤니티 음악치료 문헌은 종종 '파트너십'이라는 용어를 사용하지 않은 몇 가지 사례를 제공한다. 우리는 자조 파트너십, 프로젝트 파트너십, 기관 파트너십, 마지막으로 거버넌스[3] 파트너십의 가능성을 간략히 서술할 것이다.

런던 동부의 한 민간 기구는 자칭 '뮤지컬 마인즈'라는 이름으로 활동 중인 음악 집단을 돕기 위한 음악가 구인 광고를 하였다. 투게더 타워 헴리츠(Together Tower Hamlets)라는 이 기관은 정신건강 문제를 겪는 성인을 위한 다양한 자조, 이용자 참여 훈련, 사회적 기회를 제공하는 커뮤니티 프로젝트이다. 이 조직은 사용자 참여, 지지, 역량강화를 안내 원리로 하는 사회적 모델을 강조한다. 음악치료사는 함께 노래하고 가끔 수행하는 것으로 뮤지컬 마인즈를 돕는 직업을 택하였다('글 상자 4-2'와 '글 상자 7-1' 참조). 실천 커뮤니티가 발현되었고, 직업의 목적과 방식을 구성원들이 협의하였다(Ansdell, 2010a). 전문가와 자조 집단 간 협력은 '보조된 자조 (assisted self-help)'라고도 한다(Williams & Windebank, 2001). 이 논의의 맥락에서 **자조 파트너십**은 민주적인 집단적 의사 결정 과정을 특징으로 하는 협력적 관계를 강조하는 관련 용어이기도 하다.

남아프리카에서는 한 음악치료사 조직이 그레이터 케이프타운 지역의 불우한 커

---

3) 역자 주: 국가의 통치기구 등의 조직체를 의미하는 거버먼트(government)와 구별되며, 공동의 목표를 달성하기 위해 주어진 자원하에서 모든 이해 당사자가 책임을 가지고 투명하게 의사 결정을 수행할 수 있게 하는 제반 장치를 의미한다.

뮤니티와 협력하는 '음악치료 커뮤니티 클리닉'이라는 비영리 단체를 결성하였다. 이 커뮤니티의 청소년들은 갱 문화에 빠져드는 위험에 당면한다. 어느 시점에 커뮤니티의 수많은 위기 청소년을 염려하는 지역 경찰이 음악치료사들에게 접근하였다. 그 후에 음악치료사들과 지역 경찰은 젊은이들이 범죄 정의 체계에 관여하지 않도록 파트너가 되었다('글 상자 1-1' 참조). 청소년들은 초반에는 회의적이고 싸늘하였지만 점점 참여하기 시작하였다. "음악은 모든 것을 끌어당긴다. 그것은 하면 '멋진' 일이다"(Fouché & Torrance, 2005). 공중보건에 관한 문헌에서 공유된 목적을 향한 지역적 · 비공식적 파트너십을 종종 **프로젝트 파트너십**이라고 부른다(Amdam, 2010). 이 사례에서는 음악도 파트너십의 일부라고 할 수 있다.

미국 조지아의 주도인 밀리지빌에 있는 '창의적 표현 스튜디오와 갤러리'는 음악치료, 자연탐구, 시각예술, 공연예술 등을 통해 발달장애 예술가들의 창의력과 자기표현을 증진하는 프로그램이다. 이 프로그램은 2000년 라이프 인리치먼트 센터 (Life Enrichment Center, 비영리 조직)와 조지아대학교 및 주립대학교 음악치료학과와의 파트너십으로 시행되었다. 의도적인 커뮤니티와 좀 더 넓은 범위의 커뮤니티 내에서 발달장애인을 위한 공연예술 경험을 제공하는 것이 이 프로그램 개발의 중요한 목적이다('글 상자 6-1' 참조). 이 목적은 커뮤니티의 온전한 시민으로서 장애인이 갖는 당연한 장소에 대한 인정과 관련이 있다(Curtis & Mercado, 2004). 수년 동안 이 프로그램은 커뮤니티 내의 다양한 학교, 병원, 클럽, 조직으로 확장되었고 파트너가 되었다. 이 프로그램은 전문 예술인과 음악치료사를 고용하고 다양한 자원봉사자를 활용한다. 이러한 유형의 기관 간 형식화된 협력은 **기관 파트너십**이라고 부른다(Amdam, 2010). 기관 파트너십은 프로젝트 파트너십보다 법적으로 구속력이 있다.

1970년대에, 노르웨이의 문화 정치는 모든 시민을 위한 인권으로서 문화 활동 참여에 더욱 중점을 두는 방향으로 많이 변화하였다. 이 변화는 부분적으로 국제연합의 과정과 관련이 있는데, 이는 1966년 국제연합 총회에서 경제적 · 사회적 · 문화적 권리의 국제 규약이 채택된 부분을 말한다(제7장 참조). 1980년대 초반에, 노르웨이 문화위원회는 대부분의 노르웨이 커뮤니티에서는 장애인에게 음악적 · 문화적 참여에 대한 권리가 실현되지 않는다는 것을 깨달았다. 위원회는 이 상황을 변화시키는 방식을 모색하기 위하여 서부 노르웨이의 한 군(county) 및 지방자치단체와 협력하는 프로젝트에 자금을 지원하였다. 두 명의 음악치료사가 프로젝트에 참여하였으며, 다양한 아마추어 음악협회도 이 과정에 참여하였다('글 상자 2-5' 참조). 프로젝트의 실천적 작업은 참여적 실천 연구의 원리에 영향을 받았다(Stige, 2002). 이 프로젝트는 흔히 **거버넌스 파트너십**(Amdam, 2010)이라 불리는 것의 예가 되는데, 이는 공유된 목적을 실현하기 위해 공공 이익이 사적 이익 혹은 제3부문 및 지역 민주주의 조직과 혁신적으로 협력하는 데서 나타난다.

제시된 예는 서로 다른 유형의 파트너십이 상호 배타적이지 않음을 조명한다. 예를 들어, 거버넌스 파트너십에는 다양한 기관 파트너십과 프로젝트 파트너십이 포함될 수 있으며, 자조 파트너십도 포용될 수 있다. 앞서 서술한 바와 같이 자조 파트너십은 대부분 우리가 제6~8장에서 서술한 참여적 실제의 원리와 정의상 양립할 수 있다. 참여적 실제에 관련한 다른 형태의 파트너십의 타당성은 참여자의 영향력과 의사 결정 과정에서 민주주의의 정도에 달려 있다.

여기서는 파트너십에의 참여를 음악치료 직군 개발을 위한 하나의 제안된 방향으로 나타낸다. 파트너십은 참여적 실제에 대한 관심과 적응적인 구조 내에서 전문적 발달에 대한 관심의 결합 가능성을 구현한다. 파트너십이 실제를 조직하는 방법으로 실현될 때, 그 관계는 수직적 위계와 수평적 구분에 대한 대안이 된다. 그러나 파트너십 모델은 그 자체의 한계와 문제를 가지고 있다. 권력의 격차와 불신의 유산(legacy)을 극복하기란 종종 어려운 일이다. 따라서 파트너십은 때때로 불안정하고 깨지기 쉽다(Amdam, 2010). 또한 '파트너십'이라는 용어는 권력과 특권이 주로 문제가 되는 관계에 대한 완곡어법으로 오용될 수도 있다(Cahill, Sultana, & Pain, 2007). 파트너십이 갈등과 경쟁을 없애지는 못하나, 전통과 권위보다는 의사소통과 협의를 통하여 파트너십의 타당성이 정립되기 때문에, 그 관계는 보통 이러한 쟁점을 다루기 위한 다른 틀을 만든다.

전문가 집단 간의 관계는 우리가 사회에서 볼 수 있는 많은 사회적 집단의 중복과 비교될 수 있다. 이러한 집단은 제휴 관계의 단면을 살펴봤을 때, 유사한 측면과 다른 측면이 있다. 예를 들어, 사람들은 장애나 성적 취향에 따라 서로 구분될 수 있으나, 계층이나 젠더로 묶일 수 있다. 마찬가지로 직군은 훈련과 지위에서 서로 나눌 수 있음에도 불구하고 분명한 목적과 가치에 의해 묶일 수 있다. 갈등은 항상 어떤 경계선에서도 있을 수 있으나, "집단은 신념 그 자체가 다양성을 인정하고 그 가치를 높게 평가하는, 공유된 평등주의적 공정성의 신념을 지지함으로써 그들의 독특한 의무를 지킬 수 있다"(Baker et al., 2004, p. 52). 여러 음악치료사가 작업을 이러한 방향으로 기록하였다. 호주에서는 드렐폴(Threlfall, 1998)이 커뮤니티 음악과 음악치료 간 파트너십의 가능성을 모색하였다. 노르웨이의 아프트렛(Aftret, 2005)은 20년 동안 지방자치단체에서 음악치료사의 역할을 탐구하였고, 음악치료에 대한 커뮤니티 지향적 접근은 음악치료 정체성에 도전하고, 또한 이를 육성하는 방식으로 존중할 만한 협력이 가능함을 보여 주었다.

존중 및 평등과 같은 가치가 커뮤니티 음악치료의 중심에 있다면(제7장 참조), 전문가 집단 간 구성적인 갈등 해결에 기여하려는 포부가 포용되어야 한다. 또한 이는 파트너십이라는 아이디어가 **리더십**을 배제해서는 안 되는 것도 의미한다. 베일란커트(Vaillancourt, 2009)는 커뮤니티 음악치료, 평화 및 사회정의에 관한 연구에서 봉사와 변화로서의 리더십 개념에 대해 알아보았다. 참여적 실제, 실천 연구 및 파트너십을 특징짓는 가치는 모두 통합성, 신중함 및 집단적 의사 결정을 강조하는 소통적 리더십을 지지한다.

∩ 훈련과 슈퍼비전

음악치료에서 전문적으로 일하는 것은 **학자-임상가**가 되는 것을 의미한다. 학자이자 임상가가 되는 이중 정체성은 다른 직군과 공유된다(Støkken, 2002, p. 25). 음악치료에는 구체적인 특징이 있는데, 예를 들면 임상가로서의 자격은 예술적 측면뿐만 아니라 의사소통 및 치료적 기술을 포함한다는 사실이다. 커뮤니티 음악치료에는 어떠한 구체적인 특징이 있는가? 건강, 지지, 음악의 사회적 측면에 대한 이론적 이해가 한 부분이 될 수 있다. 공동체적 음악하기(communal musicking)를 시작하고 지지하는 기술은 또 다른 것이다. 우리가 이전 절에서 발전시켰던 논의는 파트너십 내에서 유연하게 작업할 수 있는 역량도 필수적임을 시사한다.

전문적 실제로서의 미래 커뮤니티 음악치료 발전은 이러한 실제를 위한 자격을 갖추는 수준의 훈련을 제도화할 것을 요구한다. 커뮤니티 음악치료는 음악치료 실제와 대조되는 것이자, 정립된 음악치료 실제의 연속이기 때문에 이미 많은 음악치료 훈련 과정에 부분적으로 통합되어 있다고 할 수 있다. 일부 과정은 사회적 정의 쟁점과 같이 커뮤니티 음악치료 쟁점이라고 반드시 규정될 수는 없는 관련 쟁점을 포함하고 있다. 커뮤니티 음악치료 실제에 대한 국제적 관심의 증가는 훈련의 제도화와 관련하여 새로운 단계가 이행될 것임을 시사한다. 적어도 네 가지 대안을 생각해 볼 수 있다. 첫째, 커뮤니티 음악치료는 기존 과정의 다양한 과목 내에서 하나의 주제로 통합될 수 있다. 둘째, 커뮤니티 음악치료는 기존 과정 내에서 별도의 과목으로 정립될 수 있다. 셋째, 커뮤니티 음악치료에 대한 별도의 훈련 과정이 정립될 수 있다. 넷째, 이미 음악치료 학위를 소지한 학자-임상가들을 위한 보수 교육(training) 과정을 정립할 수 있다.

현재 가장 보편적인 대안이나 각 대안의 장단점에 대한 서술을 뒷받침하는 연구는 거의 없다. 훈련 대안을 개발하며, 정립된 음악치료 지식에 대한 충분한 연계를 보장하는 방법과 커뮤니티 음악 및 커뮤니티 심리학과 같은 분야 내에서 새로운 아이디어를 개발하는 방법을 하나의 차원으로 고려해야 한다. 또 다른 관심사는 실천

사진 10-5 │ 미국 조지아주 밀리지빌. 창의적 표현 스튜디오와 갤러리에서 참여자와 음악치료 인턴.
사진 제공: Katie Whipple.

적·이론적 훈련의 만족스러운 양과 질뿐 아니라 경험적 학습과 성찰을 위한 충분한 공간을 학생들에게 제공하는 방법이다. 만일 이 기준이 파트너십 관계에서 전문가에게 요구되는 역할을 고려하는 것과 관련된다면, 이는 커뮤니티 음악치료의 훈련이 광범위하고 철저해야 함을 시사한다. 아마도 이를 보장하기 위해서 석사 수준의 훈련이 필요하다. 다시 한번 말하지만, 필수적으로 요구되는 조건에 대한 성찰을 뒷받침하는 연구는 거의 없다.

커뮤니티 음악치료를 실천하는 것은 개인과 집단 모두의 안전과 가능성을 관리해야 하는 다양한 상황에서의 작업을 수반한다. 대중 그리고/혹은 파트너십에 대한 숙고를 포함하여, 보다 더 넓은 생태뿐만 아니라 다루어야 할 상호 집단 간 과정이 존재할 것이다. 이 모든 것은 참여자의 다양한 문화적 배경과 선호도를 존중하면서 건고한 사회적-음악적 활동을 중심으로 진화해야 한다. 이 실제가 음악치료실의 안전한 환경에서 한 번에 한 명의 내담자 또는 소규모 집단과 함께 일하는 개별화된 음악치료보다 더 적은 유능성과 기술을 필요로 한다는 것은 분명 아니다. 그러나 개별화된 음악치료는 다른 형태의 실제보다 더 많은 유능성을 필요로 한다는 것이 일반적인 가정이다. 우리의 지식에 비추어 보면, 이 가정은 연구에 근거하지 않는다. 개별화된 처치가 공중보건 전략 및 기타 가능한 의료 체계를 둘러싼 지위 경쟁에서 우위를 차지한 곳에서 의료 전문화가 확립된 것은 아마도 위계질서의 산물일 것이다(Turner, 2004).

베일란커트(2009)는 커뮤니티 음악치료에 대한 그리고 커뮤니티 음악치료를 통해 음악치료사 실습생을 위한 멘토링을 연구하였다('글 상자 7-2' 참조). 베일란커트의 연구는 억압과 같은 과정에 대한 깊은 이해를 개발하는 목적과 더불어 실천적·성찰적 구성 요소를 통합하는 것이 핵심임을 시사하였다. 음악치료사 실습생을 위한 경험적 집단에서의 슈퍼비전이나 멘토링은 이를 달성하기 위한 하나의 접근이 될 수 있다. 베일란커트는 커뮤니티 음악치료의 특징인 참여적 특질에 따라 학생이나 실습생이 자신들의 훈련을 구성하고 발전시키는 데 능동적으로 참여해야 함을 강조하였다.

글 상자 10-3 **자격을 갖춘 파트너십으로서의 슈퍼비전**

음악치료 학생들의 슈퍼비전에 관한 논문에서 브뤼뉼프 스티게(Brynjulf Stige, 2001)는 '알지 못하는(not knowing)' 청자가 되는 양식에 대해 논의함으로써 참여적 실제로서의 슈퍼비전을 탐구하였다.

> '알지 못하는(not-knowing)'[4]이라는 용어를 선택하였을 때, 나는 앤더슨과 굴리시안(Anderson & Goolishian, 1992)의 용어 사용을 참조하였다. 앤더슨과 굴리시안은 인간을 정보 처리 '기계'로 규정하는 치료 모델을 비판한다. 대신 그들은 의미를 생성하는 존재로 인간을 주목한다. '알지 못하는 치료사'라는 용어는 때로 내러티브 치료의 전통 안에서 치료사의 권위에 의문을 가지는 내담자 중심 치료를 표현하는 아이디어로 사용되었다. '알지 못하는 치료사'는 내담자의 내러티브를 존중하고, 자신이 미리 규정한 지식보다는 앞의 내용에 기반을 둔 대화를 시작한다(Stige, 2001, p. 174).

스티게에 따르면, '알지 못하는' 입장을 취하는 것은 전문성이 없거나 슈퍼바이저에게 알리는 사전 이해를 게을리하는 것과는 매우 다르다. 스티게는 '알지 못하는' 접근은 개방성과 성찰에 관한 것이며, 책임을 다하지 못하는 것의 변명이 되어서는 안 된다. '알지 못하는' 접근은 자격을 갖춘 청자로서 슈퍼바이저의 가치를 소홀히 해서는 안 되나, 주된 임무는 **자격을 갖춘** 파트너라는 점을 강조하였다. 이를 위한 한 가지 방법은 양쪽 파트너가 '초보자의 마음'이라는 겸손을 채택할 수 있는 공간을 생성하고 시도하는 것이다.

> 내가 학생들에게 '알지 못하는' 접근을 취하도록 요청할 때, 이는 물론 학생의 지식 탐구와 모순되는 것이 아니다. 교사나 슈퍼바이저로서 경험은 나에게 '알지 못하는' 접근을 취하기 위해 많은 지식이 필요하다는 것을 가르쳐 주었다. 지식—대화에서 다루었던 주제—의 부족은 대개 이야기를 시작하기보다는 끝내게 만든다. ……우리가 찾는 것은 새롭고 다양한 이야기에 대한 자유와 개방성인데, 이는 우리가 음악 즉흥연주에서 찾는 자유와 개방성과 연관되어 있다(Stige, 2001, p. 174).

듣기와 상호 학습에 중점을 두고 전문적 발전 전략으로서의 슈퍼비전 활용은 협력적이며, 참여적 실제의 가치와 일치될 수 있다.

---

4) 역자 주: 해결중심접근에서 사용하는 개념으로, 치료자의 행위 및 태도는 '알지 못하는(not-knowing)' 자세를 통하여 내담자에 대해 깊이 알고 싶다는 욕구를 나타낸다.

∩ 전문가 강령과 참여적 윤리

이 책에서 서술한 커뮤니티 음악치료의 특성은 그 과정이 민주적이며 다양한 목소리에 귀 기울이는 것을 목표로 할 때, 통합적인 활동과 다중적 관계 및 화합적 논거를 제안한다. 따라서 시간과 공간의 경계는 대개 유연하다. 요약하자면, 참여적 실제는 경계가 있는 실제가 아니다. 이 장의 시작 부분에서 우리는 이러한 특징 중 일부를 정립된 규준에 도전하는 사회문화적 경향과 함께 후기 현대사회의 현재 발전과 연관 지었다(Fornäs, 1995). 바우만(Bauman, 1993)에 따르면, 우리는 '벽'이 무너지면서 윤리적 딜레마가 나타난다고 말할 수 있다. 정립된 표준으로부터의 일탈과 해방이 윤리가 그 화제를 잃어버렸다는 것을 의미하지는 않는다. 이것이 시사하는 바는 윤리적 쟁점이 새로운 방식으로 다루어질 필요가 있다는 것이다.

커뮤니티 음악치료로서, 그리고 커뮤니티 음악치료에서 수행의 실제를 제시하고 논의하는 장에서, 에이건(Aigen, 2004)은 윤리적 측면을 성찰한다.

사진 10-6 | 뉴욕 볼틱 스트리트 클리닉. 2005년 볼틱 스트리트 밴드. 실천 커뮤니티.
사진 제공: South Beach Psychiatric Center.

문화는 변화하고, 내담자와 상호작용하는 새로운 방식은 이러한 내담자들에게 도움이 되는 것으로 밝혀졌기 때문에 음악치료사들이 새로운 방식으로 자신의 실제를 발전시키는 것은 분명하다. 이 장에서는 치료 세션에서 만들어지고 즉흥연주된 노래를 대중적으로 수행하는 것에서부터 이 자료들을 대중적으로 논의하는 것까지 치료 세션에서 비롯된 자료들의 대중적 보급을 수반하는 치료 세션 외의 활동에 참여하는 치료사 및 내담자의 예에 대해 논의하였다. 이러한 실제는 내담자에게 유익할 수 있으므로 유익한 실제를 제공하기 위해 기존의 윤리 지침을 보완하는 것이 필수적이다.

(Aigen, 2004, p. 212)

기존의 윤리 지침은 국가마다 다양하다. 이는 때로 윤리적 의사 결정에서 균형 있게 고려해야 할 일련의 원리로, 때로는 적절한 행동의 표준으로 형성된다. 커뮤니티 음악치료의 맥락적 특성은 후자의 접근에 더 잘 부합된다. 모든 경우에 맞는 하나의 윤리적 표준이라는 한계가 물론 커뮤니티 음악치료에만 존재하는 것은 아니나, 발현적 실제로 인해 극명히 완화되었다.

주어진 상황에서 균형을 이루는 원칙의 어려움 외에도, 커뮤니티 음악치료의 에토스는 윤리적 결정이 참여적이어야 함을 시사한다. 내담자를 보호하겠다는 의도를 가진 전문가 협회 및 규제 기관의 하향식 원칙과 표준은 음악치료사와 참여자 간 관계의 불균형을 확인하는 데 활용된다. 우리는 이것이 특정 실제 상황에 관련된 참여자들에게 유익한지 불리한지 살펴볼 필요가 있다. 다시 말해서, 선언된 윤리적 근거와 경험적인 윤리적 현실 간 관계를 탐구하는 것은 필수적이다.

커뮤니티 음악치료에서 선언된 근거와 경험적 실재 간 관계를 살펴보는 것은 중요하다. 비평적 지형 내의 논쟁이 단순화된 커뮤니티와 참여의 과정을 미화할 가능성과 관련된다는 것은(Cahill, Sultana, & Pain, 2007) 매우 타당하다. 유동적인 현대 세계와는 대조되는 따뜻하고 향수를 불러일으킬 위험을 경고한 앤즈델(Ansdell, 2010a)은 커뮤니티 음악치료의 유사한 성찰을 발전시켰다. 참여는 때때로 재미있고 즐거울 수 있으나, 아늑하지는 않다. 그것은 대개 위험, 도전, 긴장으로 가득 찬 과정이다. 따라서 참여는 보호받는 방식으로 결코 무해하거나 안전하지 않다. 음악치료사의 윤리적 어려움은 참여자가 충분히 안전하면서도 사회적 맥락을 변화시킬 수 있음에도 불구하고 '위험한' 과정을 보장하는 방식으로 협력하고 성찰하는 것이다.

제6장에서 우리는 윤리 주도적 실제로서의 커뮤니티 음악치료를 서술하였다. 이는 개인 병리의 이론보다는 사회 정의의 가치와 시각에 영향을 받는 실제이다. 이 선제적인 윤리적 실제 양식은 커뮤니티 음악치료 문헌에서 탐구될 수 있는데, 예를 들어 스티게(2003)의 돌봄과 헌신의 윤리에 대한 이론적 논의, 커티스와 머카도(Curtis & Mercado, 2004)의 장애인의 인권에 대한 관심, 던(2008)과 베일란커트(2009)의 음악치료와 갈등 변화에 관한 연구 등이 있다. 해를 끼칠 수 있는 가능성과 관련하여 커뮤니티 음악치료의 위험을 탐구하는 문헌은 훨씬 적다. 이것은 어쩌면 역설적으로 직군의 좀 더 정립된 분야에서 비롯된 커뮤니티 음악치료에 대한 비판이 종종 커뮤니티 음악치료 실제에서 경계를 침해하는 것으로 간주되는 것에 초점을 두기 때문이다.

리처드 세넷(Richard Sennett)의 업적에서 영감을 받아, 앤즈델과 파블리세빅(2008)은 보호된 경계라는 은유는 교환의 장소라는 생태적 경계의 은유로 보완되어야 함을 시사하였다. 만일 급진적이지 않다면, 심리치료의 윤리 및 경계에 대한 문헌에서 관련성 있는 주장을 찾는 것은 가능할 것이다. 구타일과 브로드스키(Gutheil & Brodsky, 2008)는 현대 심리치료의 역사에서 치료 경계라는 개념이 어떻게 상대적으로 새로웠는지를 나타냈다. 오늘날 정립된 규준에서 벗어난 프로이트(Freud)의 실천은 다뉴브강을 따라 걸으면서 환자를 분석하고, 선물을 주고, 환자들과 식사를 함께하는 습관을 포함한다. 경계는 특정 시점에서의 전문적 행동의 끝(edge)을 나타낸다. 경계는 역사적 맥락 및 치료적 계약과 관련되어 있다.

구타일과 브로드스키(2008)는 경계를 넘나드는 치료사들이 치료 과정을 악화하고, 내담자에게 해를 끼치고, 직군의 표준을 침해할 위험이 있다고 주장한다. 그러나 구타일과 가바드(Gutheil & Gabbard, 1993)의 이전 업적들을 참조하여, 그들은 경계 넘기(boundary crossing)를 구별한다. 경계 침해(boundary violations)는 내담자에 대한 착취 및 유해한 영향으로 정의된다. '경계 넘기'는 치료사가 어떤 방식으로 일반적인 기틀에서 벗어나지만, 그 행동이 내담자에게 해를 끼치는 것은 아니다. 어떤 경우에는 치료적 동맹 및 치료 과정의 효과를 향상할 수 있다(Gutheil & Brodsky, 2008).

터리(Turry, 2005)의 업적이 그 예가 되듯이, 이러한 구별은 심리치료 지향 음악치료에서 성장한 커뮤니티 음악치료와 높은 관련이 있다. 우리가 '게임'을 은유로 사용한다면, (모든 이용자에게) 보상을 더 주거나 변화하는 조건에 맞추기 위해 게임의 규칙이 확장되었다고 말할 수 있다. 이러한 확장이 유용하고 안전한지의 여부는 주의 깊게 관리하여야 한다. 다른 상황에서 규칙의 연장은 너무 광범위하고 지속적이라 차라리 새로운 게임이 만들어졌다고 하는 것이 이치에 맞을 수도 있다. 커뮤니티 음악치료 문헌의 대다수는 이러한 방식이 특징인 실제에 대해 서술하고 있다.

'심리치료 게임'의 규칙은 보편적이지는 않으나, 그중 일부는 이익의 상충을 신중하게 다루어야 한다는 원칙과 같이 다소 일반적인 원리에 기반하고 있다. 스티게(2003)는 커뮤니티 음악치료에서 흔히 나타나는 이중적 및 다중적 관계와 연관된 딜레마에 대해 논의하였다. 에이건(Aigen, 2004)이 언급한 것처럼 비밀 유지는 고려해야 할 또 다른 주제다. 이 목록은 훨씬 길어질 수 있다. 이러한 딜레마들은 신중한 고려, 비평적 연구 및 이론의 개발을 필요로 한다. 물론 이것은 실제에서도 중요하나, 비밀 유지와 같은 쟁점은 더 넓은 커뮤니티에 참석하여 목소리를 내는 것이 종종 의제의 일부가 되는 참여적 실제의 특징을 변화시키는 점이다(Cahill, Sultana, & Pain, 2007).

전문가 강령과 **참여적 윤리** 간에는 긴장이 있을 수 있고, 이러한 긴장이 반드시 해결되는 것은 아니다. **배타성**(이중적 관계의 회피)과 같은 분명한 규준들은 커뮤니티 음악치료에서 실현되지 않는다. **성찰**(자신의 입장 및 영향력을 신중하게 고려하려는 의지)과 **표현성**(고려한 사항을 소통하고 공유하려는 의지)과 같은 보다 적응적인 규준이 중요해질 수 있다(Stige, 2003). 성찰이라는 규준이 진지하게 받아들여진다면, 음악치료사는 자기 통찰과 의사소통에 한계가 있음을 깨닫게 된다. 제8장에서 개관한 바와 같이 참여적 과정은 다양한 각도에서 주어진 가능성을 생성한다. 이는 집단적 성찰 내에서 자기성찰을 위한 공간을 열 수 있다. 수많은 방식으로, 이는 윤리적 딜레마와 관련된 협력적 의사 결정을 위한 모델로서 작동한다. 경우에 따라 그 과정에서 음악치료사와 참여자 모두 조언이나 도움이 필요할 수 있다. 일부 사례에서, 참여적 실천 연구는 의제가 드러나지 않아 과정이 멈춰 있는 윤리적 딜레마를 해결하는 하나의 방식이 될 수 있다(Elefant, 2010b).

그렇다면 참여적 윤리는 전문적 책임을 포기하는 것이 아니라 변화를 수반하는 것이다. 커뮤니티 음악치료의 윤리적 수행에 대한 문제는 의사소통을 위한 수단을 확립하고 우려되는 상황에 대해 성찰을 공유하는 실제와 밀접한 관련이 있다. 윤리적 수행에는 상호적 대화에서 존중을 보이는 것에서부터 사회적 부정의 상황과 연관된 참여를 보이는 것까지 다양한 행동 범위가 포함된다. 이를 우리가 제7장에서 논의한 가치와 연결한다면, 윤리적 수행은 다른 사람의 자유와 평등에 대한 권리의 인정으로 연대가 형성되는 맥락에서 존중을 나타내는 것이라고 말할 수 있다.

> **글 상자 10-4** **호주의 커뮤니티 음악가들과 음악치료사들 사이의 윤리적 사고**

호주의 음악치료사인 루시 오그래디(Lucy O'Grady, 2005)는 음악가와 음악치료사들이 커뮤니티 맥락에서 어떠한 방식으로 자신들의 작업에 의미를 기술하고 속성을 부여하는지 연구하였다. 이 연구는 교도소에 있는 여성 재소자들과 연극을 만드는 극단의 음악치료사 겸 커뮤니티 음악가인 오그래디 자신의 실천적 경험에 근거하여 이루어졌다. 극단의 대표는 이 맥락에서 '치료'라는 용어를 적용하는 것에 대해 매우 비판적이었다.

극단의 총괄관리자는 극단의 작업에 치료가 붙는 것에 대해 매우 강력한 반대 입장을 표명하였는데, 이는 여성을 불필요하게 병리적으로 여기고 영향력을 박탈한다고 믿으며, 또한 그들이 작업에 부여한 창의적인 역점을 무시하는 것이라고 생각하기 때문이었다(O'Grady, 2005, p. 2).

이 문제가 주로 관리자에게 해당되는 것인가? 아니면 참여자들에게도 공유되는 것인가? 오그래디는 그 우려가 어느 정도 공유되었다는 것을 알았다. 그럼에도 불구하고 오그래디는 음악치료 훈련이 자신의 작업에 큰 영향을 미쳤다고 느꼈다. 이 상황의 딜레마는 자신의 전문가 역할에 대한 일련의 성찰을 불러일으켰다. 오그래디는 문헌을 통해 이것이 자신만의 질문이 아니라는 것을 알게 되었으므로 다음과 같은 연구 질문을 만들어 냈다. "음악가와 음악치료사가 커뮤니티 맥락에서 자신들의 작업에 대해 의미를 기술하고, 속성을 부여하는 방식 간의 관계는 무엇인가?"(O'Grady, 2005, p. 3).

연구 결과를 간단하게 요약하자면, 두 과정 사이에 어떠한 갈등이 일어난다면 음악가 집단은 음악이 흘러가는 곳으로, 커뮤니티 음악가와 음악치료사는 참여자가 있는 곳으로 이동하는 경향이 그들의 작업이 시사하는 방식이라고 할 수 있다. 오그래디는 이를 활용 방법보다는 참여자들의 보건 상황으로 정의된 커뮤니티 음악 및 음악치료에 대한 이해와 연관지었다.

이러한 주장에 이어서, 오그래디는 커뮤니티 음악가와 음악치료사의 윤리적 고려 사항에 대한 차이를 탐구하였다. 오그래디가 알게 된 것은 음악치료사들이 주로 자신들의 전문가 협회가 규정한 행동 강령에 비추어 윤리적 딜레마를 고려하였다는 것이다. 커뮤니티 음악가는 그들 자신의 가치와 다양하고 복잡한 상황에 있는 참여자들의 관계를 고려해 볼 때, 상황을 보다 유연하게 평가하도록 이끄는 관련된 지침이 없었다.

이러한 결과는 커뮤니티 음악치료 실제의 윤리와 관련하여 적어도 두 가지 의문을 제기한다. 커뮤니티 음악치료의 딜레마적 특성을 고려한 방식에서 전문가 행동강령은 어느 정도로 존재하는가? 음악치료사가 커뮤니티 환경에서 상충되는 가치를 마주하였을 때 기존의 행동 강령과 관련하여 얼마나 유연하게 대처할 수 있는가? 오그래디(2005)의 연구에 따르면, 커뮤니티 음악가의 윤리는 좀 더 상황적인 음악치료사의 윤리보다 좀 더 규제될 수 있다. 이 연구는 특정 국가적 맥락에서 수년 전에 수행되었으므로 윤리적 실제가 지역마다 어떻게 달라지고 시간 경과에 따라 어떻게 발전하는지를 상기시킨다.

∩ 결론 및 향후 전망

우리는 후기 현대의 발전과 관련하여 커뮤니티 음악치료의 발현에 대해 논의하고, 성찰적 적응력과 파트너십 관계에서 일할 수 있는 역량의 관련성에 대해 설명하였다. 이는 음악치료사의 훈련과 슈퍼비전에서 참여적 원리가 분명해야 하며, 존중, 자유, 평등 및 연대의 가치에 비추어 윤리적 수행이 나타남을 시사한다. 이러한 가치를 지키려는 사람들의 준비성은 사라지지 않을 것이다. 건강과 안녕감, 음악에 대한 관심 및 사람들을 하나로 모으는 음악의 역량에 대한 그들의 관심 역시 사라지지 않을 것이다. 이러한 측면에서 커뮤니티 음악치료와 유사한 실제는 오랜 역사를 지니고 있으며(제2장에서 보았듯이), 미래에도 있을 것이다. 문제는 커뮤니티 음악치료가 이러한 미래의 일부가 될 수 있는가 하는 것이다. 미국 음악치료의 선구자 중 한 명인 플로렌스 타이슨은 커뮤니티 음악치료에 대한 넓은 시각을 갖고 있었다. "커뮤니티 음악치료는 우리 분야에서 중요한 발전적 돌파구를 제시하며, 고무적인 도전을 제기하고 성장과 봉사를 위한 새로운 기회를 제공한다"(Tyson, 1973, p. 123).

이는 또 다른 역사적 맥락에서 표현되었고, 2000년 이후 정립된 것보다 더욱 제한적인 커뮤니티 음악치료의 개념과 관련되어 있다. 현재 상황에 맞게 재해석된 타이슨의 언급은 커뮤니티 음악치료의 전망에 대한 성찰을 불러일으켰다. 많은 음악치료사는 커뮤니티 음악치료가 사람들에게 유용성에 대한 새로운 기회를 제공하며, 학문과 직군의 유망한 발전을 나타낸다고도 주장한다. 다른 이들은 커뮤니티 음악치료는 직군의 개선(renewal)이라기보다는 직군의 자살(professional suicide)과 다름없음에 더 가깝다고 주장하였다.

우리가 이 전망을 양극화하고 싶다면, 커뮤니티 음악치료가 공인된 직군으로서의 음악치료를 손상해 인도주의적 임무의 아마추어 지위로 돌아가거나, 전문가에 의한 서비스의 제한된 공간을 커뮤니티 개발과 공중보건을 위한 음악의 거대한 영역으로 변화시킴으로써 음악치료를 후기 현대사회의 주변적 위치에서 좀 더 중심적 위치로 가져올 것임을 시사할 것이다. 이러한 극단 간에 다음과 같은 또 다른 전망이 있다. 커뮤니티 음악치료의 분야는 너무 느리게 성장할 것이며, 더 큰 학문과 직군에 의해 가려질 것이다. 커뮤니티 음악치료에 대한 관심은 잠시 동안 지속될 것이나 소란이 잠잠해지고 서비스가 끝나면 점차 사라질 것이다. 커뮤니티 음악치료는 다른 학문의 발전에 강한 영향을 주든 아니든 음악치료 내에서 견고한 전문성으로 자리매김할 것이다. 커뮤니티 음악치료는 중복된 주류 음악 치료의 대안으로 자리 잡을 수 있을 정도로 음악치료의 학문과 직군의 변화에 기여할 것이다.

그때까지 살아남아 참여한 사람만이 알 수 있을 것이다. 앞으로의 발전은 선형적으로 특징되지 않을 것 같으나, 우리 각자는 그것을 정의할 수 있을 것이다. 커뮤니티 음악치료의 전망은 터너(Turner, 2004)가 서술한 것처럼 전문가와 비전문가 자율성 간, 개별화와 사회화된 보건 전략 간, 실질적 및 정치적 해결 간, 위험과 권리에 대한 우려 간의 끊임없는 순환적 투쟁으로 형성될 가능성이 매우 높다.

핵심 용어, 논의 주제와 미주

핵심 용어(제시 순서에 따른 핵심 용어)

직군(profession)

전문화(professionalization)

현대성(modernity)

후기 현대성(late modernity)

현대화(modernization)

전문적 정체성(professional identity)

성찰적 적응성(reflexive adaptability)

독립성(independence)

상호의존성(interdependence)

파트너십(partnership)

자조 파트너십(self-help partnership)

프로젝트 파트너십(project partnership)

기관 파트너십(institutional partnership)

거버넌스 파트너십(governance partnership)

파트너십 에토스(partnership ethos)

리더십(leadership)

학자 임상가(scholar-practitioner)

참여적 윤리(participatory ethics)

논의 주제

다음의 비판적 사고 질문은 수업 혹은 집단에서 논의될 수 있고, 이 장에서 논의된 주제에 대한 비평적 성찰에 대해 학생 개인이 사용할 수 있다.

1. 커뮤니티 음악치료가 새로운 분야로 발현됨에 따라 변화된 전문가 역할과 확장된 윤리적 인식이 시사되었다. 이것이 음악치료실을 떠나 거리로 나와 정의와 평등을 옹호할 준비가

되어 있는 음악치료사를 묘사하는 것이라면, 이 그림은 다소 이상적이다. 커뮤니티 음악치료는 음악치료의 지위에 대한 자금 지원 없이는 발전이 불가능하다. 커뮤니티 음악치료를 기꺼이 지지할 수 있는 복지제도와 후원자나 조직의 범위는 국가마다 다르다. 그 예는 다음과 같다.

① 일부 보건 관리는 음악치료사 역할의 확대를 지지한다.
② 여러 커뮤니티 음악치료 실제는 유치원, 학교 및 음악학교와 같은 비임상적 맥락 내에서의 예방 및 건강 증진과 연계되어 있다.
③ 다수의 커뮤니티 음악치료 실제는 교도소와 같이 커뮤니티 참여를 위한 재활 및 자격 부여에 중점을 둔 기관과 연계되어 있다.
④ 많은 커뮤니티 음악치료 실제가 커뮤니티 또는 자조 조직에 의해 정립되었다.
⑤ 일부 음악치료사는 다양한 출처에서 후원받는 커뮤니티 음악치료 비영리 조직을 설립하였다.
⑥ 다수의 커뮤니티 음악치료 실제는(예를 들어, 거버넌스 파트너십과 관련된) 프로젝트로 정립되었다.

당신은 자신이 거주하는 곳의 맥락에서 커뮤니티 음악치료 실제를 위한 자금을 모을 수 있는 가장 현실적인 방안은 무엇이라고 생각하는가?

2. 직군 간의 관계는 경쟁이나 협력이 특징이다. 당신의 맥락에서, 커뮤니티 음악치료 실제에서 음악치료사가 만나게 될 직군은 어떤 것인가? 어떠한 조건이 경쟁과 협력을 촉진할 것인가?
3. 다양한 국가의 음악치료협회가 개발한 전문적 실제를 위한 윤리강령은 커뮤니티 음악치료의 가능성과 도전을 항상 고려하지 않았다. 당신은 자신의 국가에서의 강령과 표준이 커뮤니티 음악치료 실제와 양립할 수 있다고 여기는가? 만일 그렇지 않다면, 당신은 어떠한 변화를 시사할 것인가?

미주

1. 스웨덴의 문화이론가인 요한 포르나스(Johan Fornäs)는 다음의 방식으로 '양면성'이라는 용어를 명시한다. "'등가성(equi-valence)'이 동등한 가치 두 가지를 의미하는 반면, 접두사 ambi는 양쪽 모두를 의미하므로 양면성은 두 개의(반대되는) 가치를 동시에 가진다. 이

는 일반적인 모호함을 나타내는 것이 아니라, 하나의 단일한 힘이 두 개의 정확하지만 모순된 함의를 지니고 있음을 의미한다"(Fornäs, 1995, p. 29).

2. 현대성의 급진주의라는 아이디어의 예를 제시하였던 크룩, 패컬스키, 워터스(Crook, Pakulski, & Waters, 1992)는 경향은 강조되고 변형된다고 주장하였다. 위험 사회의 발현으로 인한 후기 현대성이라는 아이디어는 벡(Beck, 1986/1992)에 의해 유명해졌다. 성찰적 현대성이라는 아이디어는 특히 기든스(Giddens, 1991)의 업적과 관련이 있으며, '유동적 현대성'이라는 용어는 바우만(Bauman, 2000/2001)에 의해 전유되었다.

3. 제3장에서 제5장까지 우리는 생의학적 지식이 음악과 커뮤니티의 보건 잠재력 이해에 충분치 않다는 것을 입증하는 다양한 이론적 관점을 개관하였다. 제6장에서 제8장까지 우리는 진단평가, 진단, 처치 및 평가에 중점을 둔 실제의 의료적 모델이 커뮤니티 음악치료 실제에 적합하지 않다는 점을 강조하였다. 이 장에서 우리는 의학이 특징인 전문화 모델의 모든 측면을 모방하는 것이 음악치료와는 관련이 없다고 주장한다. 이는 커뮤니티 음악치료가 본질적으로 비의료적이거나 의료 외적이라는 것을 의미하나, 의사와의 협력이 무관하다는 결론에 이르지 **않는다**. 일부 커뮤니티 음악치료 실제는 새로운 역할을 시도하려는 병원의 의사들에 의해 육성되었다(Aasgaard, 2002; Maratos, 2004). 일부 국가에서는 1차 보건관리체계의 일반 임상가가 건강 증진 및 문제 예방을 담당하는 음악치료사에게 중요한 협력자가 될 수 있다(Helle-Valle, 2011).

4. 스티게와 동료들(2010)은 전문가의 역할에 대해 재고할 필요를 상술하였으며, 파트너십이라는 아이디어도 포용하였다.

사진 출처

이 책에 사진을 제공하여 주신 많은 동료에게 감사를 표한다. 사진은 이 작업의 실제의 모습(그리고 경이로움)을 잘 나타내 주었다.

- Susan Baines, Capilano University, Vancouver, Canada, for sharing a photo from the German Canadian Care Home, linked with your work in a community mental health center (Figure 6.2).
- Johanne Brodeur, Victoria Conservatory of Music, BC, Canada, for sharing a photo from a music therapy session with children (Figure 8.1).
- Ingunn Byrkjedal, Grethe Brustad, Mette Kleive, and Brynjulf Stige, previously connected to the music therapy team in Sandane, Western Norway, for sharing a photo from a community music therapy project in the 1980s (Figure 2.3).
- Sandra Curtis and Chesley Sigmon Mercado, Concordia University, QC, Canada and Georgia College & State University, GA, USA respectively, for sharing a photo from your previous work with Signed Song music performers at Georgia College & State University in Milledgeville, GA, USA (Figure 2.2).
- Cheryl Dileo, Joke Bradt, Scott MacDonald, and Mike Viega, The Arts and Quality of Life Research Center, Boyer College of Music and Dance, Temple University, Philadelphia, USA, for sharing photos from the music therapy community programs of the center (Figures 1.2, 6.3, and 9.1).
- Laura Fogg and Alison Talmage, the Centre for Brain Research at The University of Auckland, New Zealand, for sharing photos from the CeleBRation Choir (Figures 3.1, 6.7, 8.7, and 9.5).
- Sunelle Fouché and Kerryn Torrance, the Music Therapy Community Clinic, greater Cape Town area, South Africa, for sharing photos from the organization's work in disadvantaged communities (Figures 1.1, 3.4, and 10.4).
- Ulrike Haase and Christoph Schwabe, Musiktherapie Crossen, Dresden, Germany,

for sharing photos from the institute's social and inclusive music therapy programs (Figures 4.3, 5.1, 5.8, and 7.5).

- Andrea Intveen and Susanne Bauer, Berlin University of the Arts, for sharing a photo from a multi-cultural resource-oriented music therapy group (Figure 7.4).
- Peter Jampel, Brooklyn, New York, for sharing photos from your previous work with the Baltic Street Band of the Baltic Street Clinic, South Beach Psychiatric Center (Figures 3.5, 6.5, 8.6, and 10.6).
- Muriithi Kigunda, Upland, CA, USA, for sharing photos of ngoma rituals in the Kamba tradition in Kenya (Figures 2.1, 5.9, and 9.3).
- Solgunn Knardal, Bergen Red Cross Nursing Home, Norway, for sharing photos from the inclusive music therapy activities developed at this institution (Figures 7.2 and 8.5).
- Viggo Krüger, Aleris Ungplan and University of Bergen, Norway, for sharing photos from "Come Closer," a musical theatre project produced and performed by adolescents in Children's Welfare (Figures 1.4, 6.6, 7.1, and 8.3).
- Maria Logis and Alan Turry, Nordoff-Robbins Center for Music Therapy, New York University, for sharing a photo from a process that led from music psychotherapy to community music therapy (Figure 1.5).
- Katrina McFerran, Melbourne University, for sharing a photo from a community music therapy project set up after the Black Saturday fires in 2009, in the bush north of Melbourne (Figure 5.5).
- Wang Feng Ng and Jolene Fok, Singapore, for sharing a photo from the music therapy program within the voluntary welfare organization Beyond Social Services, an agency serving disadvantaged children and youth in Singapore (Figure 8.4).
- Rii Numata, Kobe University, Kobe, Japan, for sharing photos from The Otoasobi Project, an improvisation collective for musicians with and without intellectual disabilities (Figures 1.3 and 2.4).
- Jorunn Bakke Nydal, The Music Therapy Center of the County of Sogn og Fjordane, Førde, Norway, for a photo from your work with Førde Senior Choir (Figure 9.4).
- Emma O'Brien, The Royal Melbourne Hospital, for sharing photos from the final installment "avaTara" 2009 of the Opera Therapy project in Melbourne, Australia (Figures 7.6 and 9.6).
- Gerd Rieger, Musiktherapie Lebenshilfe Krefeld, Germany, for sharing photos from the Rock am Ring (Rock at the Ring) program developed at the community center (Lebenshilfe) in Krefeld (Figures 4.2, 4.6, 4.7, and 5.7).
- Even Ruud and Vegar Storsve, Norwegian Academy of Music, Oslo, Norway, for sharing photos from a music education and community music project in the Palestinian refugee camp Rashedie in Lebanon, under the auspices of Forum for

Culture and International Cooperation (Figures 2.5, 4.4, 6.4, 7.3, and 10.1).

- Anja Tait, Northern Territory Library, and Catherine Threlfall, Henbury School, Northern Territory, Australia, for sharing photos from the ArtStories and Making Music Being Well initiatives with community building, health promotion, and education through usic and the arts (Figures 3.8, 5.10, 6.1, and 8.8).

- Katie Whipple and Chesley Sigmon Mercado, Creative Expressions Studio and Gallery and Georgia College & State University respectively, Milledgeville, GA, USA, for sharing photos from a partnership program where a music therapist is engaged to promote creativity and self-expression for artists with developmental disabilities (Figures 6.8, 10.3, and 10.5).

- Claudia Zanini, the Federal University of Goiás, Brazil, for sharing photos from your work with groups for people with hypertension and diabetes, which are major public health problems of this country (Figures 3.3 and 10.2).

참고문헌

Aasgaard, Trygve (1998). Musikk-miljøterapi: Uvanlig? Uinteressant? Uutforsket! Kommentarer til Nisima Marie Munk-Madsen. [Music Milieu Therapy: Uncommon? Uninteresting? Unexplored! Comments to Nisima Marie Munk-Madsen]. *Nordic Journal of Music Therapy, 7*(2), pp. 168-171.

Aasgaard, Trygve (1999). Music Therapy as a Milieu in the Hospice and Pediatric Oncology Ward. In Aldridge, David: *Music Therapy in Palliative Care. New Voices*. London: Jessica Kingsley Publishers.

Aasgaard, Trygve (2000). 'A Suspiciously Cheerful Lady.' A Study of a Song's Life in the Paediatric Oncology Ward, and Beyond. *British Journal of Music Therapy, 14*(2), pp. 70-82.

Aasgaard, Trygve (2001). An Ecology of Love: Aspects of Music Therapy in the Pediatric Oncology Environment. *Journal of Palliative Care, 17*(3), pp. 177-181.

Aasgaard, Trygve (2002). Song Creations by Children with Cancer-Process and Meaning. Aalborg, Denmark: Unpublished Doctoral Dissertation, Aalborg University, Department of Music and Music Therapy.

Aasgaard, Trygve (2004). A Pied Piper among White Coats and Infusion Pumps: Community Music Therapy in a Paediatric Hospital Setting. In Pavlicevic, Mercédès & Gary Ansdell (Eds.), *Community Music Therapy*. London: Jessica Kingsley Publishers.

Abbott, Andrew (1988). *The System of Professions. An Essay on the Division of Expert Labor.* Chicago: The University of Chicago Press.

Abrams, Dominic, Michael A. Hogg & José M. Marques (2005). A Social Psychological Framework for Under-standing Social Inclusion and Exclusion. In Abrams, Dominic, Michael A. Hogg & José. M. Marques (Eds.), *The Social Psychology of Inclusion and Exclusion* (pp. 1-23). New York: Psychology Press (Taylor & Francis).

Abrams, Mark (1951). *Social Surveys and Social Action*. London: William Heinemann's Medical Books.

Aftret, Kari (2005). Samspill. Om musikkterapeuten i kommunen [Interaction and Collaboration. On the Role of the Music Therapist in the Municipality]. Unpublished Master's Thesis. Oslo, Norway: Norwegian Academy of Music.

Aigen, Kenneth (1995). An Aesthetic Foundation of Clinical Theory: An Underlying Basis of Creative Music Therapy. In Kenny, Carolyn (Ed.), *Listening, Playing, Creating: Essays on the Power of Sound*. Albany: State University of New York Press.

Aigen, Kenneth (2002). *Playin' in the Band: A Qualitative Study of Popular Music Styles as Clinical Improvisation*. New York: Nordoff–Robbins Center for Music Therapy, New York University.

Aigen, Kenneth (2004). Conversations on Creating Community: Performance as Music Therapy in New York City. In Pavlicevic, Mercédès & Gary Ansdell (Eds.), *Community Music Therapy*. London: Jessica Kingsley Publishers.

Aigen, Kenneth (2005). *Music-Centered Music Therapy*. Gilsum, NH: Barcelona Publishers.

Aigen, Kenneth (2008). In Defense of Beauty: A Role for the Aesthetic in Music Therapy Theory. Part II: Challenges to Aesthetic Theory in Music Therapy: Summary and Response. *Nordic Journal of Music Therapy, 17*(1), pp. 3–18.

Aigen, Kenneth (in press). Community Music Therapy. In McPherson, Gary & Graham Welch (Eds.), *Oxford Handbook of Music Education*. New York: Oxford University Press.

Aldridge, David (1996). *Music Therapy Research and Practice in Medicine. From Out of the Silence*. London: Jessica Kingsley Publishers.

Aldridge, David (2004). *Health, the Individual and Integrated Medicine*. London: Jessica Kingsley Publishers.

Alvesson, Mats & Kaj Sköldberg (2009). *Reflexive Methodology: New Vistas for Qualitative Research* (2nd edition). London: Sage Publications.

Alvin, Juliette (1966/1975). *Music Therapy*. London: Hutchinson & Co.

Alvin, Juliette (1968). Changing Patterns in Music Therapy—The Mental Patient and Community Care in England. In Gaston, E. Thayer (Ed.), *Music in Therapy*. New York: Macmillan Publishing.

Amdam, Roar (2010). *Planning in Health Promotion Work*. An Empowerment Model. New York: Routledge.

American Music Therapy Association (2011). What is the Profession of Music Therapy? American Music Therapy Association website. Retrieved February 21, 2011, from: http://www.musictherapy.org/.

American Psychiatric Association (1980). DSM-III. *Diagnostic and Statistical Manual of Psychiatric Disorders*. Washington, DC: American Psychiatric Association.

American Psychiatric Association (2000). DSM-IV TR. *Diagnostic and Statistical Manual of Psychiatric Disorders*. Washington, DC: American Psychiatric Association.

Amir, Dorit (2002). What is the Meaning of Music Therapy These Days? *Voices: A World Forum for Music Therapy*. Retrieved November 26, 2005, from: http://voices.no/?q=fortnightly-columns/2002-whatmeaning-music-therapy-these-days

Amir, Dorit (2004). Community Music Therapy and the Challenge of Multiculturalism. In Pavlicevic, Mercédès & Gary Ansdell (Eds.), *Community Music Therapy*. London: Jessica Kingsley Publishers.

Anderson, Harlene & Harold Goolishian (1992). The Client is the Expert: a Not-Knowing Approach to Therapy. In McNamee, Sheila and Kenneth J. Gergen (Eds.), *Therapy as Social Construction*. London: Sage Publications.

Ansdell, Gary (1997). Musical Elaborations. What has the New Musicology to Say to Music Therapy? *British Journal of Music Therapy, 11*(2), pp. 36-44.

Ansdell, Gary (2001). Musicology: Misunderstood Guest at the Music Therapy Feast? In Aldridge, David, Gianluigi DiFranco, Even Ruud & Tony Wigram. *Music Therapy in Europe*. Rome: Ismez.

Ansdell, Gary (2002). Community Music Therapy and the Winds of Change-A Discussion Paper. *Voices: A World Forum for Music Therapy, 2*(2). Retrieved February 23, 2011, from: https://normt.uib.no/index.php/voices/article/view/83/65

Ansdell, Gary (2003). The Stories We Tell: Some Meta-Theoretical Reflections on Music Therapy. *Nordic Journal of Music Therapy, 12*(2), pp. 152-159.

Ansdell, Gary (2004). Rethinking Music and Community: Theoretical Perspectives in Support of Community Music Therapy. In Pavlicevic, Mercédès & Gary Ansdell (Eds.), *Community Music Therapy*. London: Jessica Kingsley Publishers.

Ansdell, Gary (2005a). Community Music Therapy: A Plea for "Fuzzy Recognition" Instead of "Final Definition." [Contribution to Moderated Discussions] *Voices: A World Forum for Music Therapy*. Retrieved January 17, 2006, from http://www.voices.no/discussions/discm4_07.html.

Ansdell, Gary (2005b). Being Who You Aren't; Doing What You Can't: Community Music Therapy & the Paradoxes of Performance. *Voices: A World Forum for Music Therapy*. Retrieved February 24, 2011, from:https://normt.uib.no/index.php/voices/article/view/229/173.

Ansdell, Gary (2010a). Belonging through Musicing: Explorations of Musical Community. In Stige, Brynjulf, Gary Ansdell, Cochavit Elefant & Mercédès Pavlicevic (Eds.), *Where Music Helps. Community Music Therapy in Action and Reflection*. Aldershot, UK: Ashgate Publishing Limited.

Ansdell, Gary (2010b). Where Performing Helps: Processes and Affordances of Performance in Community Music Therapy. In Stige, Brynjulf, Gary Ansdell, Cochavit Elefant & Mercédès Pavlicevic (Eds.), *Where Music Helps. Community Music Therapy in Action and Reflection*. Aldershot, UK: Ashgate Publishing.

Ansdell, Gary & Mercédès Pavlicevic (2005). Musical Companionship, Musical Community: Music Therapy and the Process and Values of Musical Communication. In Miell, Dorothy, Raymond MacDonald, & David Hargreaves (Eds.), *Musical Communication*. Oxford: Oxford University Press.

Ansdell, Gary & Mercédès Pavlicevic (2008). Responding to the Challenge: Between Boundaries and Borders (Response to Alison Barrington). *British Journal of Music Therapy, 22*(2), pp. 73-76.

Antonovsky, Aaron (1987/1991). *Hälsans Mysterium* [Unraveling the Mystery of Health: How People Manage Stress and Stay Well]. San Francisco: Jossey-Bass Publishers.

Askew, Kelly M. (2002). *Performing the Nation. Swahili Music and Cultural Politics in Tanzania*. Chicago: The University of Chicago Press.

Åslund, Cecilia, Bengt Starrin & Kent W. Nilsson (2010). Social Capital in Relation to Depression, Musculoskeletal Pain, and Psychosomatic Symptoms: A Cross-Sectional Study of a Large PopulationBased Cohort of Swedish Adolescents. *BMC Public Health, 10*, pp. 715-724.

Atkinson, Paul, Amanda Coffey, Sara Delamont, Jon Lofland & Lyn Lofland (Eds.) (2001). *Handbook of Ethnography*. Thousand Oaks, CA: Sage.

Bailey, Betty & Jane W. Davidson (2003). Amateur Group Singing as a Therapeutic Instrument. *Nordic Journal of Music Therapy, 12*(1), pp. 18-32.

Bailey, Derek (1992). *Improvisation-Its Nature and Practice in Music*. London: The British Library National Sound Archive.

Baines, Susan (2000/2003). A Consumer-Directed and Partnered Community Mental Health Music Therapy Program: Program Development and Evaluation. *Canadian Journal of Music Therapy, VII*(1), pp. 51-70. Republished In Voices: A World Forum for Music Therapy. Retrieved January 26, 2011, from https://normt.uib.no/index.php/voices/article/view/137/113.

Baker, John, Kathleen Lynch, Sara Cantillon & Judy Walsh (2004). *Equality. From Theory to Action*. Hampshire, UK: Palgrave MacMillan.

Ball, Olivia & Paul Gready (2007). *The No-Nonsense Guide to Human Rights*. Oxford, UK: New Internationalist.

Barcellos, Lia Rejane Mendes (2002). An "Impossible Dream"? In Chapter 19 of: Kenny, Carolyn & Stige.

Brynjulf (Eds.) (2002). *Contemporary Voices in Music Therapy: Communication, Culture, and Community* (pp. 249-251). Oslo, Norway: Unipub.

Barcellos, Lia Rejane Mendes (2005). *Juggling with Life. Voices: A World Forum for Music Therapy*. Retrieved November 26, 2005, from http://www.voices.no/columnist/colbarcellos140205.html

Barnes, John Arundel (1954). Class and Committees in a Norwegian Island Parish. *Human Relations, 7,* pp. 39-58.

Barnett, Adrian G., Jolieke C. van der Pols, Annette J. Dobson (2005). Regression to the Mean: What It is and How to Deal with It. *International Journal of Epidemiology, 34*(1), pp. 215-220.

Barrera, Manuel (2000). Social Support Research in Community Psychology. In Rappaport, Julian & Edward Seidman (Eds.), *Handbook of Community Psychology* (pp. 215-245). New York: Kluwer Academic/Plenum Publisher.

Barrington, Alison (2005). Music Therapy: A Study in Professionalisation. Unpublished doctoral dissertation. Durham, UK: University of Durham, Department of Music.

Barrington, Alison (2008). Challenging the Profession. *British Journal of Music Therapy, 22*(2), pp. 65-72.

Bartley, Melanie, Jane E. Ferrie & Scott M. Montgomery (2006). Health and Labor Market Disadvantage: Unemployment, Non-Employment and Job Insecurity. In Marmot, Michael & Richard G. Wilkinson (Eds.), *Social Determinants of Health* (pp. 78-96). Oxford: Oxford University Press.

Barz, Gregory (2006). *Singing for Life*. HIV/AIDS and Music in Uganda. New York: Routledge.

Batt-Rawden, Kari Bjerke (2007). Music and Health Promotion: The Role and Significance of Music and Musicking in Everyday Life for the Long-Term Ill. Unpublished Doctoral Dissertation. Exeter, UK: University of Exeter.

Batt-Rawden, Kari Bjerke, Tia DeNora & Even Ruud (2005). Music Listening and Empowerment in Health Promotion: A Study of the Role and Significance of Music in Everyday Life of the Long-term Ill. *Nordic Journal of Music Therapy, 14*(2), pp. 120-136.

Bauman, Zymunt (1993). *Postmodern Ethics*. Oxford: Blackwell.

Bauman, Zymunt (2000/2001). *Flytende modernitet* [Liquid Modernity]. Translated by Mette Nygård. Oslo: Vidarforlaget.

Baumeister, Roy & Mark R. Leary (1995). The Need to Belong: Desire for Interpersonal Attachments as a Fundamental Human Motivation. *Psychological Bulletin, 117*(3), pp. 497-529.

Beck, Ulrich (1986/1992). *Risk Society: Towards a New Modernity* (Translated by Mark Ritter). London: Sage Publications.

Berganza, Carlos E., Juan E. Mezzich & Claire Pouncey (2005). Concepts of Disease: Their Relevance for Psychiatric Diagnosis and Classification. *Psychopathology, 38,* pp. 166-170.

Berkaak, Odd Are (1993). *Erfaringer fra risikosonen: opplevelse og stilutvikling i rock* (Experiences from the Zone of Risks: Experience and Development of Style in Rock]. Oslo, Norway: Universitetsforlaget.

Berkaak, Odd Are & Even Ruud (1992). *Den påbegynte virkelighet. Studier i samtidskultur* [Emerging Reality. Studies in Contemporary Culture]. Oslo, Norway: Universitetsforlaget.

Berkaak, Odd Are & Even Ruud (1994). *Sunwheels. Fortellinger om et rockeband* [Sunwheels. Stories about a Rock Band]. Oslo, Norway: Universitetsforlaget.

Berkman, Lisa F. & Thomas Glass (2000). Social Integration, Social Networks, Social Support, and Health. In Berkman, Lisa F. & Ichiro Kawachi (Eds.), *Social Epidemiology* (pp. 137-173). Oxford, UK: Oxford University Press.

Berlin, Isaiah (1969/2002). *Liberty* (Incorporating Four Essays on Liberty, edited by Henry Hardy). Oxford, UK: Oxford University Press.

Bethlehem, Jelke G. (1999). Cross-Sectional Research. In Adèr, Herman J. & Gideon J. Mellenbergh (Eds.), *Research Methodology in the Social, Behavioural and Life Sciences* (pp. 110-142). London: Sage Publications.

Bijleveld, Catrien C. J. H., Leo J. Th. van der Kamp & Ab Mooijaart (1998). *Longitudinal Data Analysis: Designs, Models and Methods*. London: Sage Publications.

Bjørkvold, Jon-Roar (1989/1992). *The Muse Within. Creativity and Communication, Song and Play from Childhood through Maturity* (translated by William H. Halverson). St. Louis, MO: Magna-Music Baton.

Black, Douglas (1980). *Inequalities in Health. Report of a research working group chaired by Sir Donald Black*. London: DHSS.

Bohlman, Philip V. (1999). Ontologies of Music. In Cook, Nicholas & Mark Everist (Eds.), *Rethinking Music* (pp. 17-34). New York: Oxford University Press.

Bordens, Kenneth S. & Bruce B. Abbott (2008). *Research Design and Methods. A Process Approach* (7th edition). Boston: McGraw Hill.

Bourdieu, Pierre (1986). The Forms of Capital. In Richardson, John G. (Ed.), *The Handbook of Theory: Research for the Sociology of Education* (pp. 241-258). New York: Greenwood Press.

Bowers, Judy (1998). Effects of Intergenerational Choir for the Community-Based Seniors and College Students on Age-Related Attitudes. *Journal of Music Therapy, 35*(1), pp. 2-18.

Boxill, Edith Hillman (1985). *Music Therapy for the Developmentally Disabled*. Maryland: An Aspen Publication.

Boxill, Edith Hillman (1988). Continuing Notes: Worldwide Networking for Peace (Editorial). *Music Therapy, 7*(1), pp. 80-81.

Boxill, Edith Hillman (1997a). Music Therapists for Peace, Inc.: A Global Imperative. Retrieved August 21, 2009, from http://pages.nyu.edu/ehb2mtp.html

Boxill, Edith Hillman (1997b). *The Miracle of Music Therapy*. Gilsum, NH: Barcelona Publishers.

Boxill, Edith Hillman (1997c). Students against Violence Everywhere-S.A.V.E.-Through Music Therapy: A Manual of Guidelines, Music Therapy Interventions, Music Activities, Music Materials. New York: Music Therapists for Peace, Inc.

Boxill, Edith Hillman & Cella Schieffelin Roberts (2003). Drumming Circle for Peace. *Voices: A World Forum for Music Therapy*. Retrieved March 12, 2003, from http://www.voices.no/discussions/discm19_01.html.

Boyd, Kenneth M. (2011). Disease, Illness, Sickness, Health, Healing and Wholeness: Exploring Some Elusive Concepts. *Journal of Medical Ethics, 26*, pp. 9-17.

Bradt, Joke (2009). Hope is Change. *Voices: A World Forum for Music Therapy*. Retrieved July 26, 2010, from http://www.voices.no/columnist/colbradt090309.php

Bronfenbrenner, Urie (1979). *The Ecology of Human Development. Experiments by Nature and Design*. Cambridge, MA: Harvard University Press.

Broucek, Marcia (1987). Beyond Healing to 'Whole-ing': A Voice for the Deinstitutionalization of Music Therapy. *Music Therapy, 6*(2), pp. 50-58.

Brown, Julie (2001/2002). Towards a Culturally Centered Music Therapy Practice. *Canadian Journal of Music Therapy, VIII*(1) (Fall 2001), pp. 11-24. Republished In Voices: A World Forum for Music Therapy. Retrieved February 24, from: https://normt.uib.no/index.php/voices/article/view/72/62.

Brown, Timothy A. (2006). *Confirmatory Factor Analysis for Applied Research*. New York: Guilford Press.

Bruscia, Kenneth (1989). *Defining Music Therapy*. Spring City, PA: Spring House Books.

Bruscia, Kenneth (1995). The Process of Doing Qualitative Research: Part I: Introduction. In Wheeler, Barbara L. (Ed.), *Music Therapy Research. Quantitative and Qualitative Perspectives*. Gilsum, NH: Barcelona Publishers.

Bruscia, Kenneth (1998). *Defining Music Therapy* (2nd edition). Gilsum, NH: Barcelona Publishers.

Buchanan, Jennifer (2009). Fran Herman, Music Therapist in Canada for over 50 years. *Voices: A World Forum for Music Therapy*. Retrieved July 20, 2010, from http://www.voices.no/mainissues/mi40009000311.php.

Bull, Michael (2000). *Sounding Out the City: Personal Stereos and the Management of Everyday Life*. New York: Berg Publishers.

Bull, Michael (2007). *Sound Moves: iPod Culture and Urban Experience*. London: Routledge.

Bunt, Leslie (1994). *Music Therapy. An Art Beyond Words*. London: Routledge.

Burke, Kenneth (1945/1969). *A Grammar of Motives*. Los Angeles: California University Press.

Bygren, Lars Olov, Boinkum Benson Konlaan & Sven-Erik Johansson (1996). Unequal in Death. Attendance at Cultural Events, Reading Books or Periodicals, and Making Music or Singing in a Choir as Determinants for Survival: Swedish Interview Survey of Living Conditions. *British Medical Journal, 313*, pp. 1577-1580.

Byrkjedal, Ingunn (1992). Musikkterapi ved klassemiljøutvikling (Music Therapy for Classroom Climate Development]. *Nordic Journal of Music Therapy, 1*(1), pp. 14-20.

Cahill, Caitlin, Farhana Sultana & Rachel Pain (2007). Participatory Ethics: Politics, Practices, Institutions. *ACME: An International E-Journal for Critical Geographies, 6*(3), pp. 304-318.

Cassel, John (1976). The Contribution of the Social Environment to Host Resistance. *American Journal of Epidemiology, 104*, pp. 107-123.

Centre for Human Rights (1994). Human Rights and Social Work: A Manual for Schools of Social Work and the Social Work Profession. Professional Training Series, No. 1. Geneva: United Nations.

Chagas, Marly (2007). Art along the Path: Art, Society, and Constructions of Subjectivities. *Voices: A World Forum for Music Therapy*. Retrieved January 19, 2008, from http://www.voices.no/mainissues/mi40007000230.php.

Chaney, David (2002). *Cultural Change and Everyday Life*. New York: Palgrave.

Chase, Kristen (2003). Multi-Cultural Music Therapy: A Review of Literature. *Music Therapy Perspectives, 21,* pp. 84-88.

Clarke, Eric (2005). *Ways of Listening: An Ecological Approach to the Perception of Musical Meaning*. New York: Oxford University Press.

Clarke, Eric, Nicola Dibben & Stephanie Pitts (2010). *Music and Mind in Everyday Life*. New York: Oxford University Press.

Clayton, Martin, Trevor Herbert & Richard Middleton (Eds.) (2003). *The Cultural Study of Music. A Critical Introduction*. New York & London: Routledge.

Clift, Stephen, Grenville Hancox, Ian Morrison, Bärbel Hess, Günter Kreutz, & Don Stewart (2010). Choral Singing and Psychological Wellbeing: Quantitative and Qualitative Findings from English Choirs in a Cross-National Survey. *Journal of Applied Arts and Health, 1*(1), pp. 19-34.

Cohen, Anthony (1985/1993). The Symbolic Construction of Community. London: Routledge.

Cohen, Gene (2009). New Theories and Research Findings on the Positive Influence of Music and Art on Health with Aging. *Arts & Health, 1*(1), pp. 48-63.

Cohen, Sheldon & Jeffrey R. Edwards (1989). Personality Characteristics as Moderators of the Relationship between Stress and Disorder. In Neufeld, Richard W. J. (Ed.), *Advances in the Investigation of Psychological Stress* (pp. 235-283). Oxford: John Wiley.

Cohen, Sheldon, Benjamin H. Gottlieb & Lynn G. Underwood (2000). Social Relationships and Health. In Cohen, Sheldon, Benjamin H. Gottlieb & Lynn G. Underwood (Eds.), *Social Support Measurement and Intervention* (pp. 3-25). New York: Oxford University Press.

Cohen, Sheldon & Tom A. Wills (1985). Stress, Social Support, and the Buffering Hypothesis. *Psychological Bulletin, 98*(2), pp. 310-357.

Cole, Michael (1996). Cultural Psychology. *A Once and Future Discipline.* Cambridge, MA: The Belknap Press of Harvard University Press.

Collins, Randall (2004). *Interaction Ritual Chains.* Princeton, NJ: Princeton University Press.

Conrad, Peter (2007). *The Medicalization of Society: On the Transformation of Human Conditions into Treatable Disorders.* Baltimore, MD: The Johns Hopkins University Press.

Cook, Nicholas (1998). *Music. A Very Short Introduction.* New York: Oxford University Press.

Cook, Nicholas & Mark Everist (Eds.) (1999). *Rethinking Music.* New York: Oxford University Press.

Creswell, John & Vicki Plano Clark (2011). *Designing and Conducting Mixed Methods Research* (2nd edition). Thousand Oaks, CA: Sage Publications.

Crook, Stephen, Jan Pakulski & Malcolm Waters (1992). *Postmodernization. Change in Advanced Society.* London: Sage Publications.

Cross, Ian (2003). Music and Biocultural Evolution. In Clayton, Martin, Trevor Herbert & Richard Middleton (Eds.), *The Cultural Study of Music. A Critical Introduction.* New York & London: Routledge.

Cross, Ian (2005). Music and Meaning, Ambiguity and Evolution. In Miell, Dorothy, Raymond MacDonald, & David Hargreaves (Eds.), *Musical Communication.* Oxford: Oxford University Press.

Cross, Ian & Iain Morley (2009). The Evolution of Music: Theories, Definitions and the Nature of the Evidence. In Malloch, Stephen & Colwyn Trevarthen (Eds.), *Communicative Musicality. Exploring the Basis of Human Companionship.* Oxford, UK: Oxford University Press.

Csikszentmihalyi, Mihaly (1990). *Flow. The Psychology of Optimal Experience.* New York: Harper Perennial.

Curtis, Sandra L. & Chesley Sigmon Mercado (2004). Community Music Therapy for

Citizens with Developmental Disabilities. *Voices: A World Forum for Music Therapy*. Retrieved February 24, 2011, from https://normt.uib.no/index.php/voices/article/view/185/144

Dahle, Kathrine & Veronica Vågnes Slettebakk (2006). Framføring i samfunnsmusikkterapi —med blikk påroller i framføringssituasjonen [Performance in Community Music Therapy—With a Focus on Roles and Relationships in Situations of Performance]. Sandane: Sogn og Fjordane University College, Norway.

Dalton, James H., Maurice J. Elias & Abraham Wandersman (2007). *Community Psychology. Linking Individuals and Communities* (2nd edition). London: Wadsworth (Thomson Learning).

Darnley-Smith, Rachel & Helen M. Patey (2003). *Music Therapy*. London: Sage Publications.

Delanty, Gerald (2003). *Community*. London: Routledge.

DeNora, Tia (2000). *Music in Everyday Life*. Cambridge, UK: Cambridge University Press.

DeNora, Tia (2003). *After Adorno. Rethinking Music Sociology*. Cambridge, UK: Cambridge University Press.

DeNora, Tia (2006). Evidence and Effectiveness in Music Therapy. *British Journal of Music Therapy, 20*(2), pp. 81-93.

DeNora, Tia (2007). Health and Music in Everyday Life—A Theory of Practice. *Psyke & Logos, 28*(1), pp. 271-287.

De Silva, Mary J., Kwame McKenzie, Trudy Harpham & Sharon R. A. Huttly (2005). Social Capital and Mental Illness: A Systematic Review. *Journal of Community Health, 59*, pp. 619-627.

Diener, Ed (1984). Subjective Well-Being. *Psychological Bulletin, 95,* pp. 542-575.

Dileo, Cheryl (2000). *Ethical Thinking in Music Therapy*. Cherry Hill, NJ: Jeffrey Books.

Dillon, Robin S. (2010). *Respect. In The Stanford Encyclopedia of Philosophy*. Retrieved July 22, 2010, from http://plato.stanford.edu/entries/respect/

Dissanayake, Ellen (1992/1995). *Homo Aestheticus. Where Art Comes From and Why*. Seattle: University of Washington Press.

Dissanayake, Ellen (2000a). Antecedents of the Temporal Arts in Early Mother-Infant Interaction. In Wallin, Nils L., Björn Merker & Steven Brown (Eds.), *The Origins of Music*. Cambridge, MA: The MIT Press.

Dissanayake, Ellen (2000b). *Art and Intimacy: How the Arts Began*. Seattle: University of Washington Press.

Dissanayake, Ellen (2001). An Ethological View of Music and its Relevance to Music Therapy. *Nordic Journal of Music Therapy, 10*(2), pp. 159-175.

Dissanayake, Ellen (2009). Root, Leaf, Blossom, or Bole: Concerning the Origin and

Adaptive Function of Music. In Malloch, Stephen & Colwyn Trevarthen (Eds.), *Communicative Musicality. Exploring the Basis of Human Companionship*. Oxford, UK: Oxford University Press.

Dreier, Ole (1994). Sundhedsbegreber i psykososial praksis [Concepts of Health in Psychosocial Practice]. In Jensen, Uffe Juul & Peter Fuur Andersen (Eds.), *Sundhedsbegreper i filosofi og praksis* [Concepts of Health in Theory and Practice]. Århus, DK: Philosophia.

Dunn, Barbara (2008). Transforming Conflict through Music. Unpublished PhD dissertation. Cincinnati, OH: Union Institute and University.

Durkheim, Emile (1912/1995). *The Elementary Forms of Religious Life* (Translated by Karen E. Fields). New York: The Free Press.

Easterlin, Richard A. (2003). Building a Better Theory of Wellbeing. March 2003. IZA Discussion Paper, 2003/742. Los Angeles: University of Southern California. http://ssrn.com/abstract=392043.

Economist (2005). The Economist Intelligence Unit's Quality of Life Index. http://www.economist.com/media/pdf/QUALITY_OF_LIFE.pdf.

Edwards, Jane (2002). 'Music Therapy by any Other Name Would Smell as Sweet' or 'Community Music Therapy' Means 'Culturally Sensitive Music Therapy' in Our Language." *Voices: A World Forum for Music Therapy*. Retrieved October, 15, 2002, from: http://www.voices.no/discussions/discm8_03.html

Edwards, Jane (2007). *Music: Promoting Health and Creating Community in Healthcare Contexts*. Newcastle: Cambridge Scholars Publishing.

Einbu, Torun (1993). Prosjektet 'Aktiv musikk for alle' [The Project "Music Activities for Everybody"]. *Nordic Journal of Music Therapy, 2*(2), pp. 26-28.

Elefant, Cochavit (2010a). Musical Inclusion, Intergroup Relations, and Community Development. In Stige, Brynjulf, Gary Ansdell, Cochavit Elefant & Mercédès Pavlicevic (Eds.), *Where Music Helps. Community Music Therapy in Action and Reflection*. Aldershot, UK: Ashgate Publishing.

Elefant, Cochavit (2010b). Giving Voice: Participatory Action Research with a Marginalized Group. In Stige, Brynjulf, Gary Ansdell, Cochavit Elefant & Mercédès Pavlicevic (Eds.), *Where Music Helps. Community Music Therapy in Action and Reflection*. Aldershot, UK: Ashgate Publishing.

Elliott, David J. (1995). *Music Matters. A New Philosophy of Music Education*. New York: Oxford University Press.

Ely, Elisabeth & Miriam A. McMahon (1990). Integration—Where Does it Begin? . . . A Creative Arts Perspective. *Australian Journal of Music Therapy, 1*, pp. 36-44.

Ely, Elisabeth & Karen Scott (1994). Integrating Clients with an Intellectual Disability into the Community through Music Therapy. *Australian Journal of Music Therapy, 5*, pp. 7-18.

Embretson, Susan E. & Steven P. Reise (2000). *Item Response Theory for Psychologists*. Mahwah, New Jersey: Erlbaum Publishers.

Empson, Laura (2007). Surviving and Thriving in a Changing World: The Special Nature of Partnership. In Empson, Laura (Ed.), *Managing the Modern Law Firm. New Challenges, New Perspectives* (pp. 10-36). Oxford: Oxford University Press.

Epp, Erinn (2007). Locating the Autonomous *Voice: Self-Expression in Music-Centered Music Therapy*. Voices: A World Forum for Music Therapy. Retrieved January 19, 2011, from https://normt.uib.no/index.php/voices/article/view/463/372.

Eriksen, Thomas Hylland (2010). *Small Places, Large Issues. An Introduction to Social and Cultural Anthropology* (3rd edition). London: Pluto Press.

Erkkilä, Jaakko (2003). Book Review of *Contemporary Voices in Music Therapy: Communication, Culture, and Community* (Kenny, Carolyn & Brynjulf Stige) [online]. Nordic Journal of Music Therapy. Retrieved April 2, 2003, from: http://www.njmt.no/bookreview_2003029.html

Felce, David & Jonathan Perry (1995). Quality of Life: Its Definition and Measurement. *Research in Developmental Disabilities, 16*(1), pp. 51-74.

Feldman, Pamela J. & Sheldon Cohen (2000). Social Support. In Kazdin, Alan E. (Ed.), *Encyclopedia of Psychology, 7*(pp. 373-376). Washington, DC: American Psychological Association.

Finlay, Lindan & Brenda Gough (Eds.) (2003). *Reflexivity. A Practical Guide for Researchers in Health and Social Sciences*. Oxford, UK: Blackwell Publishing.

Folsom, Geneva Scheihing (1968). The Developing Situation. In Gaston, E. Thayer (Ed.), *Music in Therapy*. New York: Macmillan Publishing.

Fornäs, Johan (1995). *Cultural Theory and Late Modernity*. London: Sage Publications.

Foucault, Michel (1961/1991). *Galskapens historie i opplysningens tidsalder* [Madness and Civilization: A History of Insanity in the Age of Reason. Original title in French: Folie et dêraison. Historie de la folie à l'âge classiquie]. Oslo, Norway: Gyldendal.

Fouché, Sunelle & Kerryn Torrance (2005). Lose Yourself in the Music, the Moment, Yo! Music Therapy with an Adolescent Group Involved in Gangsterism. *Voices: A World Forum for Music Therapy*. Retrieved February 24, 2011, from https://normt.uib.no/index.php/voices/article/view/232/176.

Frank, Jerome D. & Julia B. Frank (1991). *Persuasion & Healing. A Comparative Study of Psychotherapy*. Baltimore: The Johns Hopkins University Press.

Freidson, Eliot (1970/1988). *Profession of Medicine: A Study of the Sociology of Applied Knowledge*. Chicago: The University of Chicago Press.

Freire, Paulo (1970/2000). *Pedagogy of the Oppressed: 30th Anniversary Edition*. New York: Continuum.

Friedson, Steven M. (1996). *Dancing Prophets. Musical Experience in Tumbuka Healing*. Chicago: The University of Chicago Press.

Friedson, Steven M. (2000). Dancing the Disease: Music and Trance in Tumbuka Healing. In Gouk, Penelope (Ed.), *Musical Healing in Cultural Contexts*. Aldershot, UK: Ashgate Publishing.

Frith, Simon (2004). Why Does Music Make People so Cross? *Nordic Journal of Music Therapy, 13*(1), pp. 64-69.

Frohne, Isabelle (1986). Music Therapy in Social Education and Music Therapy in Psychiatry. In Ruud, Even (Ed.), *Music and Health*. Oslo, Norway: Norsk Musikforlag.

Frohne-Hagemann, Isabelle (1998). The 'Musical Life Panorama' (MLP). A Facilitating Method in the Field of Clinical and Sociocultural Music Therapy. *Nordic Journal of Music Therapy, 7*(2), pp.104-112.

Frohne-Hagemann, Isabelle (2001). *Fenster zur Musiktherapie. Musik-therapie-theorie 1976-2001* [A Window to Music Therapy. Music Therapy Theory 1976-2001]. Wiesbaden, Germany: Reichert Verlag.

Furedi, Frank (2004). *Therapy Culture: Cultivating Vulnerability in an Uncertain Age*. London: Routledge.

Gadamer, Hans-Georg (1960/1999). *Truth and Method*. New York: Continuum.

Galtung, Johan (1994). *Human Rights in Another Key*. Cambridge, UK: Polity Press.

Galtung, Johan (1999). The NATO War, the Ethnic Cleansing, Is There a Way Out? [online]. *Transnational Foundation for Peace and Future Research*. Retrieved April 6, 2003 from: http://www.radiobergen.org/serbia/galtung.htm.

Galtung, Johan (2008). Peace, Music, and the Arts: In Search of Interconnectedness. In Urbain, Olivier (Ed.), *Music and Conflict Transformation. Harmonies and Dissonances in Geopolitics* (pp. 53-60). London & New York: I.B. Tauris.

Garred, Rudy (2002). The Ontology of Music in Music Therapy: A Dialogical View. In Kenny, Carolyn B. & Brynjulf Stige (Eds.), *Contemporary Voices of Music Therapy: Communication, Culture, and Community* (pp. 35-45). Oslo, Norway: Unipub forlag.

Garred, Rudy (2006). Music as Therapy: A Dialogical Perspective. Gilsum, NH: Barcelona Publishers.

Gaston, E. Thayer (Ed.) (1968). *Music in Therapy*. New York: Macmillan Publishing.

Geck, Martin (1972/1977). *Musikterapi. Bot eller bedövning? En kritisk diskussion om musiken i samhället?* [Music Therapy. Remedy or Apathy? A Critical Discussion of Music in Society. (Original title in German: Musiktherapie als Problem der Gesellschaft)]. Stockholm: Wahlström & Widstrand.

Geertz, Clifford (1973/1993). *The Interpretation of Cultures*. London: Fontana Press.

Geertz, Clifford (1983). *Local Knowledge*. Further Essays in Interpretive Anthropology. New York: Basic Books.

Gennep, Arnold van (1909/1999). *Rites de Passage. Overgangsriter* [Transitional Rites]. Oslo, Norway: Pax.

Giddens, Anthony (1991). *Modernity and Self-Identity: Self and Society in the Late Modern Age*. Cambridge, UK: Polity Press.

Gibson, James J. (1979/1986). *The Ecological Approach to Visual Perception*. Hillsdale, NJ: Lawrence Erlbaum Associates, Publishers.

Goffman, Erving (1959/1990). *The Presentation of Self in Everyday Life*. London: Penguin Books Ltd.

Goffman, Erving (1963). *Stigma. Notes on the Management of Spoiled Identity*. Englewood Cliffs, NJ: PrenticeHall.

Goffman, Erving (1967). *Interaction Ritual. Essays on Face-to-Face Behavior*. New York: Anchor Books.

Gold, Christian (2004). The Use of Effect Sizes in Music Therapy Research. *Music Therapy Perspectives, 22*(2), pp. 91-95.

Gold, Christian, Tor Olav Heldal, Trond Dahle & Tony Wigram (2005). Music Therapy for Schizophrenia and Schizophrenia-Like Illnesses. *Cochrane Database of Systematic Reviews*(2), CD004025. Retrieved February 19, 2011, from:http://onlinelibrary.wiley.com/o/cochrane/clsysrev/articles/CD004025/pdf_fs.html

Gold, Christian, Randi Rolvsjord, Leif Edvard Aarø, Trond Aarre, Lars Tjemsland, & Brynjulf Stige (2005). Resource-Oriented Music Therapy for Psychiatric Patients with Low Therapy Motivation: Protocol for a Randomised Controlled Trial (RCT-MTPSY). *BioMed Central Psychiatry, 5:*39 http://www.biomedcentral.com/content/5/1/39.

Gold, Christian, Hans Petter Solli, Viggo Krüger & Stein Atle Lie (2009). Dose-Response Relationship in Music Therapy for People with Serious Mental Disorders: Systematic Review and Meta-Analysis. *Clinical Psychology Review, 29,* pp. 193-207.

Gold, Christian, Randi Rolvsjord, Karin Mössler & Brynjulf Stige (forthcoming). Reliability and Validity of a Scale to Measure Interest in Music among Clients in Mental Health Care.

Gonzalez, Paula Alicia Melante, Mariana Cardoso Puchivailo, Sheila Volpi & José Roberto Neves D'Amico (2008). Musica, Educacion y Sociedad, una vision transdisciplinar en Musicoterapia [Music, Education and Society: a Transdisciplinary Vision in Music Therapy]. *Paper at the 12th World Congress in Music Therapy*. Buenos Aires, Argentina, July 2008.

Gouk, Penelope (2000). Sister Disciplines? Music and Medicine in Historical Perspective. In Gouk, Penelope (Ed.), *Musical Healing in Cultural Contexts* (pp. 171-196).

Aldershot, UK: Ashgate Publishing.

Green, Lucy (2002). *How Popular Musicians Learn. A Way Ahead for Music Education*. Farnham, UK: Ashgate Publishing.

Green, Lucy (2008). *Music, Informal Learning and the School: A New Classroom Pedagogy*. Farnham, UK: Ashgate Publishing.

Groves, Robert M., Floyd J. Fowler Jr., Mick P. Couper, James M. Lepkowski, Eleanor Singer & Roger Tourangeau (2004). *Survey Methodology*. Hoboken, NJ: John Wiley.

Guba, Egon G. & Yvonna S. Lincoln (2005). Paradigmatic Controversies, Contradictions, and Emerging Confluences. In Norman K. Denzin & Yvonna S. Lincoln (Eds.), *The Sage Handbook of Qualitative Research* (3rd edition). Thousand Oaks, CA: Sage Publications.

Gustavsen, Bjørn (2006). Theory and Practice: The Mediating Discourse. In Reason, Peter & Hilary Bradbury. *The Handbook of Action Research*. (Concise paperback edition.) London: Sage Publications.

Gutheil, Thomas G. & Archie Brodsky (2008). *Preventing Boundary Violations in Clinical Practice*. New York: The Guilford Press.

Gutheil, Thomas G. & Glen O. Gabbard (1993). The Concept of Boundaries in Clinical Practice: Theoretical and Risk Management Dimensions. *American Journal of Psychiatry, 150*(2), pp. 188-196.

Guze, Samuel B. (1978). Nature of Psychiatric Illness: Why Psychiatry is a Branch of Medicine. *Comprehensive Psychiatry, 19*(4), pp. 295-307.

Habermas, Jürgen (1968/1971). *Knowledge and Human Interests* (Original title in German: Erkenntnis und Interesse]. Boston: Beacon Press.

Hadsell, Nancy (1974). A Sociological Theory and Approach to Music Therapy with Adult Psychiatric Patients. *Journal of Music Therapy, xi,* pp. 113-124.

Halldorsson, Mathías, Anton E. Kunst, Lennart Köhler & Johan P. Mackenbach (2000). Socioeconomic Inequalities in the Health of Children and Adolescents. A Comparative Study of the Five Nordic Countries. *European Journal of Public Health, 10*(4), pp. 281-288.

Halstead, Jill (2010). Making Music: Action, Embodiment, Health. Locating Music as Act and Activity in Contemporary Culture. Post doctoral project proposal. Bergen, Norway: The Grieg Academy, University of Bergen.

Hammersley, Martyn & Paul Atkinson (2007). *Ethnography. Principles in Practice* (2nd edition). London: Routledge.

Hancock, Gregory R. & Ralph O. Mueller (2006). *Structural Equation Modeling: A Second Course*. Greenwich, CT: Information Age Publishing.

Hanifan, Lydia Judson (1916). The Rural School Community Center. *Annals of the*

American Academy of Political and Social Science, 67, pp. 130–138.

Harkness, Janet A., Fons J. R. Van de Vijver & Peter Ph. Mohler (Eds.) (2003). *Crosscultural Survey Methods.* Hoboken, NJ: John Wiley & Sons.

Hartley, Nigel (2008). The Arts in Health and Social Care: Is Music Therapy Fit for Purpose? *British Journal of Music Therapy, 22*(2), pp. 88–96.

Heck, Ronald H. & Scott L. Thomas (2008). *An Introduction to Multilevel Modeling Techniques.* Mahwah, NJ: Erlbaum.

Helle-Valle, Anna (2011). Restless Children: Who are They, How can They Best be Met, and What can be the Contribution of Music Therapy? Unpublished PhD Proposal. Bergen, Norway: The Grieg Academy, University of Bergen.

Hernes, Helge (2002). Perspektiver på profesjoner [The Professions in Perspective]. In Nylehn, Børre & Anne Marie Støkken (Eds.), *De profesjonelle* [The Professionals]. Oslo, Norway: Universitetsforlaget.

Heron, John (1992). *Feeling and Personhood: Psychology in another Key.* London: Sage Publications.

Hillery, George A. Jr. (1955). Definitions of Community: Areas of Agreement. *Rural Sociology, 20*(4), pp. 111–123.

Hird, Susan (2003). What is Wellbeing? A Brief Review of Current Literature and Concepts. NHS Scotland, April 2003. Retrieved January 17, 2011, from: http://www.phis.org.uk/doc.pl?file=pdf/What%20is%20wellbeing%202.doc.

Hogg, Michael A. (2001). Social Categorization, Depersonalization, and Group Behavior. In Hogg, Michael A. & R. Scott Tindale (Eds.), *Blackwell Handbook of Social Psychology: Group Processes* (pp. 56–85). Oxford, U. K.: Blackwell.

Hogg, Michael A. & Deborah J. Terry (2001). Social Identity Theory and Organizational Processes. In Hogg, Michael A. & Deborah J. Terry (Eds.), *Social Identity Processes in Organizational Contexts* (pp. 1–12). Philadelphia, PA: Psychology Press (Taylor & Francis).

Hollander, Edwin P. (1976). *Principles and Methods of Social Psychology* (3rd edition). New York: Oxford University Press.

Holmes, Thomas A. & Richard H. Rahe (1967). The Social Readjustment Rating Scale. *Journal of Psychosomatic Research, 11,* pp. 213–218.

Honneth, Axel (2003). *Behovet for anerkendelse* [The Need for Recognition]. Copenhagen, DK: Hans Reitzel forlag.

Horden, Peregrine (Ed.) (2000). *Music as Medicine: The History of Music Therapy since Antiquity.* Aldershot, UK: Ashgate Publishing.

House, James S. (1981). *Work Stress and Social Support.* Reading, MA: Addison-Wesley.

Huisman, Martijn, Anton E. Kunst & Johan P. Mackenbach (2005). Inequalities in the

Prevalence of Smoking in the European Union: Comparing Education and Income. *Preventive Medicine, 40,* pp. 756-764.

Hunt, Meagan (2005). Action Research and Music Therapy: Group Music Therapy with Young Refugees in a School Community. *Voices: A World Forum for Music Therapy.* Retrieved February 24, 2011, from https://normt.uib.no/index.php/voices/article/view/223/167.

Ife, Jim (2008). *Human Rights and Social Work. Towards Rights-Based Practice.* New York: Cambridge University Press.

Ife, Jim (2010). *Human Rights from Below. Achieving Rights through Community Development.* New York: Cambridge University Press.

Ishay, Micheline R. (2004). *The History of Human Rights.* Berkeley, CA: University of California Press.

Jampel, Peter (2006). Performance in Music Therapy with Mentally Ill Adults. Unpublished Doctoral Dissertation. New York: New York University.

Jampel, Peter (2011). Performance in Music Therapy: Experiences in Five Dimensions. *Voices: A World Forum for Music Therapy, 11*(1). Retrieved March 14, 2011, from: https://normt.uib.no/index.php/voices/article/view/275/440

Janss, Christian & Christian Refsum (2003). *Lyrikkens liv. Innføring i diktlesing* [The Life of Lyrics: Introduction to the Reading of Poetry]. Oslo, Norway: Universitetsforlaget.

Janzen, John M. (2000). Theories of Music in African Ngoma Healing. In Gouk, Penelope (Ed.), *Musical Healing in Cultural Contexts.* Aldershot, UK: Ashgate Publishing.

Kagan, Carolyn & Mark Burton (2005). Marginalization. In Nelson, Geoffrey & Isaac Prilleltensky (Eds.), *Community Psychology. In Pursuit of Liberation and Well-Being* (pp. 293-308). New York: Palgrave MacMillan.

Kahn, Robert L. & F. Thomas Juster (2002). Wellbeing: Concepts and Measures. *Journal of Social Issues, 58*(4), pp. 627-644.

Kaslow, Florence W. (Ed.) (1996). *Handbook of Relational Diagnosis and Dysfunctional Family Patterns.* New York: Wiley.

Kasser, Tim (2002). *The High Price of Materialism.* Cambridge, MA: The MIT Press.

Katz, Sharon (2011). The Peace Train. *Voices: A World Forum for Music Therapy, 11*(1). Retrieved March 14, 2011, from: https://normt.uib.no/index.php/voices/article/view/284/439

Kawachi, Ichiro (2000). Income Inequality and Health. In Berkman, Lisa F. & Ichiro Kawachi (Eds.), *Social Epidemiology* (pp. 76-94). Oxford: Oxford University Press.

Kawachi, Ichiro & Lisa F. Berkman (2000). Social Cohesion, Social Capital, and Health. In Berkman, Lisa F. & Ichiro Kawachi (Eds.), *Social Epidemiology* (pp. 174-190).

Oxford: Oxford University Press.

Kawachi, Ichiro, S.V. Subramanian & Daniel Kim (2010). Social Capital and Health—A Decade of Progress and Beyond. In Kawachi, Ichiro, S.V. Subramanian & Daniel Kim (Eds.), *Social Capital and Health* (pp. 1-26). New York: Springer.

Keil, Charles & Steven Feld (1994). *Music Grooves.* Chicago: The University of Chicago Press.

Kenny, Carolyn B. (1982). *The Mythic Artery. The Magic of Music Therapy.* Atascadero, CA: Ridgeview Publishing Company.

Kenny, Carolyn B. (1985). Music: A Whole Systems Approach. *Music Therapy, 5*(1), pp. 3-11.

Kenny, Carolyn B. (1988). A Song of Peace: Dare We Dream? *Music Therapy, 7*(1), pp. 51-55.

Kenny, Carolyn B. (1989). *The Field of Play. A Guide for the Theory and Practice of Music Therapy.* Atascadero, CA: Ridgeview Publishing Company.

Kenny, Carolyn B. (1999). Music Therapy Qualitative Research: How Music Therapy Research Can Influence Social Change. Panel debate, chaired by Carolyn Kenny, at the 9th World Congress of Music Therapy, Washington, DC.

Kenny, Carolyn B. (2002a). Blue Wolf Says Goodbye for the Last Time. *American Behavioral Scientist, 45*(8), pp. 1214-1222.

Kenny, Carolyn B. (2002b). Keeping the World in Balance—Music Therapy in a Ritual Context. In Kenny, Carolyn B. & Brynjulf Stige (Eds.), *Contemporary Voices of Music Therapy: Communication, Culture, and Community* (pp. 157-170). Oslo, Norway: Unipub forlag.

Kenny, Carolyn B. (2006). *Music and Life in the Field of Play.* Gilsum, NH: Barcelona Publishers.

Kenny, Carolyn B. & Brynjulf Stige (Eds.) (2002). *Contemporary Voices of Music Therapy: Communication, Culture, and Community.* Oslo, Norway: Unipub forlag.

Kern, Petra (2005). Using a Music Therapy Collaborative Consultative Approach for the Inclusion of Young Children with Autism in a Child Care Program. In *Jahrbuch Musiktherapie.* Band 1: Forschung und Lehre [Music Therapy Annual, 1: Research and Development, pp. 107-134]. Berufsverband der Musiktherapeutinnen und Musiktherapeuten in Deutschland e.V. (BVM), Wiesbaden, Reichert Verlag.

Kiesler, Donald J. (1991). Interpersonal Methods of Assessment and Diagnosis. In Snyder, C. R. & Donelson R. Forsyth (Eds.), *Handbook of Social and Clinical Psychology* (pp. 438-468). New York: Pergamon.

Kigunda, Bernard M. (2004). Music Therapy Canning and the Healing Rituals of Catholic Charismatics in Kenya. *Voices: A World Forum for Music Therapy.*

Retrieved February 26, 2011, from: https://normt.uib.no/index.php/voices/article/view/186/145.

Kim, Daniel, S.V. Subramanian & Ichiro Kawachi (2010). Social Capital and Physical Health: A Systematic Review of the Literature. In Kawachi, Ichiro, S.V. Subramanian & Daniel Kim (Eds.), *Social Capital and Health* (pp. 139–190). New York: Springer.

Kirk, Stuart A. & Herb Kutchins (1994). The Myth of the Reliability of DSM. *Journal of Mind and Behavior, 15*(1&2), pp. 71–86.

Kleive, Mette & Brynjulf Stige (1988). Med lengting, liv og song [With Longing, Life, and Song.] Oslo, Norway: Samlaget.

Knardal, Solgunn (2007). I songen vi møtest . . . Ein tekst om pensjonistar som syng i kor, basert påmedlemmene sine eigne forteljingar [In Singing We're Relating . . . A Text on Senior Choir Singers, Based on Their own Words]. Unpublished master thesis. Oslo/Sandane, Norway: Norwegian Academy of Music/Sogn og Fjordane University College.

Knorth, Erik J., Peter Van Den Bergh, & Fop Verheij (Eds.) (2002). *Professionalization and Participation in Child and Youth Care: Challenging Understandings in Theory and Practice*. Aldershot, UK: Ashgate Publishing.

Korsyn, Kevin (2003). Decentering Music. A Critique of Contemporary Musical Research. New York: Oxford University Press.

Kristiansen, Ivar Sønbø & Gavin Mooney (Eds). (2004). *Evidence-Based Medicine. In its Place*. London and New York: Routledge.

Krüger, Viggo (2004). Læring gjennom deltagelse i et rockeband. Et instrumentelt case studie om situert læring i musikkterapi [Learning through Participation in a Rock Band. An Instrumental Case Study on Situated Learning in Music Therapy]. Unpublished master thesis. Oslo/Sandane, Norway: Norwegian Academy of Music/Sogn og Fjordane University College.

Krüger, Viggo (2007). Music as Narrative Technology. *Voices: A World Forum for Music Therapy*. Retrieved January 19, 2011, from https://normt.uib.no/index.php/voices/article/view/492/399.

Krüger, Viggo (forthcoming). Musikk—fortelling—fellesskap. Musikkterapi i en barnevernsinstitusjon [Music—Narrative—Community. Music Therapy in a Children's Welfare Institution]. Unpublished Doctoral Dissertation. Bergen, Norway: The Grieg Academy, University of Bergen.

Kuhn, Thomas S. (1962/1996). *The Structure of Scientific Revolutions* (3rd edition). Chicago: The University of Chicago Press.

Langner, Thomas. S. & Stanley T. Michael (1963). *Life Stress and Mental Health*. London: Free Press.

Lave, Jean & Etienne Wenger (1991). *Situated Learning. Legitimate Peripheral Participation*. Cambridge, UK: Cambridge University Press.

Lazarus, Richard S. & Susan Folkman (1984). *Stress, Appraisal and Coping*. New York: Springer.

Lee, Colin (1996). *Music at the Edge. The Music Therapy Experiences of a Musician with AIDS*. London: Routledge.

Leer-Salvesen, Paul (2002). Preludium: Arven fra Hippocrates [Prelude: The Hippocratic Heritage]. In Nylehn, Børre & Anne Marie Støkken (Eds.), *De profesjonelle* [The Professionals]. Oslo, Norway: Universitetsforlaget.

Leppert, Richard & Susan McClary (Eds.) (1987). *Music and Society. The Politics of Composition, Performance and Reception*. Cambridge: Cambridge University Press.

Logis, Maria & Alan Turry (1999). Singing My Way through It: Facing the Cancer, the Darkness and the Fear. In Hibben, Julie (Ed.), *Inside Music Therapy: Client Experiences,* pp. 97-118. Gilsum, NH: Barcelona Publishers.

Lopez, Alan D., Colin D. Mathers, Majid Ezzati, Dean T. Jamison & Christopher J. L. Murray (Eds.) (2006). *Global Burden of Disease and Risk Factors*. New York: Oxford University Press.

Lubet, Alex J. (2004). Tunes of Impairment: An Ethnomusicology of Disability. *Review of Disability Studies, 1*(1), pp. 133-155.

MacDonald, Raymond, Gunter Kreutz & Laura Mitchell (Eds.) (in press). *Music, Health and Wellbeing*. New York: Oxford University Press.

MacDonald, Scott & Michael Viega (2011). Hear Our Voices: A Music Therapy Songwriting Program and the Message of the Little Saints. In Hadley, Susan & George Yancy (Eds.), *Therapeutic Uses of Rap and Hip-Hop*. New York: Routledge.

MacQueen, Kathleen M., Eleanor McLellan, David S. Metzger, Susan Kegeles, Ronald P. Strauss, Roseanne Scotti, Lynn Blanchard & Robert T. Trotter (2001). What is Community? An Evidence-Based Definition for Participatory Public Health. *American Journal of Public Health, 91*(12), pp. 1929-1943.

Maddux, James E. (2002). Stopping the "Madness"—Positive Psychology and the Deconstruction of the Illness Ideology and the DSM. In Snyder, C. R. & Lopez, Shane J. (Eds.), *Handbook of Positive Psychology* (pp. 13-25). Oxford: Oxford University Press.

Maddux, James E. (2008). Positive Psychology and the Illness Ideology: Toward a Positive Clinical Psychology. *Applied Psychology: An International Review, 57*, pp. 54-70.

Major, Brenda & Collette P. Eccleston (2005). Stigma and Social Exclusion. In Abrams,

Dominic, Michael. A. Hogg & José. M. Marques (Eds.), *The Social Psychology of Inclusion and Exclusion* (pp. 63–87). New York: Psychology Press (Taylor & Francis).

Malekoff, Andrew (1997). *Group Work with Adolescents.* New York: Guildford Press.

Malloch, Stephen & Colwyn Trevarthen (Eds.) (2009). *Communicative Musicality. Exploring the Basis of Human Companionship.* Oxford, UK: Oxford University Press.

Maratos, Anna (2004). Whatever Next? Community Music Therapy for the Institution. In Pavlicevic, Mercédès & Gary Ansdell (Eds.), *Community Music Therapy.* London: Jessica Kingsley Publishers.

Marmot, Michael, Johannes Siegrist & Töres Theorell (2006). Health and the Psychosocial Environment at Work. In Marmot, Michael & Richard G. Wilkinson (Eds.), *Social Determinants of Health* (pp. 97–130). Oxford: Oxford University Press.

Martin, Pete J. (1995). *Sounds and Society.* Manchester: Manchester University Press.

Martin, Pete J. (2006). Music and the Sociological Gaze. Art Worlds and Cultural Production. Manchester: Manchester University Press.

Mathers, Colin D., Alan D. Lopez & Christopher J. L. Murray (2006). The Burden of Disease and Mortality by Condition: Data, Methods and Results for 2001. In Lopez, Alan D., Colin D. Mathers, Majid Ezzati, Dean T. Jamison & Christopher J. L. Murray (Eds.), *Global Burden of Disease and Risk Factors* (pp. 45–240). New York: Oxford University Press.

Mattern, Mark (1998). *Acting in Concert: Music, Community, and Political Action.* New Brunswick, NJ: Rutgers University Press.

May, Elizabeth (1983). *Musics of Many Cultures.* Berkeley: California University Press.

McFerran, Katrina (2009). A Journey into the Heart: Music Therapy after the "Black Saturday" Bush Fires. *Voices: A World Forum for Music Therapy.* Voices: A World Forum for Music Therapy. Retrieved January 3, 2010, from http://www.voices.no/columnist/colMcFerran7*mm*yy.php.

McFerran, Katrina (2010). *Adolescents, Music and Music Therapy: Methods and Techniques for Clinicians, Educators and Students.* London: Jessica Kingsley Publishers.

McFerran, Katrina (in press). Moving out of Your Comfort Zone: Group Music Therapy with Adolescents Who Have Misused Drugs. In Meadows, Anthony (Ed.), *Developments in Music Therapy Practice: Case Study Perspectives.* Gilsum, NH: Barcelona Publishers.

McFerran, Katrina & Meagan Hunt (2008). Learning from Experiences in Action: Music in Schools to Promote Healthy Coping with Grief and Loss. *Educational Action Research, 16*(1), pp. 43–54.

McFerran, Katrina & Kate Teggelove (2011). Music Therapy with Young People in Schools: After the Black Saturday Fires. *Voices: A World Forum for Music Therapy, 11*(1). Retrieved March 14, 2011, from: https://normt.uib.no/index.php/voices/article/view/285

McGuire, Michael G. (Ed.) (2004). *Psychiatric Music Therapy in the Community: The Legacy of Florence Tyson*. Gilsum, NH: Barcelona Publishers.

McKenzie, Kwame (2006). The State of the Art. In McKenzie, Kwame & Trudy Harpham (Eds.), *Social Capital and Mental Health* (pp. 151–158). London: Jessica Kingsley Publishers.

McMillan, David W. (1976). Sense of Community: An Attempt at Definition. Nashville, TN: George Peabody College for Teachers (Unpublished manuscript).

McMillan, David W. & David M. Chavis (1986). Sense of Community: A Definition and Theory. *Journal of Community Psychology, 14* (January 1986), pp. 6–23.

Mechanic, David (1999). Mental Health and Mental Illness: Definitions and Perspectives. In Horwitz, Allan V. & Teresea L. Scheid (Eds.), *A Handbook for the Study of Mental Health* (pp. 12–28). Cambridge, UK: Cambridge University Press.

Merton, Robert K. (1942/1973). The Normative Structure of Science. I: Merton, Robert K. The Sociology of Science. *Theoretical and Empirical Investigations*. Chicago: The University of Chicago Press.

Metell, Maren (2011). What Can Music Therapy Afford Children with Severe Visual Impairment in Terms of Social Participation? Unpublished Master thesis. Bergen, Norway: The Grieg Academy, University of Bergen.

Milgram, Stanley (1967). The Small–World Problem. *Psychology Today 1,* pp. 61–67.

Mill, John Stuart (1859/2003). *On Liberty* (edited by David Bromwich & George Kateb). New Haven and London: Yale University Press.

Miller, Geoffrey (2000). Evolution of Human Music through Sexual Selection. In Wallin, Nils L., Björn Merker & Steven Brown (Eds.), *The Origins of Music*. Cambridge, MA: The MIT Press.

Miller, Geoffrey (2001). *The Mating Mind. How Sexual Choice Shaped the Evolution of Human Nature*. London: Vintage, Random House.

Mitchell, Laura, Raymond MacDonald & Christina Knussen (2008). An Investigation of the Effects of Music and Art on Pain Perception. *Psychology of Aesthetics, Creativity, and the Arts, 2*(3), pp. 162–170.

Mittelmark, Maurice, Leif Edvard Aarø, Sigrun G. Henriksen, Johan Siqveland & Torbjørn Torsheim (2004). Chronic Social Stress in the Community and Associations with Psychological Distress: A Social Psychological Perspective. *International Journal of Mental Health Promotion, 6,* pp. 4–16.

Miyake, Hiroko (2008). Rethinking Music Therapy from the Perspective of Bio–politics.

Voices: A World Forum for Music Therapy. Retrieved February 3, 2011, from
https://normt.uib.no/index.php/voices/article/view/413/337.

Moreno, Joseph (1988). The Music Therapist: Creative Arts Therapist and Contemporary
Shaman. *The Arts in Psychotherapy, 15*(4), pp. 271–280.

Moreno, Joseph (1995a). Candomblé: Afro-Brazilian Ritual as Therapy. In Kenny,
Carolyn B. (Ed.), *Listening, Playing Creating. Essays on the Power of Sound.*
Albany: State University of New York Press.

Moreno, Joseph (1995b). Ethnomusic Therapy: An Interdisciplinary Approach to Music
Healing. *The Arts in Psychotherapy, 22*(4), pp. 329–338.

Moreno, Joseph (2003). Music Therapy in the White House. *Voices: A World Forum for
Music Therapy.* Retrieved May 9, 2004, from http://www.voices.no/discussions/
discm17_01.html.

Murphy, Michael, Martin Bobak, Amanda Nicholson, Richard Rose & Michael Marmot
(2006). The Widening Gap in Mortality by Educational Level in the Russian
Federation, 1980–2001. *American Journal of Public Health, 96,* pp. 1293–1299.

Naples, Nancy A. (2003). *Feminism and Method: Ethnography, Discourse Analysis,
and Activist Research.* New York: Routledge.

Nelson, Geoffrey & Isaac Prilleltensky (Eds.) (2005). *Community Psychology. In Pursuit
of Liberation and WellBeing.* New York: Palgrave MacMillan.

Nerheim, Hjördis (1995). *Vitenskap og kommunikasjon. Paradigmer, modeller
og kommunikative strategier ihelsefagenes vitenskapsteori* [Science and
Communication. Paradigms, Models and Strategies of Communication in the Health
Disciplines' Theory of Science.] Oslo, Norway: Universitetsforlaget.

Nettl, Bruno (1956). Aspects of Primitive and Folk Music Relevant to Music Therapy. In
*Music Therapy 1955. Fifth Book of Proceedings of the National Association for
Music Therapy.* Lawrence, KS: The National Association for Music Therapy.

Newman, Katherine S. (1999). *Falling from Grace. Downward Mobility in the Age of
Affluence.* Berkeley, CA: University of California Press.

Ng, Wang Feng (2005). Music Therapy, War Trauma, and Peace: A Singaporean
Perspective. *Voices: A World Forum for Music Therapy.* Retrieved November 2,
2007, from http://www.voices.no/mainissues/mi40005000191.html.

Nilsen, Venja Ruud (2007). "Musikk i fengsel og frihet"—et samfunnsmusikkterapeutisk
tilbud. ["Music in Custody and Liberty"—A Community Music Therapy Program].
Unpublished Master's Thesis. Oslo, Norway: Norwegian Academy of Music.

Nisbet, Robert A. (1966/2002). *The Sociological Tradition.* New Brunswick, NJ:
Transaction Publishers.

Noone, Jason (2008). Developing a Music Therapy Programme within a Person Centred
Planning Framework. *Voices: A World Forum for Music Therapy, 8*(3). Retrieved

December 6, 2009, from http://www.voices.no/mainissues/mi40008000281.php.

Nordoff, Paul & Clive Robbins (1965/2004). *Therapy in Music for Handicapped Children*. Gilsum, NH: Barcelona Publishers.

Nordoff, Paul & Clive Robbins (1971/1983). *Music Therapy in Special Education*. Saint Louis, MO: Magna-Music Baton.

Nordoff, Paul & Clive Robbins (1977/2007). *Creative Music Therapy*. Gilsum, NH: Barcelona Publishers.

Norman, Rachel, Derek Sellman & Catherine Warner (2006). Mental Capacity, Good Practice and the Cyclical Consent Process in Research Involving Vulnerable People. *Clinical Ethics, 1*(4), pp. 228-233.

Numata, Rii (2009). EinScream! Possibilities of New Musical Ideas to Form a Community. *Voices: A World Forum for Music Therapy, 9*(1). Retrieved January 29, 2011, from https://normt.uib.no/index.php/voices/article/view/363/286.

Oddy, Nicola (2001/2005). Convergences: Possibilities for Therapeutic Intervention in a Large Scale Community Performance. *Canadian Journal of Music Therapy, VIII*(1), pp. 48-63. Republished In Voices: A World Forum for Music Therapy. Retrieved January 26, 2011, from https://normt.uib.no/index.php/voices/article/view/239/183.

O'Grady, Lucy (2005). The Relationship between the Ways that Musicians and Music Therapists Describe their Work in Community Contexts: A Grounded Theory Analysis. Unpublished Master's Thesis. Melbourne: University of Melbourne, Faculty of Music.

O'Grady, Lucy (2009). The Therapeutic Potentials of Creating and Performing Music with Women in Prison: A Qualitative Case Study. Unpublished Doctoral Dissertation. Melbourne: University of Melbourne, Faculty of Music.

O'Grady, Lucy & Katrina McFerran (2006). Birthing: Feminist Community Music Therapy: The Progeny of Community Music Therapy Practice and Feminist Therapy Theory. In Hadley, Susan (Ed.), *Feminist Perspectives in Music Therapy*. Gilsum, NH: Barcelona Publishers.

O'Grady, Lucy & Katrina McFerran (2007). Community Music Therapy and its Relationship to Community Music: Where Does it End? *Nordic Journal of Music Therapy, 16*(1), pp. 14-26.

Onghena, Patrick (2005). Single-Case Designs. In Everitt, Brian S. & David Howell (Eds.), *Encyclopedia of Statistics in Behavioral Science, 3* (pp.1850-1854). New York: Wiley.

Oosthuizen, Helen (2006). Diversity and Community: Finding and Forming a South African Music Therapy. *Voices: A World Forum for Music Therapy*. Retrieved February 19, 2011, from https://normt.uib.no/index.php/voices/article/

view/277/202.

Oosthuizen, Helen, Fouché, Sunelle & Torrance, Kerryn (2007). Collaborative Work: Negotiations between Music Therapists and Community Musicians in the Development of a South African Community Music Therapy Project. *Voices: A World Forum for Music Therapy.* Retrieved February 19, 2011, from https://normt.uib.no/index.php/voices/article/view/546/407.

Owen, Frances & Dorothy Griffiths (Eds.) (2009). *Challenges to the Human Rights of People with Intellectual Disabilities.* London: Jessica Kingsley Publishers.

Pan American Health Organization (1999). Methodological Summaries: Measuring Inequity in Health. *Epidemiological Bulletin, 20*(1), 1. Retrieved February 16, 2011, from http://www.ops-oms.org/english/sha/be991ineq.htm.

Pavlicevic, Mercédès (2003). Risk, Indemnity and Social Responsibility in Music Therapy Training. *Voices: A World Forum for Music Therapy.* Retrieved March 17, 2003, from http://www.voices.no/mainissues/mi40003000115.html.

Pavlicevic, Mercédès (2004). Learning from Thembalethu: Towards Responsive and Responsible Practice in Community Music Therapy. In Pavlicevic, Mercédès & Gary Ansdell (Eds.), *Community Music Therapy.* London: Jessica Kingsley Publishers.

Pavlicevic, Mercédès (2010a). Let the Music Work: Optimal Moments of Collaborative Musicing. In Stige, Brynjulf, Gary Ansdell, Cochavit Elefant & Mercédès Pavlicevic. *Where Music Helps: Community Music Therapy in Action and Reflection.* Aldershot, UK: Ashgate Publishing.

Pavlicevic, Mercédès (2010b). Crime, Community, and Everyday Practice: Music Therapy as Social Activism. In Stige, Brynjulf, Gary Ansdell, Cochavit Elefant & Mercédès Pavlicevic. *Where Music Helps: Community Music Therapy in Action and Reflection.* Aldershot, UK: Ashgate Publishing.

Pavlicevic, Mercédès & Gary Ansdell (Eds.) (2004). *Community Music Therapy.* London: Jessica Kingsley Publishers.

Pavlicevic, Mercédès & Gary Ansdell (2009). Between Communicative Musicality and Collaborative Musicing. In Malloch, Stephen & Colwyn Trevarthen (Eds.), *Communicative Musicality.* Oxford: Oxford University Press.

Pellizzari, Patricia C. & Ricardo J. Rodríguez (2005). *Salud, Escucha y Creatividad. Musicoterapia Preventiva Psicosocial* [Health, Listening, and Creativity. Preventive Psychosocial Music Therapy]. Buenos Aires: Ediciones Universidad del Salvador.

Pettersen, Jarle A. (2008). Musikkterapi i fengsel. Møte mellom musikkerapien og "den totale institusjonen" [Music Therapy in Custody. The Encounter between Music Therapy and "the Total Institution"]. Unpublished Master's Thesis. Bergen, Norway: Department of Administration and Organization Studies, University of Bergen.

Pinker, Steven (1997). *How the Mind Works*. The New Science of Language and Mind. London: Penguin.

Portes, Alejandro (1998). Social Capital: Its Origins and Applications in Modern Sociology. *Annual Review of Sociology, 24,* pp. 1-24.

Powell, Harriet (2004). A Dream Wedding: From Community Music to Music Therapy with a Community. In Pavlicevic, Mercédès & Gary Ansdell (Eds.), *Community Music Therapy*. London: Jessica Kingsley Publishers.

Presser, Stanley, Jennifer M. Rothgeb, Mick B. Couper, Judith T. Lessler, Elisabeth Martin, Jean Martin & Eleanor Singer (Eds.) (2004). *Methods for Testing and Evaluating Survey Questionnaires*. New York: Wiley.

Priestley, Mary (1975/1985). *Music Therapy in Action*. St. Louis, MO: MagnaMusic Baton.

Procter, Simon (2001). Empowering and Enabling: Improvisational Music Therapy in Non-Medical Mental Health Provision. *Voices: A World Forum for Music Therapy*. Retrieved February 23, 2011, from https://normt.uib.no/index.php/voices/article/view/58/46

Procter, Simon (2004). Playing Politics: Community Music Therapy and the Therapeutic Redistribution of Musical Capital for Mental Health. In Pavlicevic, Mercédès & Gary Ansdell (Eds.), *Community Music Therapy*. London: Jessica Kingsley Publishers.

Procter, Simon (2006). What are we Playing at? Social Capital and Music Therapy. In Edwards, Rosalind, Jane Franklin & Janet Holland (Eds.), *Assessing Social Capital: Concept, Policy and Practice*. Cambridge: Scholars Press.

Procter, Simon (2008). Premising the Challenge (Response to Alison Barrington). *British Journal of Music Therapy, 22*(2), pp. 77-82.

Procter, Simon (2011). Reparative Musicing: Thinking on the Usefulness of Social Capital Theory within Music Therapy. *Nordic Journal of Music Therapy*. First published March 18, 2011 (iFirst). DOI: 10.1080/08098131.2010.489998.

Putnam, Robert (2000). *Bowling Alone: The Collapse and Revival of American Community*. New York: Simon and Schuster.

Ragland, Zane & Maurice Apprey (1974). Community Music Therapy with Adolescents. *Journal of Music Therapy, XI*(3), pp. 147-155.

Ramsey, David (2002). The Restoration of Communal Experiences during Music Therapy. Unpublished Doctoral Dissertation. New York: New York University, The School of Education, Health, Nursing, and Arts Professions.

Rappaport, Julian (1977). *Community Psychology: Values, Research, and Action*. New York: Holt, Rinehart & Winston.

Reason, Peter & Hilary Bradbury (2006). *The Handbook of Action Research*. (Concise paperback edition.) London: Sage Publications.

Redfield, Robert (1953/1963). *The Little Community/Peasant Society and Culture*. Chicago: The University of Chicago Press.

Reis, Harry T. (1995). Social Support. In Antony S. R. Manstead & Miles Hewstone (Eds.), *The Blackwell Encyclopedia of Social Psychology* (pp. 608-609). Cambridge, MA: Blackwell.

Rickson, Daphne (2008). The Potential Role of Music in Special Education (The PROMISE). New Zealand Music Therapists Consider Collaborative Consultation. *The New Zealand Journal of Music Therapy, 6*, pp. 76-97.

Rickson, Daphne (2010). Music Therapy School Consultation: A Literature Review. *The New Zealand Journal of Music Therapy, 8*, pp. 59-91.

Rieger, Gerd (1992). Rockmusik mit jungen Aussiedlern [Rock Music with Young Immigrants]. *Musiktherapeutische Umschau, 13*(3), pp. 217-220.

Rieger, Gerd (2006). Musiktherapie und Gemeinwesenarbeit [Music Therapy and Community Work]. *Musiktherapeutische Umschau, 27*(3), pp. 235-244.

Rieger, Gerd (2008). Musik verbindet. Das Lebenshilfe-Bandprojekt Rock am Ring und Community Music Therapy [Music Connects. The Life Enhancing Band Project Rock am Ring and Community Music Therapy]. *Geistige Behinderung, 47*(3), pp. 257-266.

Rio, Robin (2005). Adults in Recovery: A Year with Members of the Choirhouse. *Nordic Journal of Music Therapy, 14*(2), pp. 107-119.

Robson, Colin (2002). *Real World Research*. (2nd edition). Oxford, UK: Blackwell.

Roer, Sten (2001). Performance as Therapy: Chok-Rock New York Tour 1997. Paper at The 5th European Music Therapy Congress. Naples, Italy, April 2001.

Rogers, Wendy Stainton (1991). *Explaining Health and Illness: An Exploration of Diversity*. New York: Harvester Wheatsheaf.

Rohrbacher, Michael (1993). The Ethnomusicology of Music Therapy. Unpublished doctoral dissertation. Baltimore, MD: University of Maryland, Baltimore County.

Rohrbacher, Michael (2008). The Application of Hood's Nine Levels to the Practice of Music Therapy. In Koen, Benjamin D. (Ed.), *The Oxford Handbook of Medical Ethnomusicology*. New York: Oxford University Press.

Rokeach, Milton (1968). *Beliefs, Attitudes and Values: A Theory of Organization and Change*. San Francisco: CA: Jossey-Bass Inc. Pub.

Rolvsjord, Randi (2004). Therapy as Empowerment: Clinical and Political Implications of Empowerment Philosophy in Mental Health Practices of Music Therapy. *Nordic Journal of Music Therapy, 13*(2), pp. 99-111.

Rolvsjord, Randi (2007). "Blackbirds Singing": Explorations of Resource-Oriented Music Therapy in Mental Health Care. Unpublished Doctoral Dissertation, Aalborg Universitet.

Rolvsjord, Randi (2010). *Resource-Oriented Music Therapy in Mental Health Care*. Gilsum, NH: Barcelona Publishers.

Rolvsjord, Randi, Christian Gold & Brynjulf Stige (2005). Research Rigour and Therapeutic Flexibility: Rationale for a Therapy Manual Developed for a Randomized Controlled Trial. *Nordic Journal of Music Therapy, 14*(1), pp. 15−32.

Rosenwein, Barbara H. (2006). *Emotional Communities in the Early Middle Ages*. Ithaca, NY: Cornell University Press.

Rutter, Michael L., Bridget Yule, David Quinton, Olwen Rowlands, William Yule & Michael Berger (1975). Attainment and Adjustment in Two Geographical Areas: III. Some Factors Accounting for Area Differences. *British Journal of Psychiatry, 126*, pp. 493−509.

Ruud, Even (1980). *Hva er musikkterapi?* [What is Music Therapy?] Oslo, Norway: Gyldendal.

Ruud, Even (Ed.) (1986). *Music and Health*. Oslo, Norway: Norsk Musikforlag.

Ruud, Even (1987/1990). *Musikk som kommunikasjon og samhandling. Teoretiske perspektiver på musikkterapien*. [Music as Communication and Interaction. Theoretical Perspectives on Music Therapy.] Oslo, Norway: Solum.

Ruud, Even (1988). Music Therapy: Health Profession or Cultural Movement? *Music Therapy, 7*(1), pp. 34−37.

Ruud, Even (1991). Improvisasjon som liminal erfaring—om jazz og musikkterapi som overgangsritualer [Improvisation as Liminal Experience—On Jazz and Music Therapy as Rites de Passage]. In Stige, Brynjulf & Bente Østergaard (Eds.), *Levande musikk. Foredrag og referat fra 1. Nordiske Musikkterapikon-feranse* [Live Music. Proceedings from the First Nordic Music Therapy Conference]. Sandane: Høgskuleutdanninga på Sandane.

Ruud, Even (1992a). Improvisasjon som liminal erfaring—om jazz og musikkterapi som overgangsritualer [Improvisation as Liminal Experience—On Jazz and Music Therapy as Rites de Passage]. In Berkaak, Odd Are & Even Ruud. *Den påbegynte virkelighet. Studier i samtidskultur*. Oslo, Norway: Universitetsforlaget.

Ruud, Even (1992b). Innføring i systematisk musikkvitenskap [Introduction to Systematic Musicology]. Oslo, Norway: Institutt for musikk og teater, University of Oslo.

Ruud, Even (1995). Jazz and Music Therapy as Modern 'Rites de Passage.' In Kenny, Carolyn (Ed.), *Listening, Playing, Creating. Essays on the Power of Sound*. Albany: State University of New York Press.

Ruud, Even (1997a). Music and Identity. *Nordic Journal of Music Therapy, 6*(1), pp. 3−13.

Ruud, Even (1997b). *Musikk og identitet* (Music and Identity]. Oslo, Norway: Universitetsforlaget.

Ruud, Even (1998). *Music Therapy: Improvisation, Communication and Culture*. Gilsum, NH: Barcelona.

Ruud, Even (2000). 'New Musicology', Music Education and Music Therapy. *Paper at the 13th Nordic Congress of Musicology, Århus, Denmark*. Retrieved March 31, 2004, from: www.njmt.no.

Ruud, Even (2002). Music as a Cultural Immunogen—Three Narratives on the Use of Music as a Technology of Health. In Hanken, Ingrid Maria, Siw Graabæk & Monika Nerland (Eds.), *Research in and for Higher Music Education. Festschrift for Harald Jørgensen*. Oslo, Norway: NMH−Publications, 2002: 2.

Ruud, Even (2004). Defining Community Music Therapy. [Contribution to Moderated Discussions] *Voices: A World Forum for Music Therapy*. Retrieved January 16, 2006, from http://www.voices.no/discussions/discm4_07.html.

Ruud, Even (2010). *Music Therapy: A Perspective from the Humanities*. Gilsum, NH: Barcelona Publishers.

Ruud, Even (2011). Musikk med helsekonsekvenser. Et musikkpedagogisk prosjekt for ungdommer i en palestinsk flyktningleir [Music with Health Consequences. A Music Education Project for Youths in a Palestinian Refugee Camp]. *Nordic Research in Music Education, Yearbook. 12*, pp. 59−80.

Ruud, Even (in press). The New Health Musicians. In MacDonald, Raymond, Gunter Kreutz & Laura Mitchell (Eds.), *Music, Health and Wellbeing*. New York: Oxford University Press.

Ryan, William (1971). *Blaming the Victim*. New York: Random House.

Saarikallio, Suvi (2007). Music as Mood Regulation in Adolescence. Doctoral dissertation. Jyväskylä, Finland: University of Jyväskylä, The Faculty of Humanities.

Saracci, Rodolfo (1997). The World Health Organization Needs to Reconsider its Definition of Health. *British Medical Journal, 314* (10 May 1997), p. 1409.

Sarafino, Edward P. (2002). *Health Psychology—Biopsychosocial Interactions*. New York: John Wiley.

Saxbe, Darby (2003). Six Degrees of Separation. *Psychology Today Magazine*, Nov/Dec 2003.

Scheff, Thomas (1966). *Being Mentally Ill: A Sociological Perspective*. Chicago: Aldine.

Scheiby, Benedikte Barth (2002). Caring for the Caregivers: Trauma, Improvised Music and Transformation of Terror into Meaning through Community Music Therapy Training. In Loewy, Joanne & Andrea Frisch (Eds.), *Caring for the Caregiver: The Use of Music, Music Therapy in Grief and Trauma*. Silver Spring, MD: American Music Therapy Association.

Schullian, Dorothy & Max Schoen (Eds.) (1948). *Music and Medicine*. New York: Henry Schuman.

Schumaker, Lyn (2000). The Dancing Nurse: Kalela Drums and the History of Hygiene in Africa. In Gouk, Penelope (Ed.), *Musical Healing in Cultural Contexts.* Aldershot, UK: Ashgate Publishing.

Schwabe, Christoph (1983). *Aktive Gruppenmusiktherapie für erwachsene Patienten* [Active Group Music Therapy for Adult Patients]. Leipzig: Veb Georg Thieme.

Schwabe, Christoph (1987). *Regulative Musiktherapie* [Regulative Music Therapy]. Leipzig: Veb Georg Thieme.

Schwabe, Christoph (2005). Resource-Oriented Music Therapy—The Development of a Concept. *Nordic Journal of Music Therapy, 14*(1), pp. 49-56.

Schwabe, Christoph & Ulrike Haase (1996). Social Music Therapy in Response to the Changes of Social Conditions. Hamburg: *Paper at the 8th World Congress of Music Therapy.*

Schwabe, Christoph & Ulrike Haase (1998). *Die Sozialmusiktherapie (SMT)* [Social Music Therapy]. Wetzdorf, Germany: Akademie für angewandte Musiktherapie Crossen.

Schwantes, Melody (forthcoming). Music Therapy's Effects on Mexican Migrant Farmworkers' Levels of Depression, Anxiety, and Social Isolation: A Mixed Methods Randomized Control Trial Utilizing Participatory Action Research. Unpublished Doctoral Dissertation. Aalborg, Denmark: Aalborg University.

Scott, Derek B. (Ed.) (2000). *Music, Culture, and Society.* A Reader. Oxford: Oxford University Press.

Seidel, Almut (1992). Sozialpädagogische Musiktherapie. Anmerkungen zu einem Praxis- und Ausbildungskonzept. [Music Therapy in Social Work: Observations on a Concept for Practice and Training.] *Musiktherapeutische Umschau, 13*(4), pp. 298-306.

Seidel, Almut (1996). Sozialwesen (Sozialarbeit/Sozialpädagogik) [Social Service (Social Work/Social Education)] In Decker-Voigt, Hans-Helmut, Polo J. Knill. & Eckhardt Weymann (Eds.), *Lexikon Musiktherapie. Göttingen,* Germany: Hogrefe.

Sekeles, Chava (1996). Music in the Traditional Healing Rituals of Morocco. *Paper at the 8th World Congress of Music Therapy,* Hamburg, July 1996.

Selye, Hans (1956). *The Stress of Life.* New York: McGraw-Hill.

Sennett, Richard (2004). *Respect: The Formation of Character in an Age of Inequality.* London: Allen Lane.

Shadish, William R., Thomas D. Cook & Donald T. Campbell (2002). *Experimental and Quasi-Experimental Designs for Generalized Causal Inference.* Boston, MA: Houghton-Mifflin.

Shapiro, Noah (2005). Sounds in the World: Multicultural Influences in Music Therapy in Clinical Practice and Training. *Music Therapy Perspectives, 23,* pp. 29-35.

Sherif, Muzafer (1935). A Study of Some Social Factors in Perception. *Archives of Psychology, 27*(187), pp. 1-60.

Shumaker, Sally Ann & Arlene Brownell (1984). Toward a Theory of Social Support: Closing Conceptual Gaps. *Journal of Social Issues, 40,* pp. 11-36.

Skånland, Marie (2007). Soundescape: En studie av hvordan musikk blir integrert i hverdagen til brukere avmp3-spillere [Soundescape: A Study of How Music is an Integrated Part of the Everyday Life of Users of MP3-Players]. Unpublished Master thesis. Oslo, Norway: University of Oslo, Department of Music.

Skånland, Marie (forthcoming). A Technology of Well-Being. A Qualitative Study of the Use of MP3 Players as a Medium of Musical Self-Care. Unpublished doctoral dissertation. Oslo: Norway: Norwegian Academy of Music.

Skinner, Quintin (1998). *Liberty before Liberalism.* Cambridge: Cambridge University.

Small, Christopher (1998). *Musicking. The Meanings of Performing and Listening.* Hanover, NH: Wesleyan University Press.

Smyth, Marie (2002). Culture and Society. The Role of Creativity in Healing and Recovering One's Power after Victimisation. In Sutton, Julie P. (Ed.), *Music, Music Therapy and Trauma. International Perspectives.* London: Jessica Kingsley Publishers.

Snow, Charles P. (1959/1998). *The Two Cultures.* Cambridge, UK: Cambridge University Press.

Solli, Hans Petter (2006). Aldri bare syk. Om ressursorientert musikkterapi for en mann med schizofreni [Never Just Sick. On Resource-Oriented Music Therapy for a Man with Schizophrenia]. Unpublished Master's Thesis. Oslo, Norway: Norwegian Academy of Music.

Solli, Hans Petter (2010). Rediscovering Recovery. Music Therapy in Contemporary Mental Health Care. Paper at the 8th European music therapy congress, 5-9 May in Cadiz, Spain.

Stansfeld, Stephen A. (2006). Social Support and Social Cohesion. In Marmot, Michael & Richard G. Wilkinson (Eds.), *Social Determinants of Health* (pp. 148-171). Oxford: Oxford University Press.

Steptoe, Andrew & Susan Ayers (2004). Stress and Health. In Sutton, Stephen R., Andrew S. Baum & Marie Johnston (Eds.), *The SAGE Handbook of Health Psychology.* London: Sage Publications.

Stern, Daniel (1985/1998). *The Interpersonal World of the Infant. A View from Psychoanalysis and Development Psychology.* London: Karnack.

Stern, Daniel (1995). *The Motherhood Constellation. A Unified View of Parent-Infant Psychotherapy.* New York: Basic Books.

Stern, Daniel (2004). *The Present Moment in Psychotherapy and Everyday Life.* New

York: W.W. Norton.

Stern, Daniel (2010). *Forms of Vitality: Exploring Dynamic Experience in Psychology and the Arts*. New York: Oxford University Press.

Stewart, David (2004). Transformational Contexts in Music Therapy. In Pavlicevic, Mercédès & Gary Ansdell (Eds.), *Community Music Therapy*. London: Jessica Kingsley Publishers.

Stige, Brynjulf (1983). Ngoma, musirør og anna rør [Ngoma, Music, and Movement]. Oslo, Norway: Unpublished Thesis, Østlandets musikkonservatorium, Section for Music Therapy.

Stige, Brynjulf (1993). Endringar i det musikkterapeutiske 'rommet'—med kulturarbeid i lokalsamfunnet someit eksempel [Changes in the Music Therapy "Space"—With Cultural Engagement in the Local Community as an Example]. *Nordic Journal of Music Therapy, 2*(2).

Stige, Brynjulf (1993/1999). Music Therapy as Cultural Engagement. Or: How to Change the World, if Only a Bit. Paper at the 7th World Congress in Music Therapy. Vitoria-Gasteiz, Spain. Republished In Aldridge, David (Ed.), (1999). *Music Therapy Info, Vol. II*, CD-Rom.

Stige, Brynjulf (1995). *Samspel og relasjon. Perspektiv på ein inkluderande musikkpedagogikk* [Interaction and Relationship. Perspectives on Inclusive Music Education.] Oslo, Norway: Samlaget.

Stige, Brynjulf (1996). Music, Music Therapy, and Health Promotion. In *Report. International UNESCOconference, Oslo, September 1995*. Oslo, Norway: The Norwegian National Commission for UNESCO.

Stige, Brynjulf (1998). Aesthetic Practices in Music Therapy. *Nordic Journal of Music Therapy, 7*(2), pp. 121-134.

Stige, Brynjulf (2001). The Fostering of Not-Knowing Barefoot Supervisors. In Forinash, Michele (Ed.), *Music Therapy Supervision*. Gilsum, NH: Barcelona Publishers.

Stige, Brynjulf (2002). *Culture-Centered Music Therapy*. Gilsum, NH: Barcelona Publishers.

Stige, Brynjulf (2003). *Elaborations toward a Notion of Community Music Therapy*. Doctoral Dissertation. Oslo, Norway: University of Oslo, published by: Unipub.

Stige, Brynjulf (2004a). Community Music Therapy: Culture, Care, and Welfare. In Pavlicevic, Mercédès & Gary Ansdell (Eds.), *Community Music Therapy*. London: Jessica Kingsley Publishers.

Stige, Brynjulf (2004b). Performance of Community. *Voices: A World Forum for Music Therapy*. Retrieved February 21, 2011, from http://testvoices.uib.no/?q=fortnightly-columns/2004-performance-community.

Stige, Brynjulf (2005a). Ethnography and Ethnographically Informed Research. In

Wheeler, Barbara (Ed.), *Music Therapy Research* (2nd edition) (pp. 392-403). Gilsum, NH: Barcelona Publishers.

Stige, Brynjulf (2005b). Participatory Action Research. In Wheeler, Barbara (Ed.), *Music Therapy Research* (2nd edition) (pp. 404-415). Gilsum, NH: Barcelona Publishers.

Stige, Brynjulf (2006). Toward a Notion of Participation in Music Therapy. *Nordic Journal of Music Therapy, 15*(2), pp. 121-138.

Stige, Brynjulf (2007). The Grieg Effect—On the Contextualized Effects of Music in Music Therapy. *Voices: A World Forum for Music Therapy.* Retrieved January 19, 2011, from https://normt.uib.no/index.php/voices/article/view/548/409.

Stige, Brynjulf (2008a). The Aesthetic or Multiple Aesthetics? A Response to Kenneth Aigen. *Nordic Journal of Music Therapy, 17*(1), pp. 25-29.

Stige, Brynjulf (2008b). Dancing the Drama and Singing for Life: On Ethnomusicology and Music Therapy. *Nordic Journal of Music Therapy, 17*(2), pp. 155-171.

Stige, Brynjulf (2010a). Musical Participation, Social Space and Everyday Ritual. In Stige, Brynjulf, Gary Ansdell, Cochavit Elefant & Mercédès Pavlicevic (Eds.), *Where Music Helps. Community Music Therapy in Action and Reflection.* Farnham, UK: Ashgate Publishing.

Stige, Brynjulf (2010b). Practicing Music as Mutual Care. In Stige, Brynjulf, Gary Ansdell, Cochavit Elefant & Mercédès Pavlicevic (Eds.), *Where Music Helps. Community Music Therapy in Action and Reflection.* Farnham, UK: Ashgate Publishing.

Stige, Brynjulf (2011). The Grieg Effect—On Music Therapy as Source of Knowledge about the Contextual - ized Effects of Music. In Solomon, T. (Ed.), *Music and Identity in Norway and Beyond. Essays in Commemoration of Edvard Grieg the Humanist.* Bergen, Norway: Fagbokforlaget.

Stige, Brynjulf (in press). Health Musicking. In MacDonald, Raymond, Gunter Kreutz & Laura Mitchell (Eds.), *Music, Health and Wellbeing.* New York: Oxford University Press.

Stige, Brynjulf, Gary Ansdell, Cochavit Elefant & Mercédès Pavlicevic (2010a). *Where Music Helps. Community Music Therapy in Action and Reflection.* Farnham, UK: Ashgate Publishing.

Stige, Brynjulf, Gary Ansdell, Cochavit Elefant & Mercédès Pavlicevic (2010b). When Things Take Shape in Relation to Music. Towards an Ecological Perspective on Music's Help. In Stige, Brynjulf, Gary Ansdell, Cochavit Elefant & Mercédès Pavlicevic (Eds.), *Where Music Helps. Community Music Therapy in Action and Reflection.* Farnham, UK: Ashgate Publishing.

Stige, Brynjulf & Carolyn Kenny (2002). Introduction—The Turn to Culture. In Kenny, Carolyn & Brynjulf Stige (Eds.), *Contemporary Voices in Music Therapy.*

Communication, Culture, and Community. Oslo, Norway: Unipub forlag.

Stige, Brynjulf, Kirsti Malterud & Torjus Midtgarden (2009). Towards an Agenda for Evaluation of Qualitative Research. *Qualitative Health Research, 19*(10), pp. 1504-1516.

Stjernø, Steinar (2004). *Solidarity in Europe. The History of an Idea.* Cambridge, UK: Cambridge University Press.

Støkken, Anne Marie (2002). Profesjoner: kontinuitet og endring [Professions: Continuity and Change]. In Nylehn, Børre & Anne Marie Støkken (Eds.), *De profesjonelle* [The Professionals]. Oslo, Norway: Universitetsforlaget.

Storsve, Vegar, Inger Anne Westby & Even Ruud (2010). Hope and Recognition. A Music Project among Youth in a Palestinian Refugee Camp. *Voices: A World Forum for Music Therapy.* Retrieved February 21, 2011, from https://normt.uib.no/index.php/voices/article/view/158/246.

Sutton, Julie P. (Ed.) (2002). *Music, Music Therapy and Trauma. International Perspectives.* London: Jessica Kingsley Publishers.

Tait, Anja, & Leonie Murrungun (2010). ArtStories: Early Childhood Learning in Remote Indigenous Australian Communities. *Imagine, 1*(1), pp. 52-54. Retrieved February 21, 2011 from: http://imagine.musictherapybiz/Imagine/imagine_online_magazine.html.

Tarulli, Donato & Carol Sales (2009). Self-Determination and the Emerging Role of Person-Centred Planning: A Dialogical Framework. In Owen, Frances & Dorothy Griffiths (Eds.), *Challenges to the Human Rights of People with Intellectual Disabilities.* London: Jessica Kingsley Publishers.

Threlfall, Catherine (1998). Community Music and Music Therapy—Partnerships and Possibilities. *Australian Music Therapy Association Network,* November, pp. 10-15.

Trevarthen, Colwyn & Stephen Malloch (2000). The Dance of Wellbeing: Defining the Musical Therapeutic Effect. *Nordic Journal of Music Therapy, 9*(2), pp. 3-17.

Tuastad, Lars & Roar Finsås (2008). Jeg fremfører, altså er jeg. En studie av deltagernes opplevelser i to rockeband tilknyttet musikktilbudet "Musikk i fengsel og frihet" [I perform, thus I am. A study of Participant Experiences in Two Rock Bands Linked to the Project "Music in Custody and Liberty"]. Unpublished Master Thesis. Bergen, Norway: The Grieg Academy, University of Bergen.

Tuastad, Lars & Lucy O'Grady (forthcoming). Music as a "Free Space" in Prison.

Turner, Bryan (2004). *The New Medical Sociology. Social Forms of Health and Illness.* New York: W. W. Norton & Company.

Turner, Victor W. (1967). *The Forest of Symbols: Aspects of Ndembu Ritual.* Ithaca, NY: Cornell University Press.

Turner, Victor W. (1969). *The Ritual Process: Structure and Anti-Structure.* Chicago:

Aldine.

Turry, Alan (2005). Music Psychotherapy and Community Music Therapy: Questions and Considerations. *Voices: A World Forum for Music Therapy.* Retrieved February 26, 2011, from https://normt.uib.no/index.php/voices/article/view/208/152.

Tyson, Florence (1959). The Development of an Out-Patient Music Therapy Referral Service. In *Music Therapy 1958. Eight Book of Proceedings of the National Association for Music Therapy.* Lawrence, KS: The National Association for Music Therapy.

Tyson, Florence (1968). The Community Music Therapy Center. In Gaston, E. Thayer (Ed.), *Music in Therapy.* New York: Macmillan Publishing.

Tyson, Florence (1973). Guidelines toward the Organization of Clinical Music Therapy Programs in the Community. *Journal of Music Therapy, 10*(3), pp. 113-124.

Twenge, Jean M. & Roy F. Baumeister (2005). Social Exclusion Increases Aggression and Self-Defeating Behavior while Reducing Intelligent Thought and Procosial Behavior. In Abrams, Dominic, Michael A. Hogg & José M. Marques (Eds.), *The Social Psychology of Inclusion and Exclusion* (pp. 27-46). New York: Psychology Press (Taylor & Francis).

United Nations (1948). Universal Declaration of Human Rights. Retrieved January 24, 2006, from: http://www.un.org/Overview/rights.html

United Nations Development Programme (UNDP) (2005). *Human Development Report 2005—International Cooperation at a Crossroads: Aid, Trade and Security in an Unequal World.* New York: United Nations Development Programme.

United Nations Educational, Scientific and Cultural Organization (UNESCO) (2010). *Reaching the Marginalized. EFA (Education for All) Global Monitoring Report, 2010.* Oxford, UK: Oxford University Press.

Urbain, Olivier (Ed.), (2008). *Music and Conflict Transformation. Harmonies and Dissonances in Geopolitics.* London & New York: I.B. Tauris.

Uricoechea, Ana Sheila (2003). Rethinking Music Therapy with the Mentally Handicapped. *Voices: A World Forum for Music Therapy.* Retrieved November 26, 2005, from http://www.voices.no/mainissues/mi40003000123.html.

Ursin, Holger & Hege Randi Eriksen (2004). The Cognitive Activation Theory of Stress. *Psychoneureo - endocrinology, 29,* pp. 567-592.

Vaillancourt, Guylaine (2007). Multicultural Music Therapy as an Instrument for Leadership Listening—Vision—Process. *Voices: A World Forum for Music Therapy, 7*(2). Retrieved February 26, 2011, from https://normt.uib.no/index.php/voices/article/view/493/400.

Vaillancourt, Guylaine (2009). Mentoring Apprentice Music Therapists for Peace and Social Justice through Community Music Therapy: An Arts-Based Study.

Dissertation submitted to the PhD in Leadership and Change Program. Santa Barbara, CA: Antioch University.

Veblen, Kari K. (2007). The Many Ways of Community Music. *International Journal of Community Music, 1*(1), pp. 5-21.

Veenhoven, Ruut (1995). The Cross-National Pattern of Happiness: Test of Predictions Implied in Three Theories of Happiness. *Social Indicators Research, 34,* pp. 33-68.

Veenhoven, Ruut (2004). Happiness as an Aim in Public Policy. In Linley, P. Alex, Stephen, Joseph & Martin E. P. Seligman (Eds.), *Positive Psychology in Practice* (pp. 658-678). Hoboken, NJ: John Wiley.

Vinader, Maria Elena López (2008). Music Therapy: Healing, Growth, Creating a Culture of Peace. In Urbain, Olivier (Ed.), *Music and Conflict Transformation. Harmonies and Dissonances in Geopolitics.* London & New York: I.B. Tauris.

Völker, Ulrike (2004). Chance zur Teilhabe über die Therapie hinaus. Musiktherapie zwischen kulturtherapeutischen Fragestellungen und (psycho-)therapeutischem Selbstverständnis auf der Grundlage Integrativer Therapie [Possibilities of Participation beyond Therapy. Music Therapy between Cultural Therapeutic Problems and (Psycho)therapeutic Self Understanding in Integrative Therapy]. Unpublished Master thesis, University of Applied Sciences, Magdeburg-Stendal

Vygotsky, Lev (1978). *Mind in Society. The Development of Higher Psychological Processes.* Cambridge, MA: Harvard University Press.

Wagemakers, Annemarie (2010). Community Health Promotion. Facilitating and Evaluating Coordinated Action to Create Supportive Social Environments. Unpublished doctoral dissertation. Wageningen, The Netherlands: Wageningen University.

Wakao, Yu (2002). John Cage and Therapeutic Silence. *Voices: A World Forum for Music Therapy, 2*(3). Retrieved February 26, 2011, from https://normt.uib.no/index.php/voices/article/view/99/76.

Wallin, Nils L. (1991). *Biomusicology. Neurophysiological, Neurospychological and Evolutionary Perspectives on the Origins and Purposes of Music.* Stuyvesant, NY: Pendragon Press.

Wallin, Nils L., Björn Merker & Steven Brown (Eds.) (2000). *The Origins of Music.* Cambridge, MA: The MIT Press.

Walker, Scott (Ed.) (1993). Changing Community. Saint Paul, MN: Graywolf Press.

Wampold, Bruce (2001). *The Great Psychotherapy Debate: Models, Methods, and Findings.* Mahwah, NJ: Lawrence Erlbaum Associates.

Warner, Catherine (2005). Music Therapy with Adults with Learning Difficulties and 'Severe Challenging Behaviour.' An Action Research Inquiry into the Benefits of Group Music Therapy within a Community Home. Unpublished Doctoral

Dissertation, University of the West of England, Bristol, UK.

Wenger, Etienne (1998). *Communities of Practice: Learning, Meaning and Identity*. New York: Cambridge University Press.

Wenger, Etienne, Richard McDermott & William M. Snyder (2002). *Cultivating Communities of Practice*. Boston, MA: Harvard Business School Press.

Wheaton, Blair (1999). The Nature of Stressors. In Horwitz, Allan V. & Teresa L. Scheid (Eds.), *A Handbook for the Study of Mental Health. Social Contexts, Theories, and Systems* (pp. 176-197). Cambridge, UK:Cambridge University Press.

Wilkinson, Richard (1996). *Unhealthy Societies—The Afflictions of Inequality*. London: Routledge.

Wilkinson, Richard & Kate Pickett (2010). *The Spirit Level: Why Equality is Better for Everyone*. London: Penguin.

Williams, Alistair (2001). *Constructing Musicology*. Aldershot, UK: Ashgate Publishing.

Williams, Colin C. & Jan Windebank (2001). *Revitalising Deprived Urban Neighbourhoods: An Assisted Self-Help Approach*. Aldershot, UK: Ashgate Publishing.

Williams, Kate & Vicky Abad (2005). Reflections on Music Therapy with Indigenous Families: Cultural Learning put into Practice. *Australian Journal of Music Therapy, 16*, pp. 60-69.

Williams, Raymond (1961/1971). *The Long Revolution*. Harmondsworth, UK: Pelican Books.

Williams, Robin M. (1979). Change and Stability in Values and Value Systems: A Sociological Perspective. In Rokeach, Milton (Ed.), *Understanding Human Values, Individual and Societal*. New York: Free Press.

Wills, Thomas A. & Michael G. Ainette (2007). Social Support and Health. In Ayers, Susan, Andrew Baum, Chris McManus, Stanton Newmand, Kenneth Wallston, John Weinman & Robert West (Eds.), *Cambridge Handbook of Psychology, Health and Medicine* (pp. 202-207). Cambridge: Cambridge University Press.

Wilson, Mitchell (1993). DSM III and the Transformation of American Psychiatry: A History. *American Journal of Psychiatry, 150,* pp. 399-410.

Wittgenstein, Ludwig (1953/1967). *Philosophical Investigations*. Oxford: Blackwell.

Wood, Stuart (2006). "The Matrix": A Model of Community Music Therapy Processes. *Voices: A World Forum for Music Therapy*. Retrieved February 19, 2011, from https://normt.uib.no/index.php/voices/article/view/279/204.

Wood, Stuart, Rachel Verney & Jessica Atkinson (2004). From Therapy to Community: Making Music in NeuroRehabilitation. In Pavlicevic, Mercédès & Gary Ansdell (Eds.), *Community Music Therapy*. London: Jessica Kingsley Publishers.

Woodward, Alpha M. (2002/2004). Finding the Client in Their Environment: A Systems

Approach to Music Therapy Programming. *Canadian Journal of Music Therapy, 9*(1), pp. 50–64. Republished In Voices: A World Forum for Music Therapy Retrieved February 26, 2011, from https://normt.uib.no/index.php/voices/article/view/183/142.

World Health Organization (1946). The Constitution of the World Health Organization. Geneva: World Health Organization. See also: http://w3.whosea.org/aboutsearo/pdf/const.pdf.

World Health Organization (1978). The Alma Ata Conference on Primary Health Care. *WHO Chronicle, 32*(11), pp. 409–430. See also: http://www.who.int/hpr/NPH/docs/declaration_almaata.pdf

World Health Organization (1986). Ottawa Charter for Health Promotion. Geneva: World Health Organization.

World Health Organization (2001a). International Classification of Functioning, Disability, and Health (ICF). Geneva: World Health Organization: Fifty-Fourth World Health Assembly.

World Health Organization (2001b). *The World Health Report 2001: Mental Health: New Understanding, New Hope.* Geneva: The World Health Organization.

World Health Organization (2003). *The World Health Report 2003: Shaping the future.* Geneva: The World Health Organization.

World Health Organization (2007a). Achieving Health Equity: From Root Causes to Fair Outcomes. Interim Statement from the Commission on Social Determinants of Health. Geneva: World Health Organization. http://who.int/social_determinants

World Health Organization (2007b). *Social Determinants of Indigenous Health: The International Experience and its Policy Implications.* Report for the International Symposium on the Social Determinants of Indigenous Health, Adelaide, 29–30 April 2007. Geneva: World Health Organization.

Wosch, Thomas (2011). *Musik und Alter in Therapie und Pflege. Grundlagen, Institutionen und Praxis der Musiktherapie bei Alter und Demenz.* Stuttgart: Kohlhammer.

Yalom, Irwin D with Molyn Leszcz (2005). *The Theory and Practice of Group Psychotherapy* (5th edition). New York: Basic Books.

Yin, Robert K. (2008). *Case Study Research: Design and Methods* (4th edition). Thousand Oaks, CA: Sage Publications.

Zanini, Claudia Regina de Oliveira & Eliane Leao (2006). Therapeutic Choir—A Music Therapist Looks at the New Millennium Elderly. *Voices: A World Forum for Music Therapy, 6*(2). Retrieved February 21, 2011, from https://normt.uib.no/index.php/voices/article/view/249/193.

Zatonski, Witold & Prabhat Jha (2000). *The Health Transformation in Eastern Europe after 1990: A Second Look.* Warsaw: Department of Epidemiology and Prevention of Cancer, Centre of Oncology, Marie Sklodowska Curie Memorial Institute in Warsaw.

Zharinova-Sanderson, Oksana (2004). Promoting Integration and Socio-Cultural Change: Community Music Therapy with Traumatised Refugees in Berlin. In Pavlicevic, Mercédès & Gary Ansdell (Eds.), *Community Music Therapy.* London: Jessica Kingsley Publishers.

Ziman, John (2000). *Real Science. What it Is, and What it Means.* Cambridge, UK: Cambridge University Press.

찾아보기

[인명]

[내용]

저자 소개

브뤼뉼프 스티게(Brynjulf Stige)
오슬로대학교 음악치료학과 음악치료전공 석사
오슬로대학교 음악치료학과 음악치료전공 박사
베르겐대학교 그리그아카데미 음악치료학과 교수
유니리서치 유니헬스 그리그아카데미 음악치료연구센터 책임연구자

레이프 에드바르드 아뢰(Leif Edvard Aarø)
노르웨이공중보건기관 정신 · 신체건강부 건강증진과 수석과학관
베르겐대학교 사회심리학과 겸임교수

역자 소개

순진이(Soon, Jin Yi)
이화여자대학교 작곡과 작곡전공 학사
이화여자대학교 교육학과 음악치료교육전공 석사
서울대학교 아동가족학과 아동학전공 박사
한양대학교 일반대학원 음악치료과학과 겸임교수
가천대학교 특수치료대학원 음악치료전공 겸임교수
(사)전국음악치료사협회 이사

곽은미(Kwak, Eun Mi Emily)
애리조나주립대학교 음악치료학과 음악치료전공 학사
캔자스대학교 음악치료학과 음악치료전공 석사
미시간대학교 음악치료학과 음악치료전공 박사
한빛음악심리상담센터 센터장
한빛음악공작소 대표
(사)전국음악치료사협회 이사
(전)명지대학교 사회교육대학원 음악치료학과 주임교수

커뮤니티 음악치료
Invitation to Community Music Therapy

2021년 3월 5일 1판 1쇄 인쇄
2021년 3월 10일 1판 1쇄 발행

지은이 • Brynjulf Stige · Leif Edvard Aarø
옮긴이 • 순진이 · 곽은미
펴낸이 • 김진환
펴낸곳 • ㈜ 학지사
　　　　　04031 서울특별시 마포구 양화로 15길 20 마인드월드빌딩
대표전화 • 02)330-5114　　　팩스 • 02)324-2345
등록번호 • 제313-2006-000265호

홈페이지 • http://www.hakjisa.co.kr
페이스북 • https://www.facebook.com/hakjisa

ISBN 978-89-997-2257-8 93180

정가 25,000원

출판 · 교육 · 미디어기업 학지사

간호보건의학출판 학지사메디컬 www.hakjisamd.co.kr
심리검사연구소 인싸이트 www.inpsyt.co.kr
학술논문서비스 뉴논문 www.newnonmun.com
원격교육연수원 카운피아 www.counpia.com